A(R)TIVISMS
URBANOS
(SOBRE)VIVENDO EM TEMPOS DE URGÊNCIAS

Apoios:

A(R)TIVISMOS URBANOS

(SOBRE)VIVENDO EM TEMPOS DE URGÊNCIAS

ORGS.
CÍNTIA SANMARTIN FERNANDES
MICAEL HERSCHMANN
ROSE DE MELO ROCHA
SIMONE LUCI PEREIRA

Editora Sulina

Capa: Letícia Lampert (sobre fotogramas do vídeo *Eu e Tu* (2008) de autoria da artista plástica Anna Maria Maiolino)
Projeto gráfico e editoração: Niura Fernanda
Revisão: Janaina Mello e Adriana Lampert
Produção do Artivismos Urbanos: Gêsa Karla
Editor: Luis Antonio Paim Gomes

Dados Internacionais de Catalogação na Publicação (CIP)
Bibliotecária Responsável: Denise Mari de Andrade Souza – CRB 10/960

A791
       Artivismos urbanos: sobrevivendo em tempos de urgências / organi-
            zado: Fernandes, Cíntia Sanmartin... [et al.]. – Porto Alegre:
            Sulina, 2022.
            480p.; 16x23cm.

            ISBN: 978-65-5759-065-2

            1. Sociologia. 2. Jornalismo. 3. Antropologia. 4. Política.
       5. Cultura. I. Fernandes, Cíntia Sanmartin.

                                   CDU:316
                                   CDD: 301

Todos os direitos desta edição reservados à
EDITORA MERIDIONAL LTDA.

Rua Leopoldo Bier, 644, 4º andar – Santana
Cep: 90620-100 – Porto Alegre/RS
Fone: (51) 3110.9801
www.editorasulina.com.br
e-mail: sulina@editorasulina.com.br

Junho/2022
IMPRESSO NO BRASIL/PRINTED IN BRAZIL

SUMÁRIO

(Re)existências em um contexto de intensificação das polarizações e precarizações

Cíntia Sanmartin Fernandes
Micael Herschmann
Rose de Melo Rocha
Simone Luci Pereira

Se na primeira década do século XXI muito se comentou a respeito dos ocupas, das primaveras, dos levantes e, de modo geral, das iniciativas dos movimentos sociais progressistas[1], nessa última década (especialmente nos últimos anos) muitas lideranças se surpreenderam com a ascensão rápida de grupos conservadores e radicais, os quais geraram consternação e mobilizações entre diferentes atores: vários deles ligados ao universo plural da arte. Boa parte dessas reações e iniciativas buscou evidenciar, por meio de performances e linguagens estéticas, a rápida precarização dos direitos das minorias, trabalhistas, políticos e civis, bem como enfrentou – por vias artísticas variadas – as xenofobias e a ofensiva reacionária voltada às dissidências e minorias raciais, de classe e de gênero.

Marchas nos espaços públicos que negam as alteridades, práticas de censura e repressão, agressões intensas (algumas dessas fatais) e embates entre diversos grupos sociais – presencialmente e na internet – tornaram-se cada vez mais recorrentes no cotidiano de diversas localidades do globo. Diante desse cenário, não era mais possível seguir afirmando que essas manifestações se constituíam em ações de grupos isolados ou que ocorriam somente em regiões marcadas por regimes menos democráticos (os quais não protegiam as instituições e os direitos da sua população local).

Nesse sentido, vale a pena destacar alguns exemplos dessas (re)ações dos atores mais engajados e simpatizantes (sejam eles políticos, artistas, lideranças ou cidadãos locais): em 2017, por exemplo, a cidade universitária de Charlottesville, no Estado de Virgínia (EUA) foi palco de protestos e manifestações neofascistas com centenas de homens e mulheres carregando tochas, fazendo saudações nazistas e gritando palavras de ordem contra negros, imigrantes, homossexuais e judeus.[2] Neste mesmo ano, o artista visual francês, conhecido como JR, instala grandes *outdoors* com imagens de crianças sorridentes junto à fronteira dos Estados Unidos com o México (foram instaladas na região de Tecate), iniciativa que de sobremaneira desagradou os membros do Governo Trump e parte de seus eleitores mais exaltados.[3] Nesse período, a violência policial contra a população negra também passou a se intensificar nos Estados Unidos (inclusive algumas intervenções violentas foram registradas em imagens de câmeras de dispositivos móveis e celulares, amplificando ainda mais o clima de comoção e indignação) e os ativistas e simpatizantes antirracistas passaram a promover, como resposta, inúmeras manifestações artísticas e de protesto, que ficaram mundialmente conhecidas como parte do movimento *Black Lives Matter*,[4] tendo ocorrido algumas das principais multidinárias manifestações estéticas e políticas, mesmo durante o período mais crítico da pandemia da Covid-19. Na Europa, encontros envolvendo lideranças políticas da extrema direita também passaram a assombrar alguns governos orientados por agendas progressistas. Em 2018, pudemos assistir estupefatos (nos veículos de comunicação) não só a um desfile de neonazistas pelas ruas de Estocolmo (na Suécia), mas também à presença de seis mil ativistas de extrema direita, incluindo atores vindos de outras regiões alemãs, realizando uma marcha na cidade de Chemnitz para exigir leis mais duras contra o acesso de estrangeiros ao país. Ao mesmo tempo, não só as manifestações antifascistas vêm eclodindo nas ruas de Roma, Londres e Paris, mas também a mostra de arte mais prestigiosa do mundo – a Documenta – foi dedicada em 2017, pelo curador Adam Szymczyk, à questão complexa e controversa da migração no mundo globalizado.[5] Em sua edição de junho de 2018, a organização da Bienal de Berlim apresentou como principal eixo temático a frase emblemática *"We don´t need another hero"*. Inclusive, na ocasião, acionando um debate que se aproxima muito do conjunto de questões tratadas por Alliez e Lazzarato (2021), a curadora sul-africana Gabi Ngcobo chegou à coletiva de imprensa assumindo um enfrentamento, salientando de forma mais explícita os conflitos em curso.

> [...] a guerra anunciada é, sobretudo, uma transformação da linguagem utilizada para falar de arte, uma linguagem inspirada pelas ciências sociais, em particular os estudos pós-coloniais e de gênero (na versão atual do feminismo, recusando qualquer identidade uniformizada). A curadora Gabi Ngcobo afirmou a necessidade de descolonizar e de levar a cabo um trabalho para desfazermos identidades, questionando construções históricas estabelecidas. Este princípio de recusa surge logo no título da Bienal, *We don't need another hero* (citando uma canção de Tina Turner, numa perspectiva de autodeterminação), e prolonga-se no programa de atividades (intitulado "Eu não sou o que tu pensas que eu não sou", perturbando qualquer posição fixa). Não há bienal de arte contemporânea que não cite atualmente Fred Moten, poeta e investigador na área dos *black studies* (autor de *The Undercommons* com Stefano Harney). Quando Fred Moten fala de comunidades fugitivas, com raízes na segregação, trata-se de elaborar um plano de fuga enquanto processo de subjetivação. Quer dizer, foge-se para fugir, não para atingir uma promessa de utopia. A ansiedade de chegar à promessa é, na realidade, a vontade de ser capturado, mas o mundo continua, as batalhas deslocam-se, como diz a artista Jota Mombaça (Morais, 2018, p. 4).

Pouco depois, em julho de 2018, uma polêmica ocupou as redes sociais brasileiras com um contundente questionamento do *rapper* multiartista Rico Dalasam[6], em função do videoclipe *Me solta*, protagonizado pelo funkeiro carioca Nego do Borel, no qual ele representa de modo bastante caricato uma personagem trans, que mais tarde alegaria já existir, chamada por ele de Nega da Borelli. A discussão sobre as expressões não normativas e não binárias de gênero vem ocupando o debate público no Brasil e no mundo, e, sem dúvida, o alcance e o impacto de artistas e artivistas de gênero contribuíram para um modo de visibilidade exponencial e midiatizado das questões relacionadas a esse debate. Mapear e analisar as características e parametrizações históricas desse *boom* expressivo parece-nos essencial para compreender o que exatamente se atualizou [a cultura e o ativismo de fãs, por exemplo, tal como discutido por Amaral, Souza e Monteiro (2015)], e possibilita problematizar algo que, em nosso campo de investigação, está mais relacionado a possibilidades, alcances e limitações do que Rancière (2014), pensando nas artes plásticas, entendia como a emancipação do espectador.

No Brasil, talvez o que mais chocou e/ou chamou a atenção – além do movimento antivacina, das manifestações bolsonaristas (sempre muito ruidosas e intimidadoras em alguns centros urbanos) e das estratégias claras de desmonte das áreas de Saúde, Cultura, Educação e de Ciência & Tecnologia – foram as práticas de censura e repressão às "expressões artivistas" que buscaram de algum modo denunciar especialmente as necropolíticas praticadas pelos poderes conservadores do país. Certamente a exposição *Queermuseu – cartografias da diferença na arte brasileira* foi um marco histórico nas polêmicas da segunda metade da década de 2010.[7] No entanto, muitos formadores de opinião e diferentes públicos ficaram igualmente sensibilizados com outras controvérsias antes não cogitáveis. Isto é, dentre diversos casos amplamente noticiados nas redes sociais e na mídia tradicional poderíamos mencionar alguns: o conjunto de dificuldades burocráticas impostas pela Ancine e que atrasou em dois anos o lançamento do longa-metragem sobre o guerrilheiro Marighella (dirigido por Wagner Moura e produzido pela produtora O2)[8]; a determinação do prefeito Marcelo Crivella durante a 19ª edição da Bienal do

Livro do Rio de Janeiro para que fiscais da Secretaria Municipal de Ordem Pública percorressem os estandes do evento para recolher os livros que tratassem de temas ligados à homossexualidade[9]; o imbróglio judicial envolvendo a produtora de vídeos Porta dos Fundos, que teve vetado em um primeiro momento a estreia do seu *Especial de Natal* na plataforma de *streaming* Netflix[10]; e, por determinação do Ministério da Justiça, a terceira edição do Facada Fest – evento musical de bandas autorais de rock e punk de Belém – teve seu cancelamento forçado pela repressão das forças policiais locais.[11]

Tendo em vista esses acontecimentos mencionados e vários outros que vêm ocupando a cena midiática (e que não foram destacados aqui), poderíamos indagar: como compreender a complexidade desse novo contexto de polarização e de abjeção ao outro crescentes, não só no Brasil, mas de modo geral no mundo? Qual vem sendo o papel da arte nessa nova ambiência contemporânea: seja nos agenciamentos de linguagens e de performances, seja nas mobilizações sociais e/ou nos debates acalorados? Será que tudo isso de alguma maneira se constituiria nos desdobramentos mais palpáveis de uma sombria articulação entre o capitalismo neoliberal (especialmente rentista) e a ascensão de grupos de extrema direita em diversos países? Em seu livro, Kiffer e Giorgi constatam que navegamos hoje entre o ativismo e a interpretação atenta aos acontecimentos dramáticos que avultam e nos assombram. Para esses autores, viveríamos na última década em um regime de afeto modulado pelo ódio, no qual a necropolítica vem ocupar o lugar do chamado pacto social ou "civilizatório", que vem se traduzindo em uma condição dramática de "precarização" (Butler, 2018, p. 11) e na explosão de manifestações de racismo, xenofobia, violência patriarcal, variados sexismos e classicismos raivosos (Kiffer e Giorgi, 2019).

Assim, motivada por laços afetivos e inúmeras inquietações coletivas relacionadas a esse contexto ameaçador, emerge essa profícua parceria entre os organizadores (desta publicação) e uma rede de pesquisa voltada para o desenvolvimento de reflexões sobre os artivismos urbanos, os quais envolveram não só os pesquisadores dos grupos de pesquisa Núcleo de Estudos e Projetos em Comunicação (da UFRJ), Comunicação, Arte e Cidade (da UERJ), Juvenália (da ESPM-SP) e URBESOM – Culturas Urbanas, Música e Comunicação (da UNIP), mas também investigadores de diferentes regiões e centros de pesquisa do Brasil e do exterior – boa parte deles presente neste volume.

Assim, desse intercâmbio que se intensificava, foi amadurecendo a proposta de organização de um evento intitulado "Artivismos Urbanos – (sobre)vivendo em tempos de urgências" (que inclusive tem o mesmo título desta coletânea de artigos aqui apresentada). Para a realização desse seminário internacional, que ocorreu entre os dias 3 e 4 de novembro de 2021 (infelizmente de maneira virtual, por conta da pandemia da Covid-19) – e que foi apoiado pelos Programas de Pós-Graduação em Comunicação da UFRJ, UERJ, UNIP e ESPM-SP –, mobilizou-se essa rede, que conseguiu reunir, naquela ocasião, pesquisadores, especialistas e artivistas de dez países da América Latina e da Europa que, de modo geral, repensaram diversos aspectos da imbricada articulação entre arte e política nesse início do século XXI.

Em sua maioria, as intervenções dos participantes problematizaram as seguintes questões: a) necessidade atual de reflexões e participações mais engajadas em contextos nos quais a vida vem sendo afetada por graves desequilíbrios, aniquilações, precarizações e pela crescente presença do autoritarismo; b) por um lado, a presença mais acentuada de atores envolvidos em alianças construindo linhas de fuga, heterotopias e/ou territorialidades urbanas, e, por outro, a dinâmica de corpos em performances hackeados e remixados, os quais vêm produzindo tensionamentos e dissidências com o biopoder vigente; c) relevância de pequenas "táticas e astúcias" cotidianas empreendidas por sujeitos que vêm lidando não só com conjunturas em que fãs e *haters* estão mobilizados em dinâmicas rizomáticas, mas também com agenciamentos das artes urbanas, contribuindo, assim, para a construção de dissensos e partilhas do sensível; d) e, finalmente, o grande potencial mobilizador das expressões artísticas em uma cultura crescentemente participativa e digital, nas quais se constata o aumento significativo dos processos de rotinização de linchamentos virtuais (fenômeno conhecido atualmente como "cultura do cancelamento").[12]

Seguindo com o problema

Apesar da dificuldade em conceituar com precisão esse neologismo, o termo "artivismo" é de inegável relevância e está onipresente na cena midiática e em diferentes esferas do cotidiano – não só no Brasil, mas em diversas regiões do globo. Em uma época de forte polarização e precarização da vida social, essas iniciativas engajadas constituem-se, de certa maneira, em um *zeitgeist* que caracteriza o ambiente artístico-intelectual contemporâneo. Como é possível constatar, na atualidade, o "artivismo" transita pelas ambiências urbanas e digitais, pelos campos políticos, artísticos, sociais e educacionais, questionando institucionalidades e cânones do mundo atual.

Poderíamos afirmar que o desafio de repensar o ativismo artístico é que seria preciso compreender em que se funda a radicalidade de práticas que não se prestam a ser analisadas exclusivamente nem sob o critério de sua dimensão política ou levando-se em conta somente a natureza "artística": isto é, tendo em vista que justamente parecem recorrentemente ultrapassar as convenções de ambos os campos (Mesquita *et al.*, 2021; Di Giovanni, 2012 e 2015). As manifestações artivistas, ao assinalarem nos processos contemporâneos possibilidades de mudança social (uma radicalidade ou potência que não pode ser explicada em termos de eficácia institucional ou identidade lógica), indicam em geral sobreposições e intersecções complexas entre as experiências políticas e as experiências estéticas (Semova, 2019; Aznar Almazan e Clavo, 2007). O neologismo do termo "artivismo" sugere ainda que a análise dessas formas de ação de difícil definição representa um desafio, inclusive do ponto de vista lexical: assim arte, ativismo, estética e política, entre outros termos correlatos, são ao mesmo tempo insuficientes e demasiadamente vagos para dar conta desse fenômeno de grande complexidade (Di Giovanni, 2012 e 2015).

As imbricadas e complexas relações entre ativismos, arte, política e estética parecem ter na noção de (re)existência um elemento importante para a sua problematização. A tradicional noção de "resistência" vem sendo muito debatida e empregada em diversas análises desenvolvidas em variados campos do conhecimento: da resistência física dos corpos às resistências políticas, essas práticas vêm sendo analisadas especialmente por cientistas sociais (Spivak, 2018; Hall, 2013), os quais buscam contribuir para a compreensão das tensões – entre materiais, sujeitos, movimentos sociais – salientando ou criticando especialmente certa perspectiva dialética nos empregos desse conceito (Zanella, 2012). Isso porque a perspectiva clássica de resistência enfatiza as respostas ou negações colocadas diante de um poder opressor ou de modelos previamente constituídos num sentido mais dicotômico e binário. Dentro da perspectiva decolonial (Maldonado-Torres, 2017; Walsh, 2013; Mignolo, 2015), o esforço e a elaboração de (re)existências apontam para maneiras de sentir/pensar, agir e criar modos de existir no mundo que vão se constituindo por meio de várias insurgências e irrupções (re)inventadas no cotidiano, em que as práticas artísticas e os ativismos se colocam como um campo privilegiado de experimentações. Maldonado-Torres (2017) afirma, inclusive, que a noção de (re)existência – inicialmente proposta pelo artista e intelectual colombiano Adolfo Albán Achinte – é um tema crucial nas reflexões sobre decolonialidade, uma vez que estaria articulada às estéticas, práticas e pedagogias que operam no incerto e no contraditório, elaborando-se nos corpos, territorialidades e subjetividades, e desafiando ou desestabilizando a lógica moderna racional e colonial, tanto em suas práticas como em suas ontologias e epistemologias.

Mencionamos a noção de "(re)existência" aqui (inclusive no título desta apresentação) e a utilizamos justamente buscando escapar de uma perspectiva mais engessada, opositiva e binária das tensões sociais presentes e relevantes em determinado contexto. Nesta perspectiva, buscamos valorizar outros aspectos presentes nas atividades da vida social, caracterizadas pelas dinâmicas entre continuidade/descontinuidade, pelas possíveis articulações e negociações com o outro, bem como pela capacidade dos atores de se reinventarem e criarem fissuras (Walsh, 2013) nas estruturas vigentes. Além disso, procuramos enfatizar as pequenas táticas e astúcias cotidianas dessas formas de (re)existência, que são realizadas muitas vezes de maneira não totalmente organizada, com elementos mais intuitivos, afetuais e espontâneos. Em outras palavras, a noção de "(re)existência" parece dar mais conta de dinâmicas sociais cotidianas amplas e complexas, nas quais os atores não só resistem, mas também protagonizam, ocupam, negociam, escapam, existem, criam, perseveram, e assim por diante.

Evidentemente, podemos afirmar que a politização consciente da arte muitas vezes surge em resposta à percepção de que ela já é de alguma maneira politizada (Mesquita, 2011). Muitas vezes o desejo por mudanças sociais ou de (re)existência levou artistas a trabalharem dentro da esfera da arte, buscando se alinhar com movimentos sociais mais amplos e/ou romper com instituições artísticas consagradas (Bradley, 2021).

Ao mesmo tempo, ao longo da história diversos movimentos sociais acionaram diferentes expressões artísticas como uma forma de sensibilizar e mobilizar segmentos sociais mais significativos. Os exemplos mais palpáveis talvez sejam aqueles que envolvem o agenciamento da música – caso das canções de protesto que se tornaram uma espécie de hino de gerações, tais como *Blowin in the wind* (de Bob Dylan) ou *Pra não dizer que não falei das flores* (de Geraldo Vandré), e a realização de showmícios, os quais seguem ocorrendo em larga escala em diferentes localidade do globo – e da produção audiovisual – caso do uso de máscaras e elementos visuais de filmes e séries, tais como *V de Vingança*, *La Casa de Papel* e *Round 6*, amplamente ressignificados nas performances dos ativistas hoje atuantes. Nesse sentido, autores como Chaia (2007), Semova (2019) e Raposo (2015) salientam que é preciso levar em conta que há uma história do artivismo ao longo do século XX extremamente rica e inspiradora (inclusive para as gerações seguintes), a qual envolveu com grande frequência diversas correntes das chamadas vanguardas artísticas, tais como Dadaísmo, Surrealismo, Situacionista, *Pop Art*, Guerrilha Art, Fluxus, Border Art, entre tantos outros movimentos.[13]

Entretanto, Esche assinala que é preciso estar atento e observar que há também algumas diferenças entre o artivismo que caracterizou o século XX e o atual. Segundo ele, "[...] os artistas socialmente engajados da década de 2010 [...] parecem estar menos interessados que seus antecessores em conscientizar ou despertar um senso de responsabilidade coletiva; [...] ao mesmo tempo, parecem estar mais engajados em entender como os movimentos já existentes podem ser apoiados e fortalecidos por meio do agenciamento daquilo que já existe" (Esche, 2021, p. 15). Nesse sentido, também Mesquita salienta que o ativismo do século XXI propõe certa recomposição das ações políticas de caráter contestatório, articuladas em torno da formação de coletivos e de modos de participação inclusiva e direta. O autor identifica nos processos de experimentação estética uma postura dirigida para fora do "mundo da arte", na qual a autoria dá lugar à produção coletiva e os conceitos oriundos do universo político – guerrilha, tática, estratégia – passaram a se tornar cada vez mais centrais no processo criativo (Mesquita, 2011, p. 17).

É interessante assinalar ainda que a reinvenção das formas de protesto articuladas à criatividade plástica e a atenção à dimensão estética e simbólica das ações coletivas passaram ao mesmo tempo a assumir um lugar cada vez mais importante para os movimentos sociopolíticos no século XXI. Nesse sentido, *happenings* e performances, típicos do artivismo, são cada vez mais empregados como "táticas e astúcias" (De Certeau, 1998) do fazer político atual como parte de um conjunto de estratégias sensoriais e de espetacularização (Di Giovanni, 2015). Aliás, a espetacularização vem sendo crescentemente tratada como um ingrediente fundamental capaz de garantir alguma repercussão às várias iniciativas sociopolíticas e culturais colocadas em curso na contemporaneidade (Herschmann, 2005).

Tendo em vista a complexidade dos debates que atravessam o mundo do artivismo, sublinhamos que não há qualquer pretensão de esgotar a discussão sobre as potencialidades e os limites das chamadas práticas artivistas. Nesse sentido, os artigos reunidos neste livro buscam – a partir de seus respectivos "sujeitos" de estudo – analisar alguns tópicos relevantes para o desenvolvimento de uma abordagem interdisciplinar que em parte dê conta de repensar a dinâmica dessas formas híbridas, compreendidas – ainda que provisoriamente – no âmbito da noção polissêmica de "artivismo".

Assim, ao longo das três partes desta publicação, é possível encontrar dezenove artigos e ensaios não só de pesquisadores que estiveram palestrando no evento de novembro de 2021, mas também de outros que na ocasião não puderam colaborar e/ou de alguns que foram convidados *a posteriori* em função da relevância de suas respectivas investigações.

Dessa forma, na primeira parte do livro, intitulada "Muito além das distopias" – que apresenta essa ambiência "menos solar" da contemporaneidade –, o leitor encontrará um instigante artigo em que os pesquisadores Felinto e Grusin, analisando a gestão de Trump e Bolsonaro, sugerem que a governança hoje em vários países (especialmente em regimes menos democráticos) se daria por uma "mediação gore" (Valencia, 2010), isto é, por meio de diferentes mídias digitais, com o objetivo não apenas de comunicar posições políticas, mas especialmente de buscar "aterrorizar as populações locais" a aceitarem propostas de implementação de necropolíticas (Mbembe, 2018) e uma condição cada vez mais "precarizada" (Butler, 2018; Agamben, 2010). Em seguida, dialogando com Adorno e Horkheimer (1985) e empregando a simbologia das "sirenes/sereias"[14] da *Odisseia* de Homero, Buch analisa as sonoridades e narrativas que foram produzidas no contexto dos atentados de 13 de novembro de 2015, os quais atingiram especialmente os frequentadores da casa de espetáculo Bataclan (em Paris) e que deixou um saldo de mais de uma centena de mortos. Para o autor, esse tipo de atentado é um forte indício de que viveríamos em uma época marcada cada vez mais pela radicalidade e pelo ódio. Além disso, ele sublinha que a escolha dessa localidade boêmia e musical como alvo de ação violenta coloca em evidência as fortes tensões que vêm sendo geradas pelas alteridades culturais presentes na sociedade francesa contemporânea. Na sequência, Susca no seu ensaio faz as seguintes desconcertantes indagações: o que será do ser humano em um tempo caracterizado pela prevalência do mundo dos objetos, da mídia e das informações sobre o mundo dos sujeitos? Como interpretar a efervescência das redes sociais, a vivacidade das culturas urbanas, seus múltiplos excessos e a "coisificação" generalizada da vida? Para o autor, esse conjunto de questões assume um valor ainda mais urgente na conjuntura marcada pela pandemia de Covid-19, na qual se sente na própria pele a mediatização de nossa existência. Do ponto de vista desse autor, portanto, estaríamos experienciando uma profunda crise do humanismo: no mundo atual todos nos tornamos simultaneamente artistas, obras de arte e mercadorias. Fechando a primeira parte dessa publicação, adentramos o terreno movediço e fascinante da ficção científica pelas mãos da sociossemióloga Attimonelli. Em seu artigo, a autora busca repensar as perspectivas contemporâneas do Afrofuturismo, especialmente do ponto de vista audiovisual. Assim, ela analisa não só o imaginário "Sci-fi negro" em seus aspectos mais complexos relacionados não só com a indústria cinematográfica, mas também com o universo da música.

Abrindo a segunda parte, intitulada "Artivismos de gênero e/ou raciais", Rocha e Rizan problematizam a sua proposta de empreender um "movimento tentacular" (Haraway, 2019) que busca cartografar inúmeras iniciativas artivistas do país, analisando as polêmicas e as "políticas afrontosas" (Santos, 2020) e os dissensos desencadeados não só por artivistas de grande popularidade, tais como Linn da Quebrada, Jup do Bairro, Triz Rutzatz, Rico Dalasam, Gloria Groove e Liniker, mas também por coletivos muito atuantes, como Loka de Efavirenz e Rede de Jovens São Paulo Positivo. Em seguida Fernandes, Herschmann e Estevão analisam algumas ocupações "dissensuais" (Rancière, 1996) femininas dos espaços públicos da cidade do Rio de Janeiro nos últimos anos, as quais vêm agenciando e protagonizando manifestações significativas no universo cultural do samba. Os autores argumentam no texto que essas rodas e cortejos de samba, realizados e capitaneados por essas mulheres – que participam, por exemplo, da roda Samba que Elas Querem e do Bloco Mulheres Rodadas –, por meio de músicas, sons e gestos, atualizam as demandas feministas e pós-feministas que vêm emergindo com muita força desde o início da década de 2010. Logo em seguida, a partir do estudo de caso do coletivo artivista e transfeminista Mujeres al Borde, Serrano-Amaya problematiza a diversidade de iniciativas políticas que convergem nos artivismos de gênero e sexualidade. Tendo em vista o contexto da Colômbia do início do século XXI, o autor repensa as interfaces entre o que ele denomina de "políticas do desejo e políticas de paz", sublinhando a sua função e seus limites na transformação de significativos conflitos sociais locais. No registro da questão étnico-racial, Herschmann e Fernandes em seu artigo não só revisitam parte da história de (re)existência da música negra carioca, mas também esboçam uma "cartografia das controvérsias" (Latour, 2012), buscando repensar a recente atuação engajada de alguns coletivos e redes de música negra na cidade do Rio de Janeiro, especialmente aqueles articulados ao instituto e ao baile *Black* Bom, os quais vêm construindo "territorialidades sônico-musicais" e ressignificações potentes no cotidiano dessa metrópole. O argumento dos autores é que a atuação estético-comunicativa dessas redes musicais resilientes tem possibilitado colocar em cena tópicos de uma variada e renovada agenda de luta (que articula pautas do movimento negro com questões sensíveis das agendas feministas e de outras minorias). Em seguida, Guerra, a partir dos estudos de caso da produção musical híbrida do Fado Bicha e do artista Filipe Sambado, busca problematizar – a partir especialmente de uma análise das performances videográficas – a vitalidade dessas expressões musicais *queer* e o impacto dessa produção artivista no campo da música *pop* portuguesa contemporânea. Retomando as questões de gênero, Pereira de Sá no seu artigo analisa o videoclipe *Girl From Rio*, lançado em maio de 2021 pela cantora *pop* Anitta – cuja canção *sampleou* trechos da icônica música *Garota de Ipanema* –, problematizando especialmente a forma como esse produto audiovisual acaba produzindo tensões com os clichês celebrizados pela canção original, no que diz respeito à beleza e ao erotismo relacionados à mulher carioca (e, por extensão, esse videoclipe acaba colocando em xeque, de certa maneira, o imaginário tradicional da cidade do Rio de Janeiro e do gênero musical bossa nova). No sétimo artigo desta seção, Bidaseca revisita algumas obras da genial artista plástica cubana Ana Mendieta, buscando compreender as potencialidades do seu trabalho artivista – que quase sempre se colocava em tensão com a ordem heteronormativa patriarcal e, ao mesmo tempo, propunha uma relação intensamente afetiva com a Terra, isto é, de certa maneira – como sugere Bidaseca analisando os trabalhos mais emblemáticos de Mendieta –, propondo uma espécie de "*compost*" (Haraway, 2019) com a natureza. E, finalmente, nos dois últimos artigos dessa segunda parte da coletânea, o leitor encontrará a contribuição de dois artistas-pesquisadores a esse conjunto de discussões envolvendo questões raciais e de (trans e pós) gênero. No primeiro texto, Chris, The Red apresenta a sua obra "Oração a Contrapelo" (elaborada em 2021) como um pretexto para trazer à tona algumas discussões políticas/artísticas/religiosas, isto é, buscando repensar expressões da sexualidade e da contrassexualidade como formas de (re)existência. E, no segundo, Oliveira apresenta não só o trabalho educacional/artístico que ele e o coletivo de dança do qual participa vêm desenvolvendo junto a diferentes comunidades da cidade do Rio de Janeiro, mas também os agenciamentos realizados para a campanha publicitária da Farm/Adidas (que envolveram artistas do Passinho) em 2018 na *web*, a qual teve grande repercussão e gerou algumas polêmicas junto a diferentes segmentos sociais.

A última seção, intitulada "Ressignificações dos artivismos urbanos", é composta de cinco artigos que constroem um amplo painel, no qual os pesquisadores convidados analisam iniciativas artivistas bastante plurais que, de modo geral, elegeram o espaço público urbano como palco e/ou como pauta relevante para as manifestações estético-políticas analisadas. Assim, abrindo este último bloco, Luci Peréira e Bezerra ponderam a respeito da relevância das ocupações dos espaços das cidades e problematizam as formas de artivismo urbano construídas no âmbito das atividades que vêm sendo desenvolvidas nos últimos oito anos pela ocupação artística Ouvidor 63. Ao realizarem um trabalho de campo no qual avaliaram a atuação desses atores na 3ª Bienal de Artes (que foi realizada por essa rede no final de 2021), as autoras constataram a presença crescente de uma pauta interseccional que articula tópicos sensíveis para diferentes minorias (tais como mulheres, negros e migrantes) e as negociações dessa rede de coletivos com outros atores na cidade. No segundo artigo, Bieletto-Bueno busca refletir sobre a relação entre a cidade, os processos de construção da cidadania, sublinhando o papel das artivismos sonoros na ressignificação cotidiana do urbano. Ao longo do texto, a autora analisa alguns ricos exemplos recentes de formas de estetização das reivindicações dos atores que recorrem a diversos tipos de sonoridades como forma de luta. No artigo seguinte Troi, Colling e Batel reafirmam a dimensão performativa da produção dos espaços. A partir da teoria da performatividade e de uma revisão bibliográfica sobre o tema e notícias veiculadas na imprensa, esses autores buscaram fazer neste trabalho um balanço de um conjunto de discursos e de práticas sociais artivistas, a grande maioria associadas ao movimento *Black Lives Matter* (que se espalharam por diversas localidades do globo), avaliando a capacidade dessas em construir e atualizar a materialidade da cidade. Em seguida, La Rocca propõe um tipo de análise que valoriza não só as experiências efervescentes das ruas (inclusive de expressões de artivismos urbanos), mas também uma compreensão sensível da complexa e plural "climatologia" (Thibaud, 2015) das urbes. No penúltimo artigo, Diógenes nos transporta para as paisagens urbanas da cidade de Fortaleza para refletir sobre as intricadas relações entre modernização, memória e ruínas nas cidades brasileiras. Em seu texto, a autora destaca as artes de rua e em especial os coletivos que atuam em ruinas e prédios em vias de demolição com projeções e pixos, ressignificando espaços, temporalidades e olhares sobre a cidade. E, fechando essa publicação, Pires e Coelho tomam o projeto capitaneado pelo artivista holandês Anneloes Officier intitulado "O poder da 'imagem-ação': criatividade e transmemória em tempos de pandemia" como um pretexto para discutir três questões que expressam grande parte dos interstícios que caracterizam a complexidade da arte contemporânea: o fim da autoria; o limite entre o original e a cópia; e a transmemória das imagens.

Não poderíamos encerrar esta apresentação sem agradecer aos pesquisadores e assistentes de pesquisa que se engajaram de alguma maneira; isto é, não apenas aos que aceitaram participar em alguma medida desse conjunto de iniciativas (evento e livro), mas também àqueles que nos ajudaram na organização e preparação prévia desses produtos finais. Portanto, o nosso muito obrigado aos seguintes colaboradores: Carla Helal, Carolina Iara de Oliveira; Chris, The Red, Claudia Attimonelli, Erick Felinto, Esteban Buch, Fabio La Rocca, Flavia Queiroz, Gêsa Karla, Glória Diógenes, Helena Pires, Hugo Oliveira, Icaro Ferraz Vidal Junior, Jess Reia, José Serrano-Amaya, Karina Bidaseca, Leandro Cooling, Luciano CortaRuas, Luiza Kosovski, Marcelo de Troi, Megg Rayara Gomes de Oliveira, Natalia Bieletto-Bueno, Paula Guerra, Priscila Bittencourt, Priscila Miranda Bezerra, Richard Grusin, Simone Pereira de Sá, Susan Campos Fonseca, Susana Batel, Thiago Rizan, Vincenzo Susca e Zara Pinto-Coelho. Aproveitamos também essa oportunidade para agradecermos imensamente às duas principais agências de fomento à pesquisa do país – Capes e CNPq – pelo apoio fundamental que permitiu a realização do evento e deste livro.

Gostaríamos, ainda, de fazer duas advertências aos leitores. Primeiramente, sublinhamos mais uma vez que não se buscou aqui dar conta dos intermináveis debates que envolvem o artivismo. Diferentemente disso, salienta-se que há uma forte crítica que atravessa o livro em relação às saídas "lacradoras" e/ou "redentoras", isto é, partimos de uma forte convicção de que o caminho mais profícuo é certamente "seguir com o problema" e atuar de forma solidária e mais coletiva. Em outras palavras, os organizadores deste livro partem do pressuposto de que o diálogo e o "fazer com" são fundamentais para "seguir com o problema" (Haraway, 2019). E que é essa postura colaborativa e interdependente que permanecerá capacitando aos atores "re-existirem", ressignificando o seu cotidiano com "táticas e astúcias" (De Certeau, 1998). Quem sabe assim continuarão sendo capazes de (re)construir "heterotopias" (Lefebvre, 2004; Harvey, 2013) potentes e seguirão desenvolvendo perspectivas mais "afetivas" em relação ao que seria da ordem do "comum".[15]

E, em segundo lugar, advertimos também que essa publicação é dirigida a um público mais amplo, interessado em compreender o crescimento expressivo das práticas artivistas. Ou seja, não necessariamente está dirigida a um público acadêmico ou é dedicada somente aos ativistas e artivistas. Em suma, buscou-se ao longo dessa publicação oferecer mais elementos para ampliar a problematização da complexidade do fenômeno da forte presença do artivismo na atualidade: seja nas suas tensões e articulações, nos levantes e negociações, e até nas desobediências civis ou dinâmicas dissensuais mais radicais.

Notas

[1] Para mais informações sobre esses movimentos que marcaram a década de 2000, conferir: Hardt e Negri, 2016; Castells, 2017.

[2] Brant, Danielle. Supremacista branco é condenado por morte de manifestante em Charlottesville, *Folha de S.Paulo*, 7 dez. 2018. Disponível em: <https://www1.folha.uol.com.br/mundo/2018/12/supremacista-branco-e-condenado-por-morte-de-manifestante-em-charlottesville-nos-eua.shtml>. Acesso em: 16 dez. 2021.

[3] Redação Mundo. *Artista francês cria instalação na fronteira entre EUA e México, O Globo*, 09 set. 2017. Disponível em: <https://oglobo.globo.com/mundo/artista-frances-cria-instalacao-na--fronteira-entre-eua-mexico-21804953>. Acesso em: 2 dez. 2021.

[4] Para mais informações sobre esse movimento que alcançou escala global, conferir o seguinte link: <movimento-black-lives-matter-em-ny.shtml>. Acesso em: 15 dez. 2021.

[5] A 14ª Documenta foi realizada na Grécia pela primeira vez e causou muita polêmica. Bastava entrar na sala do vídeo Glimpse do polonês Artur Żmijewski para ser impactado por fortes imagens. Nessa instalação e em outros trabalhos exibidos, o visitante era interpelado por cenas violentas vividas nos campos de refugiados em Calais, Yayladagi, Dadaab ou mesmo no aeroporto de Berlim; ou que retratam o difícil cotidiano de imigrantes legais e ilegais nas ruas de grandes capitais europeias. Mais informações: Germano, Beta. Artistas e curadores se unem para combater a crise dos refugiados, *Casa Vogue*, 15 fev. 2018. Disponível em: <https://casavogue.globo.com/Lazer-Cultura/Arte/noticia/2018/02/artistas-e-curadores-se-unem-para-combater-crise-dos-refugiados.html>. Acesso em: 29 nov. 2021.

[6] "Que o @NegodoBorel faça o que ele quiser com a cara dele, mas que a idiotização à qual ele se presta não venha atravessar as verdades construídas diariamente por tanta gente, visíveis e invisíveis (afirma Rico Dalasam)". Disponível em: <https://catracalivre.com.br/cidadania/clipe--de-nego-do-borel-e-criticado-por-comunidade-lgbt/>. Acesso em: 19 dez. 2021).

[7] Ristow, Fabiano. Santander cancela exposição *Queermuseu*, *Extra*, 11 set. 2017. Disponível em: <https://extra.globo.com/tv-e-lazer/santander-cultural-cancela-exposicao-queermuseu-cartografias-da-diferenca-na-arte-brasileira-21807796.html>. Acesso em: 21 nov. 2021).

[8] Miranda, Giuliana. Wagner Moura diz que há censura no Brasil em sessão de Marighella em Lisboa, *in*: *Folha de São Paulo*, 18/11/2019. Disponível em: <https://www1.folha.uol.com.br/ilustrada/2019/11/wagner-moura-diz-que-ha-censura-no-brasil-em-sessao-de-marighella-em-lisboa.shtml>. Acesso em: 24/11/2021.

[9] Jucá, Beatriz. Justiça veta censura homofóbica de Crivella na Bienal do Livro do Rio, *El País Brasil*, 6 set. 2019. Disponível em: <https://brasil.elpais.com/brasil/2019/09/06/politica/1567794692_253126.html>. Acesso em: 24 nov. 2021).

[10] Guerra, Rayanderson. Desembargador censura Especial de Natal do Porta dos Fundos na Netflix para acalmar ânimos, *O Globo*, 9 jan. 2020. Disponível em: <https://oglobo.globo.com/politica/desembargador-censura-especial-de-natal-do-porta-dos-fundos-na-netflix-para-acalmar-animos-24178422>. Acesso em: 12 nov. 2021.

[11] Redação. Carlos Bolsonaro critica evento Facada Fest, *IG Último Segundo*, 19 jun. 2019. Disponível em: https://ultimosegundo.ig.com.br/politica/2019-06-19/carlos-bolsonaro-critica-evento-facada-fest-pais-da-putaria-da-esquerda.html>. Acesso em: 10 nov. 2021.

[12] É possível acessar as conferências ministradas nesse seminário internacional e o debate com o público no canal do YouTube. Disponível em: <https://www.youtube.com/channel/UCTLbF_DEXO_KlWlPEgCDRzw>. Acesso em: 3 dez. 2021.

[13] Para obter uma lista mais ampla das expressões artísticas ativistas que marcaram o século XX e, ao mesmo tempo, mais informações sobre estas: sugerimos conferir Mesquita *et al*., 2021.

[14] Em francês a palavra "sirene" significa não só sereia, mas também sirene. O autor explora essa ambiguidade no, artigo problematizando a simbologia das sereias e o fato de as sirenes não terem parado de tocar muito alto na noite em que esses atentados ocorreram, aterrorizando sonoramente também os moradores de Paris. A sensação de pânico intensificou-se com o barulho das sirenes e a decretação imediata de "estado de emergência" pelo governo francês naquela ocasião.

[15] O "comum", para Hardt e Negri, está diretamente associado ao debate ecológico que envolve a discussão dos usos da terra, água, minérios e outros importantes recursos. Contudo, também

estaria relacionado à "produção social do comum" que se encontra disponível na vida social (seja presencial ou na *web*) e vem possibilitando gerar conhecimentos, informações, afetos e memória que são cruciais para a geração de riqueza na atualidade. Apoiando-se na noção de afeto, felicidade e alegria (*gaudium*) consagradas por Spinoza em boa parte de sua obra, esses autores partem do pressuposto de que esses sentimentos podem potencializar positivamente novas dinâmicas sociais e (re)agenciamentos do comum. Os autores chegam a argumentar que o "amor é uma prática do comum [...] e é capaz [...] de gerar novas formas de viver juntos, as quais afirmariam a autonomia e a interação de singularidades" (Hardt e Negri, 2016, p. 380).

Referências

ADORNO, Theodor; HORKHEIMER, Max. *Dialética do Esclarecimento*. Rio de Janeiro: Zahar, 1985.

AGAMBEN, Giorgio. *Homo Sacer*. Belo Horizonte: Ed. UFMG, 2010.

ALLIEZ, Eric; LAZZARATO, Mauricio. *Guerras e Capital*. São Paulo: Ubu Editorial, 2021.

AMARAL, Adriana; SOUZA, Rosana Vieira; MONTEIRO, Camila. De westeros no #vemprarua à shippagem do beijo gay na TV brasileira. *Galáxia*. São Paulo: PUC-SP, 2015.

AZNAR ALMAZAN, Yago; CLAVO, Maria I. Arte, política y activismo. *Concinnitas – Revista do Instituto de Artes da UERJ*, Rio de Janeiro, ano 6, v. 1, n. 10, 2007.

BRADLEY, Will. Introdução. *In*: MESQUITA, André *et al*. (org.). *Arte e ativismo*. São Paulo: MASP/Afterall, 2021.

BUTLER, Judith. *Corpos em aliança e a política das ruas*. Rio de Janeiro: Civilização Brasileira, 2018.

CASTELLS, Manuel. *Redes de indignação e esperança*. São Paulo: Companhia das Letras, 2017.

CHAIA, Miguel. Artivismo. *Aurora – Revista de Arte, Mídia e Política*. São Paulo: PUC-SP, n. 1, 2007.

DE CERTEAU, Michel. *A invenção do cotidiano*. Petrópolis: Vozes, 1998.

DI GIOVANNI, Julia R. *Artes do impossível*. São Paulo: Annablume, 2012.

DI GIOVANNI, Julia R. Artes de abrir espaço. *Cadernos de Arte e Antropologia*, v. 4, n. 2, pp. 13 - 27, 2015.

ESCHE, Charles. Prefácio à segunda edição. *In*: MESQUITA, André *et al*. (org.). *Arte e ativismo*. São Paulo: MASP/Afterall, 2021.

HALL, Stuart. *Da diáspora*. Belo Horizonte: Ed. UFMG, 2013.

HARAWAY, Donna. *Seguir con el problema*. Bilbao: Edición Consonni, 2019.

HARDT, Michael; NEGRI, Antonio. *Bem-Estar comum*. Rio de Janeiro: Record, 2016.

HARVEY, David. *Espaços de esperança*. São Paulo: Edições Loyola, 2013.

HERSCHMANN, Micael. Espetacularização e alta visibilidade. *In*: FREIRE FILHO, João; HERSCHMANN, Micael (org.). *Comunicação, Cultura e Consumo*. Rio de Janeiro, Ed. E-Papers, 2005.

KIFFER, Ana; GIORGI, Gabriel. *Ódios políticos e políticas do ódio*. São Paulo: Bazar do Tempo, 2019.

LATOUR, Bruno. *Reagregando o social*. Salvador: EDUFBA, 2012.

LEFEBVRE, Henri. *A Revolução Urbana*. Belo Horizonte: Ed. UFMG, 2004.

MALDONADO-TORRES, Nelson. El arte como territorio de re-existencia: uma aproximación decolonial. *Iberoamérica Social: revista-red de estudios sociales*, n. 8, pp. 26 - 28, 2017.

MBEMBE, Achille. *Necropolítica*. São Paulo: N1-Edições, 2018.

MESQUITA, André *et al*. (org.). *Arte e ativismo*. São Paulo: MASP/Afterall, 2021.

MESQUITA, André. *Insurgências poéticas*. São Paulo: Annablume, 2011.

MIGNOLO, Walter. *Trayectorias de re-existencia*: ensayos en torno a la colonialidad/decolonialidad del saber, el sentir y el crer. (org. por Pedro Pablo Gómez). Bogotá: Universidad Distrital Francisco José de Caldas, 2015.

MORAIS, Pedro F. A Bienal de Berlim declarou guerra. *Público*, 15 jul. 2018. Disponível em: <https://www.publico.pt/2018/07/15/culturaipsilon/noticia/berlim-1836566>. Acesso em: 20 dez. 2021.

RANCIÈRE, Jacques. *O desentendimento*. São Paulo: Ed. 34, 1996.

RANCIÈRE, Jacques. *O ódio à democracia*. São Paulo: Boitempo, 2014.

RAPOSO, Paulo. Artivismo: articulando dissidências, criando insurgências. *Cadernos de Arte e Antropologia*, v. 4, n. 2, pp. 3 - 12, 2015.

SANTOS, Thiago Henrique Ribeiro. Fazendo política no cu do mundo: decolonialidade queer na performance de Hija de Perra. *Revista Bagoas*, v. 13, n. 21, 2020.

SEMOVA, Dimitrina J. *et al.* (ed.) *Entender el artivismo*. Oxford: Peter Lang, 2019.

SPIVAK, Gayatri. *Pode o subalterno falar?* Belo Horizonte: Ed. UFMG, 2013.

THIBAUD, Jean-Paul. *En quête d'ambiances*. Éprouver la ville en passant. Génève: MetisPresses, 2015.

VALENCIA, Sayak. *Capitalismo Gore*. Barcelona: Melusina, 2010.

WALSH, Catherine (ed.). *Pedagogías decoloniales*: prácticas insurgentes de resistir, (re)existir y (re)vivir. Tomo 1. Quito: Ed. Abya Yala, 2013.

ZANELLA, Andréa V. *et al.* Sobre reXistências. *Revista Psicologia Política*. v. 12, n. 24, 2012.

Parte I
Muito além das distopias

Mediação gore e o *bromance* de Jair Bolsonaro e Donald Trump

Erick Felinto
Richard Grusin

Resistência e conformidade

Como em grande parte da América Latina, a história brasileira é marcada por múltiplas instâncias de resistência popular e confronto com os poderes estabelecidos. Dos quilombos do século XVII – comunidades de pessoas escravizadas, fugidas, que lutaram para manter sua liberdade e mudar a estrutura do trabalho servil – às táticas de guerrilha empregadas pela esquerda combatente contra a ditadura militar dos anos 1960 e 1970, a cultura brasileira quase sempre demonstrou extraordinário espírito de contestação ante instituições e governos autoritários. Paradoxalmente, porém, esses episódios de resistência também têm sido frequentemente refutados por um impulso conciliatório presente na cultura brasileira. A população local geralmente gosta de evitar confrontos, e um dos mitos fundadores de sua identidade nacional é a noção de uma harmonia racial idílica entre brancos, negros e as comunidades indígenas. A irrealidade dessa harmonia é reiteradamente demonstrada pelo tratamento desigual dado às populações marginalizadas das favelas brasileiras pelo aparato policial do Estado. Um símbolo perfeito dessa tendência conciliatória é talvez a Lei da Anistia de 1979, que concedeu indulto pleno a todos os crimes cometidos durante a ditadura militar (de ambos os lados do conflito). Para Reis, essa lei acabou criando um pacto social de silêncio que resultou no esquecimento dos horrores da ditadura (Reis, 2010). Tal espírito conciliatório preserva o *status quo*, mantendo as desigualdades sociais, políticas e econômicas.

Com o surgimento das mídias eletrônicas e das redes sociais, a retórica da conciliação social serviu para alimentar uma série de ataques ao Partido dos Trabalhadores (PT) nas eleições presidenciais de 2018. O PT foi repetidamente acusado de promover, durante seus 14 anos no poder (com o presidente Luiz Inácio "Lula" da Silva e a presidenta Dilma Rousseff), conflitos entre ricos e pobres, brancos e negros, ou maiorias e minorias, fraturando assim a estrutura supostamente harmoniosa da sociedade brasileira. Imerso em um escândalo de corrupção, o Partido dos Trabalhadores não conseguiu resistir efetivamente ao uso massivo das mídias sociais por seu principal oponente, Jair Bolsonaro, que se vendeu para o público brasileiro como o oposto de uma esquerda corrupta e ineficiente, interessada sobretudo em promover uma agenda "comunista" e destruir as instituições tradicionais, como a Igreja e a família. No terceiro ano de sua presidência, porém, o próprio Bolsonaro enfrentava múltiplas acusações de suborno e de sabotar intencionalmente o programa de vacinação do país.

Talvez um dos aspectos mais interessantes da situação política brasileira seja a forma como tanto o *status quo* quanto as forças que se opõem a ele vêm elaborando sua luta na arena da mídia digital, por meio de várias estratégias intermediárias. Por exemplo, nas demonstrações contra Bolsonaro em maio de 2021, a frase "vai responder não, puta?" tornou-se um bordão popular nas mídias sociais e em muitos cartazes erguidos pelos manifestantes. A frase foi cunhada pelo humorista e youtuber Esse Menino, em uma referência aos mais de 50 e-mails não respondidos enviados pela empresa farmacêutica Pfizer oferecendo sua vacina contra a Covid-19 ao governo brasileiro. Após a transposição de um vídeo no YouTube para vários memes na internet, o chavão tornou-se um importante *slogan* de protesto da insatisfação popular com as medidas de Bolsonaro para lidar com a pandemia. Embora possa soar sexista para alguns, o uso da palavra "puta" na frase evoca uma série de diferentes conotações afetivas típicas das sutilezas da cultura brasileira – tanto positivas quanto negativas. Se "puta" é definitivamente uma ofensa para a classe média conservadora, ela é frequentemente usada como um termo carinhoso entre mulheres e travestis. Essa palavra pode também se referir indiretamente e ironicamente à apresentação de Bolsonaro como um "estranho" (*outsider*), alguém que veio das franjas do sistema político tradicional brasileiro, considerado por muitas e muitos intrinsecamente corrupto.

Tal reivindicação da condição de *outsider* é uma das muitas semelhanças entre Bolsonaro e Trump, cujas campanhas foram concebidas em torno da ideia de que os problemas de seus países só poderiam ser resolvidos por indivíduos dispostos a "resistir" ao *status quo*, às armadilhas e aos compromissos da política tradicional. Neste sentido, Steve Bannon, principal estrategista de campanha de Trump, pode ser considerado um vínculo estranho entre Bolsonaro e o ex-presidente dos Estados Unidos. Como mostra Benjamin Teitelbaum em seu livro sobre política e tradicionalismo, Bannon considera Trump um exemplo da "inversão do *status quo* anterior" que colaborou indiretamente para sua ascensão – como o próprio Bolsonaro – (2020, p. 110)[1], ao mesmo tempo em que compartilha algumas crenças fundamentais com o guru espiritual e político de Bolsonaro, Olavo de Carvalho, como a necessidade de reformar completamente a Educação Básica no Ocidente e criar escolas com o propósito de fazer "metapolítica" (Teitelbaum, 2020, p. 168).

Embora caracterizado por suas próprias particularidades nacionais e culturais, o cenário brasileiro não é absolutamente único. A inquietante combinação de uma história de resistência com uma ideologia de igualdade racial e política percorre boa parte da história dos Estados Unidos, cujo documento fundador é sua revolucionária Declaração da Independência do domínio britânico. Mas, apesar da opinião de Thomas Jefferson de que os EUA não passariam mais de 20 anos sem algum tipo de "rebelião" política, a nação é dominada por uma classe política relativamente estável dividida entre dois partidos, cada qual conciliador diante do capital. Retomamos essa comparação entre o Brasil e os EUA para começar a enquadrar nossa discussão sobre a curiosa relação que se formou entre Jair Bolsonaro e Donald Trump, ao longo dos dois primeiros anos do mandato de Bolsonaro. A afeição de Bolsonaro pelo supremacista branco e corrupto, ex-presidente dos EUA, derivou menos das posições políticas de Trump do que de seu perfil afetivo nas mídias sociais. A imitação de muitas das estratégias distintivas da campanha de Trump para utilizar a comunicação digital e as mídias sociais como ferramentas políticas ajudou Bolsonaro tanto a administrar uma campanha eleitoral bem-sucedida quanto a administrar mal a nação brasileira em seu primeiro mandato como presidente.

Neste ensaio, argumentamos que os paralelos entre Trump e Bolsonaro podem ser frutuosamente compreendidos pelo conceito de "mediação gore", que aproxima dois outros conceitos teóricos: *gore capitalism*" (capitalismo gore) e "*premediation*" (pré-mediação). O conceito de "capitalismo gore" cunhado por Sayak Valencia baseia-se na proposta de que discursos primeiro-mundistas devem prestar atenção às formas de resistência desenvolvidas nos interstícios dos "mundos periféricos" localizados nas margens e fronteiras do globo (Valencia, 2018, p. 3). Se, como afirma Valencia, o capitalismo gore expressa a extrema violência de um sistema econômico hoje pautado na acumulação de corpos e mortes como um negócio lucrativo, então a resistência deve ser feita por meio da criação de sujeitos "que fundamentam sua existência na reinvenção da agência a partir de uma crítica, uma recusa à adaptação e desobediência geral" (Valencia, 2018, p. 187). A pré-mediação, por sua vez, implica o uso sistemático de uma lógica peculiar de antecipação, que tenta pré-mediar uma série de futuros potenciais por meio de formatos da mídia impressa, televisiva e social, como notícias, jogos, ficção especulativa e simulações visuais (Grusin, 2010). A pré-mediação atua afetivamente, perpetuando baixos níveis de medo e ansiedade como forma de preparar os elementos humanos e não humanos do sistema midiático para resistir aos choques produzidos pelo capitalismo gore, tanto com o uso de atos violentos contra Estados-nação quanto por meio de atos de violência simbólicos (e muito reais) cometidos pelos governos nacionais contra seus cidadãos. Bolsonaro e Trump empregam estratégias de mediação com o mesmo objetivo do capitalismo gore: aterrorizar seus oponentes multiplicando as pré-mediações de violência autoritária. Chamamos essa estratégia de acúmulo real e virtual de corpos e mortes de "mediação gore". Argumentamos que Trump – e, em sua esteira, Bolsonaro – tomou posse e exerceu seus poderes autoritários transformando as mídias sociais em armas para retratá-lo como estrangeiro político, resistindo aos poderes dominantes de sua nação e como fonte autoritária de mediação gore. Um de nossos objetivos neste ensaio é incitar o desenvolvimento de mecanismos de resistência dentro do escopo dessas lógicas, formatos e práticas midiáticas.

O Trump dos Trópicos

Em 8 de janeiro de 2020, a mídia brasileira cobriu com entusiasmo o que parecia ser um fato bastante trivial: o presidente Jair Bolsonaro gravou um vídeo ao vivo para suas redes sociais enquanto assistia ao discurso de Donald Trump sobre os então recentes ataques às bases militares norte-americanas no Iraque pelas forças iranianas. O vídeo consistiu basicamente em imagens de Bolsonaro acompanhando atentamente a tradução em português do discurso de Trump, com algumas observações posteriores sobre os erros cometidos por seu predecessor esquerdista, o ex-presidente Luiz Inácio "Lula" da Silva, com relação à política externa. Devido aos efeitos irônicos da hipermediação (Trump é exibido na televisão de Bolsonaro e toda a cena é reproduzida em redes digitais, apenas para ser posteriormente remediada por meios analógicos tradicionais, como a imprensa e a televisão), essas imagens ofereceram rico material para a produção de memes que foram amplamente compartilhados na internet. Alguns desses memes exploraram a admiração exagerada de Bolsonaro por Trump, que muitas pessoas no

Brasil consideram contraditória ao seu discurso nacionalista, enquanto outros exploraram a relação conflituosa entre Bolsonaro e Lula. Em um desses memes, por exemplo, a imagem na televisão de Bolsonaro é de Lula na praia vestindo um traje de banho, acompanhado do logotipo da versão brasileira de *Ex on the beach* (*De férias com o ex*), um *reality-show* popular da MTV. Em outro, Bolsonaro apenas olha para Trump e diz: "Te amo". Este segundo meme expressa bem a ideia de Bolsonaro como o "Trump dos Trópicos", um tropo que tem sido repetidamente reforçado pela mídia brasileira e internacional (Phillip, 2020).

De fato, desde o início de seu mandato, Bolsonaro fez questão de destacar sua suposta relação próxima com o presidente norte-americano e o alinhamento da política de seu governo com os ideais e valores norte-americanos. A veneração despudorada de Bolsonaro pelos Estados Unidos tem frequentemente atingido patamares risíveis, como quando saudou a bandeira norte-americana durante um evento promovido pela Câmara de Comércio, em Dallas, em maio de 2019. Durante o mandato de Trump, Bolsonaro manteve que sua "amizade" com o então presidente norte-americano era extremamente benéfica para as empresas e a economia brasileira. Qualquer benefício prático dessa dita parceria entre os países, entretanto, era difícil de se determinar. Enquanto o governo brasileiro continuava tentando agradar Trump com privilégios como a concessão do uso da base militar de Alcântara, no Maranhão, para lançamento de satélites norte-americanos, ou a isenção de todos os requisitos de visto para turistas estadunidenses, Trump respondeu retirando seu apoio anteriormente prometido à adesão do país à OCDE (Organização para Cooperação e Desenvolvimento Econômico). Mesmo após Trump ter retirado o Brasil, em fevereiro de 2020, da lista de nações emergentes que gozam de tratamento especial em termos de comércio internacional, Bolsonaro defendeu seu homólogo norte-americano das frequentes críticas da mídia estadunidense. "O cara diminuiu o desemprego, melhorou a economia, atendeu os latinos que estão lá [...] será que notícia boa a imprensa não vende? Será que é isso?" (Andrade, 2020). *Carta Capital*, um importante meio de comunicação brasileiro, chegou ao ponto de definir o *bromance* entre Bolsonaro e Trump como uma história ridícula de amor não correspondido, algo que "seria cômico se não fosse trágico" (Prates, 2020) para a nação sul-americana.

Grande parte da persona de Bolsonaro foi construída sobre um imaginário autoritário que, embora parte integrante da cultura brasileira, é também uma característica dos eleitores republicanos de direita nos EUA, que são marcadamente mais autoritários do que seus equivalentes democratas. O imaginário autoritário brasileiro é resultado de séculos de políticas exploradoras e excludentes na história do país. Pesquisas recentes mostram que, em uma escala de 1 a 10, a população brasileira tende a pontuar 8.1 em termos de inclinações autoritárias (Lima, *et al.*, 2020). É particularmente significativo que os números mais altos sejam encontrados entre as pessoas não brancas. Várias explicações para este fenômeno poderiam ser levantadas aqui, mas o passo mais relevante é reconhecer a forte tendência ao autoritarismo inerente à cultura brasileira. Essa é uma expressão interessante das muitas contradições envolvidas na dialética de resistência e conformidade presente na cultura brasileira. Muitos dos apoiadores de Bolsonaro veem suas tendências autoritárias como corajosos atos de resistência às pressões do *establishment* corrupto, muitas vezes simbolizado por instituições como o Supremo Tribunal Federal (STF). Bolsonaro faz jus ao seu apelido de "mito", devido não apenas à sua "coragem" de expressar noções as mais ultrajantes, sem qualquer filtro, mas também à sua defesa da violência como uma solução abrangente para os problemas brasileiros. Isso se aplica ao problema da criminalidade nas grandes cidades, e também aos obstáculos criados pelas instituições e pela burocracia brasileira. Muitos de seus seguidores chegam ao ponto de defender a ideia de um "golpe legal", por meio do qual Bolsonaro poderia governar sem os entraves legislativos criados por instituições como o STF.

Esse raciocínio, semelhante àquele sob o qual Trump foi eleito e governou, não poderia ser mais direto: se apenas Bolsonaro fosse deixado em paz, livre de todos os mecanismos incômodos que mantêm o equilíbrio do poder em uma sociedade democrática, então problemas endêmicos como a corrupção finalmente desapareceriam. Embora constantemente envolvidos em escândalos de corrupção, Bolsonaro e sua família (seus filhos Eduardo, Flávio e Carlos são, respectivamente, um deputado federal, um senador e um vereador) foram eleitos com base em uma plataforma anticorrupção. A candidatura de Bolsonaro veio na esteira do enorme escândalo de corrupção envolvendo o Partido dos Trabalhadores e que resultou na prisão do ex-presidente Lula. Essa total contradição entre uma retórica anticorrupção e ações consistentemente corruptas também representou a administração e a família de Trump, particularmente os filhos Eric e Don Jr., a filha Ivanka e seu marido Jared Kushner.

A admiração quase servil de Bolsonaro por Trump, entretanto, parece ir além de um autoritarismo mútuo e do mero fascínio pelo modelo norte-americano de capitalismo e governança; essa se baseia também em conexões interpessoais específicas entre os dois círculos. Segundo o filho de Bolsonaro, Eduardo, Steve Bannon, o principal estrategista da campanha de Trump, forneceu à equipe do presidente brasileiro "dicas" e orientações valiosas antes das eleições de 2018. Alguns até suspeitam que o apoio de Bannon foi mais formal e consistente do que apenas algumas dicas. Segundo Ciro Gomes, que também foi candidato nas eleições presidenciais de 2018, Bannon provavelmente foi o responsável pelo caixa dois que financiou a distribuição maciça de mensagens com informações falsas sobre o principal adversário de Bolsonaro, Fernando Haddad, no WhatsApp. A campanha de Bolsonaro é atualmente alvo de uma investigação envolvendo um grupo de empresários que supostamente gastou mais de doze milhões de reais (mais de dois milhões de dólares, de acordo com as taxas de câmbio atuais) com propaganda anti-PT no WhatsApp, estratégia tirada diretamente da cartilha de Bannon.[2] Esse magnata da mídia pode assim ser visto como uma conexão "midialógica" entre Trump e Bolsonaro, uma peça importante do mecanismo necropolítico que jaz no centro de ambos os governos.

O uso feito por Bolsonaro do WhatsApp baseia-se principalmente no poder multiplicador da plataforma, que facilita a distribuição de conteúdo entre grupos fechados e fora deles. Pesquisas demonstram a maleabilidade e o caráter intermediário da plataforma, uma vez que pelo menos 60% de seu conteúdo compartilhado vem de sites como YouTube, Twitter e Instagram. Esse padrão é típico do que pode ser chamado de sistema midiático híbrido (*hybrid media system*), que rejeita uma perspectiva linear de evolução midiática "em favor de uma intricada rede tecnológica e social que intercala e cruza agendamentos entre os meios de massa e as plataformas digitais" (Piaia e Alves, 2020, p. 138)[3]. No Brasil, o WhatsApp é usado por pelo menos 120 milhões de pessoas. Para muitos usuários, o aplicativo é considerado uma fonte de informação mais segura do que a maioria das outras redes sociais, como Facebook e Twitter; paradoxalmente, pesquisas mostram que mais de 14% das pessoas compartilham intencionalmente informações falsas na plataforma (Baptista *et al.*, 2019). Segundo Piaia e Alves, a estratégia midiática de Bolsonaro é bastante similar à das campanhas *Brexit* e de Trump, especialmente no que diz respeito ao uso de estratégias subterrâneas de comunicação não oficial (2020, *ibid.*).

Que tipos de elos concretos podem ser traçados entre a campanha de Bolsonaro e os métodos de Bannon? Em *Guerra pela eternidade* (2020), Benjamin Teitelbaum oferece indícios para especulações sobre a conexão Bannon por meio da mediação de Olavo de Carvalho, o "guru" político de Bolsonaro. No capítulo "Jantar na embaixada", Teitelbaum descreve um encontro fascinante realizado em janeiro de 2018, onde Bannon recebeu Carvalho e empresários brasileiros em sua residência, em Washington. Esse evento social foi motivado principalmente pelo interesse de Bannon em Carvalho, uma *éminence grise* muito controversa no círculo de Bolsonaro: um ex-astrólogo que se tornou um popular "filósofo" de YouTube e comentarista político. Dois meses após essa reunião, o próprio Bolsonaro estaria presente em outro jantar com Steve Bannon, desta vez na casa do embaixador brasileiro em Washington.

Segundo Teitelbaum, a decisão do embaixador de convidar Steve para o jantar também fora provocativa. Bannon não ocupava mais nenhum cargo oficial na Casa Branca ou no governo "[...] A lista de convidados da embaixada testemunhou, portanto, o *status* elevado de que Steve desfrutava aos olhos do governo brasileiro, mas também a confiança de Bolsonaro em seu relacionamento com Trump. Idolatrando o presidente dos Estados Unidos e nunca perdendo a oportunidade de elogiá-lo nas redes sociais, ele o encontrara no dia seguinte na Casa Branca com uma camisa de futebol brasileira estampada com o nome de Trump" (Teitelbaum, 2020, p. 171).

Diante dessas conexões, faz sentido que Teitelbaum dedique várias páginas de seu livro a Bolsonaro e Carvalho. Se sua hipótese estiver correta, ambos são atores importantes de um círculo mundial de formadores de opinião decididos a lutar contra o globalismo e a criar uma nova ordem global reacionária e espiritual, na qual os Estados Unidos devem assumir a posição de líder estratégico da civilização ocidental. A relação de Carvalho com Bannon também prova ser um importante elemento do *bromance* entre Bolsonaro e Trump.

Considerado o mais importante mentor intelectual contemporâneo dos neoconservadores brasileiros, Carvalho tornou-se um agente-chave para a transformação do cenário político do país. Com mais de 705 mil seguidores no Twitter desde 30 de julho de 2021, Carvalho tem se engajado ativamente em uma "guerra cultural" cujo objetivo principal é desfazer o suposto domínio da esquerda sobre a mídia, o governo e as instituições acadêmicas – uma manobra semelhante, se não modelada a partir, às guerras culturais de Bannon, Trump e do Partido Republicano. Após uma longa carreira como astrólogo profissional, Carvalho ganhou fama com artigos antiesquerdistas controversos, publicados em diferentes jornais e revistas. Seus "cursos de filosofia" *on-line* foram assistidos por mais de doze mil pessoas, a maioria das quais tornou-se "discípulo" do mestre. Carvalho é um colaborador fundamental para o desenvolvimento do imaginário neoconservador brasileiro. Baseado na ideia de uma conspiração global para o estabelecimento de um regime transnacional de esquerda, esse imaginário apresenta Bolsonaro e Carvalho como figuras messiânicas capazes de salvar o Brasil dos perigos do comunismo internacional. É precisamente esse caráter messiânico de sua missão que legitima as aspirações autoritárias de Bolsonaro entre seus apoiadores. Segundo essa perspectiva, ele seria a única pessoa capaz de assegurar a preservação dos valores cristãos tradicionais em uma guerra contra indígenas, intelectuais de esquerda, pessoas LGBTQIA+ e quem mais possa ameaçar a estabilidade da visão de mundo conservadora. Essas guerras culturais marcam outro importante paralelo entre a atual administração brasileira e a ex-administração norte-americana, bem como o sentimento entre seus apoiadores evangélicos de que Trump, assim como Bolsonaro, fora escolhido por Deus. Essas e outras semelhanças contribuíram para a repetida caracterização de Bolsonaro como o Trump dos Trópicos.

A política de gênero heteropatriarcal de Bolsonaro tem suas raízes nas eleições de 2014, quando o Brasil elegeu o Congresso Nacional mais conservador até os dias atuais, no qual os evangélicos desempenharam papel fundamental. A deputada Erika Kokay, do partido de oposição PT, cunhou a expressão "bancada BBB" – "bala", "boi" e "bíblia" – para descrever essa facção política conservadora composta de ex-militares e defensores do armamento civil, latifundiários e evangélicos. Como as mulheres brancas da periferia que apoiam Trump, as mulheres evangélicas não se identificam com o feminismo e se engajam na luta contra o que cristãos brasileiros têm definido como "ideologia de gênero", política que teria sido supostamente promovida pelo PT. Dentro do imaginário neoconservador brasileiro, a "ideologia de gênero" é provavelmente o pior inimigo, já que supostamente corrói os valores da família e promove uma agenda LGBT nas escolas e em outras instituições públicas. A escolha de Bolsonaro por uma extravagante pastora evangélica para o ministério da Mulher, Família e Direitos Humanos pode ser lida como uma tentativa de suprimir políticas que beneficiam minorias étnicas e raciais e mulheres.

Antes das eleições de 2018, porém, Bolsonaro fez diversos comentários ultrajantes sobre as mulheres, o que gerou um movimento de oposição em larga escala pautado no feminismo e nos direitos das mulheres, semelhante à enorme Marcha das Mulheres na capital dos EUA em protesto à eleição de Trump no Dia da Inauguração. Grandes protestos foram realizados em cidades como Rio de Janeiro e São Paulo, e um movimento de oposição operou no Twitter e em grupos de Facebook como o "Mulheres unidas contra Bolsonaro", com 3,8 milhões de membros por pouco tempo antes das eleições (setembro de 2018). A *hashtag* #EleNão tornou-se até um lema popular no Brasil. Foi o maior protesto feminino já realizado no país, com cerca de 100 mil pessoas marchando nas ruas de São Paulo. Mas, ao mesmo tempo, Bolsonaro tinha o apoio de cristãos evangélicos conservadores (incluindo mulheres), que compõem mais de 30% da população brasileira segundo pesquisa recente[4]. Como com Trump nos EUA, quanto mais intensa e difundida a oposição a Bolsonaro, maior era o apoio de seus seguidores.

Capitalismo gore

Outra maneira de pensar a relação entre Bolsonaro e Trump é não da perspectiva da admiração, e imitação, de Bolsonaro pelo ex-presidente norte-americano, mas da perspectiva de uma lógica econômica e política característica da América Latina que passou a ser exportada do Terceiro Mundo para o Primeiro. Como dito anteriormente, Sayak Valencia caracterizou essa lógica como "capitalismo gore", resultado de uma aliança entre a violência estatal, o tráfico de drogas e o necropoder que expõe as piores distopias da globalização. Valencia vê o capitalismo gore como um fenômeno de necroempoderamento fronteiriço terceiro-mundista, no qual "a única medida de valor é a capacidade de medir a morte dos outros" (Valencia, 2018, p. 44) e corpos são as mercadorias a serem acumuladas, e não riqueza. A autora desenvolve o conceito de capitalismo gore a partir de sua análise da intensa violência endêmica às economias de drogas ilegais dentro do "narcoestado" mexicano, e entre o México e os Estados Unidos em locais de fronteira, como sua cidade natal de Tijuana. Embora Valencia descreva o capitalismo gore como um fenômeno majoritariamente de Terceiro Mundo, as semelhanças entre Bolsonaro e Trump que vimos discutindo apoiam seu argumento de que o capitalismo gore começou a se expandir do Terceiro Mundo para o Primeiro. "Esta forma de capitalismo é agora encontrada em todos os países do chamado Terceiro Mundo, bem como em toda a Europa Oriental. Está perto de romper e se instalar nos centros nervosos de poder, também conhecidos como Primeiro Mundo. É crucial analisar o capitalismo gore, pois, mais cedo ou mais tarde, ele acabará afetando o Primeiro Mundo" (Valencia, 2018, p. 45).

Não é difícil ver uma forma brasileira de capitalismo gore na defesa que Bolsonaro faz da violência estatal (e mesmo quase legal) contra o crime, sempre um dos pontos mais importantes de sua plataforma política. Já em 1992, após o massacre histórico de detentos rebeldes na prisão do Carandiru, em São Paulo, quando 111 presos foram mortos, Bolsonaro havia declarado: "Morreram poucos. A PM tinha que ter matado mil". O acúmulo de corpos pela polícia é visto aqui como uma medida de valor consagrada para Bolsonaro. É precisamente essa violenta falta de autocontenção que atrai o apoio de sua base política, que vê Bolsonaro (como os apoiadores de Trump o veem) como "autêntico", "honesto" e "verdadeiro" – e, portanto, diferente da maioria dos políticos brasileiros. De fato, quanto mais ultrajantes e violentas suas declarações se tornaram ao longo do tempo, maior parecia ser seu apelo às elites brasileiras e à classe média. Bolsonaro continua sendo um defensor declarado da antiga ditadura brasileira, cujo maior erro, segundo ele, foi "torturar e não matar"[5].

Valencia caracteriza sua análise do capitalismo gore como transfeminista, na medida em que destaca seus componentes de gênero e racial. Como os corpos são suas principais mercadorias, estes são submetidos a técnicas predatórias de violência extrema que mais frequentemente visam indivíduos com identidades marginais (mulheres, transgêneros, negros etc.). Ribamar Júnior descreve essa violência operando no governo Bolsonaro, que "pode exacerbar, por meio da tentativa de acompanhar as lógicas neoliberais, práticas gore na política brasileira, sobretudo, no contexto da legitimidade da violência de gênero a partir do argumento ideológico da moral na política da direita" (Oliveira Junior, 2019, p. 251). O fato de 75% das vítimas de homicídio no Brasil serem negras e de os atos violentos contra pessoas LGBTQIA+ estarem aumentando drasticamente (Oliveira Junior, 2019, p. 248),[6] indica a existência de um ambiente hospitaleiro para a implementação da necropolítica bolsonarista, com seu tráfico de violência e morte.

Diante disso, o apelido de "mito" pode revelar mais do que o originalmente pretendido pelos partidários de Bolsonaro. Seu governo é tão desprovido de substância quanto cheio de fantasias míticas, inimigos imaginários, violência simbólica e real, e ficções como o poder milagroso da hidroxicloroquina para prevenir a Covid-19. Quando consideramos que a maioria das mortes por Covid-19 no Brasil está concentrada nos bairros pobres de cidades como o Rio de Janeiro, a política de violência e exclusão de Bolsonaro se torna muito concreta. Sua política pandêmica ilustra poderosamente a tese de Mbembe sobre a natureza violenta inerente (mas oculta) das democracias modernas, incluindo suas formas ilegais. Afinal, a maioria das pessoas afetadas vive no "limite da vida", alimentando uma necropolítica que "procede por uma espécie de inversão entre a vida e a morte, como se a vida fosse simplesmente o meio da morte" (Mbembe, 2019, p. 38). A necropolítica é "indiferente aos sinais objetivos de crueldade" em práticas como a política bolsonarista de "higienização". Baseada na destruição material de inimigos imaginários ("comunistas" ou pessoas LGBTQIA+) e comunidades negras, pobres e marginalizadas que sobrevivem nas margens da sociedade brasileira, essa higienização tem seus antecessores em muitos regimes fascistas, principalmente no Terceiro Reich alemão.

Mediação gore

Onde o capitalismo gore usa a violência e o assassinato para acumular corpos e medir valor, os exemplos de Carvalho e Bannon apontam que a medida de valor para Bolsonaro e Trump é o acúmulo de curtidas, compartilhamentos e retuítes através da violência da mediação, o que entendemos, seguindo Valencia, como "mediação gore". Por meio dessa técnica, ambos usam a mídia e a mediação para perpetuar a violência afetiva e encarnada contra seus cidadãos. Para Bolsonaro, como para Trump, as mídias sociais e outras formas de mediação são militarizadas, usadas não apenas como veículos para representar suas personalidades autoritárias ou suas crenças ou políticas neofascistas, mas como agentes ou atores que assustam ou aterrorizam as pessoas, que infligem violência psicológica e fisiológica pela própria mediação. Assim como Trump (e, sem dúvida, com mais leviandade), Bolsonaro se deleita em produzir declarações polêmicas, que são amplamente compartilhadas nas redes sociais por seus fãs. Trump e Bolsonaro recorrem às redes sociais para aterrorizar tanto adversários quanto apoiadores. Bolsonaro alarma as pessoas com o perigo constante do "golpe comunista"; Trump, com os Antifa e a "esquerda radical". Seguindo Trump, Bolsonaro assumiu a presidência tomando controle da paisagem midiática brasileira via WhatsApp, Twitter e Facebook. Tal mediação gore criou o que Heidegger chamaria de um humor ou "*stimmung*" ou, segundo Raymond Williams, uma estrutura de sentimento, com a qual seus apoiadores se identificariam e imitariam suas ameaças de violência direitistas.

Como devemos entender a relação entre essas mediações violentas e os atos de violência que inspiraram durante os quatro anos da presidência de Trump e os três primeiros anos do governo Bolsonaro? Uma maneira poderia ser por meio da ideia de "terrorismo estocástico" (Grusin, 2020), termo cunhado por um blog anônimo na esteira da tentativa fracassada de assassinato contra a congressista democrata Gabrielle Giffords em Tucson, Arizona, em janeiro de 2011. O terrorismo estocástico, "o uso de comunicações de massa para incitar atores aleatórios a realizar atos violentos ou terroristas que são estatisticamente previsíveis, mas individualmente imprevisíveis", ajuda a explicar, de modo geral, as relações entre mediação e violência. Mas o conceito também dificulta atribuir responsabilidade legal por qualquer ato particular de violência terrorista que seja aleatório e individualmente imprevisível.

De fato, o terrorismo estocástico não possui atualmente nenhum *status* legal nos EUA ou no Brasil. Ainda assim, o conceito ajuda a explicar como a mediação gore funciona para incentivar a violência aleatória, mesmo quando nenhuma cadeia específica de causalidade pode ser identificada. Para atribuir responsabilidade por atos de mediação violenta, preferimos o conceito de mediação gore ao de terrorismo estocástico, em parte porque este considera os atos de mediação e comunicação violenta como ontologicamente secundários aos atos de violência – embora esses mesmos atos de mediação sejam cronologicamente anteriores à própria violência terrorista. O que queremos com o conceito de mediação gore é enfatizar que tais mediações inflamatórias são violentas em si mesmas. Tanto Trump quanto Bolsonaro usam a mediação gore para infligir dor afetiva, emocional, social e psicológica (todas as quais têm efeitos sociais, econômicos e fisiológicos reais) em seus alvos. Ao mesmo tempo, essas mediações gore permitem, inflamam e capacitam seus apoiadores a agirem violentamente na paisagem midiática e na arena pública, contra os inimigos de Bolsonaro, que eles percebem como sendo seus.

Como muitas formas de *fake news* em nossa suposta era "pós-verdade", a mediação gore opera independentemente da veracidade ou falsidade de suas alegações ou informações; ela é indiferente à exatidão, fatos ou consistência. O comportamento de Bolsonaro no Twitter é semelhante ao de Trump, no que diz respeito à propagação de informações altamente questionáveis destinadas a aterrorizar ou causar dor entre aqueles a quem considera como seus inimigos. Se Trump usa o Twitter para promover suas teorias da conspiração supremacistas brancas, Bolsonaro interage com as mídias sociais (mas também com a mídia tradicional) para criar pânico social e aterrorizar esquerdistas e pessoas LGBTQIA+.

No Brasil, os erros de Bolsonaro ao retuitar notícias falsas provenientes de fontes não confiáveis tornaram-se quase folclóricos, como é também o caso de Trump nos EUA. Embora não haja pesquisas oficiais sobre o assunto, é possível assumir que a frequência das mentiras contadas por Bolsonaro no Twitter se compara à de Trump – cerca de 4,9 alegações falaciosas por dia durante seus primeiros 100 dias de presidência, segundo o *The Washington Post* (Dickinson e Ott, 2019, p. 3). De fato, em 29 de março de 2020, o Twitter removeu duas postagens de Bolsonaro sobre a pandemia da Covid-19 por conter declarações sugerindo que já existia um medicamento eficaz contra o vírus (novamente, como Trump, Bolsonaro era, e ainda é, um promotor da hidroxicloroquina como uma droga milagrosa para combater a Covid-19).

Esse uso das redes sociais como meio de controle, terrorismo estocástico e narrativização ideológica tem sido uma marca registrada do governo Bolsonaro desde seu início. Em março de 2019, Bolsonaro praticamente lançou uma campanha contra a jornalista brasileira Constança Rezende no Twitter, acusando-a de trabalhar pelo seu *impeachment* e de perseguir injustamente seu filho, Flávio Bolsonaro. Seus apoiadores começaram imediatamente a atacar a jornalista nas redes sociais e o blogueiro conservador Allan dos Santos chegou a publicar tuítes falsos sob o nome de Rezende, para incitar os linchadores virtuais.

Assim como Trump, em 2016, a ascensão de Bolsonaro ao poder em outubro de 2018, representa a materialização de um longo processo de estratégias de "mediação gore" realizadas por meio de diferentes mídias sociais e plataformas digitais nas últimas duas décadas. Estima-se que 80% das 1.690 contas *bots* do WhatsApp usadas para promover Bolsonaro antes das eleições ainda estejam ativas hoje. Como Trump, Bolsonaro está bem ciente da importância de notícias falsas e táticas de medo para manter sua popularidade. Seu uso da mídia digital foi cuidadosamente planejado para maximizar uma espécie de "efeito de choque", que garante sua presença constante nas notícias. Embora sua popularidade tenha diminuído nos últimos meses, especialmente após seu tratamento errático e irresponsável da pandemia do coronavírus no Brasil, Bolsonaro ainda é um candidato relevante para as eleições de 2022, segundo pesquisa independente (Campos e Siqueira, 2020). Mesmo o número de mortes devido à pandemia (665 mil registradas até o início da segunda quinzena de maio de 2022) não é suficiente para prejudicar significativamente a popularidade de Bolsonaro entre seus apoiadores. Na verdade, quando perguntado por um repórter, em abril de 2020, sobre o aumento das taxas de contaminação e estatísticas de mortes, Bolsonaro se contentou em responder sarcasticamente: "Não sou coveiro, tá?" (Gomes, 2020).

Analisamos aqui algumas das razões poderosas pelas quais as pessoas têm insistido em chamar Bolsonaro de Trump dos Trópicos. Mas, ao discutirmos as práticas de mediação gore, também enfatizamos a maneira como o capitalismo gore do Terceiro Mundo começou a penetrar no Primeiro Mundo, particularmente nos Estados Unidos. Como presidente, as ameaças violentas de Trump nas redes sociais, sejam elas dirigidas a imigrantes, pessoas não brancas, democratas, sua própria administração, manifestantes do *Black Lives Matter* ou líderes estrangeiros – expressas no Twitter, Facebook ou televisão nacional – são sempre destinadas a aterrorizar os outros para fazerem o que ele quer. Desta forma, os tuítes de Trump podem ser vistos como mediações violentas em si mesmos. Testemunhamos repetidamente os tuítes violentos de Trump ao longo de sua presidência – ameaças de violência massiva contra Kim Jong-Un, da Coreia do Norte, ou Hassan Rohani, do Irã, ou ameaças diretas contra refugiados, outras nações e alianças transnacionais. Trump usou a mediação gore não só para desestabilizar ou perturbar líderes políticos em todo o mundo, mas também para infligir danos colaterais afetivos ao público da mídia estadunidense. Como Bolsonaro, os ataques incessantes de Trump à mídia dos EUA, a seu próprio Departamento de Justiça, aos democratas, aos tribunais, ao meio ambiente, às mulheres, às pessoas trans e às pessoas não brancas transformaram a presidência de Trump e sua incessante mediação gore em uma ameaça generalizada e quase constante ao público norte-americano.

No contexto do capitalismo gore, que Valencia atribui em grande parte ao comércio de drogas pela fronteira EUA-México, vale lembrar que Trump iniciou sua campanha para a presidência em 2015 demonizando imigrantes mexicanos como violadores e traficantes de drogas. De fato, ao longo de sua administração, Trump concentrou-se obsessivamente em uma série de medidas destinadas a proteger as fronteiras dos EUA: ordens executivas restringindo a imigração de nações de maioria muçulmana; apelos intermináveis para a construção de um muro na fronteira mexicana; o necroempoderamento do ICE IImmigration and Customs Enforcement) para prender, abusar e (direta ou indiretamente) matar refugiados apreendidos e detidos em campos de fronteira. Nesses e em muitos outros casos, Trump mobilizou uma ampla variedade de plataformas de mediação para articular sua violenta visão nacionalista branca. À luz de sua adoção da lógica da mediação gore para perpetuar a violência contra norte-americanos não brancos e outros que se oporiam ao seu governo, faria tanto sentido chamar Trump de o Bolsonaro do Primeiro Mundo quanto chamar Bolsonaro de o Trump dos Trópicos. Neste contexto, é importante considerar os laços duradouros da política brasileira com o tráfico de drogas, bem como as supostas conexões entre Bolsonaro e a milícia envolvida em batalha permanente com os traficantes locais pelo domínio das favelas (especialmente no Rio de Janeiro)[7]. Em ambos os casos, claro está que os dois presidentes remediaram a lógica do capitalismo gore em uma forma de mediação gore que usa todos os formatos e plataformas midiáticas disponíveis para perpetuar a violência semilegal contra as próprias nações que haviam sido legalmente eleitos para governar.

Resistência como arte e como interrupção de fluxos

Se a paisagem midiática global serve de campo de batalha entre democracia e fascismo, ou governo popular e autocrático, como se deve resistir à violência autoritária da mediação gore? A grande mídia se vê como resistência à supremacia branca autoritária de Trump e seus apoiadores, desmascarando e contrariando o que agora é amplamente entendido como "a grande mentira" de que a presidência foi roubada de Trump por Biden e os democratas. Essa resistência jornalística à dominação fascista de Trump sobre os EUA e à paisagem midiática global tornou-se emblemática com o *slogan* adotado pelo *The Washington Post* nas primeiras semanas da presidência de Trump: "A democracia morre na escuridão". Mas a retórica de resistência não pertence mais apenas aos destituídos e oprimidos, mas àqueles cujo privilégio parece ser desafiado. Trump e seus seguidores também se veem como resistindo às mentiras e às notícias falsas da mídia. E na medida em que a eleição de Trump se seguiu a oito anos de um governo Obama-Biden, e agora foi sucedida por uma presidência Biden, os trumpistas veem seus quatro anos na Casa Branca como resistindo ao domínio do globalismo e do liberalismo. Curiosamente, esses relatos conflitantes da mídia e da política compartilham o compromisso de se verem como resistindo ao *status quo* político.

Portanto, resistir não pode mais ser entendido apenas como um ato de oposição, mas é também, e sobretudo, um ato de interrupção (que desvia, suspende, corta, intercepta) ou descolonização dos fluxos de uma sensibilidade normalizada pelos novos dispositivos para a produção do sensível. Como praticamente todos os principais partidos políticos (nos EUA e no mundo) são financiados e trabalham a serviço do capitalismo, a possibilidade de oposição tornou-se mais difícil do que nunca. É impossível, por exemplo, ver a derrota de Biden contra Trump como qualquer forma real de oposição à supremacia branca sobre a qual os Estados Unidos foram fundados e a qual ainda defendem. Assim, movimentos descolonizadores como *Black Lives Matter* são menos propensos a funcionar em oposição ao racismo estrutural de nações como os EUA do que como interrupções de nossas sensibilidades normalizadas. E na terceira década do século XXI, a produção do sensível ocorre com mais força no âmbito de nossa mídia cotidiana.

De fato, em anos recentes, a popularização de práticas de "artivismo" voltadas a ações de decolonialização do pensamento mostra que formas de resistência interessantes podem se produzir mesmo em escalas microscópicas. Seu foco está frequentemente em propostas que visam interromper e pôr em questão os fluxos "normais" da vida cultural, dos processos tecnológicos (em práticas hacker, por exemplo) e das formas de pensamento tradicionais. Mais que apenas denúncia ou oposição – o que ele também costuma ser – o artivismo visa à elaboração de brechas, novos modos de vida e novas maneiras de lidar com a realidade capitalista e liberal.

> [...] as pessoas envolvidas com artivismos denunciam injustiças sociais com intuito de transformar, chamar a atenção para violências, criar empatia entre o público e as causas sociais, promover tensões, fissuras, e, o que nos parece mais poderoso, viabilizar novas formas de ser e existir no mundo. Os artivismos, investimentos da política na arte e da arte na política, em última instância, preocupam-se com a inauguração de possibilidades de vida, de, poderíamos dizer, mundos vivíveis, vidas outras talvez (Lucas *et al.*, 2020, p. 67).

Se qualquer forma de ativismo é fundamental no contexto de um governo que explicitamente busca o "fim do ativismo"[8], mais essencial ainda é a combinação entre arte, política, tecnologia e movimentos ativistas, pois é nessa intercessão que se pode produzir a quebra dos fluxos automatizados tanto do capital quanto das convenções culturais e ideológicas. No campo mais específico do chamado "hacktivismo", o das ações por grupos de *experts* que visam expor, denunciar e interromper personalidades e instituições do regime, já existem dados que mostram um crescimento expressivo ao longo do ano de 2020[9]. Para além do domínio meramente tecnológico, exemplos recentes de propostas artivistas ilustram o poder multiplicativo de pequenas ações bem orquestradas e difundidas por meio de canais digitais. Em setembro de 2020, por exemplo, o coletivo de arte e ativismo Indecline lançou o projeto *Freedom Kick*, no qual reproduções realistas das cabeças de Jair Bolsonaro, Donald Trump e Vladimir Putin foram usadas como bolas na gravação de um vídeo cuja elaboração contou com a participação de artistas dos três países (Brasil, EUA e Rússia). O evento teve repercussão significativa inclusive na grande mídia tradicional, que deu voz aos protestos de apoiadores de Bolsonaro, revoltados com o que consideraram "discurso de ódio" – em um desfecho bastante irônico, portanto, considerando a retórica gore que é característica do atual governo.

Outra demonstração da potência do artivismo no contexto do Brasil bolsonarista e pandêmico pode ser encontrada no trabalho do Coletivo Projetemos, formado por dois VJs e uma cientista política. Sua principal forma de expressão vem consistindo na projeção de imagens em fachadas de prédios de cidades como São Paulo. Em uma dessas projeções, por exemplo, vê-se uma gigantesca fotografia do rosto de Bolsonaro acompanhada pela legenda "arrependei-vos". Ao analisar as ações do Coletivo Projetemos, Kampa e Beccari definem seus procedimentos a partir de uma noção do filósofo Didi-Huberman:

> Essas mobilizações insubordinadas e insurgentes articulam-se em forma de recusa às práticas de racismo e aos poderes que as sustentam, podendo nos levar diretamente ao que Didi-Huberman (2017) nos ensina com o conceito de "levantes" [...] Em tempos sombrios, ou, como ele mesmo diz, em tempos de chumbo, os levantes podem não acarretar em uma mudança imediata e contrária ao poder, mas promovem um potente efeito sobre as consciências, sinais que geram reverberações. E não existe uma escala única que caracterize os levantes, eles podem se manifestar das mais diversas formas, desde o menor gesto de recusa ao mais imponente ato de protesto nas ruas (Kampa e Beccari, 2021, p. 31).

No contexto norte-americano, vários experimentos artivistas foram e continuam sendo desenvolvidos em relação com as regiões fronteiriças entre México e Estados Unidos – um domínio territorial que constitui importante foco do imaginário trumpista. A xenofobia de Trump e seu radical rechaço aos imigrantes latino-americanos geraeam respostas como a obra *Turista Fronterizo*, nascida de uma colaboração entre o *performer* cubano-americano Coco Fusco e o hacktivista Ricardo Domínguez. Trata-se de uma espécie de jogo de tabuleiro eletrônico similar a Monopoly. À medida que o usuário move seu avatar pelo tabuleiro *on-line*, uma animação curta aparece fazendo comentários sobre a realidade política, social e econômica de cada localidade particular. Essas formas de artivismo conjugam aspectos globais e locais, a geografia política dos espaços físicos e a geografia imaginária não localizada das redes em uma forma de conscientização crítica das dinâmicas desiguais do capitalismo gore.

Esses exemplos demonstram que o modo mais eficaz de resistir à violência globalizada da mediação gore é com os próprios dispositivos para produção do sensível em que líderes como Trump e Bolsonaro confiam para afirmar e manter sua autoridade. No caso de Trump, nenhum mecanismo político foi bem-sucedido em impedi-lo de cumprir seu mandato, apesar de duas tentativas de *impeachment* historicamente sem precedentes por parte dos democratas (a segunda das quais ocorreu apenas uma semana após seu incitamento da insurreição de 6 de janeiro de 2021). Mas houve, no entanto, um esforço indiscutivelmente mais importante para resistir ao seu poder, removendo-o das mídias sociais. Após a insurreição de 6 de janeiro, o regime incessante de mediação gore de Trump foi interrompido pelas três principais redes sociais dos EUA: o Twitter diz ter banido Trump permanentemente; o Facebook prorrogou seu banimento por pelo menos dois anos; e o YouTube congelou sua conta na plataforma. Embora essas três plataformas tenham justificado sua remoção de Trump devido ao seu incitamento do ataque de 6 de janeiro ao Capitólio, o maior efeito do banimento de Trump para as mídias sociais foi a interrupção de seu uso dessas plataformas para a produção de uma sensibilidade de ódio, raiva, medo e violência por meio de sua incessante campanha de mediação gore. Talvez haja uma mensagem aqui para aqueles que buscam resistir ao admirador "bromântico" de Trump, Jair Bolsonaro. Para que seu regime de mediação gore chegue ao fim, pode ser menos importante para sua oposição concentrar seus esforços não só nas ruas ou nas urnas, mas também na interrupção de sua sensibilidade normalizada de mediação gore nas telas de nossos computadores, televisões e dispositivos móveis pessoais.

Notas

[1] Ver o fascinante relatório que Teitelbaum fornece sobre o jantar de Bannon com Olavo de Carvalho e alguns dignatários do novo governo brasileiro logo após as eleições brasileiras (Teitelbaum, 2020).

[2] Ver VV.AA., Steve Bannon e o verdadeiro Caixa 2 de Bolsonaro, *Todos com Ciro*, out. 2019. Disponível em: <https://todoscomciro.com/news/caixa-2-bolsonaro-steve-bannon/>. Acesso em: 9 ago. 2020.

[3] O conceito de "hybrid media system" foi criado por Andrew Chadwick. Disponível em: <https://global.oup.com/academic/product/the=-hybrid-media-system9780190696733-?cc=us&lang-en&prevNumResPerPage=20&prevSortField=8&resultsPerPage=20&sortField=8&start=20#>. Acesso em: 15 ago. 2021.

[4] Conferir portal de notícias do *G1* de janeiro de 2020: "50% dos brasileiros são católicos, 31%, evangélicos e 10% não têm religião, diz Datafolha". Disponível em: <https://g1.globo.com/politica/noticia/2020/01/13/50percent-dos-brasileiros-sao-catolicos-31percent-evangelicos-e-10percent--nao-tem-religiao-diz-datafolha.ghtml>. Acesso em: 9 ago. 2021.

[5] No entanto, segundo relatório elaborado pela Comissão Nacional da Verdade (CNV) em 2014, pelo menos 191 pessoas foram assassinadas pela Ditadura Militar e 243 simplesmente "desapareceram".

[6] Ver também Carvalho, Marco Antonio. 75% das vítimas de homicídio no País são negras, aponta Atlas da Violência, *Estadão*, jun. 2019. Disponível em: https://brasil.estadao.com.br/noticias/geral,75-das-vitimas-de-homicidio-no-pais-sao-negras-aponta-atlas-da-violencia,70002856665. Acesso em: 9 ago. 2021.

[7] Várias favelas do Rio de Janeiro são hoje dominadas por milícias que, sob o pretexto de combater o crime e os traficantes, cobram "contribuições" mensais de moradores e empresários locais.

[8] Cf. <https://blogdacidadania.com.br/2018/10/bolsonaro-sugere-fim-do-ativismo-no-brasil-ou--seria-dos-ativistas/>. Acesso em: 20 out. 2021.

[9] Ver reportagem do jornal *O Globo* de 08 de junho de 2020, apresentando um relatório que compila a passagem de 24 ações hacktivistas em dezembro de 2019 a 146 em maio do ano seguinte. Disponível em: <https://blogs.oglobo.globo.com/sonar-a-escuta-das-redes/post/vazamentos-contra-bolsonaro-moro-e-doria-ativismo-hacker-cresce-com-turbulencia-politica.html>. Acesso em: 1º out. 2021.

Referências

ANDRADE, Hanrrikson de. Bolsonaro exalta Trump após EUA desclassificarem Brasil como emergente..., *Notícias UOL*, fev. 2020. Disponível em: <https://noticias.uol.com.br/internacional/ultimas-noticias/2020/02/11/bolsonaro-exalta-trump-um-dia-apos-eua-desclassificar-brasil-como-emergente.htm?cmpid>. Acesso em: 9 ago. 2021.

BAPTISTA, Erica A. *et al*. A circulação da (des)informação política no WhatsApp e no Facebook. *Lumina*, Juiz de Fora, v. 13, n. 3, 2019.

CAMPOS, João Pedroso de C.; SIQUEIRA, André. Pesquisa exclusiva: Bolsonaro é o favorito da corrida eleitoral em 2022, *Veja*, 2 jul. 2020. Disponível em: <https://veja.abril.com.br/politica/pesquisa-exclusiva-bolsonaro-e-o-favorito-da-corrida-eleitoral-em-2022/>. Acesso em: 9 ago. 2021.

DICKINSON, Greg.; OTT, Brian L. *The Twitter Presidency*: Donald J. Trump and the Politics of White Rage. London: Routledge, 2019.

GOMES, Pedro Henrique. 'Não sou coveiro, tá?', diz Bolsonaro ao responder sobre mortos por coronavírus, *G1*, 10 mar. 2020. Disponível em: <https://g1.globo.com/politica/noticia/2020/04/20/nao-sou-coveiro-ta-diz-bolsonaro-ao-responder-sobre-mortos-por-coronavirus.ghtml>. Acesso em: 9 ago. 2021.

GRUSIN, Richard. *Premediation*: Affect and Mediality After 9/11. New York: Palgrave Macmillan, 2010.

GRUSIN, Richard. Donald Trump's Evil Mediation. *Theory & Event*, v. 20, n. 1, pp. 86 - 99, 2017.

GRUSIN, Richard. Once more with feeling. *In*: OSSA, Vanessa *et al*. (ed.) *Threat Communication and the US Order after 9/11*. London: Taylor & Francis, 2020.

KAMPA, Max A. *et al*. O Levante das Empenas: Lampejos em Tempos de Pandemia. *Em Tese*, Florianópolis, v. 18, n. 1, 2021.

LIMA, Renato S. *et al*. Medo da violência e adesão ao autoritarismo no Brasil: proposta metodológica e resultados em 2017. *Opinião Pública*, Campinas, v. 16, n. 1, 2020.

LUCAS, Carlos Henrique *et al*. Emergência e urgências dos artivismos de(s) coloniais: o ato "nosso luto, nossa luta" por Brumadinho (Minas Gerais). *Re-*

vista Eletrônica do Mestrado em Educação Ambiental. Santa Vitória do Palmar, FURG-Universidade Federal do Rio Grande, 2020.

MBEMBE, Achilles. *Necropolitic*. Durham: Duke University Press, 2019.

NAGLE, Angela. *Kill all Normies*: Online Culture Wars from 4Chan and Tumblr to Trump and the Alt-Right. Winchester: Zero Books, 2017.

OLIVEIRA JUNIOR, Ribamar J. Capitalismo Gore no Brasil: entre farmacopornografia e necropolítica, o golden shower e a continência de Bolsonaro. *Sociologias Plurais*, v. 5, n. 1, 2019.

PIAIA, Victor; ALVES, Marcelo. Abrindo a caixa preta: análise exploratória da rede bolsonarista no WhatsApp. *RBCC*. São Paulo: INTERCOM, 2020, pp. 135 - 154.

PRATES, Jean Paul. O malfadado namoro entre Donald Trump e Jair Bolsonaro. *Carta Capital*, dez. 2019. Disponível em: <https://www.cartacapital.com.br/opiniao/o-malfadado-namoro-entre-donald-trump-e-jair-bolsonaro/>. Acesso em: 9 ago. 2021.

REIS, Daniel A. Ditadura, anistia e reconciliação. *Estudos Históricos*, Rio de Janeiro: FGV, v. 35, n. 45, 2010, pp. 171 - 186.

SEDGWICK, Mark. *Against the Modern World*: Traditionalism and the Secret Intellectual History of the Twentieth Century. Oxford: Oxford University Press, 2004.

TEITELBAUM, Benjamin R. *War for eternity*: Inside Bannon's far-right circle of global power brokers. New York: HarperCollins, 2020.

VALENCIA, Sayak. *Gore Capitalism*. Cambridge: The MIT Press, 2018.

Sirenes do 13 de novembro

Esteban Buch

O, look we are so! Chamber music.
Could make a kind of pun on that.
It is a kind of music I often thought when she. Acoustics that is. Tinkling.
Empty vessels make most noise.
Because the acoustics, the resonance changes as the weight of the water
is equal to the law of falling water.
Like those rhapsodies of Liszt's, Hungarian, gipsyeyed. Pearls.
Drops. Rain.
(James Joyce, 1992, p. 364)

Juliette, de seis anos, foi a primeira a perceber que havia algo de errado no ar naquela noite. "Todos aqueles barulhos na rua", protestou ela, segurando as mãos sobre os ouvidos, enquanto seu pai cantava canções dos Beatles para ela. Juliette não usou a palavra *sirène*, que reservou para a mulher-peixe cuja silhueta ela havia projetado no teto com sua lanterna mágica, deitada em sua cama. Mas foi, de fato, um coro de sirenes uivantes que a acompanhou na sua descida para o sono. Assim que fechou os olhos, seu pai deixou cair a guitarra e foi para a janela com vista para o cruzamento das avenidas a algumas centenas de metros do Bataclan. Ele ficou atordoado ao ver a procissão de ambulâncias, carros dos bombeiros e da polícia, passando uns pelos outros abaixo de sua casa, trazendo os feridos de volta ao hospital de Saint-Louis, resgatando as pessoas presas na sala de concertos do Boulevard Voltaire. Alguns segundos depois, respondendo ao chamado angustiado da esposa, a televisão o fez cair no horror.

Os alertas continuaram durante a noite, para invadir os seus ouvidos e os da sua filha adormecida. Em nenhuma ordem aparente, além do ritmo contingente das emergências, as sirenes "dois tons" dos bombeiros, a "lá-ré" dos carros da polícia, a "lá-mi" do Samu (serviço de ajuda médica urgente), talvez a sirene "lá-fá" da *Gendarmerie Nationale*, talvez algumas sirenes "três tons" da ambulância, "dó-mi-dó-silêncio"[1]. Em conjunto, os "veículos prioritários de interesse geral" e os "veículos de interesse geral que beneficiam de facilidades de passagem", segundo o Código da Estrada, pareciam constituir um coro móvel de alertas estatais[2]. Nisto, substituíram as grandes sirenes de defesa civil que, concebidas para responder aos ataques antiaéreos do tempo da guerra, tinham mostrado apenas pelo seu silêncio a novidade dos ataques de 2015 (Bull, 2015a, 2015b). Melodias simples de ansiedade compostas pelo ritmo caótico do evento, e cuja transcrição em duas ou três notas torna mal os espectros e intensidades, foram moduladas em efeitos de Döppler pelo movimento de pânico dos serviços de emergência em todo o distrito. Esse coro de sirenes significava medo e sofrimento, enquanto, paradoxalmente, era o traço sônico daqueles que se apressaram a aliviar o sofrimento e o medo, todos aqueles trabalhadores de resgate e "forças da ordem" que, talvez, fossem eles mesmos, ao mesmo tempo, lutando contra o medo.

Vinha principalmente das avenidas sob as janelas dos apartamentos e, mais tarde, o som do trânsito foi cortado por um ônibus da polícia, que vinha da televisão, cujos profissionais estavam acampados fora do Bataclan e dos outros locais do ataque, todos eles a menos de um quilômetro de suas casas. Logo deixaram de prestar atenção aos sons, agarrados por tantas informações aterrorizantes: as primeiras descrições dos tiros disparados em direção às pessoas no terraço, os primeiros relatos do massacre durante o concerto dos Eagles of Death Metal. As histórias na TV sobre a terrível violência, cujas explosões não tinham chegado diretamente aos seus ouvidos, despertaram nas pessoas uma emoção enraizada na sua reserva de pesadelos e memórias, como o restaurante Le Petit Cambodge, que evocou aquele jantar de aniversário no verão anterior no terraço. "Poderia ter sido eu, poderia ter sido nós", murmuraram incrédulos. E, no entanto, na boca dos sobreviventes, que tinham se aproximado da morte, e alguns dos quais tinham acabado de ver os seus entes queridos cair sob as balas das espingardas Kalashnikov, houve uma estranha observação: "Quando começou, pensamos que era pirotecnia ou efeitos cênicos"; quando os primeiros tiros foram disparados, "pensamos que eram fogos de artifício"[3]. Ou o jornalista sentado em seu escritório em um edifício ao lado do Bataclan, cuja televisão estava a mostrar um filme sobre crimes naquela noite: "Ouvi um barulho, como fogos, e no início fiquei convencido de que era no filme [...], mas lembro-me de sentir como uma bombinha explodindo no meu braço esquerdo, e vi que cheirava a sangue"[4]. Tiros em um filme, fogos em um concerto, isso resume o lugar habitual das explosões em um mundo pacífico, esses microeventos que encerram a violência dos sons na ficção, na festa, na música. Que abismal mergulhar no *unheimlich* quando compreendemos que esses sons familiares são o anúncio de algo mais, uma verdadeira vontade de matar, de matar você. "O que me chocou no início", disse o baterista Julian Dorio, "é que somos uma banda de rock, é difícil cobrir o barulho dos alto-falantes. Mas os primeiros golpes foram tão poderosos que eu soube logo que era algo sério"[5]. Sim, mas a distância entre os dois espectros, aquele que traz diversão aos corpos e aquele que traz morte aos corpos, é tão insondável quanto a distância que separa esses mundos paralelos, o ambiente onde o animal humano escuta a promessa de felicidade, aquele onde enfrenta um predador sem hesitações.

Um efeito cênico, um tiro letal. O efeito atordoado voltará no dia seguinte, ao ver o que estava acontecendo não muito longe, alguns momentos antes de a menina adormecer em seu sonho de sereia, ou seja, o vídeo da banda Eagles of Death Metal filmado no Bataclan no momento em que os primeiros tiros dos assassinos soaram, aquele em que vemos Dave Catching, o guitarrista com a longa barba branca, parar de tocar, tirar o instrumento do ombro e dar um passo atrás em susto[6]. A canção que tocava às 21h50min no dia 13 de novembro de 2015 – naquele – momento era *Kiss the Devil*:

Who'll love the devil?
Who'll sing his song?
Who will love the devil and his song?
I'll love the devil!
I'll sing his song!
I will love the devil and his song!
Who'll love the devil?
Who'll kiss his tongue?
Who will kiss the devil on his tongue?
I'll love the devil!
I'll kiss his tongue!

A música de Jesse "*the devil*" Hughes e Joss Homme, do álbum *Peace, Love, Death Metal* (2004), alterna entre variações nesse verso, com um ritmo medido e vocais graves, e seções instrumentais em que, num *riff* de guitarra, sem mudar o ritmo, a velocidade do pulso é repentinamente dobrada. No vídeo do Bataclan, o estouro do Kalashnikov quase parece coincidir, para o espaço de um bar, com os estonteantes golpes da bateria durante um desses solos de guitarra, antes que a mudança rítmica se torne óbvia e a música pare. Com ele também termina o vídeo, filmado por um espectador que, a julgar pelo ângulo de visão, devia estar perto da porta ao fundo da sala por onde os assassinos entraram. Essa pessoa estava provavelmente de pé, assim como todas as pessoas no poço do Bataclan, "o Bataclan – em letra minúscula no comunicado do ISIS (Estado Islâmico do Iraque e da Síria, na sigla em inglês) – onde centenas de idólatras estavam reunidos em uma festa de perversidade"[7]. Em pé, desprotegida diante das balas, enquanto se expunha a mais tiros do que se estivesse sentada em uma poltrona, pelo menos possibilitou que se movesse em busca da salvação, com este incrível documento em seu telefone. Graças a ela, a irrupção da pura violência no espaço de uma música que naquele momento, num jogo de paródia, desafiava o diabo ao tentar agarrá-lo pela cauda, tornou-se visível para o mundo inteiro: "Eu vou adorar o diabo!/Eu beijo-lhe a língua!". "Paris, capital da perversão e orgulhosa dela": a legenda acompanha uma sexy Marianne em estilo mangá que alguém deixará em frente ao Bataclan, no memorial improvisado para as vítimas do dia 13 de novembro.

Orgia musical e prazer comum

A ligação entre a música e o erotismo aparece como uma figura do mal em concepções puritanas que, muitas vezes inspiradas por uma religião, pretendem cortá-lo por atos de censura e perseguição cometidos em nome de Deus. É o caso de certos fundamentalistas cristãos, particularmente nos Estados Unidos, e da doutrina salafista que, embora distinguindo entre música ilícita a ser proibida (*haraam*) e canções que os terroristas usam como propaganda, ensina que quem ouve música está "ouvindo o diabo" e "incitando à fornicação"[8] (Shiloah, 1997; Velasco Pufleau, 2015). Mas a imaginação erótica da música também existe em tradições muito diferentes, que nem sempre trazem consequências repressivas. O mito das sereias na *Odisseia* é um convite permanente para variar o tema da ligação entre música e prazer, ligado pelo erotismo ao risco de morte: "Primeiro", diz a deusa Circe a Ulisses, "você encontrará as sereias que enfeitiçam todos os homens, quem quer que se aproxime delas". Assim, as sereias o enfeitiçam com o seu canto claro, sentadas num prado, e os ossos dos corpos em decomposição, cuja carne está encolhendo, estão amontoados perto delas. A alegria de escutar está ligada à promessa tanto de um prazer da carne como do conhecimento histórico, pois as sereias afirmam saber "tudo o que os gregos e troianos sofreram na planície de Troia por ordem dos deuses", "tudo o que acontece na terra fértil" (Homero, 2004). O triunfo de Ulisses, amarrado ao mastro de seu navio por seus camaradas, implica a renúncia ao gozo erótico cuja intensidade seus ouvidos bem abertos lhe revelaram: "Como um ouvinte passivo, o homem amarrado escuta um concerto como os ouvintes farão mais tarde na sala de concertos, e sua ardente súplica já está desvanecendo como os aplausos", dizem Adorno e Horkheimer (1983, p. 65) em *A dialética do Esclarecimento*.

Wellmer (2000, p. 12) lê-a como uma alegoria do nascimento de uma nova experiência de beleza, "um prazer que só pode ocorrer quando a fonte do prazer é separada do objeto de desejo, um prazer que se tornou assim um prazer reflexivo, em suma, um prazer estético". Comay (2000, p. 28), por sua vez, descreve o prazer impossível de Ulisses de forma sadomasoquista, observando que ele, ignorando as instruções de Circe, pediu aos seus homens que lhe impusessem laços dolorosos – "até doer", diz ela, traduzindo-se vagamente *en desmô argaleô*. Segundo Comay, esses jogos de escravidão não são apenas sobre Odisseu ser amarrado para deixar uma canção "doce como mel" penetrar seus ouvidos, mas também sobre o herói encher os ouvidos dos seus camaradas com mel para torná-los passivos e surdos depois de tê-los abordado com medo.

Mas em *A dialética do esclarecimento* as sereias são também a voz da indústria cultural, aquele lugar de prazer estético degradado: "O rádio torna-se a voz universal do Führer; emerge dos alto-falantes das ruas e torna-se o uivo das sirenes anunciadoras do pânico em relação às quais a propaganda moderna dificilmente será mais reconhecível" (Adorno e Horkheimer, 1983, p. 235). A priori, essas sirenes totalitárias anunciando o pânico nada têm a ver com as tentações de Ulisses, nem com a frágil criatura do conto de fadas de Andersen, *A Pequena Sereia*, que continua sendo a sereia favorita das crianças. No entanto, a ligação entre tecnologia e mitologia tinha sido prevista já em 1819 por Charles Caignard de la Tour, o inventor de uma "máquina hidráulica" que poderia trabalhar tanto no ar como na água, e que eventualmente seria utilizada para sinalizar a posição dos navios, antes de ser estendida a outras formas de aviso (Costaz, 1819, p. 231; Rehding, 2015). "Ao aproximar-se do porto, ouviu uma lamentável e sinistra reclamação em direção ao mar aberto, semelhante ao mugido de um touro, mas mais longa e poderosa – escreveu Maupassant (1888, p. 111). Era o grito de uma sereia, o grito de navios perdidos na névoa". Para Comay, todas essas sirenes sedutoras e aterradoras das quais Adorno e Horkheimer falam estão ligadas pela mesma lógica, o fio vermelho do som que "penetra em cada orifício, invade cada espaço" (Comay, 2000, p. 236).

A dialética do erotismo e do pânico num contexto de *gender trouble* habita assim certas concepções de música que, longe de a reprimir, a colocam no centro de uma imaginação em que o prazer é inseparável da assunção de riscos. E há um gênero musical que, num modo mitológico, parece ter feito da aliança entre arte e sexo uma experiência de intensidade que equivale a uma reivindicação sobre uma forma de vida, o *rock*. Isso é ilustrado pela frase "sexo, drogas e *rock'n'roll*", e os excessos dos quais foi a matriz. Isso é também o que emerge dos testemunhos dos fãs de Led Zeppelin – mulheres neste caso – sobre o cantor Robert Plant: "Todas as meninas de então e agora guincham ao som do sexo *sexy* de Robert. Juro que aquele homem é duro em todos os concertos, orgásmico". Mas também sobre os solos de guitarra de Jimmy Page: "Orgasmos prolongados elétricos", "Melhor que sexo". Ou sobre Led Zeppelin em concerto: "Euforia. Puro esclarecimento. Sobrenatural. Orgásmico" (Fast, 1999, pp. 267 - 268).

Jesse *"the devil"* Hughes, por outro lado, descreve a ligação entre música e sexo de uma forma bastante rude: "O meu pai costumava dizer que há dois tipos de bandas de *rock*. Há uma banda de *rock* que sai e se masturba para todos verem, e uma banda de *rock* que sai e fode todos na sala", diz ele no documentário *The Redemption of the Devil* (2015)[9]. De muitas maneiras, Eagles of Death Metal é uma caricatura de *cock rock*, aquele macho rock em que as mulheres são formatadas de acordo com o estereótipo sexista ilustrado pela capa do seu último álbum, *Zipper Down* (2015), que mostra um corpo feminino sem cabeça vestido de couro com mamilos mal cobertos pelos rostos dos dois fundadores, Hughes e Josh Homme. No entanto, mesmo seus críticos falam deles como "sexismo irônico", e outros comentaristas fazem da ambiguidade em relação a clichês misóginos e homofóbicos uma chave para seu apelo[10]. A primeira música de *Zipper Down* chama-se *"Complexidade"*, e o seu vídeo apresenta a amizade masculina de Hughes e Homme.

O elogio de Hughes à orgia musical, porém, coexiste com convicções conservadoras que ocasionalmente o inspiram a cânticos como este, transcritos no *The Washington Post*: "Tudo o que os *thumpers* bíblicos disseram sobre Elvis é verdade. Destruiu tudo: a intimidade, a capacidade das pessoas de se casarem – a sociedade em geral desapareceu. [Cultura *pop*] trouxe-nos a internet, pornografia em massa, a pornografia da morte de Quentin Tarantino. É tudo escuridão e maldade e tem um objetivo, meu. E não é nada de bom para nós"[11]. Isso, juntamente com uma defesa apaixonada das armas e a ostentação de sua fé cristã, parece justificar a observação do *Post* de que "estranhamente, sua linguagem soa como a dos pistoleiros que atacaram Hughes e seus fãs em Paris"[12]. E embora se deva evitar inferir uma estética a partir de algumas frases sensacionais (tanto de Hughes como de ISIS), elas compartilham uma ancoragem em religiões do Livro reconfiguradas pela cultura de massa. É o imaginário de uma espécie de orgia musical moderna ou de um novo festival do carneiro de ouro, que também pode ser associado a uma mitologia paralela na qual Ulisses e seus camaradas, ignorando os conselhos de Circe, teriam terminado seus dias chafurdando entre os cadáveres do prado da sereia.

Certamente, as palavras de Jesse Hughes sobre "o fim da sociedade" coexistem com o seu oposto, e nunca são repetidas nesses concertos de *rock* concebidos para "foder toda a gente". O "*death metal*" do nome da banda não é uma forma de necrofilia, como a assustadora e gótica estética de bandas reais de death metal, nem, claro, um sinal de desgraça para o massacre que está por vir. Como o título *Peace, Love, Death Metal*, o nome da banda é mais uma piada na forma de um oximoro musical, "Como soariam os Eagles se fizessem *death metal*?"[13] (os Eagles, aquela doce banda de *country rock* dos anos setenta, a do *Hotel Califórnia*). Em resumo, seria tão iníquo quanto errado empurrar o paralelo entre os suicidas islâmicos e os músicos californianos longe demais, quanto mais não fosse porque os primeiros eram assassinos em massa, enquanto os segundos nunca mataram ninguém.

No entanto, e este é o ponto de falar sobre isso juntos, todas essas orgias musicais imaginárias têm de ser confrontadas com a experiência real dos participantes do concerto de Bataclan, que parece ter estado longe de ser tão intenso. "O ambiente era festivo, bem-humorado, com mães acompanhando seus filhos adolescentes. Foi um bom concerto de *rock*", disse uma sobrevivente chamada Eva[14]. Outro sobrevivente, Grégory, disse:

> Então sim, eu estava lá, nós estávamos lá, na sexta-feira 13, no Bataclan, para ver uma das nossas bandas favoritas. Mesmo depois de já os ter visto pelo menos seis vezes em concerto, este concerto também não podia faltar. Você sempre se diverte com o EODM. Foi esse o caso... no início. Jesse dizia-nos, como sempre, que éramos o melhor público e que ele era "Foda-se, amo-te". Porra, sim, não havia nada além de amor e boa pedra nesta sala, estávamos felizes, dançávamos, cantávamos... Uma série de fogos de artifício explodiu de repente atrás de nós, o cheiro de pólvora nos atacou as narinas. A ideia de uma piada má desaparece num segundo, quando compreendemos que temos de nos deitar no chão[15].

Mencionemos também Christophe N.:

> Chegamos por volta das 20h15min, temos algumas cervejas, é a primeira parte no palco. Sentamo-nos no lado direito do poço, e por acaso encontramos um amigo de D. A primeira parte acabou, temos mais cervejas, depois o EODM chega por volta das 21h. Lembro-me de ficar um pouco decepcionado com a falta de *punch* de guitarra em comparação com os shows anteriores da banda. Depois de três ou quatro músicas, eu vou ao banheiro e volto para meus amigos com algumas cervejas. O som é melhor, os *riffs* são mais cativantes, mas eu troco algumas palavras com Vincent sobre uma das novas músicas ser muito *pop*; ele concorda. Ainda não sei se estas serão as últimas pa-

lavras que trocarei com ele, e a última vez que o verei. O concerto já dura meia hora ou três quartos de hora quando ouço o som de fogos à minha esquerda[16].

Para além das nuances entre a bondade e o consumo de álcool, entre a aderência do leque e a distância do crítico, estes testemunhos convergem na descrição de um prazer comum (Marie, 1997). Naturalmente, esse prazer comum deriva em parte do contraste abismal com o que se seguiria, um horror em face do qual qualquer experiência estética teria provavelmente parecido banal em retrospectiva, ou pelo menos integrado num universo familiar de intensidades. No entanto, fora das circunstâncias, esse prazer ordinário continua em consonância com o horizonte de expectativa de um concerto de *rock* numa cidade como Paris no início do século XXI, ou seja, em tempos e lugares distantes dos momentos de fundação da mitologia do gênero. E o fato de esta experiência poder ser partilhada entre gerações – "mães acompanhando os seus filhos adolescentes" – a própria prova da abominação aos olhos do moralista, é para Eva o melhor marcador do carácter suave e levemente erótico do prazer proporcionado pela música. Outra sobrevivente é Leslie Auguste:

> Viver em Paris significa muitas vezes optar por estar exausto, por andar para trás e para a frente entre as suas luzes e a sua violência econômica. Algumas pessoas dizem que somos "intelectuais precários" – resta ver o que pode ser um "intelectual" e, muitas vezes, qual é a responsabilidade. Sim, pensamos no mundo em que vivemos, mas mais do que qualquer outra coisa o suportamos; tanto apesar de nós mesmos como, na maioria das vezes, através de um desejo fervente, o do prazer. O prazer de sair, de festejar com música alta, de dançar muito, de ir a salas de concertos, ao teatro, de expressar os nossos desejos e, finalmente, de trocarmos uns com os outros – de nos encontrarmos. Sem dúvida, era este prazer que eles queriam destruir na sexta-feira treze[17].

O "ardente desejo" de prazer nem sempre é expresso de forma tão clara, mas permanece no centro da reivindicação de uma forma de vida boêmia nessa localidade de Paris: esse teria sido o verdadeiro alvo dos ataques de 13 de novembro. Agora, os prazeres de "festejar enquanto se ouve música alta, dançar muito, ir a salas de concertos" podem ser intensos, e até mesmo dar sentido a toda a existência, por vezes. Mas eles são muito diferentes dos prazeres de Odisseu, aqueles que a Odisseia lhe atribui na realidade do mito, ouvindo o canto das sereias amarrado ao mastro de sua nave, e aqueles que ela projeta na imaginação do mito, o gozo mortal no prado das sereias. Como eles são igualmente diferentes dos Ulisses modernos amarrados na sala de concertos, lutando com o seu prazer masoquista da música clássica. Ao contrário da figura sentada de Adorno e Horkheimer, as pessoas no fosso de Bataclan estavam de pé e podiam mover-se livremente ao ritmo da música, mas não se sabe se isso teve algum impacto sobre o número de vítimas. Este concerto não foi uma "festa de perversidade", nem o seu público foi composto de "idólatras", apesar da eficácia catártica e retórica da afirmação feita na sequência dos ataques: "Sim, sou um pervertido e um idólatra"[18]. Enquanto o prazer permanecer uma experiência cotidiana, presa entre as "luzes e a violência econômica" da cidade, ela escapa às mitologias da música, tanto as da *Odisseia* como as de *A dialética do esclarecimento*, as do ISIS e de Jesse *"the devil"* Hughes.

Música e seus outros

O ataque ao Bataclan, que matou 90 pessoas e deixou muitas mais feridas e traumatizadas, foi provavelmente o único evento importante da história contemporânea a ter lugar em um local de música. É por isso que existe um mito musical do dia 13 de novembro esboçado por Bono, o cantor do grupo U2: "Então, este é realmente o primeiro sucesso direto na música que tivemos nesta chamada guerra contra o terror"[19]. E, no entanto, mesmo que este local de concerto e o resto dos locais dos ataques de 13 de novembro tenham sido escolhidos pelos terroristas pelas suas próprias qualidades, ou mesmo "escolhidos meticulosamente de antemão", como dizia o seu comunicado, devemos evitar ver os assassinos como o braço armado das sereias, devemos afirmar com força a insignificância estética de tal ato de violência. Na área dos ataques invadidos pelas sirenes e no concerto de Bataclan, o som mostrou todo o seu poder de afetar os sujeitos, quer fossem ou não fisicamente afetados pela violência, desde que a orelha os tivesse afrontado a todos com o terror. No entanto, é precisamente na disjunção entre a violência insignificante e o prazer comum que a música se distingue do que não é música.

A sirene da ambulância pode ser escrita em notas musicais, a explosão de um Kalashnikov pode imitar uma percussão por um momento, mas esses sons não se tornam arte, longe disso. E é a própria violência de que são sinal que eticamente impede que o gesto poético de Ulisses de Joyce seja transposto para este contexto terrível, em que, na epígrafe deste artigo, o ambiente sonoro do restaurante de Dublin onde a *barmaid-siren* encanta o herói Bloom e seus amigos é chamado de "música de câmara". O massacre de Bataclan não foi uma obra de arte total do diabo, como poderia ter sonhado o Karlheinz Stockhausen dos maus velhos tempos, aquele que alucinou com os ataques de 11 de setembro de 2001 como "a maior obra de arte já feita" (Dousson, 2020). Esses caminhos não levam a lado nenhum. Pelo contrário, é quando o fio vermelho da mitologia musical é quebrado que ele revela todo o seu poder heurístico.

O nome do salão também pode ser usado na mesma veia, o Bataclan, que no momento de sua inauguração, em 1865, ecoou uma opereta de Ludovic Halévy e Jacques Offenbach, *Ba-Ta-Clan* (1855). Nesta louca *chinoiserie*, um grupo de franceses disfarçados de chineses foi visto e ouvido aquecendo-se a uma extravagante conspiração política e cantando juntos uma *Chant du Bataclan* que um crítico da época descreveu como uma "*Marseillaise* de um novo tipo, onde o cômico atinge proporções colossais"[20]. Em meados do século XIX, a peça e o salão giram assim em torno da palavra *bataclan*, sinônimo de um grande jantar, inaugurando neste lugar do Boulevard Voltaire uma história de batidas intermináveis entre a música e seu oposto, tiros por exemplo, entre o poder e seu antídoto, caricatura por exemplo, entre Paris e seu outro lugar, a China por exemplo.

De fato, para Adorno e Horkheimer, as sereias anunciaram um pânico que não foi o resultado de uma ameaça externa, mas da dialética da própria razão; isso ressoa com os temores gerados pelo estado de emergência e sua procissão de "veículos de interesse geral prioritário" com suas sirenes gritando entre aqueles que encontram nele a sombra de um estado de exceção que pode, quando chegar o momento, dispensar qualquer ancoragem na realidade da violência fora do estado (Agamben, 2003 e 2015; Engel, 2015). Em plena Segunda Guerra Mundial, o seu livro criou um espaço homogêneo, onde até os contrastes entre as sociedades totalitárias e as democracias que lutaram contra elas foram subsumidos numa lógica global, sem qualquer figura de alteridade cultural que não fosse a da natureza e o que tomou o seu lugar para os racistas, nomeadamente o judeu. "Agora existem bordas bem no centro", afirma Macé (2016) sobre a crise migratória, e esta nuance dá a visão de uma alteridade que ocorre nas arestas da Europa na pessoa destes assassinos tão próximos e tão distantes ao mesmo tempo, esticados entre a sua França natal e a sua iniciática Síria para alimentar o seu ressentimento, sucumbindo ao que alguns chamam, sem ironia, as sereias da radicalização islâmica. E quem explica, em alusão aos muçulmanos da França: "A história de Homero nos diz que para escapar à armadilha da morte, basta mostrar aos que a armaram que aqueles a quem se dirigem são surdos e que à cabeça do navio se está solidamente ancorado aos princípios que o mantêm em movimento"[21]. Estranho elogio à surdez que requer daqueles a quem se dirige que fechem os ouvidos, como condição para serem incluídos numa comunidade nacional da qual, de fato, já fazem parte.

No final, a voz dos mais próximos parece ser a mais forte, nesta história estendida sobre o espaço dramatúrgico do Mediterrâneo, tal como em *A dialética do esclarecimento*, apesar do abismo homérico do Atlântico. Afinal, se as sereias da *Odisseia* não eram gregas, elas cantavam na língua de Homero – e foi essa linguagem comum de ficção que permitiu que a epopeia florescesse no espaço público da história ocidental. Além do fato de que a tragédia de 13 de novembro foi tocada em francês, com exceção da letra inglesa cantada no Bataclan na época do ataque – *Kiss the Devil* –, a insondável alteridade dos assassinos encontra seu reverso dialético numa familiaridade traída pela própria escolha de seus alvos: jovens de sua idade cujos prazeres musicais percorrem um território aberto aos ventos do mundo inteiro. E é uma crença compartilhada por todos nos poderes da música, como uma linguagem de efeitos que coseu as dobras deste terrível momento.

Notas

[1] Conferir em: <http://www.ambulancier.fr/vehicules-prioritaires-et-ambulance/> e <http://www.snc.fr/fiam80al.htm>. Acesso em: 2 jan. 2020.

[2] Article 333-1 du Code de la Route. Disponível em: <http://www.legifrance.gouv.fr>. Acesso em: 10 jan. 2021.

[3] Les témoignages glaçants des rescapés du Bataclan, *Le Monde*, 15 nov. 2015. Disponível em: <https://www.lemonde.fr/attaques-a-paris/article/2015/11/15/les-temoignages-glacants-des-res-capes-du-bataclan_4810453_4809495.html>. Acesso em: 26 jan. 2016.

[4] Pascual, Julia. Attaques à Paris: J'ai senti comme un pétard qui explosait dans mon bras, *Le Monde*, 14 nov. 2015. Disponível em:< https://www.lemonde.fr/attaques-a-paris/article/2015/11/14/daniel-psenny-journaliste-au-monde-j-ai-senti-comme-un-petard-qui-explosait-dans-mon--bras_4809665_4809495.html>. Acesso em: 26 jan. 2016.

[5] Eagles of Death Metal Discuss Paris Terror Attacks, *Vice*, 25 nov. 2015. Disponível em: <https://www.youtube.com/watch?v=n74HBrrFnIc>. Acesso em: 29 dez. 2015.

[6] Depoimento disponível em: <https://www.youtube.com/watch?v=13jKQSAFsWA>. Acesso em: 29 dez. 2015.

[7] Conferir: Attentats à Paris: Daech [ISIS] revendique les attaques, Le Figaro, 13 nov. 2015.

[8] Conferir: Pham-Lê, Jérémie. Musique comparée 'au diable': l'imam assure 'ne pas endoctriner les enfants, *L'Express*, 24 set. 2015. Disponível em: <https://www.lexpress.fr/actualite/societe/aimer-la-musique-c-est-le-diable-la-fachosphere-deterre-une-video-d-un-imam-salafiste_1719228.html>. Acesso em: 20 jan. 2022.

[9] *The Redemption of the Devil*, documentário de Alex Hoffman, 13'04.

[10] Coughlin, Deborah. Can Eagles of Death Metal's cock rock survive in 2015? *The Guardian*, 11 ago. 2015. Disponível em: <https://www.theguardian.com/music/2015/aug/11/eagles-of-death--metal-can-cock-rock-survive-in-2015>. Acesso em: 21 jan. 2022.

[11] Miller, Michael. Eagles of Death Metal singer: Fan escaped gunmen by hiding under my leather jacket, *The Washington Post*, 23 nov. 2015. Disponível em: <https://www.washingtonpost.com/news/morning-mix/wp/2015/11/23/eagles-of-death-metal-singer-fan-escaped-gunmen-by-hiding-under-my-leather-jacket>. Acesso em: 21 jan. 2022.

[12] Ibid.

[13] Ver artigo Eagles of Death Metal at the Eurockéennes, *Arte*, 13 jul. 2015. Disponível em: <http://concert.arte.tv/fr/eaglesdeath-metal-aux-eurockeennes>. Acesso em: 25 dez. 2015.

[14] Gliszczynski, Fabrice, *La Tribune*, 16 nov. 2015. Disponível em: <http://www.latribune.fr/economie/france/attentats-l-emouvanttemoignage-d-eva-rescapee-du-bataclan-522803.html>. Acesso em: 25 dez. 2015.

[15] Glua, Mathieu. "Je veux vivre": le témoignage d'un rescapé du Bataclan. Disponível em: <https://www.37degres-mag.fr/societe/je-veux-vivre-le-temoignage-dun-rescape-du-bataclan/>. Acesso em: 21 jan. 2022.

[16] Conferir: J'étais ce soir-là au Bataclan, *Mediapart*, 16 nov. 2015. Disponível em: <https://blogs.mediapart.fr/edition/les-invites-de-mediapart/article/161115/jetais-ce-soir-la-au-bataclan>. Acesso em: 21 jan. 2022).

[17] Auguste, Leslie. "Nous avons le même âge que nos assassins", *Le Monde*, 26 nov. 2015. Disponível em: <https ://www.lemonde.fr/idees/article/2015/11/26/nous-avons-le-meme-age-que-nos-assassins_4818302_3232.html>. Acesso em: 21 jan. 2022.

[18] Benhamou, Laurence. "Oui, je suis pervers et idolâtre": la liberté provocante, comme acte de "résistance", *Le Point*, 17 nov. 2015. Disponível em: <https://www.lepoint.fr/societe/oui-je-suis-pervers-et-idolatre-la-liberte-provocante-comme-acte-de-resistance-17-11-2015-1982471_23.php>. Acesso em: 21 jan. 2022.

[19] Kearns, David. Bono: The Paris attacks are the first "direct hit" on music by Islamic terrorists, *Independent.ie*, 14 nov. 2015. Disponível em: <https://www.independent.ie/world-news/europe/paris-terror-attacks/bono-the-paris-attacks-are-the-first-direct-hit-on-music-by-islamic-terrorists-34200707.html>. Acesso em: 21 jan. 2022.

[20] Héquet, Gilles. Chronique musicale. *L'illustration*. Paris, 5 de janeiro de 2000, p. 164.

[21] Bouthors, Jean-François. Les musulmans doivent prendre publiquement leurs distances avec l'islamisme, *Le Monde*, 16 nov. 2015. Disponível em: <https://www.lemonde.fr/idees/article/2015/11/16/les-musulmans-doivent-prendre-publiquement-leurs-distances-avec-l-islamisme_4811113_3232.html>. Acesso em: 21 jan. 2022.

Referências

ADORNO, Theodor W.; HORKHEIMER, Max. *La dialectique de la raison*. Paris: Gallimard, 1983.

AGAMBEN, Giorgio. *Etat d'exception*. Homo sacer. Paris: Seuil, 2003.

AGAMBEN, Giorgio. De l'Etat de droit à l'Etat de Sécurité. *lemonde.fr,* 23 dez. 2015.

BULL, Michael. The Sounds of Sirens: From Myth to Materiality. *Conferência EHESS,* 7 dez. 2015.

BULL, Michael. *Sound Moves*: IPod Culture and Urban Experience. New York: Routledge, 2015.

COMAY, Rebecca. Adorno's Siren Song. *New German Critique*, Berlim, n. 81, 2000.

DOUSSON, Lambert. *La plus grande œuvre d'art pour le cosmos tout entier.* Paris: MF, 2020.

ENGEL, Pascal. Non Giorgio Agamben, on peut lutter contre le terrorisme sans perdre notre liberté. *Le Monde,* 4 jan. 2016. Disponível em: < https://www.lemonde.fr/idees/article/2016/01/04/pascal-enge-non-giorgio-agamben-on-peut-lutter-contre-le-terrorisme-sans-perdre-notre-liberte_4841381_3232.html>. Acesso em: 4 fev. 2022.

FAST, Susan. Rethinking Issues of Gender and Sexuality in Led Zeppelin. *American Music.* Nova York: 17/3, 1999.

HOMERO. *Odyssée.* Paris: La Découverte Poche, 2004.

JOYCE, James. *Ulysses.* Londres: Penguin Books, 1992.

MACE, Marielle. *Styles*: critique de nos formes de vie. Paris: Gallimard, 2016.

MARIE, Jean-François. Plaisir imaginaire et imaginaire du plaisir. *Corps et culture*, Paris, n. 2, 1997.

SHILOAH, Amnon. Music and Religion in Islam. *Acta Musicologica*, Nova York, v. 69, n. 2, jul-dez., 1997.

VELASCO PUFLEAU, Luis. Après les attaques terroristes de l'État islamique à Paris. *Transposition,* Paris, n. 5, 2015.

WELLMER, Albrecht. The Death of the Sirens and the Origin of the Work of Art. *New German Critique*, Berlim, n. 81, 2000.

YON, Jean-Claude. *Jacques Offenbach.* Paris: Gallimard, 2000.

O fim do humanismo

Vincenzo Susca

> Na obra de arte, a verdade da entidade foi colocada em prática.
> "Colocar" aqui significa: levar à existência.
> Trazer a verdade na ópera é trazer à luz uma entidade que,
> antes, não era ainda, e que, depois, jamais se tornará.[1]

Às vezes, é necessário rebobinar a fita da história para compreender plenamente o imaginário e as imagens do presente. Para aqueles que escrevem, trata-se de uma regra imprescindível, válida em todos os tempos e ainda mais em períodos de crise e de mutações como o que estamos atravessando de forma convulsiva há alguns cinco anos. A partir do momento em que estão acontecendo processos paralelos, entre eles heterogêneos e, por certos aspectos contraditórios, que têm suas raízes no passado, é urgente colher o resultado paradoxal, analisando-os em sua totalidade, de um ponto de vista que tenta rastrear o advento passo a passo, até o acidente causado pela sobreposição – entrelaçamento, talvez fosse melhor escrever – de seu embate frontal. A partir do tumulto, "a explosão da imaginação" anunciada por Gilbert Durand assume um significado e qualidade disruptivos (1963), para legitimar a metáfora de uma "epidemia visual" (La Rocca, 2018).

Renunciamos imediatamente ao "suspense" para chegar ao âmago das questões desenvolvidas, para investigar o estatuto da imagem no século XXI em torno dos seguintes eixos: a técnica, a comunicação e a arte da sociedade moderna e a cultura contemporânea, marcada como é a proliferação de redes, a partir da linguagem digital, a estetização da existência, e da crise do humanismo, e de sua articulação, o indivíduo

75

como autônomo e separado, no contexto de um carnaval transbordando cada moldura de espaço-tempo.

E o que será do ser humano em um tempo caracterizado pela prevalência do mundo dos objetos, da mídia e das informações sobre o mundo dos sujeitos? Como interpretar a efervescência das redes sociais, a vivacidade das culturas urbanas e seus múltiplos excessos onde uma forma de alienação e de coisificação generalizada da vida é peremptoriamente afirmada em toda parte? E o que será da arte e daquela que há muito se chama multidão numa paisagem redesenhada pelos *stories*, de *selfies*, de *stickers*, de memes, de *reels*, de *streaming* e de qualquer outra forma comunicativa que confunde ou inverte a relação entre o trabalho e o público?

O monopólio da beleza

Desde um século atrás, a partir do desempenho dadaísta e das provocações de Marcel Duchamp, o belo é inundado pelas molduras dos quadros onde havia sido zelosamente guardado por muitos séculos, fluindo para os fluxos da existência ordinária nos bastiões da arte; enquanto as academias começam a sofrer de anemia – apontadas por vários movimentos (surrealistas, futuristas, situacionistas, punk) como dispositivos autoritários e antigos – para quebrar, ultrajar e superar. Duas cenas cinematográficas são, neste sentido, emblemáticas: a corrida irreverente e despreocupada nos corredores do Louvre dos jovens protagonistas da *Bande à part* (Godard, 1964), indiferente às obras que deixam para trás, zombando; e a invasão bárbara do Museu de Arte Moderna em Gotham City, completa com latas de spray e música, danças grotescas e música grosseiras, por parte do Coringa e seus capangas, em *Batman* (Tim Burton, 1989). Essas sequências concluem de alguma forma o trabalho contra a obra iniciada por Filippo Tommaso Marinetti em seu Manifesto do Futurismo publicado em *Le Figaro* em 20 de fevereiro de 1909, onde ele convidava com fúria profanadora a "destruir museus, bibliotecas, e academias de todos os tipos".

O museu tem sido a ponta de lança da cultura ocidental e moderna, mas também uma ferramenta controversa e contraditória. Se ele revelou, já na idade helênica, a função de isolamento, conservação e exposição do belo, separando-o de todo o resto, com a suposição de que o que habita fora de suas paredes é menos nobre do que aquilo que está guardado no seu interior, somente nos últimos séculos conseguiu se distinguir como o lugar por excelência apto a separar a arte do cotidiano, a herança cultural da vida comum, a cultura alta da baixa, o centro da periferia.

A reflexão proposta nessas linhas é acionada exatamente pelo cur-to-circuito de tal sistema, no momento em que, com a cumplicidade da indústria cultural e das cenas urbanas, as instituições de arte deixam de manter o monopólio da beleza, que na verdade escapa delas com insistência, para onde a obra é aceita e digerida no ventre da vida diária (Benjamim, 2000), torna- se a vida cotidiana. Em sintonia com as outras dimensões da esfera pública, da política à moda, passando pela música, jorra das margens urbanas e não dos andares superiores – como intuído de forma brilhante por Giorgio De Finis, nos últimos anos, com suas iniciativas no MAAM, o macro e o museu das periferias – pisca entre as ruínas, entra pela parte inferior, entre o *underground* e a vida sem qualidade descrita por Robert Musil, Thomas Mann, Gustave Flaubert, Fyodor Dostoevsky, Guido Gozzano, Luigi Pirandello e William Bur-roughs, encenado pelo cinema de Bernardo Bertolucci, Pedro Almodóvar, Wes Anderson e Michel Gondry, bem como, recentemente, pelo filme *The Square* de Ruben Östlund (2017), imortalizado pelas fotos e obras de Man Ray, Andy Warhol, Martin Parr, Miss Tic e Madame; passando por Oliviero Toscani, Jean-Michel Basquiat, Keith Haring e Anna Maria Maiolino. Sem traçar uma genealogia do gênero, seria impossível com-preender adequadamente o significado de Instagram, Snapchat e Vimeo, bem como desfiles urbanos, dos youtubers, streamers e influencers.

Estamos na presença de uma mudança de paradigma que há pou-cos anos começa a revelar, vagamente, as suas nuances. É fruto de um longo trabalho de reapropriação e de reformulação social, uma espécie de "desvio" universal, em que a estética relacional estudada por Nicolas Bourriaud (2010), a arte expandida defendida por Mario Perniola (2015) e a ética da estética explorada por Michel Maffesoli (2017) são realizadas e convergidas de forma surpreendente – não sem surpresas. Trata-se de, como tentaremos sugerir, não tanto para atualizar a história social da arte delineada por Arnold Hauser (1964), mas para perceber o ato de uma "morte da arte", que coincide – além da interpretação de Hegel (2017), além do bem e do mal – com a estetização da vida cotidiana. Por mais insuportável que possa parecer aos olhos de artistas ou intelectuais, este conteúdo obsceno, nos termos queridos a Jean Baudrillard (1984), é provavelmente a novidade mais exorbitante do nosso tempo. Por outro lado, irritante, inédito e insidioso como se queira, tal fenômeno do gênero não escapa do olhar e da compreensão de quem reconhece o significado e as origens da arte, desde as raízes gregas até as superfícies do contemporâneo, passando pela onda do barroco, assim como estudado por Friedrich Nietzsche, Martin Heidegger, Marshall McLuhan, de Giorgio Agamben e Alberto Abruzzese.

De acordo com a hipótese sugerida por Heidegger, o papel cardinal da arte consistiria em revelar a verdade, trazê-la à luz, deixá-la brilhar (2000). A beleza é exatamente isso: trazer à luz a verdade, mesmo e quando especialmente insuportável. Devido a esse imaginário artístico digno de nota, foi sempre associada com o que perturba e aborrece, com algo desconcertante e chocante, como ensina Walter Benjamin e já havia preconcebido Platão ao evocar o "terror divino" para apostrofar os efeitos da arte.

Sem sombra de dúvida, da estética generalizada que envolve a cultura contemporânea, surgem esmagadoramente substâncias e impulsos aterradores. Suas performances extravagantes, as práticas decompostas que distinguem suas façanhas, seus jogos de carnaval, também e especialmente onde eles aparecem disfarçados na aparência de formas efêmeras, tais como "história" – os memes ou as tendências mais triviais do Tik Tok em relação à cultura digital – ou "matriz", – as *tags*, os flash mobs

78

ou os *after* sem fim, caracterizando a vida urbana, liberando sensibilidades dissidentes para a elite e o *status quo*. Não surpreendentemente,
eles facilmente acolhem em seu colo movimentos de protesto, tais como
Black Lives Matter, as Sardine (na Itália), *#metoo*, os Coletes Amarelos
franceses, #forabolsonaro, *Fridays for Future* de Greta Thunberg.

De forma curiosa e sintomática, a vida cotidiana – que emerge das
redes digitais para as ruas – manifesta uma atitude incoerente à primeira
vista, em relação à ordem estabelecida pelo instituto, que oscila entre a
rasa adesão aos seus princípios e um espírito subversivo irreverente. De
fato, é precisamente a partir da coincidência dos dois planos que surgem,
longe da lógica da dialética, aqueles imaginários capazes de fotografar
e acompanhar o advento da nova carne, além dos quadros político,
socioantropológico e estético do humanismo e da modernidade. Essa
conjuntura é incompreensível a partir do modelo baseado na oposição
entre a emancipação e a opressão do sujeito, pois assistimos exatamente
à sua dissipação exultante, tanto mais viva quanto mais espetacular e
exposta como obra de arte.

Do espetáculo

Relendo claramente nas páginas da história ocidental, desde o Renascimento em diante, nós podemos constatar o quanto a magnificência
da arte foi plasmada em detrimento do real, com a existência ordinária
às margens da cena, reduzida à função da força de trabalho, o público
para educar e, na melhor das hipóteses, distrair as pausas de produção
econômica e da reprodução social. As obras-primas das academias, dos
museus e galerias são, portanto, o resultado de uma espécie de crime
– um crime imperfeito, uma vez que a sua vítima está longe de estar
morta. Na verdade, assim como Frankenstein, tomou outra forma e leva
uma vida diferente da esperada por aqueles que pensam e governam a
sociedade. Trata-se, de fato, de existências de versos monstruosos, bem
como as *eXistenZ* evocadas pelas premonições visionárias de David
Cronenberg (1999).

"O velho mundo está morrendo, o novo demora a aparecer. E neste claro-escuro nascem monstros", escreveu Antonio Gramsci na cela em que foi preso pelo regime fascista (1975). Provavelmente, o monstro por excelência da nossa era está encarnado em todos nós, espalhado por todo o lado, manifestando uma espécie de efeito perverso da democracia. A etimologia do termo é, neste sentido, tão instrutiva: do latim *mònstrum* prodígio, coisa extraordinária, fenômeno contra a natureza capaz de perceber respeito, à vontade dos deuses. Trata-se de um híbrido que, por um lado, cristaliza de forma perturbadora e mortal aquilo que é obsoleto, enquanto, por outro, escandalosamente, prenuncia o início de algo sem precedentes e assustador.

O monstro expõe, exibe, "mostra" explicitamente uma metamorfose em progresso. Especificamente, testemunhamos com pânico e espanto, num estado oscilante entre choque e feitiço, o resultado da interpenetração entre o trabalho e o público, o sistema de objetos e sujeitos, o orgânico e o inorgânico. Estamos no *crash*, nós somos o *crash*. Não surpreendentemente, o filme homônimo e pioneiro de Cronenberg de 1996, que retrata a erotização obscura e o charme mórbido que emana do encontro próximo entre corpos e máquinas, foi recentemente revivido no Festival de Cinema de Veneza, em uma versão restaurada (2019).

Passaram-se três séculos desde que o intervalo em questão começou a ser reduzido tão drasticamente quanto exponencialmente. A fundação das metrópoles na Europa do século XVIII, a industrialização, o advento das massas, a elaboração de estratégias e dispositivos de integrá-los no sistema e plasmar a existência através de máquinas, sistemas educacionais, estéticos e espetaculares, com a correlativa expansão do sistema de objetos e paisagens midiáticos, provocam uma mutação antropológica e sociológica que hoje podemos recuperar na sequência dos processos, tão divergentes em seu sentido como interdependentes e contemporâneos, até mesmo essenciais: a alienação, a reificação da estetização, tornam-se obra para o público.

Na fábrica, experimentamos a mais importante e decisiva mistura entre humanos e máquinas, bem como a inversão de sua prioridade em favor destas últimas. Em cafés, bares e salões vemos os primeiros flashes da espetacularização da vida cotidiana definitivamente realizada nos últimos quarenta anos, entre as cenas de dança, a cultura *pop*, *reality*, as ruas e os *networks*. Lá residem os pródromos da socialidade contemporânea, como em um jogo de máscaras, e da moda, como um sistema fundado no efêmero, a encenação da vida e a metamorfose perpétua. Os trechos universais de Paris, as exposições e grandes lojas de departamentos fundamentam, por sua parte, o fetichismo da mercadoria (Benjamim, 2000b), distribuídos na paisagem urbana "fantasmagórica", prontos para receber os sonhos, alimentando assim o desejo e a possibilidade de recriar o mundo a partir da imaginação, com um acento dirigido às paixões e emoções, jorrando de experiências coletivas no seu aspecto sensível e mundano.

Será, logo depois, a fotografia – antes do cinema, da televisão e das redes como o Instagram e o Flickr – a empurrar e deslocar a beleza das catedrais da arte para a vida quotidiana, a apontar os holofotes no presente e a estender à vida quotidiana os privilégios da estética e do esteticismo. As primeiras foto-retratos, os álbuns de família e as fotos que celebram os eventos extraordinários da vida das mulheres e dos homens emergentes da multidão, dos batismos aos aniversários, já emitem o brilho intoxicante de um corpo social pronto a fazer de si mesmo um espetáculo, ator e estético além e aquém da arte. Histórias ante lixo, eles prenunciam, para o bem ou para o mal, a mediatização da existência plenamente realizada em nossos dias, em que as paisagens da mídia, em constante relação de reversibilidade com o mundo físico, se tornam o principal território que habitamos, o lugar de onde viemos. Em tal paisagem, a identidade digital precede e excede nosso corpo, em favor de uma carne eletrônica que não representa uma síntese entre humano e não humano, mas outra forma voraz, excessiva e proliferativa de vida da qual somos criadores e criaturas: as obras.

"Não odeie a mídia, seja a mídia", proclamou no final do século passado a rede independente Indymedia, criada em Seattle, em 1999, para apoiar os protestos do Movimento no-global contra a Organização Mundial do Comércio. O *slogan* está agora inscrito, com resultados inesperados, na nossa pele: somos *Media* em *Media Data*, à disposição de uma informação neocapitalista com mãos invisíveis e poderes imensos, pulsando corações de *mediascape*, mas, ao mesmo tempo, meras interfaces de algoritmos capazes de antecipar e dirigir nossos pensamentos. Na condição digital, entre *tweet*, o *artwork*, os *trends, repost*, as poses fotográficas, as montagens, a ficção e todas as outras atuações do *"do it yourself"* que distinguem a cultura eletrônica, somos todos celebridades e escravos, consumidores e bens, artistas e obras (Attimonelli; Susca, 2020).

Genealogia da indústria cultural

Lev N. Tolstói foi o primeiro a observar, em meados do século XIX, como a arte – assim como a linguagem – pode desempenhar o papel de um meio de comunicação, com a tarefa de expressar o sentimento comum e corroborar os elos de cada época particular (2010). A genealogia da indústria cultural, entretanto, tem conduzido muito mais: entre a fotografia e o cinema, a televisão e a *web*, a comunicação é primeiramente sobreposta à arte (a partir de 2001), depois a engloba, até que se torne arte – ser obra sem uma obra, e celebrar o estar juntos em seu aspecto mais efêmero, de alta densidade emocional. Na verdade, a realização não é o cenário defendido por Richard Wagner, uma espécie de parceria entre a genialidade e a turba, capaz de encarnar o espírito de um povo (2003), mas algo bastante diferente, que muda radicalmente as características do povo, o trato do artista e da arte, tanto individualmente como na relação deles. Como exemplo, basta observar a diferença estrutural entre a cultura popular e a cultura *pop*, a vanguarda histórica e *Hollywood*, os *happenings* e os flash mobs, *selfies*, as provocações de George Grosz, Hans Bellmer ou Marina Abramović e o meme.

Todas as convulsões da estética e sociais sob os nossos olhos são iniciadas, de acordo com Walter Benjamin (2000), quando a reprodutibilidade técnica da obra de arte, entre o fim do século XIX; e a primeira metade do século XX, quando o público parou de ir em peregrinação para os museus e outras catedrais do belo, recebendo o dom da arte *chez soi*, em casa, no próprio colo. A partir de então, a relação entre as massas e a arte já não era presidida por uma função pedagógica definida em um espírito reverente, mas por uma espécie de hedonismo em que a distração e o lúdico prevalecem sobre a concentração, relativizando, com um verdadeiro ato de profanação, a sacralidade da obra. A troca simbólica deixa, assim, de ser articulada em volta da oferta de prazer estético contra a integração social-beleza versus aderência ao sistema – então, em uma espécie de sacrifício em deferência à arte, enquanto gradualmente repousa sobre a diversão do público na manipulação lúdica de obras, gradualmente faz atos para estetizar o dia a dia, *design* doméstico, decorações cujo valor não consiste na tradição, autenticidade e qualidade intrínseca que eles carregam em si mesmos, mas pela utilidade em satisfazer desejos, usos e costumes dos usuários.

A dinâmica da arte desde o final do século XVIII até o presente, na sua ligação com a *Media* e dos bens, portanto, segue uma cadência precisa: difusão coletiva, digestão e metabolização social, confusão com o público. Isso implica como pedra angular da prática do consumo, que a alinha com o resto da produção comercial, tornando-a objeto entre objetos, enquanto do outro lado entrega nas mãos do povo comum, dando-lhe a última palavra ou o ato de recreação. Para interpretar a natureza, é útil usar a intuição expressa por Marx em *Grundrisse* no *finish* como gesto final do consumidor (1964), para renovar a produção a partir de baixo, sintonizando-a ao ritmo da vida – como se fosse a sua emanação direta. Em termos estéticos, isso corresponde simultaneamente a transformar o público em artista, uma obra de arte e um bem de consumo. Esse toque final, a principal causa e efeito da cultura digital, desencadeia uma metamorfose socioantropológica que acolhe em si mesma e irradia os reflexos de imaginários múltiplos, desde os mundos delineados por Franz Kafka a Mark Ryden e Marion Peck, passando pelas visões Dada, futuristas e surrealistas, incluindo as iconologias do kitsch, do *pop art* e da *fan culture*.

A história do pensamento moderno e contemporâneo, a partir de Marx (1964 / b) para Michel De Certeau (2010) e Alvin Toffler (1987), de acordo com diferentes matizes, avaliou a intervenção que está sendo examinada, como uma espécie de "consumo produtivo", útil para atribuir um papel ativo para figuras consideradas historicamente meros destinatários de mercadorias, mostras ou informações. No domínio dos meios de comunicação social, foi descrita a faculdade recreativa das culturas eletrônicas, limitando-nos a alguns exemplos significativos, com expressões como *fan fiction* (Jenkins 2007), performance (Valeriani, 2009), recombinação (Berardi; Sarti, 2007) ou cultura *do remix* (Lessig, 2009). Sugerimos interpretar essa curva com a chave para a leitura recreativa (Susca, 2008), no duplo sentido da palavra: constituir algo novo a partir do que já existe através de citações, reapropriações e até de distorções; distrair-se, divertir-se entreter-se.

Uma força recreativa, essa que vem de baixo, do local, do território, ecoa nos corredores institucionais, o poder produtivo daqueles que Herschmann e Fernandes (2018) definem como "a experiência e economias criativas" das cidades musicais; sonoridade que, graças à música, deslocaram o centro de gravidade da produção, das fábricas para as ruas, das políticas públicas às dinâmicas de inovação territorial, desbloqueando o potencial de luta política e o desenvolvimento dos agentes locais.

Os comportamentos e fenômenos que determinam as formas elementares da cultura contemporânea são, na verdade, inegavelmente, inspirados pelas vocações lúdicas e espetaculares, impregnados, por sua vez, de outras substâncias relacionadas com a lógica da produção e do progresso do molde moderno, assim como, de forma mais geral, para a "vida ativa" analisada de forma exemplar por Hanna Arendt (2017). Trata-se não só apenas e não somente de manifestações irredutíveis de *ratio* do Renascimento à segunda metade do século XIX, como de acontecimentos emblemáticos capazes de atravessar as suas fronteiras e desconstruir os seus eixos e ideologias, a partir do seu *pivot*: o indivíduo racional e desarticulado do que o circunda (Maffesoli, 2008).

Dissipação e estetização do sujeito

Em uma inspeção mais detalhada, os ritos, mitos e formas de comunicação de nosso tempo, longe de exaltar o indivíduo, são por sua vez o resultado de sua negação, se não de seu sacrifício. O princípio da autoria, originalidade e propriedade privada de obras, por exemplo, é menos preservado de uma criatividade generalizada resultante de múltiplas intervenções anônimas, jogos de máscaras e simulações. Com efeito, é cada vez mais difícil encontrar quem se esconde por detrás dos conteúdos que enchem e dominam as redes sociais digitais, tal como é pouco provável que se descubram os rostos das pessoas e da *crew* – Banksy, e assim por diante – a partir da qual as *tags*, os *stencils*, os *murais* e toda outra forma de estetização das nossas paredes urbanas. Por outro lado, é agora evidente o quanto as estruturas antropológicas e sociológicas que plasmam o mundo de Snapchat, Facebook, Tik Tok, WhatsApp, Tinder, PornHub, YouPorn e todas as outras plataformas voltadas à nossas existências eletrônicas, à frente das tentativas fúteis de restaurá-lo e protegê-lo, sejam plasmadas contra o princípio da privacidade, violando os direitos do indivíduo como um tributo à sua afinidade conectiva (Susca, 2016).

A cultura de "compartilhamento" que informa os nossos *posts* é o corolário da espoliação da propriedade privada, isto é, o tornar-se público, compartilhado, de algo que anteriormente era íntimo. No rastro do erotismo eviscerado nos escritos mais crus e apaixonados de Bataille (2013), essa troca envolve embriaguez espasmódica e dores excruciantes, ou seja, tudo o que tem a ver com a perda de si mesmo no outro, em nome do prazer extremo. Pouco importa, no contexto de nosso discurso, o fato de que mãos invisíveis de gigantes multinacionais se alastram sobre tanta informação sem o nosso conhecimento, cerceando o usuário, ou tomando posse do que eles oferecem para os seus contatos a partir do próprio perfil, uma vez que dependem da disponibilidade inconsciente ou não consciente de cada um de nós para acomodar um laço comunitário, uma espécie de comunhão, mesmo que seja apenas uma ilusão. O processo implica, portanto, como acontece no *Retrato de Dorian Gray* (Wilde, 2013), a dissipação do sujeito por causa de sua própria estetização. Daí, a urgência de não considerar a interatividade, de acordo com um esquema corrosivo, como um princípio da cultura contemporânea, mas como uma ideologia pura. A condição em questão parece induzir, antes, uma forma de interpassividade (Zizek, 2009), quando somos mais agitados do que agimos.

Poderíamos estender o discurso evocando, atualizando, uma fórmula querida a Marx (1964): a prostituição geral da existência. Parece que, de fato, hoje é cumprida de um modo integrado, além do quadro industrial, escapando para a distinção entre noite e dia, com uma diferença crucial com relação à época, quando escreveu o pensador alemão: enquanto em seguida, o trabalhador cedia a sua força de trabalho contra o salário, no contexto de nossas vidas conectadas, oferecemos constantemente a nossa maior parte substancial – emoções, informações, sentimentos, sem qualquer compensação material, versus uma troca simbólica, uma comunhão pagã. Mesmo parecendo contraditório, a vida digital, o laboratório por excelência do mundo vindouro, o posto avançado da carne eletrônica, estimula exorbitantemente a nossa participação e, em seguida, avidamente se alimenta de nós. Não surpreendentemente, a história social da indústria cultural é acompanhada pela proliferação de imaginários perturbadores e mórbidos, monstros e cenas nojentas (Abruzzese, 2008), assassinos, cadáveres, assassinos em série, bárbaros e outras figuras degeneradas. A última da série é exatamente a multidão em sua tradução dos contextos metropolitanos dos digitais e pós-urbano, o que envolve transformações óbvias, tanto nas telas como no que diz respeito à rua.

McLuhan (1982) atribui ao artista o privilégio de dar conta, antes de qualquer outra coisa, do modo como em cada período histórico se estabelece um equilíbrio inédito entre os nossos sentidos, e, então, da maneira de experienciar o real, de perceber o outro e de habitar o mundo. Em sua perspectiva, os meios de comunicação, ou as formas de comunicação, e também de estar juntos, são os dispositivos que recebem e estimulam, em uma constante ida e vinda entre a técnica e a experiência coletiva, as mudanças neste sentido. Por sua vez, Heidegger (2000) em seu livro *L'origem da obra de arte* argumenta que na arte o acontecimento da verdade está na obra. Ambos os pensadores, com termos diferentes, mas um senso comum, consideram a linguagem (Heidegger, 2015) e a mídia (McLuhan, 2015) como casa do ser (Heidegger), o nosso ambiente (McLuhan). De acordo com perspectivas semelhantes, Guy Debord (1968) observou a forma como o programa absorveu o material das nossas vidas; Jean Baudrillard (1981), a forma como as simulações e as imagens foram sobrepostas à realidade, enquanto Abruzzese (2001/b) mostrou como a indústria cultural se estabeleceu gradualmente como o principal território em que vivemos.

Trabalho ofuscante e obsceno

À luz do que temos considerado até agora, a obra que emerge do cenário tecnológico, cultural e social contemporâneo assume decididamente aparências obscenas. É tão cegante quanto o que, para Henry Miller (1945), tem a ver com nascimento e morte. Seu aspecto mais escandaloso, nos limites da pornografia, é a promiscuidade que se estabelece entre sujeitos e objetos, sujeitos e sujeitos, objetos e objetos, em uma paisagem em que os intervalos e o ar entre as partes são radicalmente reduzidos em favor de um suor generalizado. Há viscosidade no ar. Espessamento de corpos, símbolos e informação. Poluição semiótica. Excessos emocionais. Em análise cuidadosa, o problema do superaquecimento do planeta não diz respeito apenas à biosfera, mas também à imaginação coletiva em todas as suas declinações!

O aspecto mais obsceno do quadro até agora esboçado, o que envolve a interpenetração entre os meios de comunicação, as obras de arte e o público do terror divino evocado por Platão, é, sem dúvida, o fracasso do sujeito que se realiza em seus quadros. As formas estéticas prevalentes na cultura digital, dos *stories* para os *tweets* passando pelos *snaps*, e as *selfies* e as *lives*, apesar de suas nuances individuais, contemplam a mesma dinâmica para aqueles que participam: a encenação do eu é ao mesmo tempo uma oferta grátis e um sacrifício, fonte de prazer e dor. A emoção de estar em exposição, e a frustração, devido ao sentimento de ter perdido a autonomia. Os cinco minutos de fama que Warhol pensou, a que todos teríamos acesso, agora se estendeu para toda a nossa existência.

O público, os espectadores e os fãs de um tempo ascendem aos *status* de *estrelas*, mas essas são estrelas caídas na Terra, corpos para celebrar enquanto são consumidos (Attimonelli, 2020). Por essa razão, a efervescência de redes e sistemas cristaliza-se em práticas que muitas vezes têm a ver com estados febris, violência, erotismo e morte. Em todas essas manifestações está em jogo uma alteração do sujeito no seu misturar-se com o outro (Joron, 2009). O processo, agora em seu estado de energia, leva a uma revisão não só do papel desempenhado pelo indivíduo em nossa sociedade, mas da posição que o ser humano tem tomado no mundo: somos por este meio empurrados para além do humanismo e além do antropocentrismo: os despojos de incerteza, desorientados, perplexos, nas mãos dos sistemas e do tamanho que nós pensávamos que poderíamos governar – da técnica para a natureza.

Hoje mais do que nunca, algoritmos (Pireddu, 2017), o espectro de catástrofes ecológicas e crises de saúde governam nossas existências, mas ao contrário de outros momentos históricos e até mesmo de narrativas de ficção científica, como *Matrix* (1999), já não há espaço para a dialética a que estamos habituados: operários e capitais, subordinados e elite, bárbaros e civilizados... o poder neoliberal que detém as fileiras das sociedades contemporâneas é tão impalpável como generalizado e eficaz em toda a parte. A carne que se opõe está à deriva precisamente porque luta para individuar uma contraparte, mesmo estando lá – e talvez precisamente porque está lá – afundada no seu interior. Por outro lado, as máscaras políticas em que se representa a ordem estabelecida são tão inadequadas e grotescas para fomentar apenas piadas, rebeliões e memes que provavelmente não constituem uma alternativa real e verdadeira ao sistema (Lolli, 2017), mas testemunham uma agitação generalizada, movida por um sentimento de alegria trágica, em seu próprio ventre.

Os memes, por outro lado, representam um dos mais preciosos e sintomáticos modos de recreação do mundo, por meio dos quais se atualiza o tornar-se obra do público, ou seja, a mutação fundamental do *status* da imagem na nossa época. São obras sem obra, efêmeras na forma, mas duradouras nos sentimentos envolvidos e nos laços que estabelecem entre aqueles que dançam ao seu redor. Obras sem obras de comunidades inoperantes, de acordo com uma fórmula querida a Jean-Luc Nancy (2003).

Da resistência à recreação

Apesar de tudo, apesar da opressão e da reificação, das crises econômicas e da exploração em massa, da alienação voluntária e da obsolescência das contraculturas, algo permanece, resiste e recria-se. Talvez seja necessário, portanto, além das últimas reminiscências do pensamento crítico, longe da moralidade dominante, no rastro das intuições de Jean Baudrillard e Michel Maffesoli, atualizar novamente um pensamento radical que saiba compreender o que está emergindo entre as ruínas e catástrofes do mundo moderno. É o caso, por exemplo, de revelar os suspiros vitalísticos que animam a vida diária, as culturas urbanas e as cenas digitais eletrônicas, bem como aquelas que dançam, no momento de uma crise global de saúde para que se possa revelar as fraquezas e ideologias que presidem o nosso sistema de poder, econômico e de conhecimento.

Estamos na presença do maior acontecimento da história, em que a população foi transformada em algo aparente dentro do quadro de um show distópico cuja palavra de ordem – no sentido literal e metafórico do termo – foi "fique em casa", cada um por si, separado dos outros. A salvação transformou-se, portanto, em trabalhar, consumir, permanecer isolado e sacrificar todo o aspecto "inessencial" (para a política), mas fundamental (para os seres humanos) da vida: o jogo, a socialidade, o partido, a dança, o cinema, a cultura... Para lidar com a pandemia, apesar de todas as tecnologias disponíveis, quase todas as autoridades públicas internacionais preferiram confinar populações e proibir a proximidade dos corpos.

Em termos estéticos, todos nós nos tornamos bibelôs disfarçados de atores, obras paradoxais cujo princípio ativo é permanecer passivo. Apesar de uma situação como essa, a malha da *web*, a dança de Tik Tok, o *stream* de Twitch, as raves ilegais e varandas italianas que se tornaram janelas musicais, onde encontrar o outro, e também as práticas da associação e as numerosas redes de solidariedade espalhadas por todo o planeta têm mostrado, dando prioridade para o prazer de estar juntos, em vez de olhar para o princípio da sobrevivência, a capacidade de resistir e de recriar-se da comunidade do corpo social sobre a paisagem oficial da política e da grande mídia *mainstream* (às vezes, até mesmo distorcendo o sentido da indústria cultural e de políticas públicas). É por meio desses contradesempenhos, compensadas as deficiências das autoridades públicas, comunicativas e econômicas, que se mostram a irrupção e o surgimento de uma socialidade irredutível às necessidades fundamentais indicadas pelos poderes estabelecidos como única justificação para sair de casa. Eis emergir, surpreendentemente, no limiar do pós-humanismo, uma verdade arcaica e ainda contemporânea: a gratuidade da existência, que o erotismo celebra na sua ligação indissolúvel com a morte. Essa gratuidade, esse luxo, precede e supera a economia política, a arte e a moralidade. Precede e excede o indivíduo. Tem a ver com o sagrado, atravessa a nossa cultura, inerva a carne eletrônica em que nos tornamos.

Ao tornar-se obra do público, há, portanto, algo que brilha e agita. Cabe a nós reconhecermos a sua qualidade e acompanhar a sua vinda, até mesmo quando implica como corolário do nosso fracasso. Assim como Rilke escreveu a Clara, "as obras de arte são sempre o produto de um risco enfrentado, de uma experiência conduzida ao extremo, até o ponto em que o homem não pode mais continuar."

Nota

[1] Heidegger, Martin. A origem da obra de arte. 1950, pp. 42 - 43; 100 - 101. "Im Werk der Kunst hat sich die Wahrheit des Seienden ins Werk gesetzt. 'As temperaturas', sagt hier: zum Stehen bringen "Die; "Morrer Einrichtung der Wahrheit ins Werk ist das Hervorbringen eines solchen Seienden, das vordem noch nicht war und nachmals nie mehr werden wird", M. Heidegger (1950), Der Ursprung des Kunstwerkes, L'origine Dell'opera d'arte, text in German with translation in front in Italian, Christian Marinotti Edizioni, Milano, 2000, p. 42, 100.

Referências

ABRUZZESE, Alberto. *Forme estetiche e società di massa*. Veneza: Marsilio, 2001.

ABRUZZESE, Alberto. *L'intelligenza del mondo*. Fondamenti di storia e teoria dell'immaginario. Roma: Meltemi, 2001/b.

ABRUZZESE, Alberto. *La grande scimmia*. Mostri, vampiri, automi, mutanti. L'immaginario collettivo dalla letteratura al cinema e all'informazione. Bolonha: Luca Sossella Editore, 2008.

AGAMBEN, Giorgio. *Nudità*. Roma: Nottetempo, 2009.

ARENDT, Hannah. *Vita activa*. La condizione umana. Milão: Bompiani, 2017.

ATTIMONELLI, Claudia. *Estetica del malessere*. Il nero, il punk, il teschio nei paesaggi mediatici contemporanei. Roma: Derive e Approdi, 2020.

ATTIMONELLI, Claudia; SUSCA, Vincenzo. *Un oscuro riflettere*. Black Mirror e l'aurora digitale. Milão – Udine: Mimesis, 2020.

BATAILLE, Georges. *L'erotismo*. Milão: ES, 2013.

BAUDRILLARD, Jean. *Simulacres et simulations*. Paris: Galilée, 1981.

BAUDRILLARD, Jean. *Le strategie fatali*. Milão: Feltrinelli, 1984.

BAUDRILLARD, Jean. *Il Patto di lucidità o l'intelligenza del male*. Milão: Raffaello Cortina, 2006.

BENJAMIN, Walter. *L'opera d'arte nell'epoca della sua riproducibilità tecnica*. Torino: Einaudi, 2000.

BENJAMIN, Walter. *Angelus novus*. Saggi e frammenti. Torino: Einaudi, 2000b.

BERARDI, "Bifo" Franco; SARTI, Alessandro. *Run*. Forma, vita, ricombinazione. Milão, Udine: Mimesis, 2007.

BOURRIAUD, Nicolas. *Estetica relazionale*. Milão: Postmedia Books, 2010.

DEBORD, Guy. *La società dello spettacolo*. Bari: De Donato, 1968.

DE CERTEAU, Michel. *L'invenzione del quotidiano*. Roma: Edizioni Lavoro, 2010.

DURAND, Gilbert. *Les Structures anthropologiques de l'imaginaire*. Paris: P.U.F, 1963.

GRAMSCI, Antonio. *Quaderni dal carcere*. Torino: Einaudi, 1975.

HAUSER, Arnold. *Storia sociale dell'arte*. Torino: Einaudi, 1964.

HEGEL, Georg W. F. *Estetica*. Torino: Einaudi, 2017.

HEIDEGGER, Martin. *L'origine dell'opera d'arte*. Milão: Marinotti, 2000.

HEIDEGGER, Martin. *In cammino verso il linguaggio*. Milão: Mursia, 2015.

HERSCHMANN, Micael; FERNANDES, Cíntia S. *Cidades Musicais*. Porto Alegre: Ed. Sulina, 2018.

JENKINS, Henry. *Cultura convergente*. Milão: Apogeo, 2007.

JORON, Philippe. *La vie improductive*. Georges Bataille et l'hétérologie sociologique. Montpellier: Presses Universitaires de la Méditerranée, 2009.

LA ROCCA, Fabio (ed.). *Epidemia visuale*. La prevalenza delle immagini e l'effetto sulla società. Roma: Edizioni Estemporanee, 2018.

LESSIG, Lawrence. *Remix*. Il futuro del copyright (e delle nuove generazioni). Milão: Etas, 2009.

LOLLI, Alessandro. *La guerra dei meme*. Fenomenologia di uno scherzo infinito. Florença: Effequ, 2017.

MAFFESOLI, Michel. *Après la modernité?* Paris: CNRS Éditions, 2008.

MAFFESOLI, Michel. *Nel vuoto delle apparenze*. Roma: Edizioni Estemporanee, 2017.

MARINETTI, Filippo. T. Manifesto del futurismo. *Le Figaro*, Paris, 20 fev. 1909.

MARX, Karl. *Grundrisse*. Lineamenti fondamentali della critica dell'economia politica. Torino: Einaudi, 1964.

MARX, Karl. *Il Capitale*. Livro I. Roma: Editori Riuniti, 1964/b.

MCLUHAN, Marshall. *Dall'occhio all'orecchio*. Roma: Armando Editore, 1982.

MCLUHAN, Marshall. *Capire i media*. Gli strumenti del comunicare. Milão: Il Saggiatore, 2015.

MICHAUD, Yves. *L'arte allo stato gassoso*. Un saggio sull'epoca del trionfo dell'estetica. Roma: Idea, 2007.

MILLER, Henry. *Obscenity and the Law of Reflection*. Nova York: Argosy, 1945.

NANCY, Jean-Luc. *La comunità inoperosa*. Napoli: Cronopio, 2003.

PERNIOLA, Mario. *L'arte espansa*. Torino: Einaudi, 2015.

PIREDDU, Mario. *Algoritmi*. Il software culturale che regge le nostre vite. Roma: Sossella, 2017.

SUSCA, Vincenzo. *Ricreazioni*. Galassie dell'immaginario postmoderno. Ilustrações de C. Bardainne. Milão: Bevivino, 2008.

SUSCA, Vincenzo. *Les Affinités connectives*. Sociologie de la culture numérique. Paris: Cerf, 2016.

TOFFLER, Alvin. *La terza ondata*. Milão: Sperling & Kupfer, 1987.

TOLSTÓI, Lev, N. *Che cos'è l'arte*. Roma: Donzelli, 2010.

VALERIANI, Luisa. *Performers*. Figure del mutamento nell'estetica diffusa. Roma: Meltemi, 2009.

WAGNER, Richard. *L'arte e la rivoluzione*. Roma: Fahrenheit, 2003.

WILDE, Oscar. *Il ritratto di Dorian Gray*. Milão: Feltrinelli, 2013.

ŽIŽEK, Slavoj. *Leggere Lacan. Guida perversa al vivere contemporaneo*. Torino: Bollati Boringhieri, 2009.

Filmografia

BANDE à part. Direção: Jean-Luc Godard. França, 1964.

BATMAN. Direção: Tim Burton. Estados Unidos, 1989.

CRASH. Direção: David Cronenberg. Canadá/Reino Unido, 2019.

EXISTENZ. Direção: David Cronenberg. Canadá/Reino Unido, 1999.

MATRIX. Direção: Andy Wachowski e Larry Wachowski. Estados Unidos/ Austrália, 1999.

THE SQUARE. Direção: Ruben Östlund. Alemanha/Suécia/França/Dinamarca, 2017.

Techno, Afrofuturismo e ficção científica *black*

Claudia Attimonelli

Tecnologia negra: uma viagem às fontes do imaginário

Entramos em contato com a história de um *bluesman* da década de 1930, um menino chamado Robert Johnson; então a história é que Robert Johnson vendeu sua alma para o diabo no cruzamento do profundo Sul... vendeu sua alma e, em troca, obteve o segredo de uma Tecnologia Negra, uma tecnologia negra secreta, conhecida por nós como *blues*: o *blues* gerou o *jazz*, o *blues* deu origem ao *soul*, o *blues* gerou o *hip hop*, o *blues* gerou o *R & B*. Bem, *flash forward* duzentos anos no futuro: um outro personagem, um outro *bad boy*, um poeta nômade, chamado de Ladrão de Dados, chega entre nós de um futuro de distantes duzentos anos e lhe conta uma história: "Se conseguir encontrar um cruzamento, um cruzamento, este cruzamento, e conseguir fazer um buraco arqueológico neste cruzamento, você irá encontrar fragmentos techno-fósseis, e se juntar esses elementos, estes fragmentos, irá encontrar um código, que, ao ser crackeado, obterá a chave para o seu futuro – há apenas uma pista, e é uma frase: *mothership connection*" (Akomfrah, 1996).

Com essa lenda obscura abre-se o documentário *The last angel of history*, realizado em 1996 pelo diretor britânico de origem ganense John Akomfrah e escrito por Edward George, ambos membros da Black Audio Film Collective. O ponto central do monólogo onde se faz menção ao misterioso músico Robert Johnson, lendário iniciador da tecnologia negra do *blues*, é a passagem na qual é referida o cruzamento – *cros-sroad* – como portal dimensional para atingir outros espaços, outros momentos: encontrado o cruzamento adequado, ali é necessário romper o trânsito, que não é uma porta, mas uma escavação arqueológica onde desenterrar fragmentos, *techno-fósseis* para se aventurar em um futuro sem precedentes.

O *recall* para o *blues* demoníaco, fruto de uma "tecnologia negra secreta" que abriu para todas as derivações das *black music* que virão, fica evidente pelo título de uma das canções mais famosas escritas por Johnson e que evocamos no início: *Cross road blues*, de 1936. Aqui, desintegrada a harmonia, desconstruída a forma canção, envernizada a agonia da voz, que hoje nos alcança sob o signo do som pelos sulcos do vinil, fruto da única gravação que aconteceu em 1938, o *bluesman*, que morreu aos 27 anos de idade, opera uma reinvenção do ritmo a partir de suas menores porções. Da mesma forma irá proceder, sessenta anos depois, o teórico inglês, crítico musical e DJ de origem ganesa Kodwo Eshun em seu trabalho *More brilliant than the Sun. Adventures in Sonic Fiction* (1998): atuando sobre a sintaxe, sobre a etimologia, sobre os predicados, sobre a organização editorial do texto, até as partes mínimas, aquelas gramaticais, a fim de colocar de pé "um compêndio de gramáticas do *displacement*" (Eshun, 2020).

No documentário de Akomfrah, de acordo com a estratégica narra-tiva da bricolagem audiovisual, são enredados fragmentos de diálogos e entrevistas pronunciadas por muitos, na virada do milênio, por dife-rentes razões e em campos heterogêneos, que estavam às voltas com uma narrativa de futuro marcado pelo declínio do humanismo ocidental. Entre as vozes que se alternam durante o documentário de Kodwo Eshun é constante: gravado em três quartos, sob uma luz azulada no *Blade Runner*, Eshun antecipa, de uma forma esclarecedora, o que mais tarde desenvolverá em seu livro *More brilliant than the Sun*, publicado em 1998 pela editora Quartet, de Londres. Uma vez impresso, o volume esgotou-se muito rapidamente e se transformou em um fetiche indetectável, a ponto de que, por vários anos, ter este ensaio havia se tornado quase impossível, a menos que se comprassem, *on-line*, as esporádicas cópias pessoais vendidas a um preço elevado.

Hoje, mais de vinte anos depois, enquanto globalmente é iminente uma pandemia viral, e as Américas estão sobrecarregadas com a maior porcentagem de vítimas afro-americanas, o movimento *Black Lives Matter* expressa um mal-estar enraizado e profundo, que se fez carne, em seguida, nas múltiplas e diversas configurações, dependendo da dinâmica que afeta a população negra nos lugares onde as culturas de diáspora têm de lidar com a história escrita a partir da hegemonia ocidental, ou seja, na primeira parte dos anos 1920 do século XXI, o ensaio de Kodwo Eshun engaja-se no presente e renova a exigência de uma muito necessária reinvenção do paradigma do tempo-espaço, tornada possível por uma inovação na linguagem puramente sociolinguística. Podemos considerar que se trata, em si mesma, de um ato *afrofuturista* orientado a subverter as categorias tradicionais de cultura alfabética, a de lançar bombas metafóricas, ou seja, "bombas sônicas", batidas e ritmos que minam a tradição musical e propagam novos pontos de vista e audição, provenientes da música negra: *jazz* cósmico, *electric, dub, funk, hiperfunk, hip hop, electro, jungle, drum'n'bass, techno*.

Quando me deparei pela primeira vez com o pensamento de Eshun eram os primeiros anos de 2000; eu estava vivendo em Berlim, onde aprofundei minha pesquisa para o estudo da música *techno* e sua origem *black*, e eu frequentava fóruns atualizados sobre *techno*, que a população na época percebia como um gênero essencialmente da música do norte da Europa, sem hesitação omitindo as matrizes afro-americanas de Detroit. Caí, arrastada pelo *surfing* em rede, em uma *list serv*americana do Yahoo, animada por estudiosos e artistas chamados Afrofuturism. net. Fundado por Alondra Nelson em 1998, com o apoio de Kali Tal, o Grupo Yahoo ostentava moderadores do calibre de Paul D. Miller também conhecido como DJ Spooky, a escritora de ficção científica Nalo

Hopkinson, e outras mentes visionárias. Para muitos ouvidos ocidentais, um termo como "afrofuturismo" soou novo e vagamente oximórico, e, na verdade, por trás daquela sigla se escondia um imaginário inexplorado cheio de sons, visões, ficção científica e estética sob o sinal de *blackness* (negritude), que pela primeira vez se torna visível emergindo de um desconhecido futuro anterior, revelando conexões inéditas em rigorosa ordem esparsa: Missy Elliott, P-Funk, Basquiat, Octavia Butler, Jimi Hendrix, The Underground Resistance, Busta Rhymes, Funkadelic, Jeff Mills, Tricky... e, claro, Sun Ra.

Damos um passo para trás. Nos últimos vinte anos do século passado, a partir de algumas poderosas, mas isoladas, experiências no âmbito musical e artístico, interno às culturas de diáspora afro-americanas e temporalmente localizadas entre meados dos anos 1970 e 1980 do século XX, começou a ser articulado um complexo discurso sobre o futuro relacionado à temporalidade não ocidental. A máquina da construção linear da história gerada pela cultura humanística ocidental, reconhecendo, ao mesmo tempo, a oportunidade – se não a imperativa – de dar voz à alteridade cultural não imbuída de humanismo (como pode ser visto pelos esforços feitos pelos estudos pós-coloniais), inevitavelmente, chocou-se com a necessidade de operar uma ruptura epistemológica com relação às suas raízes e matrizes. Operação complexa e com resultados imprevisíveis, que arriscavam reconstituir-se em outro exercício de poder e controle sobre o tempo do outro, caso tenham sido adotadas medições temporais fundamentadas na "negação de coevità" ou "negação de eficiência" (Fabian, 2014) – ignorando o que é a temporalidade do outro, ou classificando-o na base da hegemonia. Foi por essa razão que, a partir dos anos 1980, o gênio de Rammellzee professou defender o "futurismo gótico", uma corrente estética tão esquiva no tempo e no espaço que não poderia ser vampirizada ou colonizada.

Enquanto isso, a partir do magma indistinto das estratificações culturais do Velho Continente em crise, surgiram alguns fragmentos de *Mais brilhantes que o Sol* (Eshun, 1998) que demonstraram como, paralelamente ao modelo antropocêntrico do humanismo, outras configurações espaço-temporais sempre existiram, sem que pudessem plenamente manifestarem-se junto ao modelo dominante. Por volta da década de 1990, esses fragmentos – que podemos enuclear em movimentos, vozes, conhecimentos e formas de estar no mundo –, graças a uma convergência medial feita de suportes, mídia, dispositivos de comunicação, linguagem audiovisual e especialmente musical, tornaram-se conscientes de ser capazes de habitar, cruzar, informar, regenerar o espaço e o tempo de outra forma.

Um desses movimentos foi precisamente o afrofuturismo, o mais conhecido entre os paradigmas das culturas diásporas americanas:

> O afrofuturismo vem do Livro de 1993 de Mark Dery, mas a trajetória começa com Mark Sinker. Em 1992, Sinker começa a escrever sobre a ficção científica negra, isso porque ele está apenas para os Estados Unidos e Greg Tate tem escrito muito sobre a interface entre ficção científica e música negra. Tate escreveu esta crítica chamada *Yo Hermenêutics* que foi uma revisão do David Toop, *Rap Attack*, mais um livro de Houston Baker, e foi uma das primeiras peças a apresentar esta ficção científica da música *black* tecnológica logo ali. De qualquer forma, o Mark foi lá, falou com o Greg, voltou, começou a escrever sobre ficção científica negra. Ele escreveu um grande artigo em *The Wire*, um artigo muito antigo sobre ficção científica negra onde ele perguntou: "o que significa ser um ser humano?" Em outras palavras, Mark fez a correlação entre *Blade Runner* e a escravatura, entre a ideia de abdução alienígena e os verdadeiros acontecimentos da escravatura (Eshun, 1998, p. 175).

Afrofuturismo apareceu nominalmente no início dos anos 1990, entre as comunidades eletrônicas dos primórdios da internet. Afrofuturismo foi primeiramente abordado de forma sistemática dentro de três ensaios seminais: "Loving the Alien", por Mark Sinker, de 1992, "Black to the

Future", por Mark Dery, de 1993, e finalmente o mesmo *Mais brilhante que o Sol*, por Kodwo Eshun, de 1998. Nesses textos, houve espaço para debate inundado e inédito, serpenteando em fluxos de ciberespaço, e capaz de acionar o dispositivo detonador da crise do humanismo, privilegiando a perspectiva da tecnologia e da cibercultura. Foi tornado visível pela primeira vez em um imaginário afro-americano projetado para o futuro – dimensão em que os negros, escravizados por gerações, sempre excluídos, visto não terem em seu poder o controle do seu próprio tempo, na verdade, nas mãos de outros.

O fato é que, no mesmo ano de 1998, Nelson e Tal lançaram o Afro-futurism.net, e, na Inglaterra, Kodwo Eshun publica *Mais brilhante que o Sol* – foi o sinal, mas acima de tudo, o sintoma da gênese viral trans-geográfica e cibernética de um movimento que assumiu sobre si mesmo, e em si mesmo, implementando a natureza ontologicamente diáspora da internet da época, "brilhantemente" coincidindo com as culturas da diáspora. Já no início do século XXI, encontrar fragmentos do pensamento de Eshun não foi difícil para aqueles que tinham começado a abordar o estudo das matrizes de que a cultura de dança originou música eletrônica, música *techno* e o imaginário conectado a elas, e não era incomum encontrar suas citações na *web*. Numa época em que a internet ainda era magmática e oferecia drifts inesperados e ligações lentas, um termo como afrofuturismo ainda permanecia para ser explorado, e, para dotar de sentido essa palavra, haviam considerado, além do próprio Eshun, um pequeno grupo de críticos e pensadores ligados à cibercultura e ficção científica negra.

Já em 1992, Mark Sinker – nas páginas da revista mensal inglês *The Wire* – publicou seu "Loving the Alien", e o termo afrofuturismo, na verdade, deixou para ser cunhado apenas um ano depois por Mark Dery, dentro do já mencionado "Black to the Future" – que reúne entrevistas com Samuel R. Delany, Greg Tate e Tricia Rose (mais tarde fundidos em *Flame Wars*). Aqui, Dery desvendou o entrelaçamento entre futuro, tecnologia e ficção científica, entrando em um único curto-circuito com o trágico legado da escravidão e da Diáspora Africana. Nas entrevistas que Dery realiza com Delany, Tate e Rose, revelam-se inéditas interpretações e narrativas, ligadas com a história da negritude: enquanto Sinker tinha intuitivamente se posicionado em relação à iconografia de ficção científica como aquela da escravidão, Dery foi ainda mais longe, declarando que, para encarnar a quintessência do afrofuturismo em particular, foi à cidade de Detroit – com os seus replicantes "*techno rebels*" completamente indistinguíveis dos humanos, se não pela perfeição e invulnerabilidade, mas mesmo assim, tratados como escravos pós-modernos.

A escrita de Dery despertou um fermento cultural subterrâneo que estava apenas esperando para ser desenterrado, e foi em tal húmus que a figura da Kodwo Eshun surgiu pela primeira vez. Como crítico musical, ele assinou algumas das contribuições mais importantes sobre a cultura eletrônica da década de 1990, começando com artigos como "Drexciya". "Fear of a Wet Planet", onde eram convocados Drexciya, duo techno de Detroit, formado por James Stinson – que morreu devido a uma doença grave em 2002, tornando-se uma espécie de personagem de referência e de culto mundial – e Gerald Donald, assim como o álbum do Public Enemy, de 1990, intitulado *Fear of a black planet*. Neste ensaio, o teórico inglês, em determinado ponto escreveu: "o Exo-terrorista planta bombas lógicas e desaparece, permitindo detonar explosões conceituais, multiplicando os buracos perceptíveis a partir dos quais todo o universo flui" (Eshun, 1998b). Pela primeira vez, ouvimos falar de "armas sônicas": as faixas de Detroit, *techno* e especialmente o *aquatopia*, inaugurado por Drexciya, desenvolvem uma panóplia de dispositivos de som lançados contra o humanismo – vírus musicais que infectam a hegemonia do pensamento ocidental contaminando-o, como então ilustrado por Steve Goodman no livro de culto *Sonic Warfare*, de 2010.

Nos anos 1990, tanto Goodman como Eshun permaneceram entre os membros do grupo de pesquisa na Unidade de Investigação de Pesquisa da Cultura Cibernética (CCRU), nascido dentro da Universidade de Warwick (embora esta não reconheça a filiação acadêmica), pela mão de Sadie Plant, que, por sua vez, estava elaborando desenvolvimentos e reflexões em torno do *techno*-feminismo conectado às culturas digitais (Plant, 1997, 1999). Kodwo Eshun, de fato, em 1994, encontrou: Nick Land, Sadie Plant e os seus doutorandos Mark Fisher, Steve Goodman e Suzanne Livingston no CCRU-Warwick.

> Refletíamos todos na mesma coisa, a membrana permeá-vel entre certos conceitos, encarnados na ficção científica, com a vontade de radicalizar alguns aspectos do *Manifesto cyborg*, de Haraway. Tivemos um impulso particular da música. Falando sonicamente, o *drum'n'bass* indicou que tínhamos deixado a forma de "canção" muito para trás. Havia uma nova música saindo todas as semanas e isso nos obrigou a inventar um aparato conceitual totalmente pós-humano (Eshun, Lovink, 2000).

Nos mesmos anos em que o diretor John Akomfrah fez parte do vivaz coletivo Black Audio Film di Stanza em Londres, por intermédio de Eshun o CCRU convergia na atribuição de qualidade "a-humanos" à civilização marcada pela *blackness*, que a partir da escravidão tem pouco a compartilhar com o tipo da *humankind*, tendo sido *ab origine*, sistematicamente cancelando os signos culturais que eram próprios. Sem passado ou presente, já que o tempo de um escravo pertence a seu senhor, os negros não poderiam ser os árbitros de sua própria história, com a consequente impossibilidade de se projetar no futuro – a menos que isso fosse propenso e se movesse graças às "hiperstições" (Land, 2011), tirando de um tempo não linear, mas circular como um *loop*, em que a ficção oferece mais do que apenas dicas para entender o real.

É dentro desse clima que um livro como *Mais brilhante que o Sol*, antiacadêmico, com prosa alucinada, às vezes criptografada, às vezes cifrada, que inventa conceitos, palavras e mundos, com uma estrutura em espiral e que nos títulos dos parágrafos não anuncia do que vai falar, mas do que ele vai dizer, propondo até uma numeração de páginas, ao contrário dos que começam a partir do final do capítulo. Como a filósofa

Gayatri Chakravorty Spivak move sua "crítica à razão pós-colonial" (1999) com o objetivo de desmantelar o pensamento monológico do ocidente e torná-lo permeável à voz de subalternos que nunca foram capazes de falar, da mesma forma *Mais brilhante que o Sol* desarticula tradições, desconecta abordagens historicistas, desmantela estereótipos de uma perspectiva anti-iluminista para colocar a cultura *black* sob uma nova luz. O crítico e visionário inglês queria apagar o sol e ativar as orelhas, cruzando sons capazes de brilhar mais do que qualquer outra fonte de luz. Sonoridade e rítmicas gerando (des)ordens de discursos e utopias líquidas contra o mito da sólida utopia racional do Iluminismo.

Desaparecimento dentro do ritmo: revelação de novos paradigmas antropológicos e culturais contra a autenticidade e mitologia da rua e do gueto

Em *Mais brilhante que o Sol*, o estilo rapsódico para fragmentos, em sintonia com princípios afrofuturistas e saltos de tigre *a la* Benjamin, convida à insubordinação contra os logs academicamente esclarecidos – os quais não vão além da análise linguística, histórica e semiológica das mídias sonoras, tentando transmitir mensagens e significados – onde o ritmo e o som exigem, em primeiro lugar, o ouvir e, sucessivamente, a montagem de uma mídia para a linguística multidisciplinar que se expresse sonoramente por si só, como sugerido em 1913 pelo futurista Luigi Russolo em *A arte dos ruídos* (e, muito mais tarde, pelo estudioso Iain Chambers em *Ritmos urbanos*, 1985).

Em uma sinestesia remixada na qual os olhos começam a sentir e não mais a ver, Eshun materializa a visão de Russolo, que, no atravessar as ruas da metrópole do início do século XX, percebe que, apesar daqueles que sempre reconheceram um excesso de imagens do tecido urbano, serão mais os ouvidos do que os olhos a suportar o choque do fim da modernidade:

Atravessamos uma grande capital moderna, com os nossos ouvidos mais atentos do que os olhos, e desfrutaremos, no distinguir, a ressaca da água, o vórtice do ar e do gás nos tubos de metal, o zumbido dos motores de respiração que pulsam com indiscutível animalidade, a palpitação das válvulas, o ir e vir dos pistões, o barulho de serras mecânicas, os saltos do bonde nos trilhos, o ruído dos chicotes, o tremular de cortinas e bandeiras. Vamos nos divertir orquestrando idealmente o rugido das portas de aço das lojas, as portas batendo, o zumbido e a agitação das multidões, os diferentes ruídos das estações, das fábricas de ferro, das fábricas de fiação, das tipografias, das usinas das centrais elétricas e das ferrovias subterrâneas (1913).

A influência da abordagem mediológica e transdisciplinar de Marshall McLuhan confunde-se com o fascínio que o Futurismo italiano e a ideia do futuro de que este expressava, não apenas devido à sugestão no confronto do ruído entendido como uma dimensão sônica proveniente do meio que o produz (e não como um elemento antitético para a harmonia da música), mas também para a importância atribuída ao ouvir e para os órgãos de sentido para a sua realização: a qualidade que introduzem à máquina para o lado da força de trabalho, dando um vislumbre da possibilidade de mutação. Em uma entrevista de 1998, Eshun afirmou:

Há dez anos que leio críticas aos futuristas em que falam do seu caráter fascista. Eles foram, na verdade, os primeiros teóricos da mídia do século XX. Eram fascinados pelos raios-X, pelas luzes artificiais e pela iluminação de rua, pelas câmeras fotográficas e a fotografia em geral. Eles pretendiam explorar como as novas tecnologias rompem com a integralidade do organismo, envolvendo as linhas de força (Eshun, Lovink, 1998).

Assim, a utopia da cidade futurista, com novas arquiteturas dinâmicas, pontes de ferro e aviões para parar o silêncio dos céus – ilustrada nos manifestos dos anos 1910 e 1920 do século XX, e corroborada por eventos espetaculares na época – tornou-se uma fonte de inspiração para um campo disciplinar recentemente atestado: *sound studies* dentro dos quais o pensamento de Eshun se destaca como uma força motriz. Exemplo brilhante sobretudo é o termo *sonic fiction*, "fantasonica", uma frase cunhada por Eshun ao longo das linhas de *science fiction* para experimentar uma narrativa *finzionale* a partir da unidade mínima do som, o ritmo. No afrofuturismo, se é cinematográfico, narrativo, vestimenta (ver, por exemplo, o perfil do Instagram de #houseofmalakai) ou musical, estilo e escrita, bem como as combinações de exemplo, provocam choques necessários para a reapropriação linguística da cultura dos afro-diáspora, por meio de paradigmas de modelagem antilogocêntrica.

The Last angel of history, por John Akomfrah, por exemplo, é uma referência clara à *Tese de Filosofia da história*, que Walter Benjamin escreveu entre 1939 e 1940, inspirado na pintura de Paul Klee de 1920, *Angelus Novus*. O filósofo alemão interpretou o anjo de Klee como se, arrebatado pela tempestade, ele fosse inevitavelmente levado ao progresso, e não pudesse fazer nada para parar a sua velocidade. Seu rosto, com os seus olhos vendados, encontra-se petrificado frente às ruínas da Europa. O novo anjo da história – o último, um *Angelus Novissimus* (Susca, 2013) – move-se por paisagens distópicas, onde às guerras mundiais têm se seguido desastres ambientais e doenças altamente contagiosas, e a integridade do indivíduo moderno tem sido violada (Maffesoli, 2003): a máquina que flanqueia e que lhe dá poder reanima a carne eletrônica dos subalternos e anômicas, que de todos os cantos da Terra dão vida a uma pulsante pós-humanidade.

Na iniciática linguagem audiovisual elaborada por Akomfrah, Kodwo Eshun intervém expressando-se na teoria da música e na crítica junto com Greg Tate; além deles comparecem Octavia Butler, Ishmael Reed e Samuel R. Delany, para literatura fantacientífica; e George Clinton, Derrick May, Juan Atkins, Carl Craig, Goldie e A Guy Called Gerald, para áreas musicais, como *reggae*, *dub* e *techno*. Esses gêneros musicais de matriz afrodescendente que contagiaram a música e a cultura *pop* europeia do final do século, por meio de insidiosos vírus da música espalhada no Oceano Atlântico Negro – e que pode contaminar cada lacuna do som imaginário ocidental; disse o próprio Eshun (1998, p. 135), que a propagação destes elementos sônicos é parte da tática de "redesenhar a realidade sonora" e, começando por essa "pandemia negra", de repensar radicalmente a relação com a história, a identidade e o humano.

Assim que a lenda de Robert Johnson é concluída, o documentário de Akomfrah continua com uma intervenção em que Eshun desdobra a grande metáfora da ficção científica na história da cultura negra: o sequestro de alienígenas na Terra. De acordo com a visão afrofuturista de Eshun, no *streaming* dos dados, nas batidas hipnóticas e nos *bytes*, bem como na desmaterialização de corpos na rede, há a terrível analogia de o escravo e o alienígena estarem interligados por um lado, e o escravo e o robô, por outro.

Como o Oceano Atlântico *Middle Passage* dos navios-negreiros permitiu a diáspora da cultura negra no mundo, assim a *web* – ciberespaço líquido à sua maneira –facilitou a secularização desta diáspora, reconsiderando a "abdução", ou seja, o sequestro de africanos de suas terras para deportação para a América, como um novo paradigma violento de evolução antropológica e cultural. Interpretar esta história como uma possibilidade de transmissão toda pervasiva de elementos culturais desconhecidos – que têm na música o seu meio de contágio mais eficaz –, em vez de se fixar e considerar a escravidão à luz trágica da história, torna-se para Eshun e para o meio afrofuturista mais radical, uma missão. Isso confirmaria a hipótese do advento de uma era em que mestiço, hibridação e montagem de unidades culturais mínimas, de memes aos *samples*, incorporam rítmicas e afinidades muito além das fronteiras geográfico-culturais. Como Eshun salientou, o estereótipo da rua, do gueto e dos subúrbios ou periferias como lugares onde identificar a produção cultural afro-americana sob o sinal de autenticidade hipócrita desapareceria assim.

Em *Mais brilhante que o Sol,* não é incomum encontrar passagens onde Eshun demole a aliança nociva entre a "autenticidade" de certos gêneros musicais (*rap gangsta,* "*conscious rap*" etc.) e a estrada como *conditio sine qua non* por "*keep it real*" e ser aderente à realidade. Ao tocar esse paradigma, desmorona o imaginário de um povo marcado pela tristeza devido à tragédia *ab origem* que o marcou. Tragédia e tristeza são as características distintivas que a ordem do discurso hegemônico atraiu para forjar as subjetividades nascidas do Atlântico Negro, a fim de constituí-las em novos arquétipos: o escravo, o "negro", a pessoa "de cor", o preto, o afro-americano – todas colonizações afro-americanas – todas colonizações linguísticas que geraram imaginários da "negritude" destinada a fazer desaparecer a complexidade da identidade afrodescendente. É também significativo como a filiação direta do afrofuturismo do ciberfeminismo e dos conceitos de performance e *gender* é capaz de superar até mesmo a proliferação de ideologias sexistas que muitas vezes marcaram as interpretações de algumas formas de produção cultural afro-americana ligadas ao paradigma do gueto.

Um exemplo de secessão do mito da rua torna-se então a *techno,* e "na era da *techno* nosso futuro está no desaparecimento". O eco de *A estética do desaparecimento,* por Paul Virilio (1980), seguido de *A êxtase do desaparecimento,* de Antonio Melechi (1993), tinha se infiltrado naqueles escuros cruzamentos sociais que Hakim Bey chamou de Taz ou zonas temporariamente autônomas (1991). Nesses nichos antagônicos, intérpretes de práticas iniciáticas direcionadas para a emergente cena *techno* vivida em lugares obscuros, onde apreciaram apresentações ao vivo de xamãs em consoles com o rosto coberto, o ritmo saltava para o primeiro lugar em comparação com a personalidade do DJ, de quem nem se conhecia o rosto, às vezes; pensamos no coletivo do Underground Resistance em que os *assault-djs,* que desde sempre se exibem com o rosto coberto, e durante 2021, publicaram a coleção Tresor 30 para "lembrar onde tudo começou", isto é, a *techno* dos negros de Detroit e a recepção nos anos 1990 na Europa, no Tresor de Berlim, cidade distópica e desindustrializada igual à capital de Michigan.

Para a Kodwo Eshun, isso representava a disseminação de corpos desmaterializados na vida eletrônica, com o resultado de con/fundir-se no *streaming* de *file* e traços, com a esperança de reinventar uma humanidade de acordo com novos paradigmas nascidos das cinzas do humanismo e batizados no sinal da chuva do fluxo informático. Por outro lado, meio século antes, o protagonista do romance de Ralph W. Ellison *Invisible man* (1952) vive uma experiência similar, quando, falando dos efeitos produzidos nele ao ouvir Louis Armstrong, admite escorregar num delírio sônico, em que o corpo do jazzista desaparece para dar lugar ao som:

> Por agora, só tenho um rádio-gramofone – mas espero ter cinco. No meu buraco, há uma certa imobilidade acústica, e quando tem música quero sentir as suas vibrações, não só com os meus ouvidos, mas com todo o meu corpo. Gostaria de ouvir cinco discos de Louis Armstrong onde toca e canta *What Did I Do to Be so Black and Blue* todos juntos. [...] Talvez goste do Louis Armstrong porque conseguiu transformar em poesia o fato de ser invisível. Acredito que isso acontece porque ele não percebe ser invisível. E minha compreensão da invisibilidade me ajuda a entender sua música (1952, p. 6).

Na reconstrução de Kodwo Eshun no intenso *The Last Angel of History,* percebe-se a urgência de elaborar narrativas afrofuturistas praticadas já por meio século, mas ainda não faladas, adotando um estilo que induz à dependência de frases apodíticas e contraintuitivas. É no sulco do espírito afrofuturista que encontra um terreno fértil o sintagma esotérico da "*secret black technology*", na qual, em 1995, um ano antes do lançamento do documentário *A Guy Called Gerald*, tinha dedicado um álbum homônimo; nesta gema cinematográfica, é possível sentir o mesmo *afflatus* que permeia as páginas de *Mais brilhante que o Sol*. Desiludidos pela euforia linguística contagiante que recria palavras e mundos imbuídos de paradigmas a serem flanqueados à tradição do pensamento ocidental, os leitores de Eshun, os ouvintes da *techno*, se descobrem *"in men"*, para não dizer que eles são os protagonistas de uma viagem no tempo que usa o anacronismo para se mover ao longo da crista do século XXI.

As estratégias de edição para remixar a alteridade

> Eu sou muito sério, irmão, nada que eu faça ou tenha feito com UR é divertimento ou entretenimento [...], as estratégias que eu adoto têm um e único propósito, o de não carregar conosco para o próximo século, os planos e os estereótipos que temos vivido até agora! [...] Por isso, acreditem quando vos digo que há muito pouco para eu sorrir e ser feliz com a condição do meu povo, da minha cidade e de toda a Terra (Mad Mike Banks, 1995).

Em um texto *on-line*, não datado, de Mark Fisher, intitulado *Writing machines*, o teórico inglês manifesta-se sobre os membros da CCRU – incluindo Eshun, Land, Sadie Plant etc. –, afirmando que nenhum deles tinha realmente a certeza de sua própria humanidade: "em parte, fatos de teoria e, em parte, fatos de ficção, nada de humano, construções montadas tão suavemente que você não vê as junções" (p. 21).

Esse foi o clima em que as teorias pós-humanistas e afrofuturistas do final do século foram agitadas. Um dos aspectos mais marcantes da prosa de Eshun torna-se então precisamente o seu discurso sobre a periculosidade da categoria humana. No *Mais brilhante que o Sol*, mais do que em seus outros escritos, Eshun aventura-se na demolição dessa categoria, alegando que não há mais seres "unicamente" humanos desde que a escravatura existiu. Se o movimento antiescravidão alegou que "os negros são criaturas", o humanismo é principalmente do que o afrofuturismo se distancia, visto que não está interessado em convencer os brancos da necessidade de não excluir os negros dos direitos humanos, nem acredita que ele possa recuperar os séculos da História, durante a qual os negros foram com violência sistemática excluídos do fórum social – e isso é o que aconteceu com os escravos, os pobres, as mulheres, os homossexuais, os doentes, os loucos, as crianças, todos os párias da sociedade.

No plano racial e, portanto, refazendo as etapas dramáticas da História dos afro-americanos, Eshun é radical em sua posição; lemos em *Mais brilhante que o Sol*:

> Na música, fica-se com a impressão de que a maioria dos afro-americanos não deve fazer "Nada" ao estatuto dos seres humanos. [...] Se você ouvir pessoas como Sun Ra – eu os chamo de déspotas: Rammellzee, Mad Mike – uma parte de toda a questão de ser um músico estrangeiro afro--americano, e é este o sentido do ser humano como uma categoria desnecessária e traiçoeira, uma categoria que, para os afro-americanos jamais simbolizou algo (1998, p. 156).

No sulco dessa faixa interpretativa, o crítico vislumbra a oportunidade de um *hyperembodiment* (hiperencarnação) na era pós-humana, em vez de uma retomada em seu oposto, chamado de *disembodiment* (desencarnação). Entre os muitos exemplos, destaca-se o dedicado a Grace Jones, a *woman machine* que Kodwo Eshun, antes de Mark Fisher, ligou ao conceito mcluhaniano de "noiva mecânica" por meio da análise de sua versão de *She's lost control*, por Joy Division. Consolidar esse raciocínio vem resgatar a teoria sobre a presença da voz na música *black*. Eshun descreve duas tendências: a humanista do R&B e a pós-humana da *techno*, um gênero caracterizado pela ausência de "letras" e "vocais", ao contrário da música caseira. Ao mesmo tempo, graças à entrada de uma ferramenta como o vocoder, e outros sistemas de manipulação de voz, a voz pode ser homeopatizada como uma ferramenta ao lado do outro, contribuindo para a simbiose entre o orgânico e os maquínicos que acontece na música, eternizando-a e ignorando a ditadura dos estilos que cristalizariam em eixo temporal e gêneros datados. Sob essa lente também deve ser observada a prática recente do autotune nos exemplos mais virtuosos de *trap*, superando os estudos clássicos sobre "afrovocalidade".

Seguindo Sinker e Dery, e inspirado pela pesquisa de Sadie Plant (1997) sobre o "surgimento" da fusão entre o orgânico e o mecânico, em *Mais brilhante que o Sol* Kodwo Eshun jamais deixa de desenvolver a analogia entre robô e escravo, recuperando a gênese do termo *robot*, o neologismo criado por Karel Čapek em 1920, para indicar um trabalhador mecanizado. Da mesma forma, diz Eshun, foi considerado um escravo, "programado para cumprir as funções: como um servomecanismo, como um sistema de transporte, tais como móveis como os 3/5 de um ser humano, como sujeito fracionado" (Eshun, 1998, p. 32).

Nessa descrição, tragicamente próxima da realidade, tudo se refere à esfera dos instrumentos, às "ferramentas", e pouco àquela do ser humano, que, por meio de seu agenciamento, pode produzir subjetividade na dinâmica do poder.

Eshun não cessa de evidenciar com sagacidade e espírito militante a condição de subordinação dos negros, fazendo referência aos argumentos de espanto e descrença difundidos no século XVIII em torno da capacidade de escravos de saber ler e escrever, surpreendentemente comparáveis aos debates do século XX em torno do potencial de inteligência artificial. Quando o crítico reconstrói o olhar que sentiram ao ser olhados pelos brancos da época do desenvolvimento das primeiras linguagens midiáticas da contemporaneidade, que remonta ao cinema hollywoodiano dos anos 1940 e 1950, lembra que, nesse contexto, um afro-americano poderia aspirar somente ao papel do servo, mensageiro ou operador de elevador – funções que refletiam o seu verdadeiro lugar na sociedade.

É significativa a abertura de *Mais brilhante que o Sol*, em que Eshun confia aos últimos mutantes uma hipótese inédita da história: convidar o leitor a interpretar o trágico episódio da escravidão que permitiu aos negros ir além do humano para saborear, como primeiros, os efeitos da mutação. Alguns anos após a publicação do livro, Eshun deu algumas entrevistas notáveis, nas quais tanto os dançarinos na pista como os DJs foram observados como sujeitos mutantes, protótipos humanos capturados no momento de sua transição. Eshun imaginou, por exemplo, que a selva desorganiza as hierarquias do corpo, visto que confere maior relevância aos pés para aqueles que dançam, do que para os DJs, que ficam com a mutação que envolve as mãos. Toda a prática do *scratch* é percepção manual. Vejo no futuro DJ com dedos extremamente desenvolvidos, porque serão hipersensíveis, como folhas de lírio d'água, como rãs. Suas cabeças fundidas em seus pescoços e em cerca de vinte anos podem ter perdido suas pernas porque jamais as usam para dançar (Eshun, 2000). "Para o presente, o futuro é um guia muito melhor do que o passado. Preparado, está pronto para trocar tudo o que sabe sobre a história da música em troca de um minúsculo vislumbre de seu futuro" (Eshun, 2000, p. 167).

Com este auspício – um novo pacto diabólico como o feito por Robert Johnson um século atrás –, Eshun nos revela suas aventuras: caminhos, percursos narrativos, em que a ciência é substituída pela *sonics*, o reino do som. Se o termo "afrofuturismo" ressoa para alguns como um oximoro é precisamente porque é na oximorologia e nos anacronismos que esta palavra pode brilhar com o seu significado mais específico. Nesse sentido, Kodwo Eshun é o primeiro e o mais afrofuturista des/orgânico teórico justamente porque escolhe contar, de acordo com diretrizes não lineares e exercendo o princípio da recreação terminológica, uma história de des/humanidade *black*, partindo-se de um tabu da crítica musical ocidental aparentemente insignificante, mas, na realidade, denso – com arquétipos insidiosos e inexpugnáveis: o significado do ritmo. Ao fazê-lo, Eshun apela a um código para acessar o tempo expropriado aos negros, séculos atrás. Esse código deve ser decifrado, então você entra na dimensão onde o conhecimento iniciático pode finalmente tornar-se viral.

Em *Mais brilhante que o Sol*, depois de mencionar, desde as primeiras páginas, o ritmo como uma fonte primitiva para iniciar um desmantelamento radical dos paradigmas que permitiram o obscurecimento de narrativas outras das da modernidade, fatores determinantes para a síntese cultural, tornar-se o *loop* e o *sampling*. Nesta chave, vem interpretada a

112

dimensão temporal do *yesternow* proposta por Eshun: a coexistência do passado no presente, por meio da prática da remontagem de amostras iluminantes e não publicadas e inéditas. É assim que a operação realizada por Paul D. deve ser entendida. Miller aka DJ Spooky – *that subliminal kid*, que radicalizou a prática do *remix* audiovisual, realizando em 2004 um *remake* de *The birth of a nation*, por David W. Griffith, um filme de 1915, famoso por legitimar a supremacia branca e a segregação americana por meio da linguagem cinematográfica. Miller intitula o seu *remake Renascimento de uma nação*: o produtor afro-americano – e tirando do filme histórico uma seleção de sequências manipuladas e remixadas – consegue alterar a sua temporalidade original para recolher "o *script* ocidental de progresso linear" e, assim, gerar o desanuviamento, a subversão e a reapropriação de arquétipos deslocados.

Montagem e *remix*, ontologicamente imersos em um tempo cíclico e não linear, reaparecem, dispositivos capazes de reescrever a história, contaminando-a de acordo com paradigmas auditivos e visuais (música e cinema), reduzindo em fragmentos a serem remontados em novas sequências os produtos que sistematicamente obscureceram os tempos e histórias do outro. Tanto na prosa de Eshun como no trabalho de dj-vj de DJ Spooky, *sample* e o *loop* são unidades capazes de intervir no processo de escrita da história (Miller, 2011). O produtor de Detroit Jeff Mills, por exemplo, concebeu o projeto *Cinemix* em 2000, inaugurando-o com a realização da trilha sonora *techno* da obra-prima de Fritz Lang, *Metropolis* (1927) e continuando com a composição de numerosas partituras *techno* para outros filmes de ficção cientifica, convencido da potência da música eletrônica articulada no princípio do *loop*. O *loop* seria um sistema de modelagem em si mesmo, capaz de redesenhar o espaço, o tempo e o imaginário do futuro, como foi bem demonstrado por Mills em álbuns como *Discovers the rings of Saturn* e *Cycle 30*, dos quais Eshun eviscera aspectos que, de outro modo, seriam inescrutáveis. De fato, se hoje, por um lado, continuamos a perceber o futuro com base na forma como a cinematografia do século XX o inventou, com o seu imaginário poderoso e incômodo, a ponto de ocupar todos os horizontes com vista a representações inéditas – desde *Le Voyage dans la Lune* a *The Matrix* – por outro lado, é graças a uma remontagem do tempo a partir da unidade mínima de som e ritmo que podem ser induzidas novas visões espaço-tempo: eis o valor da fantasonica.

O corpo viral: síntese e "tokenismo"

Em 2021, nos traços do movimento *Black Lives Matter*, a fundadora da Afrofuturism.net, Alondra Nelson, foi nomeada pelo presidente dos EUA, Joe Biden, vice-diretora de Ciência e Sociedade do Escritório para as Políticas de Ciência e Tecnologia da Casa Branca (OSTP). Vírus que conectam tecnologia, futuro e *blackness*, tratam-se, portanto, de propagar e colocar instâncias que antes eram inéditas. Dada a sua investigação sobre os impactos sociais e as desigualdades geradas pela tecnologia – em outras palavras, graças ao seu passado como teórica do afrofuturismo –, Nelson assegura hoje *exemplum* capaz de reconfigurar as relações entre *blackness* e a tecnologia à escala institucional.

Mas ainda assim, em 1996, Kali Tal lançava outra leitura sobre o advento da cibercultura: de acordo com a qual a internet poderia se tornar mais um lugar de invisibilidade perigosa do sujeito negro; era um processo que geraria dois cenários: um interno à potencialidade (ainda não expressa) da *black technology* de que Akomfrah fala em seu documentário, a saber, aquela de contaminar a antiga cultura ocidental com esporas sônicas afro-americanas – como, além disso, já falado por Gilroy no *The Black Atlantic* (1993); outro que teria se manifestado sob a forma de armadilha, e não de oportunidade, derivada de processos contorcidos de remoção, esquecimento e repescagem:

> No ciberespaço, é finalmente possível fazer os negros desaparecerem completa e permanentemente. Há muito que suspeitava que a tão apregoada "liberdade" perde os marcadores "limitadores" de raça e gênero na internet; é

ilusório, e que ela realmente esconde um fenômeno mais perturbador: o branqueamento do ciberespaço. A invisibilidade dos negros na rede permitiu publicações controladas pelos brancos e lidas pelos brancos, como *Fio*, para ignorar questões raciais. A ironia desta invisibilidade é que a teoria crítica afro-americana fornece ferramentas muito sofisticadas para a análise da cibercultura, uma vez que os críticos afro-americanos têm discutido o problema de múltiplas identidades, personalidades fragmentadas e liminaridade por mais de um século (Tal, 1996, p. 11).

O alvo de Tal em seu artigo era o trabalho de Sherry Turkle (e aqueles como ela), que em suas análises do advento da cultura digital ainda sofria do legado e da influência da tradição do pensamento ocidental, focada em – e destinada a – "branco" ignorar a condição e o contexto do *Black self* no novo cenário de rápida mudança. Embora publicado em *Fio*, o artigo de Kali Tal duramente criticou a mídia que, ignorando questões raciais, continuou a favorecer a orientação branca de seu público: "Não se deixe enganar pela presença deste artigo nas páginas de *Wired*. Oitocentas palavras podem identificar o problema, mas não começam a preencher a lacuna" (Tal, 1996, p. 12).

Por outro lado, novas formas de colonização em breve se tornariam aparentes: na sua intervenção de 1996, Kali Tal identificou com alguma antecedência os efeitos perversos da dinâmica que poderíamos definir como duplo desvio: aqueles que visam a reapropriação do contrário, sinais negativos da *blackness* (tristeza, estética do gueto, sexismo), os outros capazes de infectar o tecido social branco através de esporas culturais negras. Tudo isso, em breve encontraria uma síntese imperfeita, mas penetrante, no chamado "tokenismo": a mais recente armadilha originada pelos processos de remoção cultural nos confrontos da negritude. Concebido para promover a repescagem dos negros em salas de cinema, séries de televisão e meios de comunicação, o "tokenismo" é capaz de transformar a *blackness* em um repositório de sinais e estética as quais os brancos podem atingir para depredar, para saquear e apropriar-se do que é considerado *cool*. Já tinha acontecido com a música, *look* e estilos de roupas – basta pensar no *coolness* representado pelos Blues Brothers, magistralmente retratados no filme de mesmo nome, dirigido por Landis, e, 1980, em que John Belushi e Dan Aykroyd, realizando *Sweet home Chicago*, automaticamente se tornaram os autores para o público entusiástico da época, apagando a origem que remonta à primeira gravação da obra de Robert Johnson em 1936. O mesmo aconteceria com a música *house*, que, ao contrário da *techno*, não era capaz de escapar da vampirização caucasiana, passando rapidamente do *status* de forja *black underground* para um símbolo reconhecido na opinião pública de *white mainstream*. Na origem desse processo está o arquétipo (depois estereótipo) do *hacker* negro, que no trabalho de ficção científica é como um feiticeiro entre a realidade e o ciberespaço, alimentando um processo intrincado de integração e adoçamento de um negro de outra forma misterioso e insidioso. Profecias antigas, espiritualidade *voodoo*, carnaval e grotesco muitas vezes servem como hermenêutica para acessar novos universos.

No início do século XXI, Alondra Nelson alertou autores, estudiosos e artistas sobre os riscos de uma "ênfase excessiva na identidade racial única e absoluta", causa de uma simplificação cultural, artística, política e social prejudicial entre os negros. Tal preocupação, compartilhada já em muitos lugares, nascia do desejo de autodeterminação e representação, não em nome da simples conquista da igualdade de direitos, nem de um retorno reacionário e idílico à suposta "autenticidade" africana, mas em nome do reconhecimento da multiplicidade de *blackness*; se para Paul Gilroy este reconhecimento foi expresso no *Atlântico Negro* como um lugar de trânsito primitivo do qual ressurgir para se conectar com o presente e imaginar o futuro, para Eshun é a tecnologia que impulsiona este processo: a cultura da matriz africana, entendida como maré indistinta, seria um resultado de síntese e amostragem de tudo ainda a ser descoberto. Outras características e multiplicidades no lugar da identidade e *reductio ad Unum*: eis que a *blackness*, para dizer com Sinker, seria "mais de uma identificação cultural não mais dada pela cor da pele, tanto que haveria milhares de suspeitos, mas não identificáveis crianças negras de pele branca em torno" (1992).

Quer queira, quer não – e esteja consciente ou não – estamos em contato com o afrofuturismo há mais de meio século: pelo menos desde os anos 1970, o tempo e o espaço que habitamos estão permeados por vírus sônicos derivados da música de origem afro-americana. Originárias das profundezas viscerais dos cantores de *blues*, essas músicas continuaram em direção ao *jazz*, *hip hop*, *disco* e *house*, para chegar no final dos anos 1980 à revolução de Detroit techno até hoje escorregando para a armadilha. Esses vírus infectaram a cultura ocidental a ponto de torná-la irreversivelmente inervada por *blackness* – e isso apesar do fato de que esta matriz tem sido repetidamente escondida e transfigurada, como aconteceu no *rock'n'roll*, *rock* e *pop* (e como estava prestes a acontecer na *techno*). Deste contágio nasceu todo o patrimônio atual da chamada música "extraculta", distinta da música clássica ocidental. Os esporos de *blackness*, de *middle passage* descrito por Gilroy, atualizado por Eshun e seguido por Goodman/Kode9 continuam a produzir hibridizações que, no entanto, não estão isentas do risco de encarnarem-se em novas formas de exotismo, colonização, "tokenismo", esteticização, controle e especulação sobre o investimento do outro no futuro.

Nos últimos tempos, até mesmo a cena *pop mainstream* tem sido mais ou menos conscientemente vestida com estilos afrofuturistas, especialmente graças a Beyoncé, Janelle Monae e FKA Twigs; o epítome visual de tal emergência do *underground*, no entanto, é sem dúvida *Pantera Negra*, o primeiro filme em que a Marvel não só apresenta um super-herói negro – como é típico do "tokenismo" – mas todo um imaginário no qual a tecnologia avançada, o tribalismo e a moda afrofuturista são a peça central da obra. É bom lembrar neste momento como o desaparecimento do ator Chadwick Boseman (que morreu de câncer em 2020) protagonista do mesmo *Pantera Negra*, foi chorado como a perda de uma figura de culto necessária e há muito esperada: figura de culto porque Boseman encarnou não só um herói Marvel, mas o rei T'Challa

– o primeiro super-herói negro em um reino desde sempre dominado por personagens brancos. A falta de projeção no tempo e no espaço devido à causa da escravidão inflacionou as visões da *blackness*: deixada sem a possibilidade de estrategicamente orquestrar a sua própria dimensão espaço-temporal na história, nutrindo-se com narrativas que geraram um laboratório fervoroso e inesquecível.

Considerados emocionais, intuitivos, pré-lógicos e condenados a serem sempre primitivos, os negros, até o fim dos anos 1960, continuaram a não ter acesso à educação nos Estados Unidos, e, mesmo em muitos países africanos, ainda eram submissos. Nesse contexto marcado por complexos raciais, frustrações antropológicas e culturais, aspirações artísticas e sociais, ao lado de cenários incríveis à espera de serem explorados, é enxertado o afrofuturismo, a *techno* e o pensamento alucinatório de Kodwo Eshun.

De Cypress Hill a Tricky, de Alice Coltrane a Erykah Badu, de Cybotron a Drexciya, de Alondra Nelson ao Dj Stingray113, o *blackness* reúne, recombina, descodifica e embaralha as formas em que a humanidade mutante coagula; este desdobramento de imagens é tão convincente que não funciona como uma mera metáfora, mas é por si só uma representação lúcida de uma época de trágicas migrações, raras aterrissagens felizes e contaminações ferozes.

O afrofuturismo, o desaparecimento, os vírus culturais mutagênicos, no final da década de 1990, estavam confinados a nichos cibernéticos e racializados, ainda longe de irradiar visões mais amplas em torno das profundas mudanças que ocorrem. Tivemos que esperar um pouco mais antes de, com base no caso singular da identidade afro-americana imersa no ciberespaço, uma linha mais ampla de raciocínio começar a tomar forma em torno do futuro da humanidade, o resultado das novas formas de propagação viral de informações, meme cultural e *sonic*, além de agentes patogênicos de xenofobia: todos os fatores que predispõem a uma radical mutagenesis da raça humana.

Em um tempo obscuro como o presente, afrofuturismo e *techno* emergem do passado recente e oferecem um tempo transpolítico, hipersticial, uma entrada para uma hipótese de evolução da humanidade, um avanço que pode se permitir paradoxos temporais, uma vez que há incontáveis passados omitidos, escondidos e colonizados. Trajetórias à espera de serem reveladas, as quais, embora vindas de um tempo arcaico e astórico, se emergirem hoje, podem nos mostrar algo que ainda não conhecemos, um código que libera o futuro de que ninguém ainda nos tinha falado a respeito, não mais ou ainda não infestado pelos sulcos ideológicos dos séculos que nos precederam. "Techno Rebel irá aproveitar outras tecnologias além de sintetizadores e "sequenciadores" e, no decorrer do processo, eles finalmente eliminarão ironicamente o conceito pós-moderno limitante de se sentir em casa no presente" (Eshun, 1998, p. 18).

O afrofuturismo iniciou, portanto, um processo de remoção da história linear, a fim de subtrair dela a primazia da única disciplina capaz de contar o que era, sugerindo assim um lado a lado, mais do que uma abolição, de um número infinito de outras histórias e caminhos subterrâneos que nunca tiveram voz: é assim que primeiro a ficção científica negra e depois a ficção "fantasonica", e, graças à importância dada à dimensão do ritmo e da imaginação, se prestam a tornar-se reservatórios – *crossroads* – sobre os quais se desenham de forma transcultural, transgeográfica e trans-humana.

Visto que toda tradição é o resultado de uma invenção poderosa (*ficção*), chegou a hora de estabelecer tradições trazidas por intervalos de omissões, sejam esses lugares escuros onde há o desaparecimento da coletividade por meio da dança eletrônica: se o espaço físico dos corpos reduz o risco de infecção viral, com o distanciamento social não se garante a aniquilação do contágio cultural, que é transmitido no fluxo de dados. Os cenários marcados pela mutação do corpo lançado a grande velocidade nos meandros desconhecidos da rede podem constituir a "virada extraterrestre", nas palavras de Eshun, uma "virada" (2015). Ali, o som é considerado o meio por excelência capaz de chegar aos sentidos, à carne eletrônica e ao cotidiano, o que molda nosso modo de ser e nosso modo de "seres".

Já estava nas intenções dos pioneiros da *techno* – Cybotron, Model 500, Drexciya – se apresentarem como enxerto de elementos *high-tech* de um imaginário sci-fi arcaico. Foi, por outro lado, nas cenas de *Blade Runner*, de Ridley Scott, que, em 1982, vimos pela primeira vez o futuro envelhecido longamente especulado por Mark Fisher em seu blog *K-Punk*. O último Anjo da História, no entanto, não parece ter sido Rutger Hauer, que, além disso, deixou a Terra em 2019, o mesmo ano em que o seu alter ego fílmico, o replicante Roy Batty, foi programado para a morte (na verdade, morre depois de ter pronunciado o famoso monólogo em que ele cita as Muralhas de Orion); em vez disso, ele vai ser um anjo de pele negra, como os drexciyani pintados na epopeia afrofuturista. Abu Qadim Haqq, cuja mitografia foi narrada no *Book of Drexciya* (2019/2021) e antes mesmo das capas de UR e do duo Stinson-Donald. Dessa vez, o anjo não viria dos céus, mas conduzido pelas águas – ele seria um navegador emergindo das profundezas dos mares, cujo movimento ressoaria como a chuva dos dados que Morpheus evocou no filme *Matrix*: em vez das asas barbatanas e guelras, a pele escura, o olhar vítreo nos cemitérios marítimos do Atlântico escravista e do Mediterrâneo trágico de 2000, a atual passagem migratória acelerada por um continuado ciclone do *soul* e da máquina. Esse novo anjo vai emergir, e vai fazê-lo ao ritmo de amostras e sequências pescadas do fundo do mar.

Referências

ATTIMONELLI, Claudia. *Techno*. Ritmos afrofuturistas. Milão: Meltemi, 2018.

ATTIMONELLI, Claudia. Genealogies of Afrofuturism: Black sci-fi to end it with humanism. *Raízes e rotas-investigação sobre culturas visuais,* n. 31, 2019.

BANKS, Mad Mike. DJs, essa história esqueceu-se. *Ele mental*, 1995. Disponível em: <www.ele-mental.org>. Acesso em: 23 jan. 2022.

BENEDETTI, Andrea. *Mondo Techno*. Roma: Arcana, 2018.

BENJAMIN, Walter. Über den Begriff der Geschichte. *In:* BENJAMIN, Walter. *Gesammelte Schriften*, v. 1, 2. Frankfurt: Suhrkamp, 1974.

BEY, Hakim. *Taz.* Zona Autónoma Temporária, Anarquia Ontológica, Terrorismo Poético, Brooklyn-New York: Autonomedia, 1991.

CAPEK, Karel. *R. U. R.* Milão: Bevivino, 2006.

CHAMBERS, Iain. *Ritmos Urbanos*. Londres: Macmillan, 1985.

CHUDE-SOKEI, Louis. *The Sound of Culture*: Diaspora and Black Technopoetics. Middletown: Wesleyan University Press, 2015.

DERY, Mark (ed.). Flame Wars. The Discourse of Cyberculture. *South Atlantic Quarterly*, 92.4, 1993.

DERY, Mark. Black to the future. Entrevistas com Samuel R. Delany, Greg Tate e Tricia Rose, em Flame Wars. *In:* DERY, Mark (ed.). *The Discourse of Cyberculture.* Durham: Duke University Press, 1994.

DE SETA, Gabriele. O sinofuturismo é o novo Tecno-Orientalismo? *Nero*, 13 out. 2020. Disponível em: <https://not.neroeditions.com/il-sinofuturismo-e-il-nuovo-tecno-orientalismo/>. Acesso em: 23. jan. 2022.

ELLISON, Ralph. *Invisible man*. New York: Vintage International, 1995.

ESHUN, Kodwo. Drexciya, medo de um planeta molhado. *The Wire*, n. 167, jan. 1998.

ESHUN, Kodwo. *More brilliant than the Sun*: adventures in sonic fiction. Londres: Quartet Books, 1998.

ESHUN, Kodwo. *Futurritmachine-Kodwo Eshun on DJs and Dancers in the Primusical Soup,* entrevista de C. Fior, U. Gutmair, <http://www.art-bag.net/convextv>, 1998.

ESHUN, Kodwo. Mais considerações sobre Afrofuturismo. *In:* FREITAS, Kênia (ed.). *Afrofuturismo*: Cinema e música em uma diáspora intergaláctica, Catálogo, Caixa Econômica Federal, São Paulo, 2015.

ESHUN, Kodwo. Specific Grammars of Intricate Displacement. *Inflight Magazine – Women in aeroplanes*, n. 1, 2020. Disponível em: <http://woa.kein.org/node/27>. Acesso: 23 jan. 2022.

ESHUN, Kodwo. Everything was to be done. All the adventures are still there. A speculative dialogue with Kodwo Eshun. Entrevista de Geert Lovink. *Telepolis*, 2000.

FABIAN, Johannes. *Time and the Other.* How Anthropology Makes Its Object. New York: Columbia University Press, 2014.

FISHER, Mark. Writing Machines. *Word Bombs*. Disponível em: <http://www.altx.com/wordbombs/fisher.html>. Acesso em: 23 jan. 2022.

FISHER, Mark. The metaphysics of crackle. Afrofuturism and Hauntology. *Dancecult*: Journal of Electronic Dance Music Culture, v. 5, n. 2, 2013.

GILROY, Paul. *The Black Atlantic.* Modernity and Double Consciousness. Cambridge: Harvard University Press, 1993.

GOODMAN, Steve. a.k.a. Kode9. *Sonic Warfare.* Sound, affect, and the ecology of fear. Cambridge: The MIT Press, 2010.

HAQQ, Abdul Q. *The Book of Drexciya.* Berlim: Tresor, 2019.

HARAWAY, Donna. *Manifesto Cyborg*. Milão: Feltrinelli, 1995.

JENKINS, Henry. *Convergence Culture*: Where Old and New Media Collide. New York: University Press, 2006.

MACCORMACK, Patricia. *The Ahuman Manifesto* Activism for the End of Anthropocene. Londres: Bloomsbury, 2020.

MAFFESOLI, Michel. *Le temps des tribus*. Le déclin de l'individualisme dans les sociétés postmodernes. Paris: Méridiens-Klincksieck, 1988.

MAFFESOLI, Michel. *Notes sur la postmodernite*. Paris: Editions du Félin, 2003

MELECHI, Antonio. The Ecstasy of Disappearance. *In*: REDHEAD, Steve. *Rave Off*: Politics and deviance in contemporary youth culture. Avebury: Aldershot, 1993.

MILLER, Paul D. a.k.a Dj Spooky (ed.). *Sound Unbound.* Musica digitale e cultura del sampling. Roma: Arcana, 2011.

NELSON, Alondra. *Afrofuturism*: A special issue of social text. Durham: Duke University Press, 2002.

PLANT, Sadie. *Zeros and ones.* Digital women and the new technoculture. New York: Fourth Estate, 1997.

PLANT, Sadie. Tecnologie morbide per macchine morbide, l'interfaccia chimica. *Virus Mutations*, n. 6, 1999.

RUSSOLO, Luigi. A arte dos ruídos. Direzione del movimento futurista. *In: Marinetti e Futurismo*. Milão: Mondadori, 1973.

SICKO, Dan. *Techno Rebels*. The renegades of electronic funk. New York: Billboard Book, 1999.

SINKER, Mark. Loving the alien. *The Wire*, n. 96, 1992.

SPIVAK, Gayatri C. *A critique of postcolonial reason*. Toward a history of a vanishing present. Cambridge: Harvard University Press, 1999.

SUSCA, Vincenzo *et al. Angelus Novissimus*. Montpellier: Compagnie Quasi, 2013.

TAL, Kali. The Unbereable Whiteness of Being. African American Critical Theory and Cyberculture. *Wired*, out. 1996.

TAL, Kali. *The Third Wave*. New York: Morrow, 1980.

VIRILIO, Paul. *Esthétique de la disparition*. Paris: Balland, 1980.

Filmografia

BIRTH of a Nation. Direção: D. W. Griffith. Estados Unidos, 1915.

BLACK Panther. Direção: Ryan Coogler. Estados Unidos, 2018.

BLADE Runner. Direção: Ridley Scott. Estados Unidos, 1982.

VIAGEM à Lua. Direção: Georges Méliès. França, 1902.

MATRIX. Direção: Andy Wachowski e Larry Wachowski. Estados Unidos/ Austrália, 1999.

METROPOLIS. Direção: Fritz Lang. Alemanha, 1927.

REBIRTH of a Nation. Direção: DJ Spooky. Estados Unidos, 2004.

THE BLUES Brothers. Direção: John Landis. Estados Unidos, 1980.

THE LAST Angel of History. Direção: John Akomfrah. Reino Unido/Alemanha, 1996.

Discografia

BLACK Secret Technology. A Guy Called Gerald. Juice Box, 1995.

BLACK Sea. Drexciya. Underground Resistance, 1995.

CYCLE 30. Jeff Mills. Axis, 1994.

CROSS Road Blues. Robert Johnson. Vocalion, 1936.

DISCOVERS The Rings Of Saturn. X-102. Tresor, 1992.

DIE Roboter. Kraftwerk. Kling Klang, 1978.

FEAR of a black planet. Public Enemy. Def Jam, 1990.

METROPOLIS. Jeff Mills. Tresor, 2000.

SWEET home Chicago. The Blues Brothers. Atlantic, 1980.

SWEET home Chicago. Robert Johnson. Vocalion, 1937.

SHE'S lost control. Grace Jones. Island records, 1980.

Parte II
Artivismos de gênero e/ou raciais: debates, abordagens e controvérsias

Pistas reflexivas para uma cartografia dos artivismos de gênero no Brasil

Rose de Melo Rocha;
Thiago Rizan

A elaboração deste trabalho se dá sob uma orientação metodológica de base cartográfica, a fim de situar elementos que entendemos ser relevantes ao debate sobre os artivismos de gênero no Brasil. Desse modo, não é nosso objetivo apresentar um estado da arte minucioso sobre esse campo de estudos, e, sim, empreender um movimento tentacular (Haraway, 2019) de cartografar pistas reflexivas que permitam uma particular construção teórica sobre o tema tal como o estamos propondo. Fundamentamos nossas escolhas metodológicas no diálogo com a perspectiva cartográfica de Rolnik (2006, p. 65), com a qual compartilhamos a premissa de que "todas as entradas são boas, desde que as saídas sejam múltiplas". Para a autora, esse modo de pesquisar não se orienta por uma busca em revelar ou desvelar uma suposta verdade do objeto científico. A preocupação de quem cartografa está em investigar caminhos e criar possibilidades para materializá-los:

> [...] "entender", para o cartógrafo, não tem nada a ver com explicar e muito menos com revelar. Para ele, não há nada em cima – céus da transcendência –, nem embaixo – brumas da essência. O que há em cima, embaixo e por todos os lados são intensidades buscando expressão. E o que ele quer é mergulhar na geografia dos afetos e, ao mesmo tempo, inventar pontes para fazer sua travessia: pontes de linguagem (Rolnik, 2006, p. 66).

Também tomamos por inspiração a perspectiva genealógica de Colling (2018), posto que, em sinergia às reflexões do autor, não se trata aqui de uma busca por origens do artivismo, mas, sim, de auscultar algumas de suas condições de emergência, em especial aquelas que constituem bases fundantes dos artivismos de gênero de modo geral e dos artivismos musicais de gênero de modo específico. Buscamos por rastros e rasuras, por núcleos culturais expressivos que remetem a essa genealogia, tendo por bússola epistêmica a seguinte ordem de preocupação:

> Em termos foucaultianos, quais as condições de emergência desse *boom* artivista das dissidências sexuais e de gênero no Brasil da atualidade? Como explicar que em poucos anos tenhamos tantas coisas sensacionais acontecendo nas artes e em suas interfaces com gêneros e sexualidades? (Colling, 2018, p. 155).

Sabemos que o artivismo é um termo polissêmico, sob o qual residem disputas semânticas e políticas históricas. Atendo-nos ao contexto latino-americano, mais especificamente ao caso brasileiro, o quadro não é diverso. De imediato, já se apresenta um primeiro marcador, que embasa nossa análise cartográfica dos artivismos musicais de gênero. Em primeiro lugar, propõe-se que essa polissemia não signifique necessariamente imprecisão, mas, antes, que ela evidencie justamente a arena de disputas e convergências que envolve tal nomenclatura, seja como prática social, seja como esforço de construção teórica de um campo de estudos relevante para os debates estéticos, comunicacionais e políticos da contemporaneidade.

Ao considerar esses princípios, tomaremos por base justamente o recorte do contemporâneo para empreender nossos apontamentos sobre artivismos musicais de gênero. Como já apresentado em estudos anteriores (Rocha, 2021), partilhamos dos dois principais pilares apresentados por Chaia (2007) em sua análise de algumas condições de emergência do artivismo no Brasil:

O primeiro momento encontra-se nos movimentos sociais que ocorreram a partir do final da década de 1960, como a luta pelos direitos civis, as manifestações contra a Guerra do Vietnã, as mobilizações estudantis e a contracultura. Essas séries de eventos constituem referências que se perpetuam para acionar o ativismo na contemporaneidade. Nesta direção, ganha significado especial o situacionismo, centrado na prática e nos escritos de Debord (*A Sociedade do Espetáculo*, livro publicado em 1967) [...]. O situacionismo aponta, assim, para a urgência da ação na sociedade e propõe não apenas a necessidade de superação da política, mas também da arte. O segundo momento para se pensar a origem do artivismo é mais recente e refere-se à produção das novas tecnologias, que ganham intensidade a partir de meados dos anos 1990. Assim, os meios de comunicação de massa, a internet e as conquistas tecnológicas adjacentes constituem suportes para ampliar o potencial de artistas políticos e alastrar o campo de ação do artivismo (Chaia, 2007, p. 9).

Temos insistido em abordar os artivismos (e os artivismos musicais de gênero) em uma perspectiva historicamente situada, bem como os temos compreendido em uma chave anticanônica. Sob esse diapasão, acionamos Chaia (2007), quando o autor elege como marcos históricos dessa aproximação peculiar entre estética e engajamento político o final dos anos 1960 e meados dos 1990. Assim, falar em artivismo significa localizar nestas ações estético-políticas uma intenção de reflexividade social, um esforço – individual ou coletivo – de ação direta no social e a incisiva preocupação com as alteridades. Já se nota neste ponto a visada que os artivismos estéticos e musicais de gênero imprimem ao debate.

Localizando o debate

Falar em artivismos configura uma ação de entre-lugar, sendo ao mesmo tempo uma "atitude frente à arte e à realidade circundante"

(Chaia, 2007, p. 10). Contra-hegemônicos, heterotópicos, artivismos pressupõem o estético como assunto público. Ou seja, concordamos com Chaia (2007, p. 11) quando nota que o "artivismo delimita o âmbito de ação que parte do individual, passa pelo coletivo e alcança insuspeitados espaços no qual se localiza o outro".

Se a política se reconfigura nas ações artivistas, o mesmo se dá em relação aos conceitos de fruição e de experiência estética, sendo o artivismo "esta prática [que] desloca o cenário da arte e da política para o espaço público. Sai do espaço fechado e branco para o espaço cinza das ruas ou para o espaço virtual da internet" (Chaia, 2007, p. 10). Diante de tal premissa, esclarecemos que falar em artivismo significa nomear práticas, posturas e linguagens nas quais o engajamento é necessariamente um tema de resistência, dissidência ou dissenso. Assim, não cabe falar em artivismo ou artivistas no âmbito do projeto estetizante capitaneado pelo nazismo, por exemplo, tampouco nos grandes projetos artísticos promovidos sob os auspícios de governos totalitários. Não há, pois, artivismo em sistemas tirânicos, embora bem o saibamos não ser descabido reconhecer os esforços sistemáticos de cooptação da arte, da estética e do entretenimento por movidas conservadoras, reacionárias e populistas.

Complementarmente às demarcações propostas por Chaia (2007), foram nossos estudos sobre as culturas juvenis que nos conduziram ao debate sobre o artivismo. Isso se deu mediante observações de campo, detalhadas em diversos artigos e consolidadas no livro *Artivismos musicais de gênero* (Rocha, 2021), quando notamos que o termo (artivismo, artivista) voltaria a ser empregado, inicialmente com referência a ativismos juvenis que ganham força nos anos 2000, em especial após os Fóruns Sociais Mundiais, os Ocupas, as mobilizações secundaristas no Chile e no Brasil, as ações de coletivos locais, regionais, nacionais e mundiais, e em círculos mais específicos de práticas políticas juvenis apartidárias e transpartidárias. Posteriormente, nos anos 2010, notadamente quando do crescimento e da consolidação das marchas juvenis, e na esteira de mobilizações ativistas que passam a se utilizar fortemente das redes sociais, o debate sobre gênero imprime politicidade e um forte marcador estético à expressão. A seguir, também a cultura *pop* se torna importante vitrine de visibilização de produções artísticas, documentais, ficcionais e audiovisuais que encampam a diversidade de gênero, ora como temática, ora como linguagem. É no bojo dessa explosão LGBT-QIA+ que, pouco a pouco, para além do universo dos meios massivos, também começa a proliferar uma variada e intensa produção musical de jovens independentes, gestionando a confecção e disseminação de videoclipes, *lives*, canais no YouTube e músicas autorais, nas quais o marcador da identidade e da alteridade de gênero será problematizado e utilizado como recurso criativo. Para esses atores e atrizes sociais, o artivismo passa a ser utilizado como arma de combate e de subjetivação, sendo por eles encampado:

> É um potencial [...], tem uma disseminação de outro léxico, menos essencialista, que permite a homens, mulheres, transexuais e travestis estarem em lugares que não respondem a verdades desse Poder maiúsculo. Também fazem isso na própria lógica do entretenimento, dos gêneros musicais. É uma produção [...], uma remixagem que afeta também a produção subjetiva. Isso é uma mudança. O problema é que a gente está em uma realidade social muito arraigadamente conservadora [...]. Então é uma luta que passa pelo simbólico, mas que também demanda forçosamente alguma atuação do ponto de vista político-institucional. Infelizmente, por ora, no momento de instabilidade institucional que a gente vive politicamente, eu acho uma maravilha que a gente ainda tenha algum respiro [com a música]. Mas ainda é uma brecha, são as brechas que a gente tem. E ainda são questões para [...] discutir. Porque acho que é uma questão política, que nos toca, a quem estuda movimentos juvenis: bom, mas isso vai gerar alguma mudança? Uma agenda já gerou. Isso vai, de algum modo, contribuir para uma transformação das estruturas políticas do país? Não sabemos ainda. São questões. A gente tem que ter algumas perguntas, que vão sendo feitas. Agora, que há uma relação

clara entre produção cultural juvenil e política, não tenho dúvida (Rocha, 2018, s/p.).

Uma importante clarificação desse debate é oferecida por Saavedra (2017), cuja análise irá associar práticas artivistas a uma esfera de indissociabilidade entre estética e política. Como indica Saavedra (2017, p. 1), iremos "pensar arte e política não como domínios autônomos, mas como um mesmo fluxo que, corporificado, reconfigura sensibilidades e mobiliza ideias e afetos". Mais do que uma imbricação, configura-se nos artivismos uma iniciativa de reflexão e de ação cujos princípios norteadores são da não separação, da junção irrevogável entre arte e política, na proposição de não separar os dois foros, desautonomizando-os; isso seria, em si, um ato político.

Caminhando para o direcionamento do debate ao plano das dissidências sexuais e de gênero, lembramos das pontuações de Colling, quando ressalta que:

> Obviamente, as relações entre arte, política e diversidade sexual e de gênero, em especial quando pensamos na história do feminismo, não são novas. As feministas, assim como outros movimentos sociais, tal qual o movimento negro e seu teatro, sempre perceberam que as artes e os produtos culturais em geral são potentes estratégias para produzir outras subjetividades capazes de atacar a misoginia, o sexismo e o racismo (Colling, 2018, p. 157).

A título de esclarecimento do recorte analítico aqui assumido, estamos destacando do vasto campo dos artivismos ênfases que, segundo nossa proposta, se fazem pertinentes e nucleares para compreender a constituição do campo dos artivismos musicais de gênero na atualidade. De um lado, iremos situar nossa enunciação em trabalhos e ações em forte sinergia com culturas juvenis e urbanas, embora nos seja claro que os artivismos, também por definição, ultrapassem espaços citadinos e possam implicar atravessamentos geracionais. Em resposta a essa compreensão, entenderemos como outro forte nucleador a perspectiva da ocupação – ativa, intencional, planejada – de espaços públicos e, neste caso, já partimos de uma compreensão deste "lugar" como um plano dilatado e expandido; ou seja, nossa apreensão dos artivismos de gênero contemporâneos advém de uma compreensão do acentuado borramento das fronteiras entre as ruas e as redes, já que diferentes urbanidades, tecnicidades e cosmopoliticidades se dão a ver nessas ações. Como Machado (2007), percebemos que a constituição e a disseminação do termo "ativismo" e, posteriormente, "artivismo" se fundam em uma reconfiguração substantiva das mobilizações políticas juvenis desde o acionamento de redes sociais e diversas tecnicidades, ou, como indica o autor:

> [...] tais tecnologias não apenas se tornaram instrumentos de fundamental importância para a organização e articulação de tais coletivos sociais, como também proporcionaram a formação de novos movimentos sociais e novas formas de ativismo. Estas passam a se caracterizar com base em uma atuação cada vez mais em forma de rede, pela formação de amplas coalizões e pelo enlaçamento ou agregação de grupos identitários, frequentemente segundo a geografia das comunidades culturais, linguísticas ou a identificação e compartilhamento de certos valores (Machado, 2007, p. 2).

Esses traços mais gerais do ativismo irão se tornar decisivos na configuração dos artivismos propriamente ditos, e nos artivismos estéticos de gênero de modo cabal. Em segundo lugar, apresenta-se como central a mobilização dos corpos nessas autorias artivistas, seja compondo uma expressão mais individualizada, seja configurando cenas coletivas. Meira e Adrião (2020) nos conduzem a uma explícita aproximação de traços coletivos na constituição dos movimentos artivistas das dissidências sexuais e de gênero. Para as autoras:

> O cansaço em torno de um modelo "clássico" de militância impulsionou a busca por pensar através de outros

dispositivos, adubando o caminho de interesse pelas re-invenções na forma "tradicional" de fazer política, como as movimentações auto organizadas, independentes e não-institucionalizadas, que apostam em ações combativas como intervenções diretas, culturais, artísticas, na rua, desobediência civil, e as várias fagulhas de desejos revolucionários. As motivações para realizar a pesquisa vinham de pensar estratégias de ação política de afrontamento ao "heterocapitalismo", assim, o foco rondava formas "alternativas" de militância, de organização dos coletivos e suas ações políticas, também mantendo o olhar atento às disputas de narrativas no campo das sexopolíticas (Meira e Adrião, 2020, p. 9).

É sugestiva a proposta de Vilas-Boas (2015), ao pensar a relação entre arte, ativismo e política como "sistemas híbridos em ação". A esse campo de hibridação associamos ainda uma visada comunicacional relevante, que também fará ecoar naquele que Colling (2019, p. 19) nomeia "o *boom* dos artivismos dissidentes".

Comunicação, um observatório privilegiado dos artivismos

A relação de artivistas juvenis com as tecnicidades (nos usos de aparelhos como computadores, celulares, filmadoras; na apropriação de redes sociais e de compartilhamentos digitais como Facebook, Twitter, YouTube e WhatsApp) confirma o lugar estratégico da comunicação para se pensar a sociedade, e das juventudes para se compreender as formas políticas contemporâneas, que incluem uma agenda pública construída a partir de fluxos *bottom-up*, com a ocorrência de sinergias ou sincronicidades mundiais e, em alguns casos, de ativismos que se assumem como transnacionais ou de artivismos que se configuram transfronteiriços. Pudemos também perceber como, em especial após a crítica ao "esvaziamento de pauta" ocasionado, no Brasil, depois do inchaço das manifestações de rua em junho de 2013, ultrapassando ou desviando os propósitos originais (do Movimento do Passe Livre), que alguns marcheiros e coletivos atuantes em São Paulo, que acompanhamos mais diretamente, tenham desde então insistido no diálogo entre diferentes ativistas, ativismos e artivismos, de modo a consolidar pautas comuns e vínculos políticos mais perenes entre si.

No seio de uma ciber-cultura-*remix* (Lemos, 2005) e em contextos de transmediação, os artivismos podem, por vezes, conduzir a outros devires – comunicacionais, culturais, existenciais, políticos. Levando para o aqui-agora e o mundo comezinho o campo da celebrização e a autogestão de visibilidade, a virada digital e a comunicação em rede não apenas empobreceram a experiência – embora muitas vezes participem ativamente desse processo. Toda uma geração de jovens periféricos, no sentido lato da palavra, toma para si as máquinas de narrar pós-massivas e perfura as paredes de cristal dos condomínios de classe, de acesso, de etnia, de gênero (Rocha; Santos, 2021).

Não foram apenas empreendedores "convencionais", reproduzindo e zelando pelas ordens conservadoras do capital, os que surgiram nesse contexto que ganha força exponencial a partir dos anos 2010. A cultura *pop* foi ela própria re-remixada, re-remediada, dando espaço para o protagonismo de atores-produtores-performers que tradicionalmente não ocupariam o espaço nobre de casas de família, casas de shows ou de salas de estar midiáticas, a não ser que em tom anedótico, estigmatizador e/ ou exotizante. E, isto, por suas origens "desclassificadas" ou condições desviantes (Rocha; Santos, 2021).

Mas como e o que dizem esses artivistas? Como neles se manifesta o cruzamento de fluxos diaspóricos globais (diáspora negra e da cultura *pop*) e os fluxos diaspóricos locais (periféricos, subalternos e subculturais)? Quais são a relevância e a ingerência das tecnologias digitais e dos contextos pós-massivos em suas práticas? Como as questões de gênero impactam suas narrativas? O que pode ser problematizado das opções que fazem, por exemplo, ao migrarem de um corpo anteriormente classificado como masculino para um corpo feminino, ao afirmarem a homossexualidade de um corpo cisgênero, ao se localizarem na não binariedade afirmada em um corpo anteriormente classificado como feminino, ou a simplesmente se localizarem na ambivalência afirmada em um corpo masculino cisgênero que se metamorfoseia em *drag* hiperfeminina? Em todos os casos, sabemos, há um questionamento do patriarcado, mas isso resulta em ações plurais de enfrentamento, negociação ou ruptura.

Nota-se que uma pulsante cartografia organizacional caracteriza essas ações juvenis, contribuindo para o acompanhamento e a análise de novas formas políticas (e moventes) do contemporâneo, com o apelo irreversível à horizontalidade e ao clamor iconoclasta dos que demandam por reformas na estrutura política vigente e no regime de concessão das empresas privadas de comunicação. Em termos nacionais, é particularmente evidente a forte crítica à imprensa brasileira, em especial aos veículos percebidos como mais conservadores e "manipuladores". Aqui, a crítica à representação tanto inclui as instâncias políticas institucionais quanto se direciona aos monopólios midiáticos e ao modo como pautam sua noticiabilidade.

Cabe destacar que nosso campo próprio de investigação tem se direcionado para artivismos musicais de gênero, o que não nos impede de situar o debate em termos mais amplos. Assim, identificamos que os artivismos no Brasil vêm sendo problematizados em pesquisas que refletem sobre as relações entre música, discurso e transformação social, como apresentado por Neder (2016), na articulação entre "subjetivação, corporalidade e transformação social". Atentamos neste ponto às interessantes argumentações de Di Giovanni, quando esclarece que:

> [...] a emergência do termo "artivismo", como categoria analítica, marca um interesse, político e teórico, em formas de ação coletiva cujo efeito e possíveis interpretações não se esgotam na taxonomia da provável orientação ideológica dos participantes, nem na possível funcionalidade que possam cumprir nos jogos político-eleitorais e midiáticos das democracias representativas, cuja explicação não termina na identificação dos fatores contextuais, históricos ou socioeconômicos que fomentaram sua erupção (Di Giovanni, 2015, p. 2).

No caso específico dos estudos que temos desenvolvido no âmbito do Grupo de Pesquisa CNPq Juvenália, o artivismo de gênero protagonizado por jovens LGBTQIA+ paulistanos e latino-americanos mediante a produção, circulação e consumo de criações audiovisuais e performances públicas é o horizonte epistêmico que nos permite enunciar a clara articulação entre socialização política e construção de subjetividades em tais expressões estético-políticas. Temos mobilizado o conceito de "subjetividade política encorpada" (Díaz Gómez; Alvaro Salgado, 2012) para refletir sobre artivismos musicais contemporâneos. A argumentação de Díaz Gómez e Alvarado Salgado (2012) está diretamente ancorada em Cornelius Castoriadis e Hannah Arendt, encontrando eco em Gilles Deleuze e Félix Guattari. Para os autores, a subjetividade assume dimensão política quando a "ação de reflexividade que realiza o sujeito sobre si mesmo e sobre o instituído [...] [centra-se] no plano do público (o que é comum a todos)". Além de responder a um foro público, "tem seu próprio *status*", constituindo, a partir da multiplicidade e de condições históricas mutáveis, tramas compartilhadas (Díaz Gómez; Alvaro Salgado, 2012, p. 113, tradução nossa).

Ana Maria Fernández (2013), para identificar modalidades de subjetivação e lógicas coletivas, em suas pesquisas com juventudes argentinas vulnerabilizadas, utiliza-se da concepção de "corporalidades em ação", apreendidas em seus marcadores de intensidade, em que o corpo é, ele mesmo, um lugar epistêmico. Na contemporaneidade são várias as expressões artivistas que mobilizam o lugar da expressividade audiovisual como importante espaço de construção subjetiva, representatividade e existência. Em direção complementar, afirmam que seus corpos são políticos, articulando a luta contra, por exemplo, as violências raciais e de gênero estruturais na sociedade brasileira.

A leitura ora proposta parte e retorna ao comunicacional, reconhecendo tanto a nuclearidade das tecnicidades, audiovisualidades, corporalidades e cosmopolitismos na configuração do capitalismo ocidental, internacional e financeiro contemporâneo, farmacopornográfico, no entender de Preciado (2018), quanto identificando o fato de estes mesmos elementos (tecnologias, imagens, corpos, estilos de vida) participarem de embates e lutas por audiovisibilidade, cidadania e direitos.

Nossa contribuição aos estudos de gênero, portanto, advém de uma expressão específica de artivismo musical, atentando-se a realidades locais e nacionais, mas filiando-se a uma agenda política e reflexiva global, ou, antes, a uma perspectiva epistemológica do Sul (o sul do Sul). Em direção similar, nossa contribuição aos estudos da música resulta de uma expressão artivista performativa e esteticamente implicada, o que, potencialmente, pode permitir a aproximação com estudiosos já experientes nos dois campos.

Sabemos que o alcance das produções audiovisuais de artistas de gênero estendeu-se consideravelmente a inúmeros e diversos setores sociais e fóruns de comunicação institucionais e mercadológicos, bem como a audiências de fãs, de *haters* e às conversas mais comezinhas, trazendo ruídos interessantes ao plano do "senso comum". Mas certamente atentamos ao fato de essa união entre tecnicidades e produção de subjetividades ter sido mobilizada, no plano específico que estudamos, para radiografiar exclusões e estigmatizações e a elas resistir ou transgredir, tendo a sexualidade como bandeira e os corpos (desviantes, viados, pretos, trans) como mídias de si mesmos. Tecnicidades comunicacionais coadunam-se então a linguagens e estéticas de apresentação que, em uma hipótese inicial, entendemos operarem em sincronicidade com a atualização e desnaturalização do debate sobre as "tecnologias de gênero" (Galindo; Souza, 2012).

Já Saavedra (2017, p. 1), referindo-se ao artivismo feminista, sugere que "há uma (cri)ação direta que constrói, por meio da experiência, o sujeito político". Nesse aspecto, talvez possamos falar em termos de subjetividades artivistas das minorias e dissidências sexuais e de gênero, na qual "[c]orpos [...] intervêm e, com seus movimentos poéticos de resistência e subversão, reposicionam a si mesmos e a outros do seu entorno" (Saavedra, 2017, p. 2).

Os artivismos LGBTQIA+ que entrecruzam a vida nas cidades e a vivência nas redes digitais o fazem em fluxos de sentido que acolhem o periférico – na consciência histórica das desigualdades, exclusões e subalternizações – e o ultrapassam – em um projeto (político, cultural, artístico e econômico) de inserção que força os limites da lógica centro/periferia, rasurando-a, desestabilizando-a. Configuram "circuitos culturais" (Herschmann, 2010) reticulares e policêntricos, com "níveis de institucionalidade e monetarização dos objetivos traçados", mas configurando uma dinâmica "de certa forma híbrida", em que "graus expressivos de formalismo" podem conviver com a permanência de "um razoável protagonismo dos atores sociais nas iniciativas, dinâmicas e processos engendrados nos circuitos" (Herschmann, 2010, pp. 40 - 41).

Nesta direção, às lógicas excludentes sobrepõem-se táticas de inclusão e negociação que nem sempre irão caracterizar uma dinâmica de adesão irrestrita ou de caráter conformista em relação seja às institucionalidades, ao *mainstream* musical, às dinâmicas mercadológicas, à cultura massiva, midiática, digital e/ou plataformizada. Perea (1998), investigando a relação de jovens colombianos com a política tradicional e recuperando criticamente os imaginários sociais a ela associados, observa que, juntamente ao descrédito em relação às institucionalidades, notava o aparecimento de novas formas de construir identidades coletivas, a ele associadas exatamente ao plano das expressividades (Perea, 1998, pp. 129 - 150).

Em direção convergente, são relevantes os questionamentos apresentados por Fernandes e Herschmann (2018) na crítica que fazem à ideia das chamadas "cidades criativas". Privilegiando, inclusive por particularidades de seus objetos de estudo, outra nomenclatura, a de "cidades musicais", os autores voltam-se àqueles que efetivamente habitam a cidade, e assim se perguntam sobre a qualidade das iniciativas e políticas públicas que deveriam (idealmente) servir a práticas de fato inclusivas.

No que toca ao debate sobre os artivismos no âmbito da música, e mais especificamente do experimentalismo feminista, dialogamos com perspectivas reflexivas de autoras como Camila Durães Zerbinatti;

Isabel Porto Nogueira e Joana Maria Pedro (2018); Rosa Amélia Marques Siqueira (2019) e Tânia Mello Neiva (2018).

Camila, Isabel e Joana, analistas situadas e informadas sobre as questões de gênero atinentes ao estudo da música no Brasil, buscam localizar e problematizar "possíveis processos de marginalização do e no campo de música e gênero", enquanto Rosa Amélia se dirige mais especificamente ao artivismo e à educação musical, pensados como campos potenciais de transformação social. Segundo a autora, esse processo, que atinge as mulheres e outros grupos sociais, como a comunidade LGBTQIA+, envolve tanto o plano da representação (como são retratadas em grande parte das músicas) quanto a desigualdade protagônica e/ou de acesso (na ocupação de cargos, funções, práticas sociais, artísticas e de empregabilidade).

Já Neiva (2018), nos oferece uma complexa avaliação da representatividade feminina em algumas iniciativas da música experimental no Brasil, enfatizando a (possível) interação entre feminismo e experimentalismo. A pesquisadora nota a centralidade da mobilização das tecnologias eletrônicas, suas estéticas, linguagens e modos de produção nas práticas experimentais contemporâneas, tensionando, em uma perspectiva decolonial e feminista, a generificação que caracterizaria esse universo do tecnológico.

De um ponto de vista mais específico, percebemos que a "produção de inteligibilidade" (Rocha, 2021a) por artivistas musicais de gênero envolve aspectos comunicacionais originais e de certo modo atualiza, ainda que como "tradição residual" (Williams, 1992), heranças políticas e culturais bastante peculiares. A originalidade de seu modo de produzir e disseminar cultura audiovisual, em um contexto de descentralização tecnológica e descompressão cultural, não nos impede de localizar um modo próprio de "remixar" e rearranjar referências e pertenças, ativando, em chave própria e às vezes com entonações biográficas, amplos acervos memoriográficos, lidos não como depósito de fatos, mas como matriz de significados e valores.

Essa memória artivista (Chaia, 2007), *undeground* (Pontes, 2020) e alternativa (Vicente, 2006) paulistana dialoga, em regime bricolador, com o anarcopunk, os fanzines e a subcultura *punk* (Carlos; Gelain, 2016), os experimentalismos da Lira Paulistana (Oliveira, 2002), a cultura *clubber* (Palomino, 1999), e chega aos coletivos de música eletrônica (Pereira; Gheirart, 2018), ressoando também iniciativas de ocupação da cidade, da mídia e das redes sociais por eventos artísticos sustentados por políticas culturais públicas, em especial aquelas materializadas pela Virada Cultural e pela Parada do Orgulho LGBT de São Paulo.

Além de, obviamente, fazerem eco a toda uma movida de ações juvenis recentes que mesclam estética e politicidade (Rocha, 2016) e de serem historicamente contemporâneas aos "novíssimos movimentos sociais" (Augusto; Ornelas Rosa; Resende, 2016) e às práticas colaborativas na música experimental brasileira (Del Nunzio, 2017), entendemos que existem particularidade no modo como artivistas musicais de gênero contemporâneos configuram novos regimes de inteligibilidade social, urbana, cultural e artística. Parece-nos que em sua afiliação ético-estética essas redes (de afetos, de criação, de colaboração profissional e apoio subjetivo) têm capacitado a transfiguração da gramática normativa da vida, embaralhando a semiose do capitalismo ocidental e do próprio *mainstream* musical.

O protagonismo das dissidências

As dissidências sexuais e de gênero em suas expressões estéticas possuem importante protagonismo nos artivismos contemporâneos e têm sido trabalhadas, no Brasil, principalmente por Leandro Colling (2018, 2019, 2021) e pesquisadores articulades ao Núcleo de Pesquisa e Extensão em Culturas, Gêneros e Sexualidades (NuCuS). Para consubstanciar as "dissidências sexuais e de gênero", Colling (2019) irá se referenciar no artista, ativista e pesquisador Felipe Rivas San Martin. Este, em entrevista a Colling (2019), conta que a dissidência sexual vem se opor ao discurso tolerante, demasiadamente multicultural e neoliberal que se colou ao termo "diversidade sexual", institucionalizando-o. Por volta de 2005, quando San Martin situa a emergência do discurso das dissidências sexuais e de gênero, também havia uma preocupação com a importação direta dos estudos *queer* sem fazer uma reflexão crítica sobre as relações de poder e de saber entre os eixos Norte-Sul. Assim, as dissidências seriam uma brecha para escapar da institucionalização da "diversidade sexual", da reprodução opressora dos saberes oriundos do Norte e, também, um enfoque pós-identitário, uma vez que não fala de uma identidade específica, e sim de um modo específico de se posicionar crítica e politicamente.

Mas Colling não está sozinho nessa cena. Entre outras pessoas que estão interessadas no tema, podemos pontuar a pesquisa de Meira (2019), que, desde o campo da Psicologia, cartografa ações e movimentos co-letivos artivistas de combate à heteronormatividade que insurgiram em Recife, em 2018. Ela afirma que, na cena investigada, há:

> [...] uma forte predominância de atuação em torno de cria-ções de espaços (eventos "nômades" de vários tipos, mas principalmente festas e festivais), criações de performan-ces, e de um "hibridismo" das linguagens artísticas, assim como uma perspectiva subversiva e interseccional [...], vi-sibilizando um discurso de valorização das diferenças para além das questões das dissidências sexuais e de gênero, mas dessas articuladas com marcadores de raça, classe e outros, o que possibilitou refletir sobre as (formul)ações políticas de resistências interseccionais das multidões de corpos dissidentes através dos artivismos [...] (Meira, 2019, p. 8).

Observamos que no âmbito dos artivismos das dissidências sexuais e de gênero há alguns formatos e ênfases teóricas que emergem com mais intensidade do que outras. É o caso da música, da performance e das artes visuais, como formatos, e dos estudos *queer* e da abjeção, como núcleos reflexivos.

No campo da música, os estudos sobre artivismos musicais de gênero de Rocha (2021) são especificamente sobre esse universo de jovens artivistas que fazem da música que produzem um posicionamento político. É importante salientar, contudo, que a política desse grupo não é a das instituições sociais, mas uma política nas linguagens do entretenimento, tal como analisado por Omar Rincón (2015) com sua proposta de *pop*-lítica.

Já estudos como os de Caballero (2011) e Alvarado (2018) sobre coletivos de performance na América Latina, em geral, expõem a potencialidade dessa linguagem, que traz a subversão em sua gênese ao não se permitir capturar ou rotular. Suas fronteiras são perenemente borradas e difusas, atravessando e sendo atravessadas por diversas outras linguagens, como a música, o teatro, a dança, as artes visuais etc. Artes visuais estas que são campo profícuo dos artivismos e, tal como pontuado anteriormente, espaço de investigação de Colling (2018; 2019; 2021).

Os estudos *queer* e a abjeção são tema preponderante nos artivismos das dissidências sexuais e de gênero, principalmente no recorte da América Latina. San Martin localiza o debate sobre os usos do *queer* em contextos latino-americanos:

> Nos últimos anos, tem surgido e se consolida uma série de propostas reflexivas e políticas na América Latina que estabelecem relações ambivalentes com as noções *queer* norte-americanas. Da mesma forma, uma série de publicações, algumas delas locais ainda que a maioria articuladas desde centros metropolitanos dos EUA, tem convidado a refletir sobre o modo como se dá a relação do *queer* com as práticas locais do Sul, as influências uni e bidirecionais, as releituras, as disseminações e contaminações, as rejeições, as resistências etc. (San Martin, 2011, p. 60, tradução nossa).

Podemos apontar, inclusive como expoente dessa crítica, o trabalho da performer chilena Hija de Perra (1980-2014). Ainda que não reivindicasse para si tal título e fosse avessa a nomeações de outrem, entendemos que o trabalho da artista tinha um forte marcador artivista, ao articular mobilizações políticas, performances abjetas e críticas intelectuais. Em um de seus discursos publicado em periódicos e posteriormente traduzido para o português, ela diz:

> Parece que tudo o que tínhamos feito no passado, atualmente se amotina e se harmoniza dentro do que São Foucault descrevia em seus anos na História da Sexualidade e que, mesclado com os anos de maravilhoso feminismo, finalmente acabam no que Santa Butler inscreveu como *queer*. Sou uma nova mestiça latina do Cone Sul que nunca pretendeu ser identificada taxonomicamente como *queer* e que agora, segundo os novos conhecimentos, estudos e reflexões que provêm do Norte, encaixo perfeitamente, para os teóricos de gênero, nessa classificação que me propõe aquele nome botânico para minha mirabolante espécie achincalhada como minoritária (Perra, 2014, p. 3).

A crítica artivista de Hija de Perra também esteve e está muito pautada no uso da estética da abjeção, algo que Alvarado (2018) observa no trabalho de outros artistas latino-americanos. Ela identifica que, cansados de refutar a abjeção que é imposta aos seus corpos por serem dissidentes sexuais e de gênero, eles decidem por tomar a abjeção para si e fazer dela a estética de seus trabalhos. Fundamentado na autora, Thiago Santos (2020a, p. 86) explica:

> Com essa estratégia estética, eles se posicionam politicamente não renegando a abjeção infligida a seus corpos e desinteressados em terem suas subjetividades reconhecidas através de políticas assimilacionistas. Em vez disso, acolhem a abjeção simbólica de seus corpos – não-heterossexual; não-homem; não-branco; não-ocidental; não-rico – para performá-la esteticamente. Seguem tecendo modos de subjetividades interessados nos "efeitos negativos" da repulsa, do nojo, da profanidade (Alvarado, 2018, p. 60).

Assim, as "performances abjetas" engendradas, termo usado por Alvarado (2018), possuem uma potencialidade ao fazer com que o espectador confronte os processos de produção de sua subjetividade e os espaços limítrofes que desenham a identidade. O afrontamento é, assim, uma característica desse grupo que poderíamos chamar de artivistas. Seria o afronte um marcador dos artivismos?

Considerações finais

Caminhando para as considerações finais deste artigo, compartilhamos, em regime cartográfico, perguntas que têm nos acompanhado, e desejamos seguir investigando. O que exatamente o debate sobre o artivismo musical de gênero coloca para o debate artivista? Todo ativismo protagonizado por minorias é artivista? Todo artista de minoria é artivista?

Como hipóteses reflexivas, e de modo a seguir com o problema, pensamos que, talvez, o afrontamento seja uma pista para a cartografia dos artivismos contemporâneos na América Latina e, especificamente, dos artivismos musicais de gênero no Brasil. Visto o trabalho da constelação de estrelas investigadas por pesquisadores do Juvenália e por Rocha (2021), como Linn da Quebrada, Jup do Bairro, Triz Rutzats, Rico Dalasam, Gloria Groove, Liniker, entre outras, emerge uma "política afrontosa", uma ideia articulada por Santos (2020b) que aglutina o afrontamento do dissenso à polícia do campo do visível descrito por Jacques Rancière (1996), para pensar a política *per se* enquanto um movimento de provocação e ruptura – dissensual – ao regime vigente de organização dos corpos no mundo, e o termo "afrontoso" empregado, "afetada" (Rocha; Postinguel; Santos; Neves, 2020) e humoristicamente, pelo circuito *queer* brasileiro para designar atos e práticas destemidos e ousados.

Essa concepção nos auxilia a propor que para haver artivismo é preciso que haja uma política de ruptura, de dissenso nos termos rancierianos, um questionamento mobilizado. Não necessariamente, contudo, tal provação, ou política afrontosa, poderíamos dizer, é intencional. Pode vir a ser um efeito da prática que resulta em um artivismo ou dos ecos que produz em suas audiências. Corroborando esses questionamentos, trazemos as ponderações de Pimentel (2012, p. 474), para quem:

> [...] a resistência ao poder torna-se, pois, uma prática de reexistência, de invenção de outros modos de existir e habitar este mundo que não aqueles impostos pelos dispositivos de poder. Portanto, se a arte hoje tem como tarefa a produção de dispositivos, estes não se confundem com aqueles produzidos pelo sistema de poder. Se esses últimos que chamaremos de dispositivos cosméticos [...], se caracterizam por nos oferecer subjetividades acabadas e prontas para serem vendidas e consumidas; os dispositivos estéticos se dão como tarefa operarem uma fissura no sistema, dando a cada pessoa a possibilidade de se reinventar, isto é, de ser o artista de sua existência.

Desse modo, compreendemos os artivismos como projeto, mas também como prática a partir dos efeitos que emergem nos usos que se fazem da produção artística em questão. Podemos pensar também em diferentes intensidades ou traços de ruptura para os artivismos, de modo que a exemplo das diferentes camadas de subalternização, conforme comenta Maritza Urteaga (Canclini; Cruces; Urteaga, 2012), os artivismos se configurariam como platôs deleuzianos como intensidades diversas?

Referências

ALVARADO, Leticia. *Abject performances*: aesthetic strategies in Latino cultural production. Durham: Duke University, 2018.

AUGUSTO, Acácio; ROSA, Pablo O.; RESENDE, Edgar da Rocha. Capturas e resistências nas democracias liberais: uma mirada sobre a participação dos jovens nos novíssimos movimentos sociais. *Estudos de Sociologia*, v. 21, n. 40, 2016, pp. 21 - 37.

CARLOS, Giovana S.; GELAIN, Gabriela C. Fanzine e subcultura punk: produção, consumo e identidade na cena brasileira. *In*: COMUNICON, 2016, São Paulo. *Anais eletrônicos* [...].

CHAIA, Miguel W. Artivismo – Política e Arte Hoje. *Revista Aurora*, n. 1, 2007, pp. 9 - 11.

COLLING, Leandro (org.). *Artivismos das dissidências sexuais e de gênero*. Salvador: Edufba, 2019.

COLLING, Leandro. A emergência dos artivismos das dissidências sexuais e de gêneros no Brasil da atualidade. *Revista Sala Preta*, v. 18, n. 1, pp. 152 - 167, 2018.

COLLING, Leandro. *A vontade de expor*: arte, gênero e sexualidade. Salvador: Edufba, 2021.

DEL NUNZIO, Mario. *Práticas colaborativas em música experimental no Brasil entre 2000 e 2016*. 2017. Tese (Doutorado em Música) – Escola de Comunicação e Artes, Universidade de São Paulo, São Paulo, 2017.

DÍAZ GÓMEZ, Alvaro; ALVARADO SALGADO, Sara V. Subjetividad política encorpada. *Revista Colombiana de Educación*, n. 63, pp. 111 - 129, 2012.

DI GIOVANNI, Julia R. Artes de abrir espaço – apontamentos para análise de práticas em trânsito entre arte e artivismo. *Cadernos de Arte e Antropologia*, v. 4, n. 2, 2015, pp. 13 - 27.

FERNANDES, Cíntia S.; HERSCHMANN, Micael (org.). *Cidades musicais*. Porto Alegre: Sulina, 2018.

FERNÁNDEZ, Ana María. Los cuerpos del deseo: potencias y acciones colectivas. *Nómadas*, n. 38, 2013, pp. 12 - 29.

GALINDO, Dolores; SOUZA, Leonardo (org.). *Gênero e Tecnologias*. Tecnologias do Gênero: estudos, pesquisas e poéticas interdisciplinares. Cuiabá: EdUFMT, 2012.

GARCÍA CANCLINI, Néstor; CRUCES, Francisco; URTEAGA, Maritza (coord.). *Jóvenes, culturas urbanas y redes digitales*: prácticas emergentes en las artes, las editoriales y la música. Madrid: Fundación Telefonia, 2012.

HARAWAY, Donna. *Seguir con el problema*: Generar parentesco en el Chthuluceno. Bilbao, Espanha: Consonni, 2019.

HERSCHMANN, Micael. *Indústria da música em transição*. São Paulo: Estação das Letras e das Cores, 2010.

LEMOS, André. Ciber-cultura-remix. São Paulo, Itaú Cultural, ago. 2005.

MACHADO, Jorge A. *Ativismo em rede e conexões identitárias*: novas perspectivas para os movimentos sociais. Sociologias (18). Dez. 2007.

MEIRA, Isabela de França. *Artivismos e dissidências sexuais*: movimentos coletivos de (cri)ações estéticas e políticas de resistência à heteronormatividade em Recife. 2019. Dissertação (Mestrado em Psicologia) – Universidade Federal de Pernambuco, Recife, 2019.

MEIRA, Isabela de França; ADRIÃO, Karla Galvão. Artivismos em movimentos coletivos de dissidências sexuais e de gênero: entre dissensos e a insurgência das (cri)ações de resistência a heteronormatividade de Recife para o novo mundo. *Revista Brasileira de Estudos da Homocultura*, v. 3, n. 10, 2020, pp. 295 - 324.

NEDER, Álvaro. Música e discurso: subjetivação, corporalidade e transformação social. *In*: FERNANDO DÍAZ, Claudio; CORTI, Berenice (org.). *Música y discurso*: aproximaciones analíticas desde América Latina. Villa María: Eduvim, 2017.

NEIVA, Tânia M. *Mulheres brasileiras na música experimental*: uma perspectiva feminista. 2018. Tese (Doutorado em Música) – Centro de Comunicação, Turismo e Arte, Universidade Federal da Paraíba, 2018.

OLIVEIRA, Laerte F. *Em um porão de São Paulo*: o Lira Paulistana e a produção alternativa. São Paulo: Annablume, 2002.

PALOMINO, Erika. *Babado forte*: moda, música e noite na virada do século 21. São Paulo: Editora Mandarim, 1999.

PEREA, Carlos. Somos expresión, no subversión. *In*: CIPAGAUTA, Humberto C.; TOSCANO, María C. L.; VALDERRAMA, Carlos E. (org.). *Viviendo a toda*: jóvenes, territorios culturales y nuevas sensibilidades. Bogotá: Siglo del Hombre/DIUC, 1998.

PEREIRA, Simone L.; GHEIRART, Oziel. Coletivos de música eletrônica em São Paulo: usos da cidade, culturas juvenis e sentidos políticos. *E-Compós*, v. 21, n. 3, pp. 1 - 19, 2018.

PERRA, Hija de. Interpretações imundas de como a Teoria Queer coloniza nosso contexto sudaca, pobre de aspirações e terceiro-mundista, perturbando com novas construções de gênero aos humanos encantados com a heteronorma. *Revista Periódicus*, n. 2, nov./abr. 2014, pp. 291 - 298.

148

PIMENTEL, Mariana. A arte de resistir ou a (re)existência da arte. *In*: MONTEIRO, Rosana. H.; ROCHA, Cleomar. (org.). V Seminário Nacional de Pesquisa em Arte e Cultura Visual, 2012, Goiânia. *Anais eletrônicos* […].

PONTES DA SILVA, Everton V. *Fluxos musicais alternativos paulistanos entre ruas e redes*: territorialidades, performatividades e negociações nos ativismos queer. Tese (Doutorado em Comunicação) – Programa de Pós-Graduação em Comunicação, Universidade Paulista, São Paulo, 2020.

PRECIADO, Paul B. *Testo junkie*. São Paulo: N-1 Edições, 2018.

RANCIÈRE, Jacques. O dissenso. *In*: ADAUTO, Novaes (org.). *A crise da razão*. São Paulo: Companhia das Letras, 1996. pp. 367 - 382.

RINCÓN, Omar. Lo popular en la comunicación: culturas bastardas + ciudadanías celebrities. *In*: AMADO, Adriana; RINCÓN, Omar. (ed.). *La comunicación en mutación*: remix de discursos. Bogotá: Centro de Competencia en Comunicación para América Latina, 2015. pp. 23 - 42.

ROCHA, Rose de Melo (org.). *Artivismos musicais de gênero*: bandivas, travestis, gays, drags, trans, não-bináries. Salvador: Devires, 2021.

ROCHA, Rose de Melo. *Culturas juvenis transfronteiriças e redes LGBTQIA+ em São Paulo*: experimentalismo audiovisual, circuitos afetuais e produção de inteligibilidade nas gramáticas dissidentes de Linn da Quebrada e Jup do Bairro. Projeto de Pesquisa. PQ 2022. 2021a.

ROCHA, Rose de Melo. Entrevista: 'Artivistas de gênero' e a transformação pela música. *Gênero e Número*, 7 fev. 2018. Disponível em: <https://www.generonumero.media/entrevista-artivistas-de-genero-e-transformacao-pela-musica/>. Acesso em: 20 nov. 2021.

ROCHA, Rose de Melo. Eram iconoclastas nossos ativistas? A representação na berlinda e as práticas comunicacionais como formas (políticas) de presença. *In*: JESUS, Eduardo *et al.* (org.). *Reinvenção comunicacional da política*: modos de habitar e desabitar o século XXI. Brasília: Compós, 2016. pp. 31 - 46.

ROCHA, Rose de Melo; POSTINGUEL, Danilo; NEVES, Thiago T.; SANTOS, Thiago R. Comunicação e estudos de gênero: políticas de audiovisibilidade e narrativas midiáticas. *Fronteiras*, v. 22, n. 2, pp. 91 - 102, 2020.

ROCHA, Rose de Melo; SANTOS, Thiago H. R. Remediação com purpurina: bricolagens tecnoestéticas na drag-artivismo de Gloria Groove. *In:* ROCHA,

Rose de Melo (org.). *Artivismos musicais de gênero*: bandivas, travestis, gays, drags, trans, não-bináries. Salvador: Devires, 2021.

ROLNIK, Suely. *Cartografia sentimental*: transformações contemporâneas do desejo. Porto Alegre: Sulina; Editora da UFRGS, 2006.

SAAVEDRA, Renata. Entre militâncias e letramentos: produção cultural, artivismo e jovens feministas. *In*: Seminário Internacional Fazendo Gênero, 11., & Women's Worlds Congress, 13., 2017, Florianópolis. *Anais eletrônicos* [...].

SAN MARTIN, Felipe R. Diga 'queer' con la lengua afuera: Sobre las confusiones del debate latino-americano. *In*: COORDINADORA Universitaria por la Disidencia Sexual (ed.). *Por un feminismo sin mujeres*. Santiago: Alfabeta Artes Gráficas, 2011. pp. 59 - 75.

SANTOS, Thiago H. R. *"Deixe-me ser seu templo de promiscuidade"*: consumo escópico do excesso nas performances-vida e performance post mortem de Hija de Perra. Dissertação (Mestrado em Comunicação e Práticas de Consumo) – Programa de Pós-Graduação em Comunicação e Práticas de Consumo, ESPM, São Paulo, 2020a.

SANTOS, Thiago H. R. Fazendo política no cu do mundo: decolonialidade queer na performance de Hija de Perra. *Revista Bagoas*, v. 13, n. 21, 2020b, pp. 231 - 259.

SIQUEIRA, Rosa A. M. *Artivismo, gênero e educação musical*: perspectivas para uma transformação social. 2019. Trabalho de conclusão de curso (Licenciatura em Música) – Universidade Federal do Rio Grande do Norte, Natal, 2019.

VICENTE, Eduardo. A vez dos independentes(?): um olhar sobre a produção musical independente do país. *E-Compós*, v. 7, pp. 1 - 19, 2006.

VILAS-BOAS, Alexandre G. *A(r)tivismo*: arte + política + ativismo – sistemas híbridos em ação. 2015. Dissertação (Mestrado em Artes) – Universidade Estadual Paulista, 2015.

WILLIAMS, Raymond. *Cultura*. São Paulo: Paz e Terra, 1992.

ZERBINATTI, Camila D.; NOGUEIRA, Isabel P.; PEDRO, Joana M. A emergência do campo de música e gênero no Brasil: reflexões iniciais. *Descentrada. Revista Interdisciplinaria de Feminismos y Genero*, v. 2, n. 1, 2018.

Artivismo *remix*: algumas questões de gênero no samba de rua carioca

Cíntia Sanmartin Fernandes;
Micael Herschmann; Andréa Estevão

Nós somos mulheres de todas as cores (...)
Lembro de Dandara, mulher foda que eu sei
De Elza Soares, mulher fora da lei
Lembro de Anastácia, valente, guerreira
De Chica da Silva, toda mulher brasileira
Crescendo oprimida pelo patriarcado, meu corpo, minhas regras (...)
Mulheres cabeça e muito equilibradas (...)
Escuta esse samba que eu vou te cantar
Eu não sei por que tenho que ser a sua felicidade
Não sou sua projeção
Você é que se baste (...)
Sou mulher, sou dona do meu corpo e da minha vontade
Fui eu quem descobri prazer e liberdade
Sou tudo que um dia eu sonhei pra mim
(Releitura da canção *Mulheres* de Martinho da Vila,
de autoria do grupo Samba que Elas Querem)

Ô abre alas que eu quero passar (...)
Quem disse que eu não tô no meu lugar?
Quem disse que eu tenho que agradar?
(*Mulheres que Abrem Alas*, releitura da marchinha de Chiquinha Gonzaga, por
Preta Gil e Blue, gravação com participação do Samba que Elas Querem, e dos
blocos Mulheres Rodadas, Mulheres de Chico e Bloconcé.)

O debate sobre a complexidade e a relevância da forte presença de "expressões culturais *remix*" no mundo contemporâneo vem emergindo em trabalhos seminais e provocativos que foram produzidos por autores, tais como: Jameson (1997), Chambers (1985), Yúdice (2004), Lemos

(2005), Fernández Porta (2008), Preciado (2018), Ríncon (2016) e Rocha (2021). Vale salientar que essa não é propriamente uma questão nova na dinâmica cultural,[1] mas, evidentemente, são processos que se intensificam e se naturalizam no âmbito digital: certamente há mais colagens, intertextualidades, sampleamentos e pastiches presentes no nosso cotidiano. Nesse cenário, evidentemente as fronteiras entre o que é considerado um gesto criativo original ou resultado de apropriações são fragilizadas. No mundo da música – sobre o qual nos debruçamos em nossas pesquisas – o debate sobre homenagens, citações, plágios e remixes tem estado bastante presente nas últimas décadas, mobilizando as paixões de diferentes artistas, críticos, empresários, advogados, fãs e *haters*. Por exemplo, a frequente judicialização e acusações de plágio envolvendo o mercado do *hip hop* (e gêneros afins), do *pop* e de música eletrônica de modo geral revela a força e a resiliência das "culturas *remix*" na atualidade. Pode-se dizer que o enorme volume e a potência criativa e transformadora das expressões culturais remixadas, invariavelmente questionada pelas leis de propriedade intelectual mais tradicionais, apresentam-se como resultado da demanda dos atores em agenciar, se engajar e se integrar a um universo cultural crescentemente mais participativo.

Tendo como pano de fundo esse conjunto de tópicos brevemente assinalados aqui, salientamos que temos pesquisado nos últimos anos ocupações femininas nos espaços públicos da cidade do Rio de Janeiro. Em nossas pesquisas (individuais e/ou em parceria) observamos reiteradamente que essas ocupações vêm agenciando e protagonizando manifestações no mundo do samba e Carnaval. A cidade revela que as rodas de samba e os cortejos de blocos femininos certamente se constituem hoje em espaços importantes e talvez estratégicos de expressão e visibilidade de uma nova onda de ativismo de gênero, o qual vem crescendo globalmente, mesmo que isso venha ocorrendo em um contexto mais autoritário, como é o caso do Brasil. O que se gostaria de sublinhar aqui é que uma das presenças mais marcantes nos últimos anos na cidade do Rio de Janeiro tem sido as rodas e festas de rua realizadas por grupo de mulheres que através de músicas, sons e gestos atualizam as "demandas feministas"[2] e pós-feministas que vêm emergindo com muita força desde o início da década de 2010 e que nortearam manifestações públicas locais e globais, como a Marcha das Vadias no Brasil, Marcha das Mulheres contra Trump, Marcha das Mulheres Negras no Brasil, Greve Internacional das Mulheres ou Marcha das Mulheres em Washington. Demandas como direito ao corpo, direito a estar e usufruir as cidades, direito ao aborto, ao prazer e outras transitividades possíveis estão presentes nas "performatizações" (Taylor, 2013) dessas artistas e ativistas que utilizam a rua como palco, performando uma "política musical encorpada". Nesse cenário de crescimento e intensa cena de produção cultural coletiva e engajada nos espaços urbanos, em particular de articulação de "coletivos culturais feministas" (Hollanda, 2018), buscou-se trabalhar com dois estudos de caso relevantes do mundo do samba carioca: a roda Samba que Elas Querem e o bloco de Carnaval Mulheres Rodadas, iniciativas que vêm sendo realizadas no Rio de Janeiro regularmente, desde a década de 2010. Gostaríamos de salientar que são expressões de um "ativismo musical" (ou artivismo), de estreitamento dos "laços da arte com a política" (Aznar e Clavo, 2007; Raposo, 2015) em tempos de urgências.

Corpos femininos "na" e "pela" cidade

Vale sublinhar que o intento nesta pesquisa foi o de continuar pesquisando as "astúcias e táticas" (De Certeau, 1994) que os atores – sejam músicos e artistas, produtores culturais, lideranças locais e redes de fãs – vêm desenvolvendo para continuar "resistindo" e atuando nas ruas, mesmo em um contexto claramente menos democrático. Assim, por meio de entrevistas semiestruturadas e observações de campo (das vivências sensíveis) construídas nas rodas e festas de rua, buscou-se avaliar a capacidade das músicas performadas, capazes de criar "lugares" que ressignificam e potencializam a experiência urbana, mesmo nesse cenário mais sombrio.

Assim, essas iniciativas femininas vêm promovendo "dissensualidades" (Rancière, 1996, 2009), colocando em cena "controvérsias" (Latour, 2012) relevantes. Aliás, ao seguir os rastros dos atores, buscou-se construir uma "cartografia das controvérsias" (Latour, 2012; Lemos, 2013)[3], repensando as articulações e tensões que seguem se intensificando nessa metrópole nos últimos anos. Tensões que envolvem: por um lado, a cidade das intervenções urbanas, da velocidade, da saturação e impessoalidade, dos grandes espetáculos e megaeventos, isto é, a cidade do planejamento tecnocrático, do medo e do privilegio da lógica funcionalista e financeira; e, por outro, a cidade que persevera e persiste apesar de tudo, ou seja, a urbe das dinâmicas implementadas pelos atores no cotidiano que constroem e atualizam uma "metrópole dos encontros, afetos e compartilhamentos", que fazem emergir experiências prazerosas e desaceleradas, que permitem aos habitantes da urbe frequentemente ressignificarem os espaços. Outro pressuposto que alicerça as reflexões desenvolvidas aqui é o de que os encontros musicais organizados por grupos, redes e coletivos artísticos realizados nas ruas do Rio – e não necessariamente os chamados grandes eventos que necessitam de grandes recursos e da construção de equipamentos urbanos adequados – representam uma relevante riqueza cultural e socioeconômica. Ou seja, essas práticas que ocupam os espaços públicos na forma de "microeventos" organizados em rodas e pequenos shows – a maioria de pouca visibilidade na mídia tradicional, apesar de mobilizarem expressivos segmentos de público – vêm não só construindo "heterotopias" (Foucault, 2013) e "territorialidades sônico-musicais (Herschmann e Fernandes, 2014), mas também promovendo há algum tempo uma dinâmica mais democrática nesta localidade e, portanto, deveriam receber mais atenção e apoio por parte do poder público local (Herschmann e Fernandes, 2021).

Poder-se-ia afirmar que esse objeto de estudo envolvendo a cultura sonora de rua feminina carioca nos interessa especialmente porque gravita em torno dele hoje uma espécie de "campo de luta", capaz de fazer emergir tensões e conflitos no tratamento de temas muito atuais que não só "polinizam" (Moulier-Boutang, 2010) a cultura de rua carioca, mas também inserem na pauta do dia temáticas relevantes, tais como: tolerância, gentrificação, cidadania, gênero, pós-gênero, racismo, machismo, decolonialidade, heteronormatividade e violência (Fernandes e Herschmann, 2020).

Nesse sentido, a partir dessa pesquisa em curso – que envolveu observações de campo, entrevistas semiestruturadas, levantamento de matérias que circulam em diversos meios de comunicação e narrativas relevantes que vêm sendo encontradas nas redes sociais (que têm oferecido oportunidades para desenvolver reflexões muito ricas sobre esse território) – buscou-se seguir os rastros dessas jovens nas suas "associações e movimentos", visando construir uma cartografia que fosse capaz de abrir as "caixas-pretas" (Lemos, 2013) desse contexto[4]. Portanto, pode-se dizer que o samba protagonizado pelas mulheres no Rio de Janeiro coloca em cena "alianças corporais" (Butler, 2018) e importantes polêmicas e tensionamentos.

É sempre importante salientar que o samba e outros "gêneros musicais populares e periféricos" (Trotta, 2013) tardaram muito em ser reconhecidos pela crítica e pelo poder público no Brasil. Revendo informações históricas, constata-se que mesmo depois de reconhecidos foram em diversos momentos da sua trajetória questionados, indicando a persistência de preconceitos sociais e étnico-raciais. Ao mesmo tempo, o feminismo emergiu no samba como um movimento minoritário no interior desse universo musical, denunciando especialmente a reprodução do machismo, da exclusão e da violência contra a mulher no interior dessa expressão cultural. Apesar dos desafios a serem vencidos em um ambiente violento, machista e heteronormativo, essas "artivistas" (Aznar e Clavo, 2007; Semova, 2019) e o seu público (predominantemente feminino) consideram importante ocupar todos os espaços, mesmo que seja em confrontação e tensionamento com os homens, participando das rodas e cortejos.

É importante salientar que se compreende essas interações entre corpo, cidade e experiência estética como performances coletivas, ou como "formas corporificadas de ação" que acionam – conforme Butler (2018, p. 14) – solidariedades provisórias, nas quais diferentes e precarizados corpos se reúnem tendo como desejo e potência de ação o redesenho da experiência sociopolítica urbana. Oferecem, desse modo, outras percepções sobre as condições sociais e políticas de suas existências corporais: não só ao performarem "na" e "pela" cidade, mas também ao construírem alianças potentes que lhes permitem (sobre)viver em condições adversas.

Seguindo o campo das cotidianidades como perspectiva fundamental da cidade, as cenas festivas musicais urbanas apresentam e deslocam as corporeidades femininas do lugar de passividade e submissão para o de atuação e presença nos ambientes de festa, possibilitando o deslocamento dos discursos essencialistas sobre sexo, raça e gênero, constituidores das relações sociais da sociedade brasileira. O que se revelou ao longo dos últimos anos de pesquisa nas ruas do Rio de Janeiro é que corpos femininos, não binários, transgêneros, negros e precarizados seguem em aliança provocando deslocamentos políticos a partir de suas performances em festas e rodas urbanas. Essa perspectiva não essencialista desses corpos foge da lógica binária forjada pelos discursos e narrativas modernas, possibilitando a aproximação da perspectiva de Duvignaud (1983), para quem as festas podem ser espaços de violação e transgressão, não apenas de perpetuação e legitimação de regras, valores e normas sociais de uma época, mas também vivida como a busca do "contentamento pleno" fruto da concretização dos desejos e fruições, do viver momentos de ruptura e de subversão em relação aos padrões culturais estabelecidos. Desse modo, compreendemos o ambiente festivo nas ruas cariocas – expresso pelo corpo, pela dança e pela música – como um momento temporário de borramento das estruturas de violência e opressão, em que os grupos historicamente precarizados rompem provisoriamente com as posições de subordinação que lhes foram/são impostas. Nesses tempos-espaços de celebração, ou "altos lugares"[5], os grupos de mulheres, negros/as, travestis, lésbicas, *gays*, transexuais e *queers* assumem o protagonismo por meio de performances e "performatividades dissensuais" enunciadoras de outras formas de habitar e existir, outras éticas e estéticas. O protagonismo desses corpos insubordinados que ocupam os espaços urbanos sinaliza aquilo a que estamos chamando de "performances dos dissensos", em que o registro da insubordinação se dá a ver pelo aparelho sensório-motor. É através do corpo, pelo modo de estar, nos gestos, ou seja, na performance, que fica visível que as práticas desses grupos operam no dissenso. É preciso esclarecer que a noção trabalhada aqui, e em outros artigos, sobre "performance dissensual" ou "performance do dissenso" parte da reformulação filosófica proposta por Rancière sobre o conceito de política. Remetemos aos argumentos do autor a fim de elucidar que o conceito de política apresentado por ele – convocando a lógica não do consenso, mas do dissenso –, parece traduzir as experiências cotidianas praticadas por diversas comunidades e grupos sociais na contemporaneidade. Rancière afirma que sua hipótese:

> [...] supõe, portanto, uma reformulação do conceito de política em relação às noções habitualmente aceitas. Estas designam à palavra política o conjunto dos processos pelos quais se operam a agregação e o consentimento das coletividades, a organização dos pobres e a gestão das populações, a distribuição dos lugares e das funções dos sistemas de legitimação dessa distribuição. Proponho dar a esse conjunto de processos outro nome. Proponho chamá-lo de polícia, ampliando, portanto, o sentido habitual dessa noção, dando-lhe também um sentido neutro, não pejorativo, ao considerar as funções de vigilância e de repressão habitualmente associadas a essa palavra como formas particulares de uma ordem muito mais geral que é a da distribuição sensível dos corpos em comunidade. Nem por isso, o que chamo polícia é simplesmente um conjunto de formas de gestão e de comando. É, mais fundamentalmente, o recorte do mundo sensível que define, no mais das vezes

implicitamente, as formas do espaço em que o comando se exerce. É a ordem do visível e do dizível que determina a distribuição das partes e dos papéis ao determinar primeiramente a visibilidade mesma das "capacidades" e das "incapacidades" associadas a tal lugar ou a tal função. Ao ampliar assim o conceito de polícia, proponho restringir o de política. Proponho reservar a palavra política ao conjunto das atividades que vêm perturbar a ordem da polícia pela inscrição de uma pressuposição que lhe é inteiramente heterogênea. Essa pressuposição é a igualdade de qualquer ser falante com qualquer outro ser falante. Essa igualdade, [...] não se inscreve diretamente na ordem social. Manifesta-se apenas pelo dissenso, no sentido mais originário do termo: uma perturbação no sensível, uma modificação singular do que é visível, dizível, contável. Essa "perturbação no sensível" pode ser ilustrada a partir da própria acepção ordinária das palavras política e polícia. O que se passa, com efeito, quando as forças da ordem são enviadas para reprimir uma manifestação política? O que se passa é uma contestação das propriedades e do uso de um lugar: uma contestação daquilo que é uma rua. Do ponto de vista da polícia, uma rua é um espaço de circulação. A manifestação, por sua vez, a transforma em espaço público, em espaço onde se tratam os assuntos da comunidade. Do ponto de vista dos que enviam as forças da ordem, o espaço onde se tratam os assuntos da comunidade situa-se alhures: nos prédios públicos previstos para esse uso, com as pessoas destinada a essa função. Assim o dissenso, antes de ser a oposição à oposição entre um governo e pessoas que o contestam, é um conflito sobre a própria configuração do sensível. Os manifestantes põem na rua um espetáculo e um assunto que não têm aí seu lugar. E, aos curiosos que veem esse espetáculo, a polícia diz: "Vamos circular, não há nada para ver". O dissenso tem assim por objetivo o que chamo o recorte do sensível, a distribuição dos espaços privados e públicos, dos assuntos de que neles se trata ou não, e dos atores que têm ou não motivos de estar aí para deles se ocupar [...] Antes de ser um conflito de classes ou de partidos, a política é um conflito sobre a configuração do mundo sensível na qual podem aparecer atores e objetos desses conflitos [...] Argumentar em favor do dissenso não é, portanto, argumentar em favor das formas heroicas de combate político e social de ontem. O problema se coloca diferentemente. Há coisas que um modo de razão pode fazer e que um outro não pode fazer em seu lugar. As formas políticas do dissenso foram formadas de lutas contra essas perturbações que agitam indivíduos e grupos a partir do sentimento da identidade ameaçada e da alteridade ameaçadora. À sua maneira, elas pacificaram um certo número de pulsões de angústia, de ódio e de morte. Hoje as formas policiais do consenso prometem uma paz que não podem manter, pois jamais avaliaram a dimensão de seus problemas profundos. [...] Não se pode renunciar a uma razão senão em favor de uma outra capaz de fazer melhor o que a anterior fazia. Esse não é o caso da proposição consensual. Eis por que, fora de toda nostalgia, penso que não devemos nos decidir pelo desaparecimento dessa razão política que resumi na palavra dissenso (Rancière, 1996, pp. 372 - 373).

Essa noção ajuda a refletir sobre "o que podem os corpos femininos em festa" ao expandirem e criarem um "lugar das figurações femininas" ressaltando suas demandas do passado e do presente, inscrevendo-se mundanamente. Esse ato de inscrição mundana em diversos espaços da cidade territorializa os sonhos e as práticas cotidianas que se enraízam em um húmus germinador de diferentes identificações e partilhas. Essa partilha e reconhecimento é importante para assegurar a proteção dos corpos que performam nos espaços urbanos. Ou seja, o arranjo coletivo feminino, ao mesmo tempo que confere condições para as "performances do dissenso", depende dela para acontecer, no sentido de que articular espaços de proteção para acontecer depende da interação positiva entre todas as envolvidas para que a experiência festiva seja viável e segura. E, assim, percebe-se que não somente a dimensão política da reinvindicação de ocupação dos espaços atravessa os corpos femininos, mas também as políticas afetivas relativas à noção de alteridade de quem "celebra com". A cidade, ao ser praticada a partir da festa, cria outro corpo, chamemos de corpo-festivo associado aos escapes à ordem, à visceralidade e à sensibilidade. Nesse sentido, a experiência da festa de rua faz relacionar o corpo-festivo com o corpo-cidade, de modo que podemos entender que esses corpos estão a todo momento negociando, entrando em conflito, concedendo e impondo limites. Dessa maneira, propomos compreender como o corpo-festivo vive a cidade a partir de suas condições interativas, sociais e políticas, e a partir daí se expressa nos modos com que se movimentam e se inscrevem na cidade tensionando a programação dos projetos e regulações urbanas[6] (Fernandes, 2021).

Cena musical feminina de rua carioca – Bloco Mulheres Rodadas e Roda Samba que Elas Querem

As organizadoras do Bloco Mulheres Rodadas o apresentam como o primeiro cortejo de Carnaval feminista da história do Rio de Janeiro. Criado em 2015, abriu caminho para uma série de outros blocos que empunham, hoje, a mesma bandeira. Como a reportagem abaixo sugere:

> [...] o Carnaval feminista cresceu e apareceu. Mas não é um fenômeno isolado. O Carnaval, esse universo paralelo, encontra é na realidade mesmo sua força motriz. É resultado de muito trabalho purpurinado e articulado ao longo do ano. Se há blocos de Carnaval que se formam sem ensaio e acabam em duas horas, empolgam e não deixam rastro, não são esses os do movimento que vem redefinindo o lugar da mulher na festa [...]. As feministas, organizadas em blocos que elas mesmas fundam ou integrando blocos que não necessariamente trazem o selo de feministas, já mudaram bastante coisa nos últimos carnavais. Desnaturalizaram o assédio sexual, sem dúvida.[7]

160

O protagonismo das mulheres no Carnaval parece ter crescido tanto que é possível já se falar de um Carnaval feminista. Esse crescimento não se deu apenas no número de blocos, mas também na forma como as suas pautas e ações tomaram conta do Carnaval de rua como um todo. No Carnaval carioca de 2020, dezenas de blocos leram um manifesto rechaçando o assédio e a violência contra a mulher, elaborado por um movimento denominado Atenta e Forte[8], que busca criar uma infraestrutura de apoio às mulheres vítimas de algum tipo de abuso durante as folias momescas. Essa iniciativa tem contado com o apoio do poder público e tem buscado inclusive arrecadar fundos para montar barracas de atendimento em lugares estratégicos da cidade do Rio de Janeiro. Outras iniciativas, como a de elaborar tatuagens temporárias com frases feministas, atesta que as mulheres vêm assumindo cada vez mais o próprio corpo como bandeira, incorporando palavras de ordem que evocam especialmente a exigência de respeito.

Evidentemente, o protagonismo das mulheres no Carnaval também diz respeito à organização dos blocos e desfiles, à condução de oficinas de instrumentos musicais e, também, à atuação como instrumentistas, além da construção de estratégias de defesa e apoio às mulheres durante o folguedo. Em vários depoimentos para a impressa a respeito das agendas de blocos feministas, organizadoras comentam sobre as principais motivações de criar os blocos: garantir um território de liberdade e segurança, onde as mulheres tenham a oportunidade de brincar sem preocupações, além da chance de tocar durante o Carnaval já que, com o crescimento do Carnaval de rua, esse mercado se tornou uma importante oportunidade de trabalho[9]. Vale sublinhar que várias mulheres vêm protagonizando a organização do Carnaval de rua, mesmo antes da explosão da festa ganhar tonalidades de ativismo feminista: com certa facilidade pode-se constatar o protagonismo das mulheres na organização de algumas agremiações, tais como Bloco de Segunda, Imprensa que Eu Gamo, Escravos da Mauá e Gigantes da Lira. Além desses blocos, vale lembrar os irreverentes Vem ni Mim que Sou Facinha e Bloco das Trepadeiras, também organizados por mulheres, e que sempre trouxeram uma crítica ao mesmo tempo bem-humorada e combativa aos estereótipos (nesses blocos, as mulheres afirmam a sua condição de desejantes e defendem liberdades diante do conservadorismo persistente, típico da cultura falocêntrica e patriarcal).

Desde sua fundação, os atores do Bloco Mulheres Rodadas vêm praticando um artivismo de enfrentamento aguerrido e bem-humorado, um deboche lúdico ao machismo. Tudo começou com uma postagem na página Jovens de Direita, no Facebook, que viralizou nas redes, gerando contestações de várias naturezas, inclusive irônicas, em relação a uma foto em que um rapaz segurava um cartaz com os dizeres "Não mereço mulher rodada". O mote do primeiro desfile, em 2015, foi de justamente reinterpretar crítica e livremente a expressão preconceituosa "mulheres rodadas". Nos dois últimos anos, nota-se que o público cresceu e se diversificou bastante, com presença marcante de atores – na sua maioria mulheres – que vêm colocando em cena também uma agenda *queer* e contra o racismo. O que se constata é que após o Carnaval de 2015, o bloco passou a se articular e montar oficinas de instrumentos musicais – percussão e sopro – e de pernaltas para mulheres, no sentido de criar outros espaços de socialização, habilitá-las a participar do Carnaval de forma ainda mais orgânica e com mais protagonismo nessa festa. Esse investimento na estrutura musical do bloco também se traduz na pesquisa de repertório que, ano após ano, vem dando destaque a mulheres compositoras e a músicas que tratam de questões e problemas que afetam o cotidiano doméstico, a vida amorosa e a inserção social das mulheres. Dona Ivone Lara e Clementina de Jesus são algumas delas. Em 2020, o bloco entoou a música *Seu grito*, da pernambucana Aurinha do Coco, que faz referência a um feminicídio: "Seu grito silenciou lá no alto em Olinda/Era uma mulher tão linda que a natureza criou/Ela foi morta no meio da madrugada/com um tiro de espingarda/ pela mão do seu amor".

Além de atividades voltadas para o Carnaval, são promovidas "rodadas" de conversa sobre temas como violência doméstica, alienação parental, assédio sexual e moral. São reuniões que funcionam, também, como uma forma de acolhimento. Portanto, o bloco desde o início atua como um coletivo ativista-cultural e participa de muitas ações coletivas. A respeito disso, Renata Rodrigues, uma das organizadoras do bloco, faz o seguinte comentário:

> Estamos muito presentes nas redes e na imprensa também e isso às vezes dá um certo medo, já que pessoalmente ficamos todas um pouco expostas. Vejo muitos desses movimentos que apareceram de maneira despretensiosa nas redes e depois se converteram em importantes lugares de luta, com muita potência nos últimos anos. Uma coisa sobre a qual ainda está se falando muito pouco é a interseção que está acontecendo entre alguns desses movimentos minoritários no Rio de Janeiro envolvendo uma agenda difusa de oposição ao patriarcal. Vejo essas mulheres se juntando na festa, em protestos e manifestações, integrando outros coletivos e isso nos dá muito orgulho [...].[10]

A multiplicação desses grupos minoritários que articulam música e feminismo, dentro e fora do Carnaval de rua, tem ampliado de tal forma a presença dessas pautas de direitos e desse protagonismo que podemos dizer que o Carnaval feminista viralizou. Viralizou a ponto de sensibilizar outros grupos, atores e personagens da cena carnavalesca carioca. A parceria de Preta Gil e da marca de cosméticos Quem Disse, Berenice? trouxe o tema "mulheres que inspiram" para o desfile do Bloco da Preta, em 2020, e convidou representantes de alguns blocos femininos representativos para uma cerimônia de abertura e cortejo do Bloco da Preta. O primeiro bloco carioca formado só por mulheres, o Mulheres de Chico; o primeiro bloco feminista, o Mulheres Rodadas, o jovem Bloconcé, que homenageia Beyoncé com o mote "Who run the world? Girls!"; e as musicistas do Samba que Elas Querem participaram do desfile e gravaram, junto com Preta Gil, o single da releitura da machinha *Ô abre alas*, de Chiquinha Gonzaga, a primeira marchinha de Carnaval composta por uma mulher. Segundo Preta Gil, cujo bloco reúne, anualmente, mais de 300 mil pessoas no centro do Rio de Janeiro:

> Sinto que nos últimos anos há uma crescente no número de blocos femininos, nas discussões sobre assédio, sobre "corpo livre", por exemplo. [...] Vejo que as mulheres estão mais unidas na forma como colocam a questão. A mulher não é mais aquele símbolo sexual [...] A mulher assume cada vez mais sua voz, suas mensagens e seu direito de viver o Carnaval como bem entender [...] o fato é que ninguém pode conter uma evolução necessária das questões femininas. [...] Achei que estava na hora de levar essa questão para a massa. [...] Fizemos uma homenagem a todas as mulheres, mas em especial a Chiquinha Gonzaga, uma mulher à frente de seu tempo, que lutava por direitos e ideais não somente seus, mas dos negros, dos músicos e das mulheres. No Rio de Janeiro, cantamos uma versão empoderada do *Ô Abre Alas* com mulheres de vários blocos femininos do Carnaval carioca.[11]

Já o caso da iniciativa do Samba que Elas Querem, as atividades gravitam em torno de uma roda que começou a ser organizada em 2017 por mulheres musicistas e que, segundo elas, surgiu de um desejo de protagonizar o sexo feminino no cenário do samba carioca. Elas consideram as suas rodas um espaço de representação feminina onde todos podem se sentir incluídos, especialmente aquelas pessoas oriundas das minorias. Esse coletivo cultural é composto de oito profissionais com formação na área musical (Angélica Marin, Bárbara Fernandes, Cecília Cruz, Giselle Sorriso, Júlia Ribeiro, Karina Neves, Mariana Solis e Silvia Duffrayer) e que ganharam notoriedade inicialmente fazendo paródias de músicas de samba de tom sexistas: a paródia mais popular é a da canção *Mulheres* (composta por Martinho da Vila e Toninho Geraes). A partir de 2020 começaram a desenvolver também um trabalho de cunho mais autoral com o lançamento de três singles: *Levanta povo*, *Menino Miguel* e *Partido inconsciente*. O grupo vem se apresentando em rodas e concertos realizados na rua, em várias casas de shows, museus ou fundações. Muitas vezes a opção pelos espaços híbridos (que são públicos e privados) está relacionada à construção de um "espaço seguro" e mais protegido para as mulheres e para as minorias de modo geral. Nesse sentido, Silvia Duffrayer (que faz voz, toca pandeiro e percussão nas apresentações) faz o seguinte comentário:

> Ficamos muito alertas sobre qualquer coisa que acontece nos nossos eventos. Não pode acontecer de alguém ser agredido ou assediado [...] precisamos estar muito atentos a qualquer tipo de violência [...]. E isso é uma super responsabilidade para quem organiza um evento público: nos sentimos responsáveis por cuidar de todo mundo, sabe? Uma vez, numa roda nossa, entrou uma turma fazendo trenzinho de alguma torcida organizada e, claro, que houve tretas e confusão. Nós temos alguns seguranças também que nos ajudam na rua. A gente precisa ter isso [...]. Até o momento nunca tivemos problema com a polícia. Qualquer evento nosso, que é realizado na rua, principalmente no Centro do Rio de Janeiro, tem todo um acordo para que esteja devidamente autorizado. Muito raramente realizamos eventos menores, de mais mobilidade, no qual é possível atacar, ocupar pontualmente a rua. Já nos articulamos em um pequeno evento com o Slam das Minas. Elas possuem uma Kombi bacana, a qual oferece mais mobilidade para este tipo de ocupação cultural [...]. É preciso levar em conta que no nosso público tem mães com crianças de colo ou, às vezes, muito pequenas. Essas pessoas participam das rodas porque seguem se sentindo seguras com a gente.[12]

Sobre a relevância do trabalho desse grupo musical para o movimento artivista feminista carioca, Duffrayer assinala:

> Como grupo. estamos completando quatro anos em 2021. Só que antes disso já havia mulheres se encontrando, trocando e querendo ocupar aqueles espaços na rua e no

mundo do samba [...]. As mulheres já estavam se mobilizando, mesmo que não aparecendo para o público no formato de rodas femininas. Já existia o Moça Prosa antes, e os Bambas de Saia, que são grupos que já existiam nos anos de 1990, mas não tiveram muita visibilidade antes desta última década. Era outra história, eram outros discursos, onde se discutia principalmente o racismo. Infelizmente, o machismo ficava em segundo plano na época. Hoje em dia, depois de muita luta, algumas coisas melhoraram e fomos conquistando espaço [...]. Tentamos nas nossas rodas criar um ambiente em que todo mundo se respeite [...] criar um contexto de mais liberdade em relação ao outro. As nossas rodas tentam se constituir em um lugar de respeito à diversidade, independente da cor ou gênero [...]. Eu mesma tenho afirmado publicamente que o Samba que Elas Querem é muito potente por sermos mulheres completamente diferentes, vindas de diferentes lugares e com variadas histórias de vida [...]. É preciso destacar que existe um movimento das mulheres sambistas bem ativo. Aliás, o "movimento das mulheres sambistas" conseguiu aprovar em 2021 o Dia da Mulher Sambista, que foi inclusive celebrado no mês passado [...]. O fato é que o Samba que Elas Querem tem essa visão ativista em razão de sermos mulheres, mas não ficamos só aprisionadas a isso. Claro que estamos muito comprometidas com a causa das mulheres pretas e pobres, que resistem à opressão do mundo machista. Entretanto, não perdemos de vista o nosso foco também no trabalho poético e artístico. Muitas sambistas do passado e da atualidade não são muito feministas e, mesmo assim, fizeram um trabalho muito bacana, criativo e inovador. É muito emocionante você poder discutir e se dirigir a diferentes públicos. Reconheço que há muita política no que fazemos. Entretanto, somos mulheres artistas, antes de sermos ativistas. Como já mencionei anteriormente, há vários grupos que se formaram e que vêm se espelhando na gente. Isso é muito lindo e retroalimenta o nosso trabalho.[13]

Vale destacar que, além das rodas, o grupo atua como um coletivo artivista que vem promovendo *lives* e rodas de conversa na internet sobre diversas temáticas, especialmente as que envolvem questões de gênero e étnico-raciais. Evidentemente que essas atividades *on-line* se tornaram mais frequentes durante a pandemia da Covid-19 e passaram a ser incorporadas na rotina dessas ativistas.

Em resumo, pode-se afirmar que, ainda que enfrentando um contexto autoritário e mais adverso nos últimos cinco anos no Brasil, a grande maioria das mulheres que participam desses coletivos artivistas femininos vem promovendo manifestações das culturas *remix* e vem reinventando o mundo do samba e do Carnaval de rua. Pode-se dizer que elas remixam criativamente: a) as dinâmicas da cidade (buscando construir "espaços seguros" no espaço público, lançando manifestos), em geral, obstaculizadas às mulheres; b) os seus corpos (são corpos fortalecidos pelas "alianças" e interseccionalidades: que se tornam "protagonistas" ocupando todos os instrumentos, que performam com mais liberdade quase como "potentia gaudendi" [Preciado, 2018]); e, finalmente, remixam com grande frequência trechos de letras de música, colocando em pauta sua agenda feminista (ou pós-feminista) articulada a questões de gênero (e pós-gênero).

Considerações finais

Outro aspecto relevante que é possível de constatar no mundo do samba feminino carioca é que, em geral, há uma atitude corporal e narrativas que buscam reforçar a construção de um corpo mais coletivo e coeso. Assim, as proxemias e aglomerações corporais das frequentadoras (das rodas e cortejos) ou a menção a expressões que estão muito em voga – "mexeu com uma, mexeu com todas" (fazendo referência à violência de gênero), "nenhuma a menos" (referenciando o feminicídio diário) ou "ninguém larga a mão de ninguém" (sinalizando risco de ataque aos direitos humanos ou aos cidadãos) – aparecem com frequência entremeando as narrativas cantadas nesse universo cultural.

Aliás, o corpo em performance é uma chave importante para compreendermos as relações entre as artistas, os públicos e os espaços nos quais atuam. Esses corpos em ação nos espaços urbanos criam ambiências capazes de subverter as lógicas espaço-sociais-temporais dos lugares. Os gestos, a entonação da voz, a proxemia com o público potencializam interações sensíveis capazes de transmutar os territórios (do corpo e da cidade) por meio do jogo, da ludicidade e da teatralização. Desse modo, considera-se os conjuntos de gestos, memórias (que se expressam de forma poética e discursivas) e músicas com as quais os corpos performam (cartografando sensivelmente o espaço) – fundando "lugares" pautados por "iniciativas dissensuais" (Rancière, 1996) que visam promover "revoluções moleculares" (Guattari, 1977) – como expressões relevantes capazes não só de alterar os imaginários urbanos, mas também de possibilitar a elaboração de "territorialidades sônico-musicais" (Herschmann e Fernandes, 2014) potentes. Esses gestos e expressões manifestam e materializam nos corpos dissensuais "desejos de mudança": que potencialmente podem ser convertidos em uma espécie de possível "devir" (Guattari, 1977), o qual poderia ser um dos pontos de partida para a construção de cidades mais solidárias e democráticas.

Seguem, ainda, duas breves observações. Primeiramente, pode-se dizer que essas artivistas acabam construindo refúgios e focos de resistência, que tentam ressignificar o mundo de dentro para fora, através da arte. São "territorialidades sônico-musicais" (Herschmann e Fernandes, 2014) que projetam mundos possíveis. Vale sublinhar que, estando em contato com essas expressões culturais da juventude, pode-se observar também o quanto "o amor" – em seu sentido spinoziano, mais comunitário e político (Hardt e Negri, 2009) – tornou-se tão necessário em um país mais dividido pela intolerância, pois o que essas práticas ativistas ou "artivistas" (Raposo, 2015; Semova, 2019) buscam é o fortalecimento de um espírito mais coletivo. Em suma, pode-se dizer que o "ato de amar o outro" adquire um sentido mais político em tempos marcados pelo ódio.

A segunda observação que chama a atenção é a relevância dos dissensos (Rancière, 2009) produzidos nessas rodas, que produzem "lampejos" (Didi-Huberman, 2011) relevantes no espaço urbano, em ambiências muitas vezes sombrias. Se as dinâmicas moleculares dessas rodas partilham um tipo de sensibilidade do que é "comum", tornam também evidente o que fica de fora dessas "[...] dinâmicas de partilha, aquilo que é da ordem do político e não do policialesco" (Rancière, 1996, p. 72). Assim, nas fronteiras dessa "partilha do sensível" (Rancière, 2009) criam-se cenas alternativas dissensuais (e políticas) que se confrontam com o que está sendo estabelecido como comum, demonstrando que existem rupturas, fissuras de sentido no que é percebido como imutável ou naturalizado. Essa perspectiva nos é válida para compreender a potência política da experiência da "cultura musical carioca de rua": essas expressões artísticas vêm indicando a existência de controvérsias e desacordos nas formas de inserção (ou exclusão) e dos processos de (re)significação dos corpos na cidade do Rio de Janeiro.

Portanto, é nesse sentido que esses encontros constroem "territorialidades sônico-musicais" (Herschmann e Fernandes, 2014) temporárias, por onde é possível investigarmos os usos pouco visíveis da cidade. Se, por um lado, o planejamento financeiro e tecnocrático tradicional da cidade propõe a tentativa de regulação dos ritmos e dos espaços urbanos para o fomento do capital; por outro lado, a rua e suas dinâmicas "moleculares" (Guattari, 1977) podem apresentar cenas alternativas que escapam a essa lógica funcionalista e excludente, investindo em políticas de sociabilidade e encontros, isto é, em espaços festivos de proteção e de expressão de ativismos, como no caso dos pequenos eventos musicais analisados aqui. Em suma, o mundo do samba feminino carioca sugere dinâmicas estético-políticas relevantes de uma cidade que se pretende mais democrática (que continua a atrair e acolher inúmeros tipos de agrupamentos sociais minoritários) – que colocam em evidência uma diversidade cultural para além do "cartão-postal" da cidade globalizada e cosmopolita –, a qual "resiste" a ser simplesmente reduzida no imaginário como uma localidade fortemente identificada quase de forma exclusiva: ao entretenimento e ao turismo elitizado; aos padrões estéticos predominantemente heteronormativos; e, finalmente, com as divisões sociais e a "violência urbana" (na qual haveria a necessidade de uma incrementação imediata da vigilância social e da repressão policial).

Em suma, vale sublinhar mais uma vez a importância do processo de ressignificação do cotidiano e dos espaços urbanos, bem como do papel que coletivos femininos vêm assumindo nesses espaços ao promoverem "(re)territorializações" (Haesbaert, 2010) e vivências heterotópicas que têm presença significativa na atualização de imaginários urbanos, na colocação em cena de uma agenda de valorização de questões de gênero e pós-gênero.

Notas

[1] É importante destacar também que as práticas culturais sempre lidaram com as mesclas, colagens e hibridações, ainda que tenham de ser depois negociadas nas articulações e tensões envolvendo formadores de opinião e, de modo geral, os atores progressistas e conservadores (Canclini, 1997).

[2] Há uma compreensão histórica, no campo dos estudos dos movimentos sociais, que sugere o entendimento das lutas femininas a partir de "ondas". Conforme Gohn (2014), a primeira onda corresponderia às lutas por igualdade de direitos, nos séculos XVIII e XIX e início do século XX; lutas feministas da segunda onda (período de 1960 a 1980) emergiram no seio do debate sobre "o pessoal é político", expressão atribuída à jornalista e feminista radical Carol Hanisch, que viraria mote da segunda onda, em 1969; e a terceira onda, termo atribuído a Rebecca Walker, em virtude de seu artigo "Becoming the Third Wave" (publicado em 1993, na revista Ms.), iniciada nos anos 1990, teria como objeto de luta e ação a crítica à representação feminina pelos meios de comunicação de massa. Sobre as demandas femininas atuais, as compreendemos não como uma "quarta onda", já que não seria uma continuidade histórica das ondas anteriores pois se apresenta como um movimento que tensiona esse entendimento ao se enraizar nos movimentos de lutas decoloniais do "sul global", os quais enfatizam a "interseccionalidade" (Davis, 2016) entre raça, classe, gênero e sexualidade, dando destaque à colonialidade do poder. Alicerçada no feminismo negro norte-americano, a proposta decolonial gerou, e permanece desencadeando, transformações profundas nos valores eurocêntricos, provocando mudanças epistemológicas, subjetivas e intersubjetivas ao tecer outros modos de apreender e analisar as relações sócio-políticas-culturais globais. Conforme assinala Mignolo (2013), essa proposta inicia no momento em que se assume "abandonar a ideia universal de humanidade que nos foi imposta pelo Ocidente, modelada sobre

o ideal imperial de 'homem branco, heterossexual e cristão', e desfazê-la, para reconstruí-la na beleza e na incontrolável diversidade da vida, do mundo e dos conhecimentos. Estamos hoje todos e todas nesse caminho, o caminho de reduzir a universalidade do relato da modernidade à sua justa medida, reconhecer seus méritos e repudiar suas aberrações" (p. 23). Ao tensionar, revisar e, por vezes, romper com o universalismo do sujeito político das mulheres brancas – cujas teorias não contemplam as realidades das mulheres racializadas de origem provenientes de territórios colonizados –, o feminismo decolonial propõe um outro lugar de enunciação e luta dos grupos invisibilizados de mulheres periféricas (tais como indígenas, negras, latinas, mestiças, imigrantes e lésbicas.

[3] Salienta-se que alguns dos artistas e coletivos mencionados neste artigo fazem parte da cartografia que está sendo organizada e que está sendo disponibilizada na forma de uma plataforma digital (já disponível no seguinte link: <https://www.cartografiasmusicais.com.br>, acesso em: 24 jan. 2022).

[4] Agradecemos à bolsista de iniciação científica Luiza Kosovski, que nos auxiliou com o levantamento do material de pesquisa apresentado aqui. Agradecimento especial também a Capes, CNPq e FAPERJ pelo apoio concedido a esta pesquisa.

[5] Lugares de representação da comunhão, de "re-ligação", que engendra o sentido próprio de cada grupo. Lugares em que se vivem os sentimentos de comunhão, no sentido mais religioso do termo. Esses lugares podem ser concretos ou simbólicos. Podem se configurar tanto em um tempo e espaço definidos como em um espaço virtual ou imaginativo. O que todos têm em comum é que representam espaços de celebração. Celebração que, conforme o autor, "dá ao religioso sua dimensão original de religação; esta pode ser uma celebração técnica (museu da la Villette, Videoteca), cultural (Beaubourg), lúdico-erótica (Le Palace), de consumismo (Les Halles), esportiva (o Parc des Princes, Roland-Garros), musical (Bercy), religiosa (Notre-Dame), intelectual (o grande anfiteatro da Sorbonne), política (Versailles), comemorativa (l'Arche de la Défense), etc... estes são os espaços em que se celebram os mistérios. Onde nos parecemos, onde reconhecemos o outro, e assim nos reconhecemos" (Maffesoli, 2003, pp. 71 - 72).

[6] Essa discussão acompanha as discussões realizadas pelas pesquisadoras do Grupo de Pesquisa Comunicação, Arte e Cidade (CAC), vinculado ao PPGCOM-UERJ, ao longo de alguns anos, e parte dela pode ser acessada na coletânea *Arte, Comunicação e (Trans)política: a potência dos femininos nas cidades*, organizada por Cíntia Sanmartin Fernandes, Jess Reia e Patricia Gomes em <https://seloppgcom.fafich.ufmg.br/novo/publicacao/arte-comunicacao-e-transpolitica/>. Acesso em: 24 jan. 2022.

[7] Bianconi, Giulliana. Consolidado, o Carnaval feminista ainda pode incluir mais. *In*: *Época*, 26 jan. 2020. Disponível em: <https://oglobo.globo.com/epoca/colunistas/coluna-consolidado-carnaval-feminista-ainda-pode-incluir-mais-24209866 >. Acesso em: 23 jul. 2020.

[8] Atenta é Forte é o codinome da Comissão de Mulheres contra a Violência no Carnaval, formado por lideranças como o Bloco Mulheres Rodadas, o coletivo Todas por Todas e duas dezenas de grupos ligados ao Carnaval. Esse grupo foi bem-sucedido nas demandas de ações junto à Defensoria Pública do Rio de Janeiro. Essa comissão elaborou um manifesto contra o assédio e a violência contra a mulher, que ganhou a adesão de dezenas de coletivos carnavalescos, que reconheceram a importância de se engajar nessa luta, lendo o manifesto antes dos cortejos.

[9] Para ter uma ideia da desproporção das oportunidades de trabalho para musicistas mulheres, Luciana Requião fez uma consulta ao cadastro do Sindicato dos Músicos do Estado do Rio de

Janeiro, no início de 2020, e verificou que 8.146 dos registrados são do sexo masculino (82%), enquanto apenas 1.805 são mulheres (12%). Ver: Requião, Luciana. Mulheres musicistas e suas narrativas sobre o trabalho: um retrato do trabalho no Rio de Janeiro na virada do século XX ao XXI. *In*: Dossiê Música e suas Determinações Materiais. *Revista Eco Pós*, v. 23, n.1, 2020.

[10] Mattos, Gabriela. O feminismo das redes não inventou o feminismo. *In*: *Pitaya Cultural*, 28 ago. 2018. Disponível em: <http://pitayacultural.com.br/artes/entrevista-o-feminismo-das-redes-nao--inventou-o-feminismo-diz-coordenadora-do-bloco-mulheres-rodadas>. Acesso em: 26 ago. 2021.

[11] Entrevista de Preta Gil para o Caderno Mais do *Estado de São Paulo*, publicada em 20 fev. 2020. Disponível em: <https://emais.estadao.com.br/noticias/gente,ninguem-pode-conter-uma-evolucao-necessaria-das-questoes-femininas-diz-preta-gil,70003204282>. Acesso em: 10 mar. 2020.

[12] Entrevista concedida à nossa pesquisa em 02 ago. 2021, pela musicista Silvia Duffrayer do grupo Samba que Elas Querem.

[13] Idem. O dia da Mulher Sambista – 13 de abril –, é considerado como uma conquista pelo movimento e foi oficialmente instituído nacionalmente (como homenagem a Dona Ivone, nascida nesta data), em 2021 (Lei n. 2517/21). Vale sublinhar que, unidos com o objetivo de ampliar e consolidar o espaço da mulher no samba carioca, os atores que atuam no Movimento das Mulheres Sambistas buscam constituir uma importante instância a favor das lutas femininas por igualdade e respeito. Sobre o Movimento das Mulheres Sambistas sugere-se conferir a seguinte página do Facebook: <https://www.facebook.com/MovimentodasMulheresSambistas>. Acesso em: 24 jan. 2022.

Referências

AZNAR ALMAZÁN, Yago; CLAVO, Maria I. Arte, política y activismo. *Concinnitas – Revista do Instituto de Artes da UERJ*, Rio de Janeiro, ano 6, v. 1, n. 10, 2007.

BUTLER, Judith. *Corpos em aliança e a política das ruas*. Rio de Janeiro: Civilização Brasileira, 2018.

CANCLINI, Néstor. *Culturas híbridas*. São Paulo: Edusp, 1997.

CHAMBERS, Iain. *Urban Rhythms*. Londres: Macmillan, 1985.

DAVIS, Angela. *Mulheres, raça e classe*. São Paulo: Boitempo, 2016.

DE CERTEAU, Michel. *A invenção do cotidiano*. Petrópolis: Vozes, 1994.

DIDI-HUBERMAN, George. *Sobrevivência dos vaga-lumes*. Belo Horizonte: Ed. UFMG, 2011.

ESTEVÃO, Andréa; HERSCHMANN, Micael. Artivismo feminista no Carnaval carioca. 43º Congresso Brasileiro de Ciências da Comunicação. *Anais [...]*. São Paulo: Intercom, 2020.

FERNANDES, Cíntia S. Corpos femininos reinventando os espaços urbanos. *In*: FERNANDES, Cíntia S. *et al.* (org.). *Arte, comunicação e (trans)política [recurso eletrônico]*: as potências dos femininos nas cidades. Belo Horizonte: Selo PPGCOM/UFMG, 2021.

FERNANDES, Cíntia S.; HERSCHMANN, Micael. Músicas, sons e dissensos. *Matrizes*, São Paulo, v. 14, n. 2, pp. 163 - 179, 2020.

FERNANDES, Cíntia S. *et al.* Corpo, cidade e festa. *Interin*. Curitiba: PPGCOM da UTP, v. 24, 2018.

FERNÁNDEZ, Eloy P. *Homo Sampler*. Barcelona: Anagrama, 2008.

FOUCAULT, Michel. *O corpo utópico, as heterotopias*. São Paulo: N-1 Edições, 2013.

GOHN, Maria da Glória. *Novas teorias dos movimentos sociais*. São Paulo: Edições Loyola, 2014.

GUATTARI, Félix. *Revolução molecular*. São Paulo: Brasiliense, 1977.

HAESBAERT, Rogério. *O mito da desterritorialização*. Rio de Janeiro: Bertrand Brasil, 2010.

HARDT, Michael; NEGRI, Antonio. *Commonwealth*. Massachusetts: Harvard University Press, 2009.

HERSCHMANN, Micael; FERNANDES, Cíntia S. Resiliência e polinização da música negra nos espaços urbanos do Rio de Janeiro. *Galáxia*. São Paulo: PUC-SP, 2021.

HERSCHMANN, Micael; FERNANDES, Cíntia S. *Música nas ruas do Rio de Janeiro*. São Paulo: Intercom, 2014.

HOLLANDA, Heloísa B. (org.). *Explosão feminista*. São Paulo: Companhia das Letras, 2018.

JAMESON, Fredric. *Pós-modernismo*: a lógica cultural do capitalismo tardio. São Paulo: Ática, 1997.

LATOUR, Bruno. *Reagregando o social*. Salvador: EDUFBA, 2012.

LEFEBVRE, Henri. *A revolução urbana*. Belo Horizonte: Ed. UFMG, 2008.

LEMOS, André. *A comunicação das coisas*. São Paulo: Annablume, 2013.

LEMOS, André. Ciber-cultura-remix. *Seminário sentidos e processos*. São Paulo: Itaú Cultural, 2005. Disponível em: <https://www.facom.ufba.br/ciber-pesquisa/andrelemos/remix.pdf>. Acesso em: 24 jan. 2022.

MIGNOLO, Walter. Decolonialidade como o caminho para a cooperação. *Revista do Instituto Humanitas*, n. 431, 4 nov. 2013. Disponível em: <https://bit.ly/3gBixhi>. Acesso em: 12 ago. 2021.

MOULIER-BOUTANG, Yann. *L'abeille et l'économiste*. Paris: Carnets Nord, 2010.

PRECIADO, Paul B. *Testo Junkie*. São Paulo: N-1 Edições, 2018.

RANCIÈRE, Jacques. *O desentendimento*. São Paulo: Editora 34, 1996.

RANCIÈRE, Jacques. *A partilha do sensível*. São Paulo: Editora 34, 2009.

RAPOSO, Paulo. Artivismo. *Cadernos de Arte e Antropologia*. Lisboa: ISCTE, v. 4, n. 2, 2015.

RÍNCON, Omar. O popular na comunicação. *Eco-Pós* – Revista do PPGCOM da UFRJ, Rio de Janeiro, v. 19, n. 3, 2016.

ROCHA, Rose de Melo (org.). *Artivismos musicais de gênero*: bandivas, travestis, gays, drags, trans, não-bináries. Salvador: Devires, 2021.

SEMOVA, Dimitrina J. *et al.* (ed.) *Entender el artivismo*. Oxford: Peter Lang, 2019.

TAYLOR, Diana. *O arquivo e o repertório*. Belo Horizonte: Ed. UFMG, 2013.

TROTTA, Felipe. Entre o borralho e o divino. *Galáxia* – Revista do Programa de Pós-Graduação em Comunicação Semiótica da PUC-SP, São Paulo, v. 26, pp. 161 - 173, 2013.

Políticas e artivismos de gênero e sexualidade em contextos de violência sociopolítica: o artivismo de *Mujeres al Borde e Cuerpo, primer Teritorio de Paz*

José Fernando Serrano-Amaya

Os artivismos estão ganhando cada vez mais interesse acadêmico e midiático e estão associados a fenômenos de protesto social, ação direta, confronto com autoridades ou instituições, desobediência civil, resistência à violência ou denúncias de injustiça social. Essa variedade de fenômenos escapa a uma definição homogênea e, ao contrário, sugere um conglomerado de práticas sociais, artísticas e políticas em interação.

Na definição de Chela Sandoval e Guisella Latorre (2008), autoras às quais se associa a cunhagem do termo "artivismo", este supõe uma relação orgânica entre arte e ativismo, na qual se busca tanto transformar-se como sujeito e agente social como transformar o mundo. Tal aposta em uma relação orgânica entre um e outro aspecto não parece ser compartilhada por outras compreensões do artivismo. Algumas definições enfatizam mais seu aspecto artístico, conectando tais práticas com a longa questão da arte política, com a arte como ferramenta de mudança social e explorando a utilidade da arte para o ativismo (Nossel, 2016). Outras definições enfatizam mais o componente de ativismo, ao assinalar que o artivismo não se trata apenas de arte com tendência política, como bem questiona González (2017), mas do potencial da arte como meio para a ação política. Um termo paralelo, o de "ativismo artístico", coloca a ação social à frente da ideia da arte como uma esfera própria e autônoma

(Expósito, 2012). Mais algumas definições veem o artivismo como uma prática que possibilita a construção da identidade e da subjetividade para quem esteve apenas no lugar de objetos ou fruto do olhar dominante, como é o caso das mulheres (Scerbo, 2020).

Como é relevante a discussão sobre o quanto o ativismo e a arte estão nas práticas artivistas, outra forma de abordá-las é possível considerando as políticas de transformação que propõem. Partindo do pressuposto de que os artivismos têm em comum uma orientação para a mudança social, eles podem ser explorados considerando o que compartilham e como suas propostas diferem para produzir tais mudanças. As políticas das práticas artivistas sugerem apostas diferentes pela transformação social, que interagem tanto com práticas e representações artísticas quanto com outras políticas para produzir mudança. O que se transforma com os artivismos e se sua principal característica é que são transformadores parece ser o aspecto em constante debate nos artivismos.

Este artigo convida a uma exploração da diversidade de políticas que convergem nos artivismos de gênero e sexualidade. Sugiro que, embora os artivismos estejam ligados pela questão da transformação social, nem a forma de fazê-los nem o tipo de transformação a que se propõem têm as mesmas políticas. Para abrir esta conversa sobre as políticas do artivismo, reflito sobre as práticas de *Mujeres al Borde* (<https://mujeresalborde. org>, acesso em: 25 jan. 2022), uma organização artivista e transfeminista de dissidentes das normas do gênero e da sexualidade, surgida no início deste século na Colômbia e atualmente com presença em vários países da região. O artigo foca em uma proposta audiovisual desse grupo, em que apresentam a sua contribuição para a compreensão das questões de gênero, sexualidade e construção da paz, em particular a tradução entre políticas do desejo e políticas de paz e transformação de conflitos. Reflito sobre tal experiência para fazer uma discussão sobre as mudanças nas políticas por meio das quais ativistas de gênero e sexualidade entendem seu lugar nas referidas questões.

176

A partir de uma pergunta sobre ativismos e formas como mudanças são propostas nas relações hierárquicas, excludentes e violentas de gênero e sexualidade, documentar e reconhecer essa heterogeneidade nos permite sair de avaliações dicotômicas entre alguns ativismos e outros como mais ou menos progressistas. Também nos permite identificar a variedade de estratégias postas em prática para promover mudanças nas questões de gênero e sexualidade em ambientes cada vez mais precários e limitados e diante do fortalecimento das contramobilizações, que também utilizam recursos e estratégias semelhantes.

Essa preocupação com as políticas que se implementam nas práticas artivistas implica considerações sobre sua temporalidade e sua relação com outras áreas afins. Em relação ao primeiro fato, compartilho com autores como Leandro Colling (2018) a ideia de que o surgimento do termo "artivismo" como objeto de interesse acadêmico e da mídia é precedido por décadas de uma variedade de práticas feministas e dissidentes sexuais e de gênero para questionar estruturas sociais e arranjos de gênero e sexualidade injustos. Essas práticas também atualizam, produzem e incorporam uma diversidade de expressões artísticas e desafiam novos contextos políticos, o que justifica olhar para mudanças e permanências. O uso de redes sociais ou de novas tecnologias ou o interesse em circular fora de espaços oficiais para a arte, como museus e galerias, ou para a política, como espaços de instituições estatais faz uma diferença importante nas práticas artivistas.

Quanto ao segundo fato, as práticas artivistas em questões de gênero e sexualidade, embora se relacionem com os ativismos no tema, não necessariamente correspondem a políticas análogas. Em torno da ideia de artivismo surgem novas expressões artísticas e práticas políticas que recorrem à arte com o objetivo de transformar e questionar as ordens hegemônicas de gênero e sexualidade e que não necessariamente recorrem às linguagens do direito, do litígio e das demandas de resposta institucional. Além disso, embora os recursos artísticos possam ser vistos dentro do campo problemático da política LGBTQIA+ ou do

"LGBTQIA+" como um sujeito próprio da política (Serrano-Amaya; Rodríguez Rondón; Daza-Niño, 2020), eles não podem necessariamente ser considerados respostas a questões equivalentes.

Este artigo reúne reflexões da pesquisa "Transformar injustiças sociais e criar novos acordos sociais: políticas e pedagogias da reconciliação", financiada pelo Fundo de Apoio a Professores Assistentes (FAPA), da Universidad de los Andes, Colômbia. Neste projeto, investigamos as interações entre as políticas de gênero e sexualidade e as políticas de justiça de transição e construção da paz. As práticas culturais e artísticas aparecem como um dos recursos fundamentais de tais políticas e pedagogias. Minha abordagem do artivismo ocorre dentro dessa estrutura e é limitada por ela.

Após esta introdução sobre a heterogeneidade nas formas de abordar o artivismo, o artigo segue com uma descrição do contexto de emergência da proposta "Corpo, primeiro território de paz", apontando as interações e diferenças entre ativismos de paz e LGBT. Em seguida, detalha-se a particularidade da proposta de *Mujeres al Borde* como uma proposta para dar conteúdo a tal ideia, como um tipo particular de política do desejo. A seguinte seção contrasta essa proposta com as políticas de outros tipos de artivismos para concluir sugerindo que o que os definiria seriam diversos projetos de transformação social em interação.

Ativismos de paz e LGBT

No início de 2001, diversas pessoas interessadas no ativismo de gênero e sexualidade responderam ao apelo da organização Planeta Paz (<https://www.facebook.com/planetapaz.sectoressocialespopulares/>, acesso em: 25 jan. 2022) para participar do fortalecimento da participação dos setores sociais na construção da paz na Colômbia. Em 1999, o governo colombiano havia iniciado uma das várias tentativas de alcançar uma paz negociada com a então guerrilha das Farc. A participação dos cidadãos no tema era crescente, mas concentrada em organizações sociais com uma longa tradição de movimento pacifista. Diversos setores sociais não foram reconhecidos como atores legítimos na construção da paz, mesmo quando atuaram nesse sentido.

Nesse interesse por ampliar a participação cidadã pela paz, Planeta Paz surgiu como uma organização não governamental interessada em fortalecer a participação de setores sociais populares na "busca de soluções ao conflito social, político e armado colombiano". A organização, que vem atuando desde o final dos anos 1990 até a atualidade, faz parte da variedade e da riqueza de mobilizações da sociedade civil pela paz que atuaram no país por décadas (García-Durán, 2006). Sua diferença para outras plataformas ou confluências de organizações trabalhando pela paz na Colômbia está no interesse em apoiar aqueles setores sociais que, no momento de sua fundação, tinham tido pouco ou limitado reconhecimento e participação como atores na construção de paz, como grupos camponeses, juvenis, sindicais, afrodescendentes, cívicos, culturais, indígenas ou ambientalistas.

Na lógica do Planeta Paz, tais setores são entendidos como "populares", aludindo a uma posição subordinada nas relações de poder (Novoa; Ramírez; Lizarazo; González, 2002). A referência ao "popular" aludia ainda a uma perspectiva de ampla tradição na América Latina e Colômbia, relacionada ao interesse no desenvolvimento da ação coletiva de uma variedade de mobilizações que lutavam contra tradições de polarização e controle político pelas elites privilegiadas, que buscavam o aprofundamento da cidadania e da democracia e que reivindicavam experiências culturais com um componente de classe (Dagnino, 2005; Moncayo, 2001; Torres, 2007).

Entre os setores sociais convidados a participar de tal organização, os grupos e coletivos de lésbicas, *gays*, bissexuais ou transgêneros foram os mais inovadores. No final dos anos 1990 e início do presente século, os ativismos dessas pessoas no país tinham uma tradição anterior e diversa de organização, mas não um reconhecimento ou lugar específico como setor diferenciado nas alianças e organizações trabalhando em temas de paz. O convite feito pelo Planeta Paz tornou-se a oportunidade de articulações entre organizações e ativismos de gênero e sexualidade de diferentes partes da Colômbia e para que se encontrasse uma variedade de apostas políticas que vinham atuando de forma particular, como ativismos em matéria de HIV, em projetos lésbico-feministas, em iniciativas de pessoas trans na prostituição ou ativismo acadêmico. Foi também a oportunidade para que essas organizações entrassem em interação com os assuntos dos outros setores participantes. Como observou Ana Lucía Ramírez, em seu depoimento para este escrito, Planeta Paz foi uma escola de interseccionalidade.

O Planeta Paz também ofereceu a essas organizações e ativismos de gênero e sexualidade uma variedade de recursos que não estavam disponíveis na época, entre eles a oportunidade de participar com voz própria nas questões de paz e negociação política do conflito armado. Graças ao fato de que a organização tinha e coletava incidências acumuladas em iniciativas para a resolução negociada do conflito colombiano, os ativismos de setores LGBT que ali convergiam no início dos anos 2000 tiveram a possibilidade de participar de eventos, diálogos e atividades das organizações de paz no país. O Planeta Paz também ofereceu aos ativismos LGBT emergentes valiosos recursos logísticos e organizacionais, considerando a precariedade das organizações na época.

Por fim, o Planeta Paz foi também uma interpelação direta a tais ativismos para construir uma proposta particular sobre a relação entre as questões de sexualidade, gênero e paz. As propostas de ativismos de pessoas LGBT e mobilizações relacionadas na Colômbia sobre questões de direitos humanos ou a discussão da violência estrutural podem ser datadas de décadas anteriores (Zuleta, 1996). Como no caso de outros países latino-americanos, os ativismos em gênero e sexualidade na Colômbia tiveram uma estreita relação com questões de cidadania, direitos em geral e direitos humanos, em particular (Cáceres et al., 2004; Mogrovejo, 2000; Parker, 2004; Pecheny; Dehesa, 2011). Nesse acumulado, o Planeta Paz permitiu que as organizações e os ativismos que responderam ao seu chamado se questionassem sobre quais eram suas propostas a respeito do conflito armado, não só pela situação do momento, mas também numa perspectiva mais ampla de transformação social.

Neste contexto de acumulações anteriores, possibilidades de articulação, novos recursos e demandas para propor uma perspectiva própria sobre o conflito e a paz, ativistas e organizações LGBT realizaram, entre 2001 e 2002, uma série de *workshops*, eventos e encontros nos quais surgiu o lema "Corpo, primeiro território de paz", conforme a proposta que nos ligava e nos dava um compromisso coletivo de como compreender o nosso lugar nas questões da paz e do conflito. O lema tinha relação direta com uma questão conjuntural: o governo da época, chefiado por Andrés Pastrana, havia declarado vários territórios do país como "zonas de decolagem" nas quais as Forças Armadas se retirariam para que os guerrilheiros das Farc se concentrassem para iniciar as negociações de paz. Com essa referência às relações entre território, conflito e paz, o lema em menção propunha que, se o corpo das pessoas LGBTQIA+ era o principal lugar para as violências que sofriam, deveria ser também o primeiro lugar para transformá-las (Serrano-Amaya, 2003).

O lema permitiu a confluência de uma diversidade de experiências anteriores e apostas de mudança em temas de gênero, sexualidade e justiça social e motivou várias reflexões. O "LGBT" ainda não era um termo guarda-chuva ou proposta política e foi nesse cenário, no início de 2001, que começou a ser utilizado. Em 2003, esse lema motivou a primeira marcha de cidadãos LGBT que conseguiu chegar à Plaza de Bolívar, em Bogotá, centro de protesto e ação política do país.

O lema ressoava com uma variedade de experiências não só nas quais o corpo é o lugar de transformação social, mas também naquelas em que o corpo é o espaço, meio e fim de intervenção em questões de conflito sociopolítico e de transformação de conflitos (Aretxaga, 1995; Athanasiou, 2017; Baiocchi, 2009). Experiências com sua própria história na América Latina, como as protagonizadas por mulheres no "*poner el cuerpo*" durante as lutas contra as ditaduras e os autoritarismos nos anos

1980 (Sutton, 2007) ou nas denúncias de violência sexual e de gênero, como as que ainda se encontram na recente Yeguada Latinoamericana (Vázquez e Vidal, 2019).

Sendo "corpo, primeiro território de paz" um lema potente, precisava ser preenchido com conteúdo, convertido em agenda e propostas para ser discutido com outros setores sociais. Ter uma "agenda" própria foi uma das primeiras demandas do Planeta Paz para o nascente setor LGBT. A lógica organizacional sugerida pela organização baseou-se na ideia de agendas, como documentos programáticos resultantes de uma caracterização de necessidades e particularidades, com propostas que são discutidas e negociadas, como se pode verificar nos documentos que a organização produziu desde os primeiros anos (Planeta Paz, 2004). Essa ideia correspondia a uma perspectiva na construção de paz, na qual atores com responsabilidade ou interesse na transformação de conflitos negociam entre si suas apostas de transformação (Miall; Ramsbotham; Woodhouse, 2003).

Visualizar uma proposta política subalterna

Nesse exercício para dar conteúdo ao lema, *Mujeres al Borde*, uma das várias organizações que responderam ao convite do Planeta Paz, produziu o vídeo que leva o mesmo nome da iniciativa. O conteúdo pode ser observado no site da organização[1].

Segundo uma conversa com Ana Lucía Ramírez, coprodutora do vídeo com Clau Corredor para a redação deste artigo, essa foi uma das contribuições dos diversos atores sociais do Planeta Paz para uma feira de iniciativas de paz promovida pela Redepaz, uma das grandes plataformas das organizações de paz no país. A feira buscava tornar visíveis as articulações e ações do gênero, por meio de uma mostra coletiva de iniciativas que questionaram a ênfase na paz como mero acordo entre estados e movimentos insurgentes e colocaram em discussão questões de justiça social e transformações estruturais.

Embora hoje *Mujeres al Borde* seja uma organização líder em questões de artivismo transfeminista e *queer* em vários países latino-americanos, e sua Escola de Audiovisual tenha sido objeto de várias reflexões (Cabrera, 2019; Ferreira Glauco, 2015), a situação era diferente há 20 anos. Os ativismos de sexualidade e gênero tinham muito poucos recursos, autogerenciavam suas iniciativas, e seguiam a lógica do ativismo "faça você mesmo" em termos de trabalhar com recursos próprios e limitados, mas com alto impacto no aspecto simbólico e contestador (Hemphill e Leskowitz, 2013). Ramírez lembra que, diante do convite, tinha pouca coisa para levar para a feira: não havia material gráfico como brochuras, panfletos ou *banners*, ou produtos que representassem as iniciativas do setor. As organizações eram relativamente espontâneas e se expressavam principalmente por meio de produtos efêmeros e frágeis. Nesse caso, eles tinham apenas uma câmera, mas nenhum recurso adicional para produção. Os recursos para o vídeo foram fornecidos pelo Planeta Paz. O vídeo foi filmado na casa de uma das produtoras e editado na de outra.

Ramírez e Corredor, que já tinham experiência anterior em teatro e meios audiovisuais, decidiram produzir um pequeno videoclipe que se diferenciasse do estilo racional, formal e logocentrado nas mobilizações sociais do momento e exemplificado na demanda do Planeta Paz por ter sua própria "agenda" programática para o setor LGBT. Se recursos audiovisuais foram utilizados nesses espaços, tenderam a ser gravações de discursos ou produtos longos e arrazoados. O videoclipe, segundo Ramírez, buscou convocar públicos diversos, provocar emoções e possibilitar uma abordagem diferenciada do assunto, com diversidade de corpos, erotismo e prazer. Em suas palavras, tratava-se de traduzir para o audiovisual uma ideia política, mostrando muitas maneiras de viver o corpo.

Houve duas tentativas de gravação. Uma delas, envolvendo homens *cis, gays* e heterossexuais que ofereceram seu apoio – não teve sucesso. Durante a primeira tentativa houve imposição de perspectivas e atitudes

183

sexistas por parte dessa equipe técnica que geraram desconforto no grupo de *Mujeres al Borde*, formado por mulheres diversas e pessoas não-binárias. Ramírez lembra que sentiam que esse trabalho não precisava ser realizado por quem não habitava os corpos ou a realidade das pessoas que ali deveriam estar representadas. Além disso, desde o início, a *Mujeres al Borde* assumiu o compromisso de ter espaços de trabalho seguros, acolhedores e respeitosos, e esse não foi o caso.

A segunda tentativa foi protagonizada por um grupo de participantes nas iniciativas da organização, mais conectado com sua proposta política, afetiva e emotiva. Havia pessoas mais ligadas ao processo do nascente setor LGBT da organização e que protagonizaram o vídeo. Ramírez lembra essa segunda tentativa como um espaço acolhedor, tranquilo e confiável, o que se reflete nas imagens.

O vídeo foi recebido com muita expectativa pelo Planeta Paz e pelas redes envolvidas com o propósito. Usando a tecnologia VHS, comum ao momento, foi apresentado em vários eventos de paz e eventos culturais, como o Ciclo Rosa, um espaço nacional para a apresentação de produtos audiovisuais de temática LGBT e *queer*. Curiosamente, o videoclipe teve que ser gravado várias vezes na mesma fita para ser repetido constantemente. Além disso, fez parte dos materiais educativos produzidos para o fortalecimento do nascente "setor LGBT", pois foi reproduzido para as atividades de incidência e formação. A sua exposição permanente em eventos regionais e nacionais promovidos pelo Planeta Paz permitiu abrir conversas sobre os silêncios, invisibilidades e preconceitos em relação ao público LGBT e questionar os tabus sobre as questões de paz para considerar assuntos como o prazer, a corporalidade ou o erotismo. De certa forma, tornou-se a materialização da proposta "corpo, primeiro território de paz".

Neste exercício de lembrar o videoclipe vinte anos depois, é possível ver este trabalho como um "arquivo de sentimentos" nos termos indicados por Cvetkovich (2003). De acordo com a autora, um arquivo de sentimentos refere-se a produtos culturais que atuam como repositórios de sentimentos que não estão apenas em seus conteúdos, mas também nas práticas que os circundam; permitem sua apropriação e os mantêm como um arquivo vivo. Sem dúvida, esses elementos estão no vídeo mencionado. Em seu conteúdo, os corpos que falam expressam os sentimentos que escapam às abordagens racionais e programáticas da conduta administrativa e negociada dos conflitos: desejo, prazer, gozo, agência. Embora a conceitualização de Cvetkovich proponha uma perspectiva "positiva" do trauma como um elemento central nas experiências *queer*, uma abordagem não patologizante da dor e do sofrimento, mas sim produtiva e criativa, o trauma não é o elemento articulador do vídeo produzido por *Mujeres al Borde*, ainda que se refira às experiências de setores sociais marginalizados e discriminados.

O vídeo, e o trabalho de *Mujeres al Borde* nesta fase inicial, representa e aprofunda bem as características dadas por Colling (2018) para os artivismos das dissidências sexuais e de gênero enquanto sua preferência por estratégias políticas culturais; o distanciamento dos marcos legais e institucionais como ponto de referência para a prática política; o questionamento de abordagens binárias de gênero e sexualidade; a compreensão das identidades como fluidas; a rejeição à respeitabilidade como requisito para a garantia de direitos.

Em um cenário como o das questões de paz, em que prevaleciam estratégias de negociação política entre elites em posições de poder e lógicas de ação centradas na argumentação e na apresentação dos fatos, *Mujeres al Borde* propôs uma estratégia cultural para compreender as agendas de paz, gênero e sexualidade, dirigida a um grande público. Em um momento em que ativismos de articulação em torno das políticas LGBT fortaleciam as estratégias jurídicas e o litígio estratégico, a exemplo do que aconteceu nos primeiros anos da década (Azuero e Albarracín, 2009), o trabalho do MAB estava voltado para as questões culturais, como as expressas no vídeo. Em ambos os casos, a diferença não foi feita apenas com ativismos racionais pela paz, mas com ativismos jurídicos de políticas LGBT, voltados para o reconhecimento do estado.

Como Ramírez apontou ao lembrar a aposta do videoclipe, procurou-se mostrar corpos diversos e fluidos, fora do binarismo cissexista. No material audiovisual aparecem corpos de diferentes idades, texturas e expressões de gênero, sexualidade e apropriação corporal, como tatuagens ou marcas. De fato, muito rapidamente em seu desenvolvimento organizacional, *Mujeres al Borde* se separou do cissexismo que encontrou em alguns feminismos e ativismos LGBT e se voltou para propostas mais próximas do *queer* e do transfeminismo. Também se distanciou das estratégias de "diversidade sexual e de gênero" legitimadas por instituições e políticas LGBT. Por fim, tanto o videoclipe como a obra subsequente do MAB se desvincularam do ativismo LGBT voltado para o reconhecimento e a inclusão ou para a exigência de respeitabilidade e optaram pela celebração do diferente, do transgressor que pouco interessava aos discursos mais institucionais.

Ao colocar o erotismo e o desejo no centro da proposta "corpo, primeiro território de paz", o videoclipe desafiava as estratégias mais normativas de paz e resolução de conflitos, voltadas para a criação de agendas programáticas tanto para serem negociadas quanto para serem mobilizadas mediante o *lobby* e a incidência política. Além disso, desafiava as narrativas voltadas para a descrição da dor, do sofrimento, próprias dos discursos das organizações de direitos humanos ou dos movimentos de vítimas. Um discurso que, como vou apontar na próxima seção, logo será o predominante.

Na proposta do MAB de dar conteúdo ao "corpo, primeiro território de paz", dialoga-se com a experiência latino-americana de "colocar o corpo" como lugar de protesto e resistência, como mencionado antes. No entanto, o corpo que é colocado aqui não é um corpo coletivo ou coletivizado por uma suposta unidade dada pela orientação sexual ou identidade de gênero. Tampouco é apenas o corpo que sofre violência externa, seja por conflito sociopolítico, seja por preconceito, discriminação ou intolerância, com a qual as políticas de identidade confeccionam o sujeito LGBT. Não se trata de um artivismo meramente oposicional ou feito apenas como uma resistência ou crítica a um sistema de dominação, como observa Lippard (citada por Aladro-Vico; Jivkova-Semova; Bailey, 2018).

O colocar o corpo que aqui se apresenta é antes o de corpos plurais com agência, corpos "extensos" e coletivos, como propõe González (2017), cujas propostas emancipatórias partem da própria ação de se apresentar como agente desejante e agradável. Como Cabrera aponta (2019) no videoclipe, o corpo aparece como "território de afetos", sujeito político e autônomo na construção de paz e não apenas como lugar para a inscrição da identidade. A proposta de *Mujeres al Borde* nesta fase, no videoclipe e nas suas obras posteriores representa bem estratégias de artivismo em que a política do desejo é central. Isso está bem assinalado pelo lema que os caracteriza: "que o teu desejo seja a tua revolução".

Pelo exposto, proponho considerar o vídeo e a proposta artivista de *Mujeres al Borde* uma forma de memória ativista, entendida como práticas que transformam memórias subordinadas em agendas políticas produzindo verdades significativas coletivamente (Serrano-Amaya, 2021). O vídeo de *Mujeres al Borde* respondia à subordinação das políticas da (in)visibilidade (Casper e Moore, 2009) que atuaram sobre sujeitos *queer/cuir* em dois sentidos: (i) tornou visível o corpo como um lugar e como um agente de e para a construção de paz; (ii) tornou visíveis corpos que na época não eram considerados atores de paz ou mudança social. O vídeo propunha ainda uma agenda de paz para o nascente setor LGBT, centrada na celebração, no gozo e no desejo que antecedeu as políticas da vitimização e a denúncia do sofrimento que apareceriam posteriormente nos ativismos LGBT relacionados a temas de conflito e paz. Finalmente, o vídeo contribuiu para criar uma verdade sobre os setores LGBT como atores relevantes para a construção de paz – uma verdade que se consolidou nas décadas seguintes e que levou, entre outras coisas, à centralidade que o tema teve nos últimos anos com o atual processo de paz e justiça de transição iniciado em 2016.

Artivismos pela paz, políticas do desejo e da vitimização

Vinte anos após o vídeo de *Mujeres al Borde*, o contexto dos artivismos de gênero e sexualidade em relação a temas de violência sociopolítica e paz mudou radicalmente na Colômbia. Com a emergência e consolidação das políticas LGBT, os ativismos por direitos se profissionalizaram, se diversificaram e adquiriram maior reconhecimento e legitimidade. As estratégias de litígio desencadearam quadros de políticas públicas locais, regionais e nacionais com ganhos significativos (Serrano-Amaya; Pinilla; Martínez; Rodríguez, 2010). Em um cenário de justiça de transição, resultado da assinatura do acordo de paz entre o governo e a antiga guerrilha das Farc, hoje partido político, em 2016, a inclusão de assuntos LGBT ocupa um lugar significativo. Os processos de memória, reparação às vítimas e verdade incluem em seus mandatos setores LGBT e questões de diversidade sexual e de gênero, como pode ser visto na variedade de documentos produzidos para indicar a vitimização desses setores (CNMH, 2015) e as iniciativas para incluí-los (Albarracín; Rincón, 2013; Caribe-Afirmativo, 2015, 2019). Neste contexto, os recursos artísticos, tanto pelo ativismo como pelas instituições públicas, têm vindo a ser utilizados com frequência, com as vantagens de uma maior proliferação de modos de expressão e com o risco de instrumentalização.

Em 2016, por exemplo, a Corporación Caribe Afirmativo, uma organização LGBTQIA+ de cobertura nacional, realizou a exposição *Corpos que contam*[2] para divulgar as histórias de pessoas LGBT vítimas do conflito armado. Uma série de esculturas, sem particularidades de gênero ou sexualidade e com um espelho como rosto, busca questionar quem as observa sobre a violência que as pessoas LGBT vivenciam no silêncio. *Corpos que contam* responde à lógica de documentar e narrar acontecimentos vitimizadores e estratégias de resistência como parte de mecanismos para exigir reparação, reconhecimento e compensação às vítimas de violência prolongada.

Em 2020, Colombia Diversa, outra organização líder nas lutas por direitos LGBT no país, apresentou *Celeste*, uma ferramenta virtual para prestar homenagem a pessoas LGBTQIA+ assassinadas nos últimos dez anos[3]. *Celeste* representa esses indivíduos como estrelas em uma série de constelações e conta suas histórias de vida, ativismo e vitimização. *Celeste* funciona como uma espécie de monumento virtual de memória e luto para dignificar, a partir da ação de uma organização ativista, uma série de vítimas registradas em relatórios de direitos humanos.

Essas iniciativas não só desenvolvem bem o componente de meios virtuais, próprios aos artivismos contemporâneos. São também o resultado do acesso a recursos com os quais não se contava antes, tanto em apoios de agências de cooperação internacional como de linguagens mais sofisticadas e de conhecimentos especializados em torno do contexto LGBTQIA+, da documentação de violências e de seu uso em ações de incidência política.

Considerações finais

A emergência dessas políticas de vitimização no centro de ativismos mais estruturados não implicou o desaparecimento das políticas de desejo mencionadas anteriormente para o artivismo de grupos como o *Mujeres al Borde*. Essas políticas emergem, por exemplo, em cenários de protesto social em que novas gerações de ativismos se desenvolvem em torno da performance, do *voguing* e da irrupção em espaços públicos.

Os exemplos indicados permitem sugerir que o cenário atual de ativismos e artivismos em torno das questões de paz, gênero e sexualidade no país assemelha-se mais a um conglomerado de políticas díspares em interação e dos rumos da vida afetiva das políticas. As políticas do desejo interagem com as políticas de reconhecimento e visibilidade, típicas das políticas de identidade, com as políticas de testemunho típicas da justiça de transição ou políticas de luto típicas dos movimentos das vítimas. Os atuais ativismos especialistas atuam como implementadores, intermediários e tradutores de muitas dessas novas políticas.

Assim, mais do que uma relação orgânica entre arte e ativismo, o que definiria o artivismo, pelo menos nesses temas, seria uma relação constantemente conflitante entre diversos projetos de transformação social. Projetos nos quais é necessário discutir não apenas como a transformação é proposta, mas para quem e para quais propósitos. Finalmente, esse seria o sentido de uma pergunta sobre as políticas do artivismo.

Notas

[1] Disponível em: <https://mujeresalborde.org/creacion/el-cuerpo-primer-territorio-de-paz/> (acesso em: 25 jan. 2022).
[2] Disponível em: <https://caribeafirmativo.lgbt / uma-exposição-pessoas-lgbti-solidão-comemo-rará-dia-as-vítimas-do-conflito/> (acesso em: 25 jan. 2022).
[3] Disponível em: <https://www.colombiadiversa.org/celeste/persona.html> (acesso em: 25 jan. 2022).

Referências

ALADRO-VICO, Eva; JIVKOVA-SEMOVA, Dimitrina; BAILEY, Olga. (2018). Artivismo: Un nuevo lenguaje educativo para la acción social transformadora. *Comunicar*: revista científica iberoamericana de comunicación y educación, v. 26, n. 57, pp. 9 - 18. (doi:10.3916/C57-2018-01), Huelva.

ALBARRACÍN, Mauricio; RINCÓN, Juan. De las víctimas invisibles a las víctimas dignificadas: los retos del enfoque diferencial para la población de lesbianas, gays, bisexuales, transgeneristas e intersexuales (LGBTI) en la Ley de Víctimas. *Revista de Derecho Público*, n. 31, pp. 1 - 32, 2003. Disponível em: <http://derechopublico.uniandes.edu.co/components/com_revista/archivos/derechopub/pub396.pdf>. Acesso em: 25 jan. 2022.

ARETXAGA, Begoña. Dirty Protest: Symbolic Overdetermination and Gender in Northern Ireland Ethnic Violence. *Ethos*, v. 23, n. 2, pp. 123 - 148, 1995.

ATHANASIOU, Athena. *Agonistic Mourning*: Political Dissidence and the Women in Black. Edinburgh: EUP, 2017.

AZUERO, Alejandra; ALBARRACÍN, Mauricio. *Activismo judicial y derechos de los LGBT en Colombia*. Sentencias emblemáticas. Bogotá: Ilsa, 2009.

BAIOCCHI, Maria L. Women in Black: mobilization into anti-nationalist, anti-militarist, feminist activism in Serbia. *CEU Political Science Journal*, 4(4), 469, 2009.

CABRERA, Marta. La Escuela Audiovisual al Borde (2011-2016): políticas de la representación y artivismo contrasexual globalizado. *In*: VEIGA, Ana M.; NICHNIG, Claudia R.; WOLFF, Cristina S.; ZANDONÁ, Jair (ed.). *Mundos de mulheres no Brasil*. pp. 517 - 526, Curitiba: Editora CRV, 2019.

CÁCERES, Carlos F. *et al.* (ed.). *Ciudadanía sexual en América Latina*: abriendo el debate. Lima: Universidad Peruana Cayetano Heredia, 2004.

CARIBE-AFIRMATIVO. *Des-armar sexualidades.* Personas LGBTI y aplicación de la Ley de Víctimas en el Caribe Colombiano. Barranquilla: Caribe Afirmativo, 2015.

CARIBE-AFIRMATIVO. *Nosotras resistimos*! Informe sobre violencias contra personas LGBT en el marco del conflicto armado en Colombia. Barranquilla: Caribe Afirmativo, 2019.

CASPER, Monica J.; MOORE, Lisa J. *Missing bodies*: the politics of visibility. New York: New York University Press, 2009.

CNMH. *Aniquilar la diferencia*. Lesbianas, gays, bisexuales y transgeneristas en el marco del conflicto armado colombiano. Bogotá: Centro de Memória Histórica, 2015.

COLLING, Leandro. The emergence of artivisms for sexual and gender dissidences in Brazil nowadays. *Sala Preta*, v. 18, n. 1, pp. 152 - 167, (doi:10.11606/issn.2238-3867.v18i1p152-167), 2018.

CVETKOVICH, Ann. *An archive of feelings*: trauma, sexuality, and lesbian public cultures. Durham: Duke University Press, 2003.

DAGNINO, Evelina. *Meanings of Citizenship In America Latina*. Brigton: IDS, The University of Sussex, 2005.

EXPÓSITO, Marcelo. Activismo artístico. *In*: Red Conseptualismos Del Sur (ed.). *Perder la forma humana*. Una imagen sísmica de los años ochenta en América Latina. pp. 43 - 50, Madrid: Museo Nacional Centro de Arte Reina Sofía, 2012.

FERREIRA, Glauco B. Margeando artivismos globalizados: nas bordas do Mujeres al Borde. *Estudos Feministas*, v. 23, n. 1, pp. 207 - 218, 2015.

GARCÍA-DURÁN, Mauricio. *Movimiento por la paz en Colombia 1978-2003*. Bogotá: Cinep, 2006.

GONZÁLEZ HERNÁNDEZ, Manuel F. El cuerpo en la protesta social por ayotzinapa. Prácticas artísticas y activismo en la toma política y cultural del palacio de bellas artes. *Andamios*, v. 14, n. 34, pp. 113 - 133, 2017.

HEMPHILL, David; LESKOWITZ, Shari. DIY Activists: Communities of Practice, Cultural Dialogism, and Radical Knowledge Sharing. *Adult Education Quarterly*, v. 63, n. 1, pp. 57 - 77, (doi:10.1177/0741713612442803), 2013.

MIALL, Hugh; RAMSBOTHAM, Oliver; WOODHOUSE, Tom. *Contemporary Conflict Resolution*. Cambridge: Polity, 2003.

MOGROVEJO, Norma. *Un amor que se atrevió a decir su nombre*. La lucha de las lesbianas y su relación con los movimientos homosexual y feminista en América Latina. México DF: Plaza y Valdés, 2000.

MONCAYO, Héctor-León. *Una Lectura Crítica del Discurso de los Actores Populares*. Bogotá: Planeta Paz, 2001.

NOSSEL, Suzanne. *Introduction*: On "Artivism," or Art's Utility in Activism. *Social Research*, v. 83, n. 1, pp. 103 - 105, 2016.

NOVOA, Edgar. *et al.* (2002). Las Prácticas Sociales de los Sectores Populares. *In:* PLANETA-PAZ (ed.), *Documentos de las Comisiones Temáticas*, Bogotá, v. 3, pp. 171 - 276, 2002.

PARKER, Richard. Globalización, sexualidad y política en América Latina. *In*: CACERES, Carlos F. *et al.* (ed.). *Ciudadanía Sexual en América Latina*: Abriendo el Debate. Lima: Universidad Peruana Cayetano Heredia, pp. 17 - 25, 2004.

PECHENY, Mario; DEHESA, Rafael De la. *Sexualidades y políticas en América Latina*: un esbozo para la discusión. Rio de Janeiro: Sexuality Policy Watch, 2001.

PLANETA-PAZ. *Memorias del Tercer Seminario Internacional*: Movimientos sociales, agendas y transformaciones populares en América Latina. Bogotá: Planeta Paz, 2004.

SANDOVAL, Chela; LATORRE, Guisela. Chicana/o Artivism: Judy Baca's Digital Work with Youth of Color. *In*: EVERETT, Ana (ed.). *Learning Race and Ethnicity*: Youth and Digital Media. Cambridge, MA: The MIT Press, pp. 81 - 108, 2008.

SCERBO, Rosita. Artivismo político y teoría queer: hacia una politización de la autobiografía femenina. *Debate Feminista*, v. 59, pp. 48 - 67, (doi:10.22201/cieg.2594066xe.2020.59.03), 2020.

SERRANO-AMAYA, José F. *et al. Panorama de Derechos Sexuales y Reproductivos en Colombia*. Bogotá: Universidad Nacional de Colombia, Latin American Center on Sexuality and Human Rights, 2010.

SERRANO-AMAYA, José F.; RODRÍGUEZ RONDÓN, Manuel A.; DAZA-NIÑO, Natalia. *Public Policies Toward LGBT People and Rights in Latin America*. Oxford: Oxford University Press, 2020.

SERRANO-AMAYA, José F. Cuerpo y Conflicto: reflexiones en una práctica política. *In*: RODRÍGUEZ, Victor M. R. (ed.). *Prácticas Artísticas*. Enfoques Contemporáneos. Bogotá: Universidad Nacional, IDCT, 2003.

SERRANO-AMAYA, José F. Verdades sociales, memorias activistas: la inclusión de la orientación sexual y la identidad de género en la Comisión de la Verdad y la Reconciliación en Suráfrica. *In*: GÓMEZ, Diana *et al.* (ed.). *Comisiones de la verdad y género en países del sur global*: miradas decoloniales, retrospectivas y prospectivas de la justicia transicional. Aprendizajes para el caso colombiano. Bogotá: Universidad de los Andes, Capaz, pp. 447 - 471, 2021.

SUTTON, Barbara. Poner el Cuerpo: Women's Embodiment and Political Resistance in Argentina. *Latin American Politics and Society*, v. 49, n. 3, p. 129, 2007.

TORRES, A. Construir ciudadanía desde la acción colectiva. Las organizaciones populares frente a la descentralización en Bogotá. *In*: GONZÁLEZ, Jorge E. (ed.). *Ciudadanía y cultura*. Bogotá: Universidad Nacional de Colombia; Tercer Mundo Editores.

VAZQUEZ, Julieta C.; VIDAL, Libertad. Arte, cuerpo y denuncia: El uso del cuerpo como soporte crítico en el espacio público, una mirada desde las performances de la colectiva la yeguada latinoamericana. *Index*, n. 8, pp. 152 - 159, 2019.

ZULETA, Ruíz. *De Semas y Plebes*. Medellín: IPC - ENS, 1996.

Algumas anotações sobre o ativismo musical negro: o *Black* Bom nas ruas do Rio de Janeiro

Micael Herschmann;
Cíntia Sanmartin Fernandes

A cidade do Rio de Janeiro faz parte do circuito turístico de me-gaeventos espetaculares e globalizados há muitos anos, aspectos que evidentemente estão afetando a diversidade cultural e certas dinâmicas mais fluidas e informais presentes nessa localidade. Além disso, o processo de construção de um regime menos democrático no Brasil (com a ascensão nos últimos anos de grupos de políticos associados a setores militares, conservadores e religiosos do país) vem construindo um ambiente de mais vigilância social e de menos liberdade de expressão para as minorias, agravando ainda mais esse quadro. Como interpretar essas dinâmicas culturais e a construção de imaginários tão díspares a respeito de uma mesma metrópole? Tal como é comumente rotulada na mídia: trata-se de uma "cidade maravilhosa" e/ou necessariamente mais segregada? Seria possível repensar de forma crítica essas perspectivas dicotômicas sobre a cidade?

Se levarmos em conta, por exemplo, a trajetória dos atores asso-ciados direta e indiretamente ao *funk*, samba, *hip hop*, jongo e outros gêneros da chamada "música negra"[1] que historicamente ocupam os espaços públicos dessa metrópole[2], constata-se que a maioria dessas manifestações e encontros é em geral protagonizada por uma população pobre e parda local[3].

Ao buscar construir uma cartografia das controvérsias (Latour, 2012), teve-se como objetivo neste artigo repensar o papel da música – no caso a negra que ocupa os espaços públicos – como vetor de transformações sociais significativas, no plano concreto ou mesmo do imaginário urbano. Desse modo, no presente artigo, parte-se do pressuposto de que, ao problematizar a trajetória de algumas expressões da "música negra" (que ocupam as áreas da cidade do Rio de Janeiro), será possível compreender melhor de que maneiras essas iniciativas artísticas recorrentemente oscilaram entre a criminalização e a glamourização (artistas que, de modo geral, construíram uma trajetória errática e complexa, que articula e tensiona o êxito de mercado com uma condição muitas vezes "proscrita")[4], produzindo "resiliências"[5] e polinizando[6] o cotidiano dessa urbe.

Nesse sentido, o pressuposto central deste trabalho é o de que, devido à sua grande capacidade de capilaridade e mobilização social, as expressões musicais – como manifestações estéticas e políticas (Rancière, 1996) – muitas vezes vêm permitindo a construção de "territorialidades sônico-musicais" (Herschmann; Fernandes, 2014) que alteram continuamente o ritmo urbano, ressignificando o cotidiano, o imaginário e, em certa medida, as relações entre os atores no espaço urbano, principalmente quando esses estão presente em áreas públicas das localidades. O que se busca destacar aqui é que, para além da "cidade dos megaeventos", espetacular e do *branding* territorial, há outra metrópole bastante popular, submersa e quase *outsider*[7], "que se faz também presente no cotidiano desse território (urbe que os atores seguem reconstruindo até de forma heterotópica[8]): uma cidade que é incorporada apenas perifericamente no cartão-postal" dessa localidade e que gravita em torno de microeventos de rua organizados principalmente por coletivos artísticos que atuam de forma recorrente e significativa na trama urbana.

Por conseguinte, ao atuarem nas "bordas" ou para além dos limites da "metrópole regulada" (Reia *et al.*, 2018), os indivíduos que imprimem ritmo às dinâmicas desses microeventos gratuitos (em geral, de características promotoras da inclusão social) vêm produzindo com frequência "dissensualidades" (Rancière, 1996). Pode-se dizer que, na qualidade de objetos/sujeitos que evidenciam "controvérsias", os atores e seus pequenos eventos musicais que ocupam os espaços públicos do Rio de Janeiro contribuem para que os pesquisadores da Teoria Ator-Rede[9] possam abrir algumas "caixas-pretas": quando esses seguem rastreando os atores nos seus itinerários e associações, "cartografando" determinada localidade (Latour, 2012; Lemos, 2013).

Assim, difundindo "partilhas do sensível"[10] no dia a dia, esses pequenos e médios eventos (centrados especialmente nas rodas) contribuíram para que se conformassem conjuntos de narrativas da realidade sociocultural urbana muitas vezes bastante díspares, fazendo emergir discursos que sugerem ora articulações, ora tensões sociais: enunciados que vêm ganhando especialmente visibilidade nos meios de comunicação, os quais indicam ambiguidades no tratamento dessas práticas culturais. É preciso sublinhar que partimos do pressuposto de que na contemporaneidade a articulação entre arte e política estreita-se profundamente: pode-se dizer que há um "artivismo" bastante presente nos dias atuais, o qual se constitui de certa maneira em um *zeitgeist*, caracterizando o ambiente artístico-intelectual atual. Busca-se neste artigo repensar a necessidade de reflexões e participações – mais intensas – em "tempos de urgências", isto é, em uma época em que a vida em geral está sendo profundamente afetada por inúmeros e graves desequilíbrios, precariedades, autoritarismos, vigilâncias e até extinções. Nesse contexto, chama a atenção a presença mais acentuada não só de atores precarizados em alianças que vêm construindo heterotopias e/ou territorialidades, mas também de corpos remixados e hackeados (Preciado, 2018), os quais produzem tensionamentos e dissidências com o biopoder vigente. Assim, procura-se neste trabalho analisar a atuação estético-comunicativa dessas redes musicais resilientes do artivismo negro articulado às atividades desenvolvidas pelo *Black* Bom (como baile e instituto) entre 2013 e 2021, o qual tem não só alcançado expressiva mobilização social, mas também possibilitado colocar em cena tópicos de uma variada e renovada agenda política.

Música negra na cidade do Rio

Talvez por sua longevidade na história cultural brasileira, o gênero musical do samba e suas rodas – organizadas em espaços públicos e híbridos[11] da cidade – exemplifiquem essas ambiguidades. Ao analisar a trajetória do samba na época da Primeira República é possível atestar que não só as populares rodas das "tias baianas" realizadas na região do Centro (da chamada "Pequena África"), como também a participação frequente dos sambistas celebrando a Festa da Penha, foram marcadas por momentos e contextos de forte ambiguidade, nos quais o aparato policial ora tolerava as festividades, ora aplicava sanções junto aos atores (Moura, 2004). Nas décadas seguintes, essa dinâmica ambígua permaneceu caracterizando a trajetória conturbada do samba na cidade. Mesmo depois da sua consagração no imaginário popular e no panteão nacional (como símbolo de "brasilidade") nas décadas de 1930 e 1940, as rodas de samba, com grande frequência, continuaram sofrendo diversas sanções dos agentes de segurança pública.

Outro gênero musical que sofreu dinâmicas similares foi o *funk* carioca. Essa manifestação cultural vem sendo "demonizada" na grande imprensa (e pelos segmentos conservadores da população) há aproxima-damente três décadas: não apenas por sua suposta associação com o crime organizado da cidade, mas também pelo ambiente gerado nos eventos, que em geral é considerado excessivamente erotizado (e, portanto, suas festas vêm sendo coibidas por seus supostos "efeitos nocivos" sobre os jovens pobres da urbe). Com base nesses argumentos e sem o poder público oferecer alternativas, a maioria dos bailes *funk* das periferias e favelas está praticamente interditada há várias décadas na cidade do Rio de Janeiro (Herschmann, 2000).

Evidentemente, setores progressistas da sociedade já estiveram mais articulados e empenhados em tentar legitimar culturalmente o *funk*[12]. In-clusive, em certo momento da história da cidade, essas iniciativas ganha-ram mais visibilidade social: não só pelo momento mais democrático que se vivia no país, mas especialmente por conta da grande popularidade do *funk* nas cenas juvenis, nas redes sociais e, de modo geral, no mercado[13].

E, finalmente, destaca-se aqui um último exemplo: o do mundo do *hip hop*. Apesar de algumas importantes "conquistas" alcançadas nos últimos anos[14], inúmeros integrantes dessa cena cultural queixam-se – com frequência – de que eles não somente sofrem preconceitos e violências policiais (aspecto que dificulta a organização das rodas, mesmo aquelas que possuem alvarás), como também reclamam da falta de apoio mais significativo por parte da prefeitura para os eventos (como a oferta de editais públicos direcionados a esse tipo de acontecimento ou mesmo de praticáveis e banheiros químicos).

Um dos pressupostos das reflexões desenvolvidas aqui é o de que o "direito à cidade" e o lazer vêm sendo negados à maioria da população do Rio, a qual é também a mais pobre, negra e mestiça. Entretanto, apesar de tudo, pode-se dizer que os atores – de forma "resiliente" (Taboada *et al.*, 2006) – continuam promovendo a música de rua e seguem de forma criativa "polinizando" o cotidiano e construindo importantes dinâmicas de encontros na urbe (em suma, seguem promovendo significativas experiências politicoestéticas inclusivas e democráticas). Na realidade, para além das perseguições sistemáticas sofridas pela cultura negra na cidade do Rio (que é um pouco lugar-comum na análise de especialistas), os conceitos de "resiliência" e "polinização" são cruciais para compreender o papel fundamental do ativismo musical negro no Rio de Janeiro: possibilita compreender melhor trajetórias individuais e coletivas marcadas por um movimento ambíguo e complexo, que simultaneamente criminaliza e glamouriza essas expressões musicais e seus protagonistas na cena midiática (Herschmann, 2000).

Ao mesmo tempo, há de se reconhecer que gêneros musicais como, por exemplo, o samba, o *funk* e o *hip hop* estão entre os mais perseguidos pela crítica especializada e pelo aparato de segurança pública ao longo da história do país, expressando interesses e preconceitos de setores elitizados e/ou conservadores da população local. As proibições de festas, bailes e rodas ao longo de várias décadas, baseadas em inúmeras justificativas (que curiosamente nunca são aplicadas com rigor a atores considerados "problemáticos e perigosos", oriundos da classe média), são evidências significativas.

A esta altura poder-se-ia indagar: qual seria o lugar da cultura musical de rua carioca no projeto de metrópole atual? De certa forma, podemos dizer que as metas para o Rio de Janeiro para os próximos anos parecem estar traçadas pelas autoridades: a cidade deve se transformar através de megaeventos em uma "cidade espetacular, criativa e globalizada"[15]. Entretanto, os megaeventos como um conjunto de estratégias exclusivas e redentoras – que promovem o crescimento econômico e social a médio prazo – têm sido questionados por especialistas e expressivas parcelas da população justamente por não terem trazido ainda os resultados esperados para a cidade do Rio[16].

Ao mesmo tempo, no contexto atual pode-se afirmar que o poder público local vem promovendo um grande "curto-circuito" ao desprezar com regularidade o minoritário, o múltiplo, o polifônico e as diferenças sublinhadas pelas expressões culturais. De forma similar a outros momentos do passado desta urbe, as rodas e as manifestações da cultura negra de rua são colocadas à margem ou excluídas dos projetos urbanos em curso. Assim, esses microeventos públicos e gratuitos, na qualidade de "ecossistemas culturais", seguem a sua trajetória de maneira quase clandestina na trama urbana, gravitando em torno de eventos de jongo, samba, *funk*, *hip hop* e outros gêneros musicais da música negra.

Black Bom: do baile ao instituto

Tomando como base a pesquisa empírica realizada desde 2013 (construída não só a partir da coleta, seleção e análise de matérias veiculadas na mídia impressa tradicional e de material postado nas redes sociais, mas também de observações de campo e entrevistas semiestruturadas realizadas com os atores), buscou-se – com base no estudo de caso do

Baile *Black* Bom realizado inicialmente na Pedra do Sal e no Largo da Prainha (no centro do Rio de Janeiro) e, posteriormente, em outros espaços da chamada zona portuária – analisar o papel desempenhado pela moda, música e pelo corpo na atualização de uma "cena" (Straw, 2006) *black* carioca.

A pesquisa aqui mencionada privilegiou na sua análise a vivência e experiência corporal em torno da música nas cidades, especialmente aquelas nômades, as quais colocam em cena a experiência da alteridade, que em geral produzem situações de mobilização social. Aliás, não há como seguir os atores e acompanhar suas experiências sonoras coletivas e não ser mobilizado ou, ao menos, afetado de alguma forma "corporalmente" (Merleau-Ponty, 2004) pela sonoridade das territorialidades pesquisadas. Concordamos com DeNora quando sublinha que a música tem capacidade em condicionar o corpo, acionando lembranças (faculdades da nossa memória) e afetando ideias, humores e emoções (DeNora, 2000). Para além da música, também compreendemos que não é apenas a sonoridade dos concertos ao vivo executados, mas as vozes e ruídos que ecoam das ruas, do tráfico e das pessoas que envolvem e conformam o ambiente desses encontros corporais pesquisados. Nesse sentido, refletir a partir das experiências corporais conduz a repensar as cidades com base em sua potência sensorial. Portanto, entendemos que o espaço e o corpo comunicantes em interação demandam a experimentação mútua para que o corpo apreenda o lugar pela ação *in loco*. Essa foi a postura investigativa adotada: a de colocar-se à deriva, ou seja, assumir percursos com a intencionalidade que busca o que está na experiência da cidade, tendo como objetivo compreender sensivelmente os sentidos imanentes dos lugares.[17]

No estudo de caso analisado aqui, a experiência sensória urbana conduziu os pesquisadores à zona da chamada Pequena África, localizada no Centro da cidade do Rio de Janeiro. A Pequena África (e especialmente a Pedra do Sal) é reconhecida como localidade histórica de encontro de grandes sambistas do passado[18], nos últimos anos foi convertida em um importante anfiteatro natural, no qual são realizados com grande êxito concertos de rua não só de samba, mas também de *rock*, *black music*[19], *jazz* e fanfarras.

Nessa localidade há uma relação razoavelmente harmoniosa entre os músicos de rua, a comunidade do Morro da Conceição e os comerciantes locais. Neste ambiente, com o soar dos primeiros acordes, há uma transformação profunda do espaço: foi possível perceber no trabalho de campo realizado que a experiência corporal tensa das grandes cidades ali vai invariavelmente cedendo gradativamente espaço para outras sensações estésicas sedutoras e poderosas. À medida que os grupos musicais vão empolgando o público ali presente, a "paisagem sonora" (Schafer, 1969) vai se transformando e criando outra ambiência, outro clima (Fernandes *et al*. 2019a; 2019b), o ambiente vai ganhando contornos dionisíacos e as sensações de fruição e prazer vão se intensificando.

No caso do Baile *Black* Bom, o grupo musical que o organiza chama a atenção pelo cuidado que os integrantes têm com a performance (Taylor, 2013) dos concertos. Na realidade, ao longo das apresentações, os componentes do grupo interagem de forma intensa com os frequentadores: em muitos concertos eles chegam a romper com a lógica de palco apresentando o show no mesmo nível do público. O ambiente de proxemia criado em torno é de extrema afecção. Mesmo pesquisadores experientes são envolvidos (contagiados corporalmente) de alguma forma pelo ambiente de irreverência, de sensação de liberdade e de êxtase. Essas práticas nos ajudaram a compreender que os músicos, frequentadores e fãs do Baile *Black* Bom, a partir de suas experiências "performativas" (Taylor, 2013) nas ruas, reconfiguram criativamente os espaços e os redesenham de alguma maneira – ainda que de forma temporária e pontual, mas com reflexos significativos sobre o imaginário urbano – o cotidiano da cidade do Rio de Janeiro.

Ao mesmo tempo, na última década, nota-se que vêm se destacando algumas práticas espontâneas "engajadas" ou formas de "ativismo musical" que estruturam (ainda que provisoriamente) "territorialidades sônico-musicais" – não necessariamente organizadas por profissionais do *mainstream* ou do chamado setor independente da música – que vêm repotencializando a sociabilidade de territórios estratégicos do Centro do Rio de Janeiro, os quais correm o risco, ciclicamente, de se "desvitalizar", como sugere a história dos últimos cem anos dessa cidade[20]. Portanto, parte-se da premissa neste trabalho[21] de que a música ao vivo experienciada presencialmente – especialmente aquelas realizadas em rodas, *jam sessions* e bailes *black* promoveriam condições para a potencialização de encontros, estesias e afetos –, quando articulada com certos perfis arquitetônicos e geográficos dos lugares, construiriam condições favoráveis não só para o desenrolar de atividades de entretenimento (Herschmann, 2005), mas também para a ressignificação das territorialidades e do cotidiano urbano e de ampliação de um "ativismo musical de rua".

É importante ressaltar que consideramos "ativismo musical" o engajamento de atores de diversas redes musicais (e seus microeventos) compromissados especialmente com a valorização de suas demandas e identificações raciais, sexuais, de gênero, pós-gênero e transgênero, que na contemporaneidade atualizam a luta pela inclusão social e democratização do acesso aos espaços e à vida cultural da cidade. Desse modo, vale salientar que há algumas diferenças entre as formas de ativismo mais tradicionais (que marcaram de forma emblemática, por exemplo, as últimas décadas do século XX) e as que vêm emergindo neste início de milênio (Herschmann e Fernandes, 2014).

Em geral, na atualidade, o ativismo não emerge com uma agenda claramente predefinida (estruturada e organizada), não há claras hierarquias (com porta-vozes de movimentos) e os atores parecem se pautar sobre demandas objetivas e concretas relacionadas ao "comum" (Hardt e Negri, 2009). Nesse sentido, Malini e Antoun (2013) salientam também que, em geral, o ativismo atual está caracterizado pelas dinâmicas e estratégias desenvolvidas em rede. Além disso, é preciso ressaltar que há no ativismo de hoje, em geral, uma dimensão estética e lúdica muito vigente. De certo modo, há muito presente entre os atores a aposta de que expressões artísticas são relevantes para se alcançar o engajamento político (no caso, a música se apresenta como uma força movente relevante e capaz de colaborar com a renovação do movimento negro). A esse respeito Szaniecki argumenta que nas intervenções do ativismo contemporâneo emprega-se a estética (e, inclusive, expressões artísticas) para mobilizar o público, para criar dispositivos expressivos mais dialógicos, discursos mais polifônicos e, assim, deslocamentos de sentidos (que promovem *détournements*) importantes para construção de estratégias de luta "biopolítica" (Szaniecki, 2007).

Considerando essas proposições, destacamos a polifonia dos eventos do *Black* Bom: os bailes são realizados como acontecimentos que congregam outras atividades (além dos concertos), tais como feiras de artesanato, pistas com DJ e oficinas de afroempreendedorismo.[22] O Baile *Black* Bom foi criado em 2013, e vem atraindo um público crescente a cada edição. A proposta é relembrar os antigos bailes de charme e de *black* dos anos de 1970, mesclando antigos sucessos com novos *hits* e remixes criados pelos DJs integrantes da banda. Outro viés do evento é articular *black music* e atividades culturais em um evento com ações para a valorização da cultura e identidade negra. Há também camelôs vendendo bebidas e alimentos a preços baixos. Tudo isso contribui para uma frequência mais variada na localidade (atraindo diferentes segmentos sociais), e nota-se tanto a presença muito maior de frequentadores de idades variadas, incluindo desde um público ocasional (de neófitos ou mesmo turistas) a integrantes tanto do movimento *hip hop* carioca quanto de antigos frequentadores dos bailes de charme e *black*. O baile também é realizado em um horário mais acessível, em uma região central da cidade, o que favorece também o deslocamento para trabalhadores e estudantes, a grande maioria usuária de transporte público.

No caso do Baile *Black* Bom, esse ativismo é enunciado não somente pela música, mas também pelo corpo vestido traduzido por uma "moda *black*" que ocupa as ruas imprimindo uma performatividade composta de elementos como música, iconografia visual, performances, roupas, estéticas e sistema de valores, transformando o espaço em lugar, em espaço de partilhas e intercâmbios de experiências sensíveis musicais. O sucesso desse baile tem sido tão grande nos últimos anos que o evento passou a ganhar mais espaço na mídia tradicional.

> Gente bonita, animação e muita música boa. Essa é a receita do Baile *Black* Bom, evento criado pela banda Consciência Tranquila [...] que faz muito sucesso na Pedra do Sal e no Largo da Prainha, no Centro do Rio [...]. A banda Consciência Tranquila promove uma viagem por vários gêneros musicais, com releitura de grandes sucessos da década de 1970 até os dias de hoje. Além do som, também acontece no mesmo local uma exposição de produtos da rede afro-empreendedores, com venda de camisetas e outros itens. O Centro de Articulação de Populações Marginalizadas distribui ainda *kits* de literatura sobre a temática negra[23].

Segundo os fundadores desse baile, a escolha do local está relacionada à relevância histórica do Centro da cidade para a história da cultura afro-brasileira.

> Inicialmente, o nosso grupo não imaginava atuar na rua, mas percebemos que isso poderia ser um caminho bacana. Assim, tivemos a ideia de retomar os bailes *black* históricos de rua. Acho que o fato de termos feito isso na Pedra do Sal, no Largo da Prainha e em outras localidades da Pequena África foi muito importante, pois ali foram vividos momentos muito importantes da cultura afro-brasileira [...]. Com este baile, buscamos fazer um evento cultural e político amplo, o mais completo possível, capaz de mobilizar e conscientizar socialmente as pessoas.[24]

A proposta dessa rede é não só promover uma ocupação do espaço público – a conscientização étnica –, mas também celebrar um estilo "afro-*black*" a partir do consumo musical de sucessos da *black music* brasileira e internacional. Aliás, essa ressignificação do espaço em um "lugar" – em "espaços afetivos", "espaços do acontecer solidário" (Santos, 2002) – redefine usos e gera valores de múltiplas naturezas, como culturais, antropológicos e socioeconômicos, a partir dos quais pressupõem-se múltiplas existências culturais. Os atores interagem entre si potencializando a criação de "outro lugar", de outro *ethos*, que engloba as diversidades vividas em seus cotidianos socioespaciais.

Os bailes *Black* podem ser compreendidos como resultado de estratégias de "reconversão cultural" (Yúdice, 1997). Adotada mediante um sistema marcado pela globalização econômica e mundialização cultural, a reconversão cultural possibilita que os sujeitos passem a desenvolver novas práticas, habilidades e linguagens para sua reinserção em novas condições de produção, de consumo e de sociabilidade. Nesse sentido, as ações que caracterizaram o fenômeno não podem ser interpretadas apenas como atos de "resistência". As nuances criativas e reconfigurações identitárias marcadas pelo consumo embasavam uma série de ações que apontavam para um potencial provocador, subversivo e contraditório das políticas culturais pautadas pelo seu "estilo de vida"[25], que atravessavam e recortavam fronteiras de classe e raça.

No caso do Baile *Black* Bom, há mescla dessa moda celebrizada nas décadas anteriores, considerada por eles *vintage*, com elementos de vestuário que chegam relacionados a outras referências culturais: assim, recorrentemente é possível ver os frequentadores com roupas e acessórios dos negros do Caribe (relacionados ao universo cultural do *reggae*, tais como: gorros, cabelos rastafári, batas etc.), com roupas que remetem ao mundo do samba (tais como o chapéu de palha e outras peças do vestuário da malandragem), bem como com grandes marcas esportivas e/ou camisas que rendem homenagem a grandes astros do basquete brasileiro e norte-americano, tradicionalmente usada pelos fãs do *hip hop*. Frequentemente, o público utiliza acessórios que remetem a símbolos diaspóricos emblemáticos do "Atlântico Negro" (Gilroy, 2001): assim é possível encontrar jovens com anéis, colares e brincos que fazem referência à cultura africana ou afro-brasileira. Uma das vendedoras ambulantes de artesanato entrevistadas chegou a nos contar, por exemplo, que estava muito satisfeita "porque o brinco com a forma do continente africano estava sendo muito vendido nas últimas semanas [...] a gente percebe que o afrofuturismo está realmente em alta junto ao público".[26]

Os frequentadores e produtores dos bailes *black* produziam respostas mediadas que combinavam criatividade e consumo para configurar seu estilo, dramatizando, performatizando e construindo uma linguagem própria que marcava seus cotidianos com um explícito gesto político e significativo. Os estilos, como práticas significantes e codificadas, são compostos de elementos como música, iconografia visual, performances, roupas, estéticas e sistema de valores. E se tornavam indícios de um significado e de uma identidade em disputa, simbolizando, ao mesmo tempo, uma recusa a estereótipos e visões homogeneizantes, e um desafio oblíquo a expressões culturais mais estabelecidas (Herschmann, 2000).

Vem se produzindo no âmbito do vestuário, danças, cortes de cabelo, na música e nos eventos de lazer todo um conjunto de retóricas do estilo *black* que estabelecem um diálogo, despido de padrões rígidos e perceptíveis, entre os processos alternativos de subjetivação e as condições de existência material. A cultura *black*, pautada pelo consumo de gêneros musicais, símbolos e objetos significativos, nunca foi um conjunto uniforme. Ela sempre foi recortada por diferenças étnicas, que não coincidem integralmente nem formam um todo homogêneo. Entretanto, vem dividindo um mesmo tipo de linguagem e de práticas significativas, manifestas no estilo, resposta mediada e codificada por transformações que estavam afetando essa "cena cultural" (Straw, 2006).[27]

As redes de fãs que frequentam esse tipo de baile gravitam em torno do consumo de gêneros musicais, símbolos e acessórios, mas nunca foram um conjunto uniforme. Elas sempre foram recortadas por diferenças étnico-raciais e sociais, que não coincidiam integralmente nem formavam um todo homogêneo, mas dividiam um mesmo tipo de linguagem e de práticas significativas, manifestas no "estilo de vida"

(Herschmann, 2000), uma espécie de resposta mediada e codificada por transformações que estavam afetando a cena *black* carioca.

Como se pode constatar na pesquisa realizada, o consumo musical e cultural assume nessa cena a função de uma experiência social e apropriação coletiva de objetos mundanos que ganham novo valor, estruturando relações de solidariedade e distinção alternativas. Todas essas estratégias que entrelaçavam estética, performance, linguagem, sonoridades e discursos eram formas de negociação de posições, acionando novas representações e utilizando práticas alternativas de consumo cultural que possibilitaram a construção de uma ação política da diferença, guiada por um viés estético na tentativa de transgredir fronteiras sociais.

Na construção de um estilo *black*, muitas vezes os "estereótipos" (Goffman, 2009) são acionados como estratégias de representação e formas de identificação que revelam tensões entre práticas constituídas e os novos anseios sociais. Novos estilos passaram a ser elaborados a partir de estereótipos, removendo sua fixidez e representando alteridades dinâmicas, que transformam sujeitos em objetos imaginários a partir da produção de imagens distintas que lhes permitem postular equivalências, semelhanças e identificações diferentes do que está posto. Os estilos facilitam a transmissão de informações e mensagens, elaborando dramatizações de linguagens em imagens complexas, favorecendo a expressão de novas realidades. O estilo, aqui, por meio do consumo, possibilita a exposição de agentes em transformação e indivíduos que atuam como "acumuladores de sensações" (Bauman, 1999, p. 91), o que revela uma estratégia de identificação a grupos sociais específicos. Em relação aos organizadores e públicos desse baile, nota-se um impulso distintivo, presente na construção de um "estilo afro", adotado em níveis diferentes e não sem tensões, por brancos e negros, que inclui roupas, acessórios, modos de dançar, gírias presentes na própria "performance do gosto musical" (Henion, 2010). O conjunto de performances (Taylor, 2013) materializa-se em uma espécie de consumo nostálgico, que pode ser compreendido como "um ato de subversão crítica a um presente tido como estagnado, sucateado e sem novidades".[28]

Uma das formas de dramatização do estilo *black* reside na apresentação dos cabelos. O penteado chamado, corriqueiramente, de "afro" ou "*black*", é um instrumento estético apropriado para a afirmação positiva de imagens simbólicas na afirmação do "ser negro", a partir de processos de autovalorização, representação e reconhecimento. O estilo de penteado *black power*, nesse contexto, seria aquele utilizado por ativistas negros sul-africanos, americanos e brasileiros nos anos de 1960 e 1970 (Gomes, 2006), acionado pelo movimento *Black Power* a partir de uma redefinição dos signos de beleza, na qual os penteados "afro" ("naturais") se tornariam uma forma de construção de autoestima e autoconhecimento.[29]

No que se refere à sonoridade, no Baile *Black* Bom, de modo geral, toca-se música negra propícia para dançar. Assim, é possível observar tanto durante os dois *sets* do show ao vivo do grupo quanto na música executada pelos DJs convidados (alguns, como DJ Flash, DJ Tammy e DJ Julio Rodrigues, estão frequentemente participando do Baile) que o repertório é bastante variado, e se toca músicas de artistas e bandas brasileiras (Jorge Ben Jor, Tim Maia, Sandra de Sá, Gerson King Combo, Wilson Simoninha, Racionais MC's, entre outros sempre lembrados) e estrangeiras (Aretha Franklin, Jackson Five, Marvin Gaye e James Brown são geralmente referenciados) associadas a gêneros musicais diversos, tais como *funk*, *hip hop*, discoteca, *soul*, *blues* e *reggae*. Esse repertório é dançado no Baile quase sempre de forma coletiva, quase todos que dançam realizam uma coreografia harmoniosa que envolve aqueles que "estão na pista".

Em função das parcerias com o poder público e a iniciativa privada, e o enfrentamento da crise na área cultural do país, passaram a ser realizadas com mais frequência edições itinerantes desse baile em outros pontos da cidade, em bairros da zona metropolitana do Rio. Aliás, a partir de 2016, com o aprofundamento da crise na área cultural e em razão especialmente da falta de apoio do poder público para a realização de eventos em espaços públicos da cidade, essa rede de coletivos que organiza o Baile *Black* Bom foi obrigada a repensar e a colocar em prática novas estratégias, visando a sobrevivência e continuidades das suas atividades. Assim, esses atores dão uma guinada e resolvem criar o IBB (Instituto *Black* Bom), que, segundo eles, tem o seguinte objetivo:

> O IBB nasce como desdobramento do movimento iniciado pelo Baile *Black* Bom em 2013, para atuar no desenvolvimento socioeconômico das comunidades negras e periféricas através da produção cultural com foco no mercado da economia criativa. [...] O IBB enxergou a oportunidade de reduzir o impacto das disparidades sociais, transformando o seu capital intelectual, valores simbólicos e a prática do fazer cultural, em novas formas de desenvolvimento social através da economia criativa, com foco na ascensão social da população negra envolvida em sua cadeia produtiva. Em 2017, sua sede se torna o primeiro *coworking* para empreendedores negros e periféricos do estado do Rio de Janeiro. Esse movimento surge pela necessidade de identificação do reconhecimento estético, e do empoderamento intelectual e econômico que proporciona a visibilidade do mercado criativo negro (página do IBB disponível no seguinte link: <https://www.facebook.com/InstitutoBlackBom>. Acesso em: 25 jan. 2022).

Realizando conversas informais e entrevistas com os atores (além do trabalho de campo) pode-se constatar uma alteração significativa nas "táticas e astúcias" (De Certeau, 1998) aplicadas, visando viabilizar e oferecer mais sustentabilidade a essas "práticas artivistas". É possível constatar que praticam um artivismo predominantemente étnico-racial, que articula arte, políticas afirmativas e economia solidária e criativa. Nesse sentido, o IBB sugere um novo perfil de artivismo que busca valorizar também sua faceta empreendedora (tão relevante para a população negra desassistida do país).[30][31] Inclusive, sobre esse deslocamento de um ativismo centrado no Baile para outro organizado em torno do Instituto, Sami Brasil faz alguns comentários muito relevantes:

O Baile *Black* Bom cresceu rapidamente, de uma maneira que a gente não conseguia mais fazer como a gente começou [...]. Pode-se dizer que 2014 e 2015 foi o auge do nosso movimento nas ruas [...] era um período que havia muito fomento público, tinha muito investimento na cultura, especialmente na nossa área de atuação, na Região Portuária. Na mesma época, a gente foi parar na TV aberta e ficou muito famoso e, finalmente, percebemos que não conseguíamos mais concretizar os eventos de forma espontânea e independente, sem nenhum tipo de apoio. Infelizmente, de 2017 para cá a gente se viu sem nenhum tipo de apoio do poder público. E foi justamente quando a gente teve a ideia de criar o Instituto *Black* Bom. Assim, com os recursos que a gente tinha guardado dos anos de bonança, alugamos um espaço quase na Lapa. Já que a gente não estava conseguindo concretizar os bailes de rua, tentamos de alguma forma juntar a nossa rede de pessoas muito engajadas, tentamos nos articular com a nossa rede de coletivos. O Instituto veio a se constituir em um espaço de convivência e de criação para além do Baile. Foi um período de supercrescimento, ao mesmo tempo muito difícil, de grana muito curta. Acho também que é na crise que a gente enxerga o nosso potencial de empreender, de superar qualquer crise [...]. Enquanto Instituto *Black* Bom buscamos a partir daquele momento criar um modelo de negócio alternativo, articulando música e a realização de feiras criativas. Ou seja, temos procurado associar a cultura popular com a economia criativa solidária [...] tentando ser mais empreendedores e com atividades de maior sustentabilidade. A gente – enquanto artistas – contribui trazendo o nosso público e, por sua vez, os expositores pagam ao Instituto *Black* Bom uma pequena taxa. Assim, temos conseguido manter razoavelmente essa estrutura.[31]

Ainda sobre as dificuldades em se manter no espaço público e próximos à região da Pequena África ela ainda faz outras considerações significativas:

> [...] Temos tentado não nos afastar da região da Pequena África – seguimos com um compromisso com aquela região, com toda a memória daquela localidade. Claro que estivemos buscando também alternativas, tentando garantir a sustentabilidade. Chegamos a ocupar durante alguns meses o Terreirão, realizando alguns eventos maravilhosos. Para que vocês tenham uma ideia: em dezembro trouxemos a Feira Preta de São Paulo, que foi um grande sucesso. Infelizmente, o Terreirão da Praça XI é um espaço enorme e muito caro. [...] A partir de 2019, demos outra guinada [...], assim foi um ano importante, pois foi quando conseguimos retornar à área da Pequena África, desenvolvendo parcerias com a iniciativa privada, que já está atuando lá. Participamos do Festival de Ativação Urbana, que vinha acontecendo na Região Portuária, engrenando em seguida o projeto *A rua é nossa*, direcionado à nossa rede como um todo. Portanto, a gente cada vez mais não fica preso só ao papel do artista ou só privilegiando apenas os interesses do nosso grupo. O Baile *Black* Bom é um dos grupos artísticos que participam dessa iniciativa mais ampla, focada não só em promover outros grupos musicais, mas também no afroempreendedorismo dos artesãos. Por conta da atuação do Instituto *Black* Bom, alguns ambulantes têm tido grande êxito: têm conseguido aumentar significativamente a sua clientela com esses eventos. Até a deflagração da pandemia do vírus da Covid-19, os eventos vinham acontecendo regularmente no Passeio Ernesto Nazareth, em um jardim maravilhoso. Foi uma pena o processo ser interrompido, pois estávamos conseguindo levar um público bem expressivo para lá, sempre abrindo espaço para outros grupos, tais como o Moça Prosa, Folia Carioca, Slam das Minas e até grupos musicais do exterior.[32]

Considerações finais

Como foi possível constatar ao longo deste artigo, o *Black* Bom – seja como baile ou instituto – insere-se em uma larga tradição de ocupação cultural que tem sido promovida por meio do agenciamento da música negra. Tal como ocorreu com as rodas de samba, bailes *funk* e batalhas de *hip hop*, o *Black* Bom vem enfrentando uma dinâmica ambígua (especialmente na cena midiática) que, por um lado, glamouriza e valoriza em alguns momentos a atuação desses atores; e, por outro, produz narrativas e práticas que dificultam a realização de suas atividades. Nesse sentido, o *Black* Bom é mais um estudo de caso que sugere a atuação resiliente e polinizadora da música negra na cidade do Rio. Ao mesmo tempo, essas práticas artivistas étnico-raciais – que articulam música e economia solidária e criativa – diferem-se das práticas engajadas que marcaram o século XX, colocando em cena uma agenda política mais ampla e difusa que envolve uma interseccionalidade dos tópicos raciais com as questões de (pós)gênero e a cultura *queer* (Fernandes e Herschmann, 2020). Nesse sentido, pode-se afirmar que esse artivismo do *Black* Bom está inserido em uma tendência das lutas multidinárias e identitárias das minorias, cada vez mais presentes no mundo atual, caracterizadas pelas: polarizações entre inúmeros segmentos sociais, desequilíbrios socioeconômicos e ambientais e, finalmente, precarização excessiva da vida social.

Notas

[1] Apesar de compactuar com as críticas feitas a esse tipo de noção, adota-se e considera-se aqui como música negra aqueles gêneros musicais não só reconhecidos pelos atores como categoria nativa (em geral utilizado em contraste com a música dos brancos), mas também aqueles ritmos identificados frequentemente com os processos históricos diaspóricos analisados por Gilroy (2001) em seu livro seminal intitulado *O Atlântico Negro*.

[2] É uma metrópole que reúne historicamente muitos artistas de diferentes regiões do Brasil, mas também é uma cidade que tem certas características geográficas relevantes. Diferentes da maioria das cidades do país, que são voltadas para a circulação rodoviária, essa metrópole tem um traçado em várias localidades e bairros que encoraja o tráfego de pedestres e uma dinâmica de trocas

informais entre os habitantes da cidade, além de possuir um clima agradável e propício para a realização de atividades ao ar livre durante a maior parte do ano. Assim, é possível constatar que nessa urbe – que reúne uma quantidade expressiva de músicos – terminou por se desenvolver uma potente cultura da música de rua, a qual se expressa especialmente por shows, festas e rodas musicais, que ocupam essa cidade, com mais ou menos liberdade, desde o início do século XX (Herschmann e Fernandes, 2014).

[3] Vale sublinhar que – ainda que orientados e produzindo sentimentos de pertencimento e de identificação associados a esses grupos étnico-raciais (afro-brasileiros) – esses eventos vêm acolhendo recorrentemente segmentos sociais variados interessados nesse tipo de música.

[4] Não se trata aqui de construir uma interpretação dicotômica da presença da cultura negra na vida social dessa cidade. Ao contrário, busca-se justamente enfatizar a complexidade que sobrepõe processos de marginalização e glamourização desses universos culturais (e, consequentemente, seus participantes diretos e indiretos). Por exemplo, Vianna (1999) e Herschmann (2000) ao analisarem a trajetória do samba e do *funk* respectivamente salientam que esses gêneros vêm se posicionando de forma ambígua nas bordas e fora do mainstream musical (o que não quer dizer que esporadicamente esse tipo de produção cultural não possa alcançar sucesso, isto é, produzir grande mobilização social e repercussão no mercado). Assim, ao mesmo tempo que o *establishment* oferece visibilidade e oportunidades no mercado, também persegue e critica os atores que integram essas cenas musicais.

[5] O conceito de resiliência é apropriado do âmbito da Psicologia e das ciências da Saúde. Emprega-se o termo aqui como uma forma de sublinhar a capacidade dos atores em se adaptar diante das adversidades da vida urbana contemporânea – por meio de táticas e astúcias –, conseguindo assim dar vazão e continuidade a interesses, hábitos e práticas no cotidiano (Taboada *et al*., 2006).

[6] A noção de polinização cunhada pelo economista Moulier-Boutang (2010) inspirou também algumas das reflexões desenvolvidas aqui. Esse autor identifica nesta prática interdependente diária das redes sociais esse tipo de trabalho que, como o das abelhas, não é reconhecido, mas é vital para o funcionamento do capitalismo contemporâneo. Como sabemos, a contribuição desses insetos para a polinização da biosfera é inestimável porque é crucial para a existência de vida no planeta. Da mesma forma, o poder das externalidades positivas produzidas pelas redes sociais é fundamental para a economia mundial: é aqui que grande parte da riqueza é explorada hoje, como evidenciado pelo desempenho dos grandes conglomerados de comunicação e entretenimento. Para seguir-se centrado no universo da música: pode-se dar o exemplo do Carnaval de rua do Rio de Janeiro, que é um dos principais festivais populares do país e envolve em média 5,5 milhões de pessoas todos os anos, além de estar baseado no ativismo da cultura de rua daquela cidade. O estado, à semelhança das grandes empresas contemporâneas globalizadas, apropria-se das externalidades produzidas pelas redes musicais locais ao longo do ano (Herschmann e Fernandes, 2021).

[7] Busca-se aqui enfatizar as várias facetas da vida urbana presentes no espaço do Rio de Janeiro, especialmente aquelas minoritárias, mas relevantes socialmente. Muitas vezes os grupos que promovem eventos de música negra que ocupam o espaço público são rotulados como tendo condutas marginais, clandestinas ou desviantes (Hobsbawm, 1975; Becker, 2008), pois apesar das normas, regulamentações e políticas públicas estabelecidas (e repressivas), seguem realizando certas práticas culturais (mesmo sem os alvarás concedidos pela prefeitura).

[8] Emprega-se a noção de heterotopias não exatamente no sentido foucaultiano – como conjunto de práticas, na maioria das vezes, a serviço do biopoder (Foucault, 2013) – e mais no sentido

utilizado por Lefebvre (2004) como iniciativas potentes, capazes de produzir linhas de fuga (Deleuze e Guattari, 1995).

[9] Quando o pesquisador-cartógrafo-formiga (que emprega a Teoria Ator-Rede) segue os atores, isto é, persegue aquilo que ainda não está estabilizado, ou seja, o que não é ainda propriamente consensual, eventualmente consegue abrir algumas caixas-pretas em diferentes contextos. Busca-se realizar aqui uma cartografia das controvérsias – na medida em que esses são fenômenos ricos a serem observados na vida coletiva – explorando temáticas não consensuais, já estabilizadas socialmente. Mais detalhes ver: Lemos, 2013.

[10] Para Rancière (2009), a estética revelaria a presença de mundos dissensuais dentro de mundos consensuais, evidenciando as tensões que constituem a política como forma de experiência. Assim, a estética como base da política só se dá a ver porque o político sempre está presente em questões ligadas a divisões e fronteiras, a uma partilha (que envolve, ao mesmo tempo, divisão e compartilhamento) da realidade social em formas discursivas de percepção que impõem limites à comunicabilidade da experiência daqueles que têm sua palavra excluída das formas autorizadas de discurso. Parte-se do pressuposto neste artigo de que as experiências coletivas produzidas nos eventos de música negra promoveriam valores, códigos sociais e visões de mundo (éticas), fundando comunidades de partilha. Como salienta Marques, reavaliando alguns dos conceitos cunhados por Rancière: "a comunidade de partilha seria para o autor uma comunidade de experimentação e de tentativas de fazer com que realidades antes não imaginadas ou não associadas ao que é tido como 'comum' passem a aparecer e a serem percebidas, mas sem serem incorporadas, subsumidas, transfiguradas ou normalizadas" (Marques, 2011).

[11] Muitos especialistas em samba assinalam que as rodas locais seguem se instalando de modo geral em espaços públicos ou em outros nos quais é difícil precisar se são privados ou não. Quando analisamos as rodas seminais de grande popularidade que eram realizadas nas casas das tias ou mesmo aquelas que vêm ocupando hoje os bares e restaurantes dessa urbe, contatamos que em geral a maioria desses eventos – de ontem e hoje – invade as calçadas, praças e becos, dificultando que se possa afirmar claramente onde começam as fronteiras do privado e do público. O que parece caracterizar esses encontros musicais é principalmente a ideia de fluxo e de uma circulação intensa dos atores nesses espaços (Moura, 2004; Sodré, 1998).

[12] No começo do século XXI, a Secretaria Municipal de Cultura do Rio chegou: a) a apoiar reuniões sistemáticas com lideranças do mundo *funk* carioca; b) a instituir editais públicos destinados a apoiar essas iniciativas culturais; c) a dar início ao processo de valorização do *funk* carioca como patrimônio imaterial local (Laigner, 2013).

[13] Mesmo com a proibição dos bailes, o *funk* tem alcançado a condição de modismo entre os jovens no século XXI. O grande êxito – a) seja do *funk melody*, *funk* ostentação e funknejo; b) a grande circulação dos vídeos de dança do Passinho; c) presença de artistas em eventos da grande mídia e em megafestivais; d) ou ainda de canais de YouTube como Kondzilla – são fortes indicativos disso (Sá e Cunha, 2014).

[14] No âmbito dessas conquistas e processo de legitimação poderiam-se mencionar: a) a institucionalização de uma semana comemorativa dedicada não de forma exclusiva ao *hip hop* (como manifestação cultural que integra o Circuito Carioca de Ritmo e Poesia) realizada anualmente entre os dias 25 a 31 de março; b) o reconhecimento das manifestações associadas a esse gênero musical como parte dos patrimônios imateriais do estado do Rio de Janeiro; c) e a inclusão de diversas rodas de *hip hop* (que celebram batalhas de *freestyle*) como parte integrante e relevante do CCRP.

Ou seja, o *hip hop* alcançou algum reconhecimento institucional local por conta de uma aliança construída com o poder público municipal, através de um trabalho de mediação feito pelo CCRP (que acolheu as rodas *hip hop*). É importante salientar que o CCRP é um projeto que tem como objetivo "ocupar as ruas por meio da promoção do encontro de artistas sem reconhecimento da mídia e outras instâncias de legitimação", como é o caso do *hip hop*. O CCRP (que acolhe também iniciativas de *poetry slam*, rodas de rima, artes visuais, teatro etc.) vem adquirindo envergadura e está funcionando há alguns anos como uma instância de negociação dos artistas que atuam na rua com o poder público, isto é, a partir dessa iniciativa se conseguiu algum reconhecimento por parte da Secretaria Municipal de Cultura (de que as rodas culturais que congregam esses artistas têm relevância e legitimidade para o setor cultural). Assim, inúmeras rodas (inclusive as de *hip hop*) – que se cadastraram no CCRP e na SMC – passaram a conseguir as autorizações para a sua realização (Cura, 2019).

[15] O Plano Estratégico 2009-2012 da cidade do Rio de Janeiro deixa clara a importância da cultura na reestruturação urbana e no preparo do ambiente para os megaeventos internacionais. O documento estabelece como principal diretriz para orientação das políticas culturais: "o fortalecimento da metrópole do Rio de Janeiro como referência cultural do país através da revitalização patrimonial, requalificação urbana e promoção da diversidade". Disponível em: <http://www.rio.rj.gov.br/dls-tatic/10112/6616925/4178940/planejamento_estrategico_site_01.pdf>. Acesso em: 1º out. 2019.

[16] Cresce de forma significativa o número de críticos que indagam se não deveria haver uma maior coordenação por parte do estado da agenda cultural da cidade (em diversos âmbitos): de modo que se apoiasse e promovesse uma maior integração e sinergia entre os micro e megaeventos realizados na cidade do Rio de Janeiro, levando-se em consideração a vida cultural já existente no cotidiano (Jennings *et al.*, 2014).

[17] A proposta de se colocar "à deriva" não é aleatória, mas corresponde a uma posição de estratégia metodológica conscientemente adotada pelos pesquisadores no intuito de entender a cidade como um espaço dinâmico que se atualiza cotidianamente a partir das interações inteligíveis e sensíveis. Desse modo, a deriva apresenta-se como uma abordagem não linear (Jacques, 2012), que permite compreender, na configuração comunicativa da cidade, múltiplos fenômenos de identificação sociocultural. Assim, propõem-se aqui observar as interações da cidade não somente como um aparato programado e planejado pelos urbanistas, mas como um espaço de comunicabilidades dinâmicas que se dobram e desdobram infinitamente, construindo múltiplos espaços comunicantes onde se produzem articulações e tensões sociais.

[18] Essa localidade ocupa um lugar especial na mitologia do samba: seus bares eram locais de encontro de músicos importantes, tais como Donga, João da Bahiana e Pixinguinha, entre outros (mais detalhes ver: Moura, 2004).

[19] Cabe ressaltar que o mundo da *black music* das últimas quatro décadas, seja no Brasil, seja em boa parte dos países do mundo globalizado, é compreendido como abrangendo o universo do *soul*, *blues*, discoteca, *funk*, *reggae* e *hip hop*. Para mais detalhes sobre a diversidade musical e cultural contida no rótulo "guarda-chuva" da música *black* conferir Dapieve, 2008.

[20] Neste artigo não haverá condições de apresentar detalhadamente os resultados socioeconômicos (e culturais) que vêm sendo alcançados pela música de rua na cidade do Rio de Janeiro. Para mais informações a esse respeito, ver a produção científica recente dos autores, em especial: Fernandes, 2011; Herschmann, 2007 e 2012.

[21] Deixam-se aqui registrados os agradecimentos pelo apoio no desenvolvimento da pesquisa que subsidiou este trabalho: não só aos nossos assistentes de pesquisa, mas também ao CNPq, Capes e à FAPERJ.

[22] Seja como baile ou instituto, o *Black* Bom, ao longo de sua trajetória, vem oferecendo com certa regularidade atividades de capacitação para DJ, artesanato, cabelereiro, moda, entre outras atividades.

[23] Cf. Depois do sucesso no Centro do Rio, Baile *Black* Bom chega ao Sesc Nova Iguaçu. *In: O Globo* (Caderno de Cultura), 05 fev. 2014. Disponível em: <http://oglobo.globo.com/cultura/revista-da-tv/depois-do-sucesso-no-centro-do-rio-baile-black-bom-chega-ao-sesc-nova-iguacu-12297911>. Acesso em: 25 jan. 2022.

[24] Depoimento de Antônio Consciência, vocalista desse grupo e um dos fundadores do *Black* Bom, concedida à pesquisa no dia 10 de maio de 2013.

[25] Para Herschmann, viveríamos hoje sob a égide de uma "política do estilo", isto é, que a partir do estilo construiríamos marcas de distinção, identidades, um "lugar" no mundo. O autor identifica na adoção recorrente de estilos na sociedade contemporânea uma forma de expressão política. Para ele, em certo sentido, o estilo seria o idioma do mundo das aparências densas (de gestão da visibilidade) em que vivemos (Herschmann, 2000; Herschmann, 2005).

[26] Depoimento concedido pela artesã ambulante Katucha Costa à pesquisa no dia 17 de maio de 2013.

[27] Foi frequentando esses espaços dos bailes que o público carioca ajudou a consolidar e a atualizar um estilo de se vestir e um código comportamental que mesclavam as várias informações visuais que recebiam de revistas, filmes, programas de TV e capas de discos. Essa busca por uma diferenciação a partir da escolha de determinados itens do vestuário (como sapatos de plataforma ou bicolores, calças boca de sino) e a utilização do cabelo natural, inspirado no visual dos integrantes do movimento negro norte-americano, demarcavam uma tentativa de incorporação de uma estética internacional por parte dos jovens frequentadores dos bailes, em sua maioria oriundos dos segmentos sociais menos privilegiados da população, mas conectados a uma cultura cada vez mais globalizada (à medida que se aproximou a virada para o século XXI). Evidentemente, hoje as informações chegam através das novas tecnologias (dispositivos móveis, MP3, MP4, sites de redes sociais na internet) e os bailes passam a se constituir em um momento importante para a realização de uma experiência coletiva e catártica de atualização da cultura *black* local.

[28] Depoimento concedido à pesquisa por João B. Silva, de 22 anos, frequentador deste baile, no dia 12 de abril de 2015.

[29] Como referências culturais, o corpo e o cabelo podem ser tomados como expressões visíveis da alocação dos sujeitos nos diferentes estratos sociais (Gomes, 2006). O cabelo, então, passa a ser compreendido como um indício marcante de procedência étnica e um dos principais elementos biotipológicos na constituição individual no interior das culturas, carregando consigo um "banco de símbolos" (Sansone, 2004), que diz respeito a um complexo sistema de linguagem. No caso, o cabelo "afro", e outros tipos de penteado – como rastafári e *dread* –, assumem para o africano e os afrodescendentes a importância de "resgatar" (pela estética) memórias ancestrais, memórias próximas, familiares e cotidianas, como sinais diacríticos corporificados que remetem à ascendência africana, numa identificação visual e comportamental associada a atitudes de ações de reação, resistência e denúncia contra o preconceito (Gomes, 2006, p. 128). Ao mesmo tempo, a despeito

216

de toda a carga simbólica e ideológica depositada sobre o cabelo negro, entendemos que o cabelo em si assume um papel decisivo sobre configurações identitárias variadas, para além da aparência. Considera-se aqui o cabelo em sintonia ao que propõe Mercer: "como parte das diferentes formas de aparência cotidiana. Isto é, as formas como moldamos e estilizamos o cabelo podem ser vistas tanto como expressões individuais do *self* quanto como corporificações das normas, das convenções e das expectativas da sociedade" (Mercer, 1987, p. 34).

[30] Desde que foi criado em 2017, o IBB buscou ser um espaço de dinamização desta rede de artistas e empreendedores. Durante o período em que teve sede física – entre 2017 e 2019 – o Instituto *Black* Bom funcionou inclusive como um espaço colaborativo e de apoio a diversas iniciativas.

[31] Depoimento concedido à pesquisa por Sami Brasil, uma das fundadoras do Instituto *Black* Bom, em 29 de abril de 2020.

[32] Idem.

Referências

BAUMAN, Zygmunt. *Globalização*. Rio de Janeiro: Jorge Zahar, 1999.

BECKER, Howard. *Outsiders*. Rio de Janeiro: Jorge Zahar, 2008.

CURA, Tayanne. *Minas de Batalha*: feminismo(s) em rodas de ritmo e poesia. 2019. Dissertação (Mestrado em Comunicação) – Escola de Comunicação, Universidade Federal do Rio de Janeiro, Rio de Janeiro, 2019.

DAPIEVE, Arthur. *Black Music*. Rio de Janeiro: Objetiva, 2008.

DE CERTEAU, Michel. *A invenção do cotidiano*. Petrópolis: Vozes, 1998.

DELEUZE, Gilles; GUATTARI, Félix. *Mil Platôs*. São Paulo: Editora 34, 1995.

DENORA, Tia. *Music and Everyday Life*. Cambridge: Cambridge University Press, 2000.

FERNANDES, Cíntia S. Música e sociabilidade: o samba e choro nas ruas-galerias do Centro do Rio de Janeiro. *In*: HERSCHMANN, Micael (org.) *Nas bordas e fora do mainstream*. São Paulo: Editora Estação das Letras e das Cores, 2011.

FERNANDES, Cíntia S.; HERSCHMANN, Micael. Músicas, sons e dissensos. *Matrizes*. São Paulo, v. 14, n. 2, pp. 163 - 179, 2020.

FERNANDES, Cíntia S., LA ROCCA, Fabio; BARROSO, Flávia M. Beco das Artes: Festas, imaginários e ambiências subversivas na cidade do Rio de Janeiro. *Eco-Pós* – Revista do PPGCOM da UFRJ, Rio de Janeiro, v. 22, n. 3, pp. 140 - 165, 2019b.

FERNANDES, Cíntia S.; BARROSO, Flávia M.; BELART, Victor. Cidade Ambulante. *Revista Mediação*. Rio de Janeiro, v. 22, n. 29, 2019a.

FOUCAULT, Michel. *O corpo utópico, as heterotopias*. São Paulo: N-1 Edições, 2013.

GILROY, Paul. *O Atlântico negro*. São Paulo: Editora 34, 2001.

GOFFMAN, Erving. *A representação do eu na vida cotidiana*. Petrópolis: Editora Vozes, 2009.

GOMES, Nilma L. *Sem perder a raiz*: corpo e cabelo como símbolos da identidade negra. Belo Horizonte: Autêntica Editora, 2006.

HARDT, Michael; NEGRI, Antonio. *Commonwealth*. Massachusetts: Harvard University Press, 2009.

HENNION, Antoine. Gustos musicales: de una sociología de la mediación a una pragmática del gusto. *Comunicar*. Huelva: Grupo Comunicar Ediciones, v. 17, n. 34, pp. 25 - 33, 2010.

HERSCHMANN, Micael. *O funk e o hip hop invadem a cena*. Rio de Janeiro: Ed. UFRJ, 2000.

HERSCHMANN, Micael. Espetacularização e alta visibilidade. *In*: FREIRE FILHO, João; HERSCHMANN, Micael (org.). *Comunicação, cultura e consumo*. Rio de Janeiro: Editora E-Papers, 2005.

HERSCHMANN, Micael. *Lapa, cidade da música*. Rio de Janeiro: Mauad X, 2007.

HERSCHMANN, Micael (org.) *Nas bordas e fora do mainstream*. São Paulo: Editora Estação das Letras e das Cores, 2011.

HERSCHMANN, Micael; FERNANDES, Cíntia S. Resiliência e polinização da música negra nos espaços urbanos do Rio de Janeiro. *Galáxia* – Revista do Programa de Pós-Graduação em Comunicação e Semiótica da PUC-SP, São Paulo, 2021.

HERSCHMANN, Micael; FERNANDES, Cíntia S. *Música nas ruas do Rio de Janeiro*. São Paulo: Intercom, 2014.

HOBSBAWM, Eric. *Bandidos*. São Paulo: Forense Universitária, 1975.

JACQUES, Paola B. *Elogio aos errantes*. Salvador: Edufba, 2012.

JENNINGS, Andrew *et al.* (org.). *Brasil em jogo*. São Paulo: Boitempo, 2014.

LAIGNIER, Pablo. *Do funk fluminense ao funk nacional*: o grito comunicacional de favelas e subúrbios do Rio de Janeiro. 2013. Tese (Doutorado em Comunicação) – Escola de Comunicação, Universidade Federal do Rio de Janeiro, Rio de Janeiro, 2013.

LATOUR, Bruno. *Reagregando o social*. Salvador: Edufba, 2012.

LEFEBVRE, Henri. *A Revolução Urbana*. Belo Horizonte: Ed. UFMG, 2004.

LEMOS, André. *Comunicação das Coisas*. São Paulo: Annablume, 2013.

MALINI, Fábio; ANTOUN, Henrique. *A internet e a rua*. Porto Alegre: Sulina, 2013.

MARQUES, Ângela. Comunicação, estética e política. *Galáxia* – Revista do Programa de Pós-Graduação em Comunicação e Semiótica da PUC-SP, São Paulo, n. 22, 2011.

MERCER, Kobena. Black hair/style politics. *New Formations*. Londres: Lawrence & Wishart, n. 3, 1987.

MERLEAU-PONTY, Maurice. *O olho e o espírito*. São Paulo: Cosac Naify, 2004.

MOULIER-BOUTANG, Yann. *L'abeille et l'économiste*. Paris: Carnets Nord, 2010.

MOURA, Roberto. *No princípio, era a roda*: Um estudo sobre samba, partido-alto e outros pagodes. Rio de Janeiro: Rocco, 2004.

PRECIADO, Paul B. *Testo Junkie*. São Paulo: N1-Edições, 2018.

RANCIÈRE, Jacques. *A partilha do sensível*. São Paulo: Editora 34, 2009.

RANCIÈRE, Jacques. *O desentendimento*. São Paulo: Editora 34, 1996.

SÁ, Simone P. de; CUNHA, Simone E. Controvérsias do funk no YouTube. *Eco-Pós* – Revista do PPGCOM da UFRJ, Rio de Janeiro, v. 17, n. 3, 2014.

SANSONE, Livio. *Negritude sem etnicidade*. Salvador: Edufba, 2004.

SANTOS, Milton. *A natureza do espaço*. São Paulo: Edusp, 2002.

SCHAFER, Raymond Murray. *The new soundscape*. Vancouver: Don Mills, 1969.

SILVA, Rômulo V. *Flows & views*: batalhas de rimas, batalhas de YouTube, cyphers e o rap brasileiro na cultura digital. 2019. Dissertação (Mestrado em Comunicação) – Instituto de Artes e Comunicação Social, Universidade Federal Fluminense, 2019.

SODRÉ, Muniz. *Samba, o dono do corpo*. Rio de Janeiro: Mauad, 1998.

STRAW, Will. Scenes and Sensibilities. *In*: *E-Compós*, Brasília, n. 6, 2006.

SZANIECKI, Barbara. *Estética da multidão*. Rio de Janeiro: Civilização Brasileira, 2007.

TABOADA, Nina *et al*. Resiliência. *Journal of Human Growth and Development*. Marília, v. 16, n. 3, pp. 104 - 113, 2006.

TAYLOR, Diana. *O arquivo e o repertório*. Belo Horizonte: Ed. UFMG, 2013.

VIANNA, Hermano. *O mistério do samba*. Rio de Janeiro: Jorge Zahar, 1999.

YÚDICE, George. A funkificação do Rio. *In*: HERSCHMANN, Micael (org.). *Abalando os anos 90*. Rio de Janeiro: Rocco, 1997.

Os desacordes do fado e do folclore na modernidade tardia. Um trajeto pelos artivismos musicais do Fado Bicha e de Filipe Sambado

Paula Guerra

Silêncio, que se vai cantar Fado Bicha e Filipe Sambado!

Ao examinar o que nos refere Hart (2015), conseguimos identificar um paralelismo com os estudos e as práticas artísticas *queer* na exata medida em que podemos entendê-las como uma forma de romper as fronteiras da complexidade da vida social e simultaneamente um meio de libertação face às grilhetas societais[1]. O mesmo autor expõe que frequentemente o *status* de *queer* se antepõe à forma como os indivíduos se pensam e são pensados pelos outros: neste caso ouvidos e/sentidos. Para a elaboração deste texto, socorremo-nos de dois casos artísticos *queer* modelares da cena musical portuguesa: os Fado Bicha[2] e o Filipe Sambado[3]. Os Fado Bicha destacam-se pela sua produção fadística disruptiva no sentido em que é consubstanciada numa crítica contundente a uma sociedade portuguesa bastante preconceituosa perante a comunidade LGBTQIA+. Filipe Sambado, por seu lado, ao assumir uma identidade *queer*, afirma-se no seio da indústria musical portuguesa pelas apropriações artísticas e estéticas que faz de gêneros de música tradicionais portugueses – o folclore e a música de baile. Em ambos os projetos, o termo *queer* pode operar como um *guarda-chuva* para descrever todos aqueles que se encontram dentro do espectro não normativo ao nível das identidades e das experiências de gênero. Deste modo, com a escrita deste artigo, espigamos uma análise exploratória de índole qualitativa aos

221

conteúdos das letras e das performances videográficas dos Fado Bicha e Filipe Sambado, tendo como bússola a perspectivação de que forma a assunção de identidades *queer* tem vindo a reconfigurar o campo da *pop-music* portuguesa através da própria hibridização do(s) gênero(s) musical (ais) aí contidos, assim como tem contribuído para a emergência de artivismos musicais, estéticos e artísticos de tendência disruptiva e contra-hegemônica.

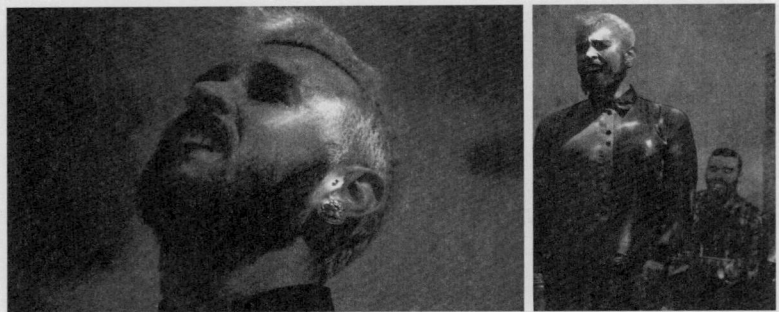

Figuras 1 Os Fado Bicha em 2018

Fonte: https://divergente.pt/fado-bicha/. Creative Commons License 3.0.

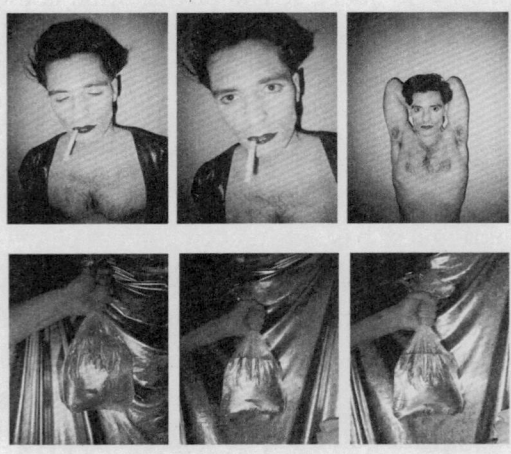

Figuras 2 Filipe Sambado em 2016

Fonte: https://www.vogue.pt/sambadomania. Creative Commons Licence 3.0

Inquietações queer

Os estudos *queer* têm sido uma temática de crescente interesse, quer no Norte quer no Sul globais, em termos teóricos e empíricos (Sormmer, 2020). Na verdade, estes estudos têm-se arrogado como um ensaio de definição do termo *queer* da forma mais penetrante possível, apesar de tal tarefa ser quase inexequível. Por um lado, é quase impossível dar conta de todas as mudanças sociais que ocorrem de forma incessante e, por outro lado, o próprio contexto geográfico também possui profundas influências, bem como determina as definições desse mesmo conceito. De forma inicial, podemos avançar com os contributos de Griffney (2009), sendo este autor determinante para que possamos enquadrar – ainda que previamente – os Fado Bicha e Filipe Sambado na sociedade e na indústria musical portuguesas contemporâneas. Assim, segundo este autor, o termo *queer* surge como um meio para tentar descrever tudo aquilo que é estranho, não normativo e também não concertante, sendo o mesmo amplamente utilizado para caracterizar um rompimento com as assunções e expectativas normativas dominantes. Já Wolfreys (2004) advoga que o conceito permite narrar posturas críticas e contestatárias, mormente no que aos limites normativos se refere. O conceito *queer*, para os nossos dois casos de estudo, advém de uma necessidade de busca de novos entendimentos face à concetualização do *self*, ou seja, ao serem do sexo masculino e utilizarem roupas atribuídas unilateralmente ao sexo feminino e ao utilizarem a música como uma forma de contestação, estes artistas acabam por se oporem à hegemonia. Na senda de Butler (1999), o conceito caracteriza-se por acionar um mecanismo mental capaz de identificar e balizar os elementos/processos opressores e castradores das identidades individuais.

Agora, pretendemos assinalar que o conceito *queer*, no contexto português e nos casos concretos do Fado Bicha e de Filipe Sambado, expressa uma identidade que é histórica e socialmente construída: que pressupõe uma resistência à normatividade, estando-lhe ínsita uma atitude de resistência face a uma identidade socialmente imposta e construída.

Nesse sentido, questões como a representatividade similarmente assumem-se como decisivas, sendo esta representatividade inerente ao fado e ao folclore. Tanto os Fado Bicha como Filipe Sambado patenteiam de que forma a música popular contemporânea pode ser tida como palco de reconfiguração de gêneros e subgêneros musicais; e outrossim, e simultaneamente, ser matéria e objeto de intervenção social, dando origem a espaços de denúncia e de contestação, mas igualmente de protesto e de afirmação pessoal e coletiva como modalidades/formas de artivismo (Guerra, 2020).

Heteromanias no fado e no folclore

Para perspectivarmos fenômenos sociais como as desigualdades de gênero, torna-se necessário que pensemos sobre os sistemas de práticas sociais que categorizam de forma sistemática e ritualística os homens e as mulheres como diferentes (Berkers & Schaap, 2018). Além disso, esse sistema de práticas não só categoriza homens e mulheres, mas também a indivíduos de gênero não binário como uma espécie de "superestrutura" guia da ação e dos universos de sentido. Inclusivamente, se nos focarmos somente no campo artístico-musical, aferimos que estas desigualdades são tão mais evidentes, aspecto esse que tem sido academicamente enfatizado desde a década de 1980 em países anglo-saxónicos, e mais recentemente no contexto português, contexto esse que é dotado de uma forte ideologia ditatorial de gênero (Guerra, 2020). Assim, torna-se possível aferir que não apenas as mulheres são sub-representadas como artistas no âmago da indústria musical, como também os indivíduos *queer* e indivíduos de gênero não binário (Strong & Cannizzo, 2017; Galloway & Sannicandro, 2019).

Pensando no caso concreto do fado – gênero musical adotado pelo Fado Bicha – verificamos que nos encontramos perante um gênero musical profundamente tradicional que, durante um largo período de tempo, foi o símbolo da ditadura personificada por António de Oliveira Salazar. Paradoxalmente, o fado que é cantado e composto pelos Fado

Bicha fundamenta-se em uma lógica de resistência (Guerra, 2021a) e de oposição à heteronormatividade (Butler, 1999). Além do mais, o fado, em termos históricos, tem estado associado a uma dinâmica de (re)produção da dominação masculina, heterossexual e patriarcal, em que mulheres e indivíduos de gênero não binário eram excluídos desse gênero musical. Os Fado Bicha, desta feita, ao cruzarem e reapropriarem-se de um gênero musical como o fado, acabam por evidenciar novas formas de construção de gênero (McRobbie, 2009; Berkers & Schaap, 2018). Na verdade, tal reapropriação não se resigna apenas ao fado, mas também à *popular music* como um todo. Além do fado, também importa estabelecermos alguns apontamentos considerativos face ao folclore, um dos gêneros musicais reapropriados por parte de Filipe Sambado. Apoiando-nos em Vasconcelos (2001), constatamos que este gênero é usado como uma espécie de sinônimo do conceito de cultura popular. Ligadas ao folclore, estão práticas como a participação em ranchos folclóricos, o desfile de trajes tradicionais – estando aqui inerentes elementos como lenços na cabeça, saias rodadas com várias camadas, socas e colares e brincos de ouro – e a dança a pares, entre homens e mulheres. Consentaneamente, as canções e as performances dos Fado Bicha e de Filipe Sambado, na nossa ótica, vão ao encontro de um questionamento das visões hegemônicas socialmente aceitas e impostas (Guerra, 2021a), isto é, questionam a premissa de que o fado, o *pop* ou o folclore são gêneros musicais criados e produzidos com o intuito de deleitarem homens ou mulheres heterossexuais (Wray, 2003). Estes artistas acabam por realçar uma transformação das identidades, bem como dos gostos musicais, no sentido em que o homem – nas suas produções – se afirma como objeto e sujeito de uma narrativa (Sharp & Nilan, 2015).

Então, avançando já um pouco com aquelas que serão algumas das nossas pistas conclusivas, podemos adiantar que quer o Fado Bicha quer Filipe Sambado se inscrevem num campo de inovação, isto é, constituem novas formas de "fazer" gênero (inclusivamente musical), dentro de espaços masculinizados dentro da indústria musical, dentro do fado, dentro do folclore e dentro da *popular music*. São, antes de tudo, uma consciencialização pragmática que "faz" provir novas identidades *queer*: identidades que se diferem e se destacam pela resistência e pela subversão, pelo choque e pela oposição. Também de notar que essa consciencialização pragmática não se faz apenas sentir nas músicas e nas produções musicais, mas também (e principalmente) nas suas performances e nos seus videoclipes, acabando por emergir processos contínuos de construção de espaços/cenas/lugares alternativos de luta face à marginalidade e à estigmatização que a sexualidade normativa confina tudo o que a transcende. Mesmo no caso de Filipe Sambado, e apesar deste utilizar estéticas femininas nas suas práticas artísticas e no seu quotidiano, o mesmo encontra-se numa relação heterossexual, o que também demonstra essa transcedentalização do que implica uma sexualidade normativa. Como Sambado defendeu em entrevista recente: "[temos de pensar em] novas famílias [...]. Tem de haver um amor comunitário. O sistema em que vivemos circunstanciou-nos. Construímos lares com "amigxs, às vezes desconhecidxs". A família nuclear é uma espécie em vias de extinção. As tradições têm origens e práticas, confusas e obsoletas. As lutas, as agendas e os programas querem-se interseccionais, aliados e por isso em comunidade. Precisamos uns dos outros mais do que nunca. Criar novos laços. Aprendemos um amor que não existe e temos de encontrar formalmente, culturalmente, ideologicamente e politicamente o significado dessas emoções e ligações" (*In* Ribeiro, 2019, s/p).

O conceito *queer* na sua ligação com práticas artivistas, pressupõe uma perspetiva de intervenção face à mudança, principalmente no que às afirmações políticas do *self* e coletivas diz respeito (Valocchi, 2005). Tal mudança e afirmação, materializa-se em vários elementos, tais como as estéticas visuais, as performances e, sobretudo, nas letras das suas canções, como iremos constatar posteriormente (Taylor, 2010). Os Fado Bicha rompem com o tradicionalismo do fado, conferindo-lhe um pendor crítico e provocativo, mas também contemporâneo, pois retrata as inquietudes e os problemas sociais atuais, tais como o racismo, a discriminação sexual e de gênero e as desigualdades sociais (Guerra, 2021a). Contrariamente, o fado praticado pelos fadistas tradicionais, tende a gravitar em torno de temáticas como a saudade, a nostalgia, o sofrimento por um amor heterossexual, as traições ou os ciúmes heterossexuais. Nas palavras de Lila Fadista dos Fado Bicha: "Eu sou a Lila, sou a vocalista do Fado Bicha, e quero dar-vos as boas-vindas a uma noite de delícias que é o que nós temos para vocês hoje. Enquanto homossexuais, nunca nos sentimos representados nas letras das canções. Como sempre gostamos muito de fado, quisemos torná-lo uma ferramenta de expressão para nós, e de visibilidade para a nossa comunidade." (*In* Santos & Palma Rodrigues, 2018, s/p.). Por conseguinte, pensando em Filipe Sambado, nas atuações performativas, nos videoclipes e nas atuações ao vivo, fluem posturas e gestos de forma a enfatizar o corpo vivo e ativo, em contraste notável com as posturas hirtas e estáticas, inerentes ao folclore tradicional. Nessora, Sambado veicula discursos, narrativas e representações acerca de uma sociedade portuguesa diferente e oculta (Guerra, 2017). Tal pode ser designado de *music in action queer* (Acord & DeNora, 2008). Vale a pena relembrar mais um excerto de uma entrevista de Sambado: "Eu costumo usar batom e rímel quando saio à noite, mas comecei com as unhas há três anos numa tarde de procrastinação com a minha irmã. Comecei a pintar muito mal e ela disse, 'deixa estar, eu faço'. Pintava só as unhas de alguns dedos – rapidamente a pintura alastrou-se para todos. Algumas das pessoas que não me conhecem e têm coragem de dizer alguma coisa, questionam somente porque o faço. A resposta é sempre a mesma: 'porque gosto'" (*In* Manaia, 2016, s/p.).

É preciso (des)confinar a música

Estes modos distintos de criação, de produção e de ação artística contemporâneos podem ser entendidos do ponto de vista do artivismo e, concomitantemente, como meios alternativos de resistência e de subversão social e artística. No caso concreto do artivismo, apesar deste conceito já possuir amplas repercussões em países do Norte global, apenas mais recentemente o mesmo tem vindo a afirmar-se no contexto português (Guerra, 2019). Apesar de em Portugal existirem repercussões deste tipo de artivismo, as mesmas acabam por não assumir as mesmas proporções. Ainda assim, é possível realçar os coletivos Pantera Rosa[4] ou Maternidade[5] (Colling, 2015). Atendendo ao surgimento destes coletivos, bem como à crescente importância dos Fado Bicha e de Filipe Sambado, assumimos o surgimento de novas formas identitárias inscritas naquilo que podemos categorizar como um a(r)tivismo inovador (Whittle, 1998). Como já temos vindo a enunciar em outros contextos (Guerra, 2021a), as letras, as performances e as suas posturas são, na verdade, modos de cidadania e de participação, mas também de reivindicação de um espaço na esfera pública, ancoradas em conteúdos artísticos e criativos (Brill, 2007).

Havendo uma dupla hermenêutica entre resistência e existência (Guerra, 2021b), ambos os artistas se inscrevem em microestruturas de poder, assentes em padrões de exclusão e de inclusão que servem de base analítica das desigualdades de gênero. O conceito de "histerese" de Bourdieu (1990) é aqui muito útil, pois aponta-nos um não alinhamento do *habitus* com o campo social, o que por si só se assume como decisivo para que possamos perspectivar as mudanças e rupturas face a uma sociedade masculina, patriarcal e heteronormativa (Graham, 2020) por parte dos projetos em análise. A canção *Marcha do orgulho* (2019) dos Fado Bicha – abaixo transcrita – destaca-se nesse sentido, mas também a canção *Jóia da rotina* (2020) (ver Figura 3), de Filipe Sambado.

É dia de vir cá para fora
Aqui e agora, pôr o pé no mundo
Tirar a bandeira do armário
É comunitário, num clamor rotundo.

Fado Bicha (2019), *Marcha do orgulho.*

Cabeça pra baixo às 7h da matina
Caça ao ouro, escadas do metro acima
Deixo o tesouro no lar, para quando voltar
Ter mais brilho no regresso
Eu só peço, só peço
Para te ter no quarteirão
O gato no colchão
O amor a dividir.
Tenho os braços cansados
E os olhos a sorrir.

Filipe Sambado (2020), *Jóia da rotina.*

Figura 3 *Frame* do videoclipe *Jóia da rotina,* de Filipe Sambado (2019)[6]

Focando-nos apenas na Figura 3, observamos, desde logo a emergência de uma performatividade de gênero subversiva que transcende as letras das canções (Griffin, 2012) mas também o estilo musical, no sentido em que se dota o folclore – no caso de Filipe – de estilos e estéticas contemporâneas: um homem pode performatizar o folclore envergando saias, meias de rede, sapatos agulha, joias, pérolas, bijuterias, *valises*, *clutches*, pestanas postiças, purpurinas, lantejoulas, perucas, unhas e lábios pintados. Aliás, mesmo no próprio folclore tradicional, as mulheres não utilizam maquiagem; nem os homens atuam em tronco nu. Além disso, as roupas também foram reapropriadas e harmonizadas a um estilo contemporâneo, sendo políticas e politizadas, na medida em que defendem e reclamam direitos iguais. O próprio corpo também é utilizado pelos Fado Bicha como uma forma de resistência (ver Figura 4).

O conceito de tecnologia do corpo, proposto por Griffin (2012) é também fundamental na nossa análise. O corpo possui a capacidade de se assumir enquanto um elemento político. As tecnologias no corpo podem, inclusivamente, ser entendidas como um sinónimo às tecnologias do *self*, propostas por Tia DeNora (2003), ou seja, enquanto formas de resistência e de contestação (Wagaman, 2016). Estas tecnologias do corpo, em ambos os artistas, materializam-se, por exemplo, no uso de maquiagem exuberante e no uso de roupas com extravagantes padrões animais. Neste sentido, o corpo é utilizado como uma forma de reivindicar uma agência. Ou seja, é entendido como um *locus* de empoderamento contra as práticas normativas impostas (Langman, 2008; Guerra, 2019): "'O fado está assente em quatro pilares: a melodia, a harmonia, o ritmo e a letra. O seu principal papel sempre foi o de contar uma estória – da cidade, do amor, do desamor. E nós fazemos isso: contamos estórias. Só não são as estórias expectáveis, heteronormativas.... recebemos muitas mensagens de ódio nas redes sociais, muitos fadistas nos dizem que aquilo que fazemos não é fado. Tenho uma explicação muito própria para isso: as músicas que tocamos têm o reportório do fado, se as pessoas não lhe quiserem chamar assim, pouco me importa. Não é fado, mas é Fado Bicha', explica João Caçador, enquanto Tiago Lila se maquia e faz sobressair os olhos pequenos e rasgados que vai carregando de lápis preto" (*In* Santos & Palma Rodrigues, 2018, s/p.).

Figura 4 João e Lila, Fado Bicha em 2019
Fonte: https://www.redecultura2027.pt/pt/agenda/fado-bicha.
Creative Commons Licence 3.0

Pensando em Filipe Sambado (ver Figuras 3 e 5), também não deixa de ser interessante estabelecer um paradoxo com este conceito de performance de gênero e o seu diálogo com elementos característicos do que falamos anteriormente, sobre uma identidade ditatorial de gênero, sendo verificável uma forte presença de elementos religiosos, algo também típico dos lares tradicionais portugueses: "Com *Vida Salgada*, Filipe Sambado torna-se nome a descobrir urgentemente – quem já o descobriu limita-se a regressar vez após vez a este universo de vida a sério em corpo de fantasia. Filipe Sambado chegou completo: são as canções e as palavras que as abrem em novos sentidos, é a forma como se apresenta, numa androginia afirmada como liberdade estética e expressiva. 'Aos quatro anos vestia-me de avozinha da Chapeuzinho Vermelho e a minha mãe sempre me transmitiu que isso estava acima de questões de gênero', conta. 'Como costumo dizer, em palco sou o Filipe Sambado 2.0. Não me anulo, nem me transcendo. Não fujo à honestidade, estou a ir mais longe na explicação [da música]. O que faz com que [essa 'dramaturgia' no palco e na imagem projetada] seja melhor ou pior é a forma como o conteúdo audiovisual vai ao encontro do que se está a fazer musicalmente. É aí que não podes ser desonesto'" (Lopes, 2016, s/d.).

Figura 5 *Frame* do videoclipe *Jóia da rotina,* de Filipe Sambado (2019)[7]

No Fado Bicha, o fado surge como um meio subversivo. A utilização do termo "bicha" – pejorativo na língua portuguesa – é ela própria um ato de resistência, inclusive na própria comunidade LGBTQI+ que, com frequência o recebe como uma evocação negativa: "Mexericos à parte, foi assim que João e Lila vestiram uma roupa nova ao Fado e lhe deram um segundo nome: Bicha. Bicha porque não é tradicional. Bicha porque dá a cara e não tem medo. Bicha porque não tem vergonha de ser quem é. As melodias são as mesmas de sempre, mas têm arranjos originais introduzidos pela guitarra eléctrica, que faz as vezes da guitarra portuguesa e da viola. Quanto às letras, a maioria foi adaptada pela cantautora que introduziu novas palavras, reformulou versos inteiros e também já escreveu dois poemas de raiz" (*In* Santos & Palma Rodrigues, 2018, s/p.). Os Fado Bicha recriam igualmente práticas culturais transgressivas, práticas essas que fazem com que o mesmo assuma o rótulo de fado *queer.* Na dupla Fado Bicha, podemos destacar o fato de Lila Fadista (Tiago Leal), que começou o seu percurso como *drag queen* e que se define como "agênero", no sentido em que não se identifica como homem ou mulher; mais ainda, considera que o termo "homossexual" não é suficiente para o descrever (Guerra, 2021a). Ao construir a sua identidade de gênero, marcada pelo uso de pronomes femininos, pelas roupas e pelas formas como se apresenta, Lila personifica aquilo que Butler (1999) teoriza em relação à performatividade. Já João Caçador, guitarrista do Fado Bicha, expressa a sua resistência não através dos elementos estéticos e sobretudo no processo de *music making* do Fado

Bicha (Guerra, 2020), ao utilizar a guitarra elétrica e a guitarra espanhola como alternativa à guitarra portuguesa.

Nos Fado Bicha, assistimos inclusivamente à contestação de um *gender bias*, referente aos temas que são cantados por homens e por mulheres fadistas. Deste modo, os Fado Bicha criam os seus próprios fados, com temas específicos e adaptados às suas realidades, bem como às suas visões da sociedade, tais como a homossexualidade por exemplo (Blashill & Kimberley, 2009). Concomitantemente, destacam e circunscrevem temáticas como a discriminação de gênero, a xenofobia, o racismo, a desigualdade e a precariedade econômicas. Um caso muito representativo é a canção *Lisboa, não sejas racista* (2019).

> Lisboa, não sejas racista
> Colonialista
> De civismo à Brás
> (…)
> À mesa de trás
> Lisboa, limpa por mulheres
> Às quais não conferes
> Direito a sonhar
> Lisboa, não sejas racista
> É tão quinhentista
> Vê se mudas de ar.

Podemos confirmar que existe uma clara intenção de crítica social e política à sociedade portuguesa. Critica-se o patriarcalismo, o racismo e o colonialismo, ainda manifestos na sociedade portuguesa (Abtan, 2016). Tal questão é tanto mais clara quanto os Fado Bicha cantam "Lisboa, limpa por mulheres/ Às quais não conferes/ Direito a sonhar". Estimulante é também o fato de estas vivências das populações marginalizadas, presentes neste fado em específico, denotarem uma referência aos fados de Amália Rodrigues, uma fadista tradicional e que outrora foi a face do regime ditatorial português. Encontramo-nos, assim, perante inegáveis apropriações e (re)significações, consubstanciadas numa interação permanente entre contextos culturais e sociais (Zhao, 2020), culminando na intensificação de um sentimento de pertença a uma comunidade marginalizada e estigmatizada. Efetivamente, os estudos mais recentes sobre as formas de artivismo, e/ou até sobre as desigualdades de gênero, tendem a centrar-se nas mulheres e a menorizar ou a agregar nessa categoria indivíduos *queer*, sendo que estes enfrentam outras formas de desigualdades e, consequentemente, ativam outros modos e outras formas de resistir e de as enfrentar. O excerto seguinte é bem revelador disso mesmo.

> Estás a cem metros de mim
> no Cristo Rei
> Não mando fotos assim pois não sou *gay*.
> Só quero experimentar novos desejos.
> Mas sem nos vermos,
> pouco dizermos,
> E nada de beijos!
> De quem eu gosto é da minha namorada!
> Vá lá, entende, ela não pode saber de nada.
> Não mandes mais mensagens
> Que eu vou apagar o Grindr
> (…)
> Ontem foi mesmo resvés…
> Mas ela não viu.
> Não pode haver mais cafés junto ao rio.
> Pára de falar de amor! Eu não sou mau…
> A culpa disto,
> Digo e insisto,
> É do meu pau!
> Fado Bicha (2017), *Crónica do maxo discreto*

Do ponto de vista do artivismo estético, também Filipe Sambado é fundamental, numa lógica de contestação e de reivindicação da dita sexualidade normativa. Alias, na canção *Deixem lá* (2018), Filipe Sambado surge durante todo o videoclipe com uma cabeça de extraterrestre, demonstrando a forma como os indivíduos de gênero não conforme ou *queer* se enquadram na sociedade portuguesa, a sua dificuldade. Vemos uma crítica à mesma (ver Figura 6) e à forma como esta ainda se assume fragmentária e discriminatória.

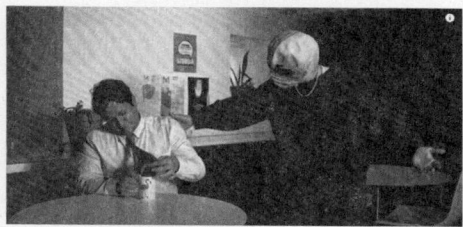

Figura 6 *Frame* do videoclipe *Deixem lá*, de Filipe Sambado (2018)[8]

Atentemos a um excerto da letra *Deixem lá* de Filipe Sambado.

Castanho chocolate
E laranja brasa
Dois vernizes num resgate
Vou feliz para casa
Tanta conversa
Tão pouco assunto
Que pose é essa?
Tanto preconceito junto
Deixem-me lá não ser *gay*
Eu sou só muito vaidosa
Tu vens lascivo para mim
Mas eu estou só curiosa
E se eu parecer uma mulher

O que é que isso quer dizer
Visto sempre o que eu quiser
Dê lá por onde der
Vou alargar a gola
Mostrar o ombro de lado
Para ficar gira a camisola
É tentação ou pecado
E o cetim do vestido
Que me torneia o gabarito
Faz de mim mais atrevido
Por me achares tão bonito.
(Negritos nossos)

Lila Fadista, dos Fado Bicha, realça um ponto que nos parece oblíquo a ambos os artistas. Falamos do fato de a música ser um veículo de emancipação. Emancipação dos constrangimentos impostos pelo tradicionalismo, não só a nível musical, como também ao nível pessoal, parece-nos decorrer do prazer musical e corpóreo que Filipe (ver Figura 7), Lila e João Caçador sentem, durante as suas performances (Street, 2017). Mário Lopes refere a este nível algo de basilar: "No vídeo de *Jóia da rotina* vemos Sambado de lábios pintados, flor adornando a cabeça, saia de folhos negra e ouro pendendo no pescoço e nas orelhas, qual intersecção entre tradição minhota e desconstrução moderna, via Rosalía. A forma como se apresentava, tanto enquanto músico, quer no seu quotidiano, criou confusão em muitas cabeças e reações de intolerância, (...) que acabaram objeto de canção em Filipe Sambado & Os Acompanhantes de Luxo. Desta vez, a questão não foi vertida em música. 'Eu ter uma expressão *queer* no meu dia a dia e ser heterossexual não era visto da mesma forma que é hoje. Hoje, dentro da bolha *queer*, já é natural'" (*In* Lopes, 2020, s/p.).

Figura 7 *Frame* do videoclipe *Alargar o passo*, de Filipe Sambado (2018)[9]

Entendendo a música como uma forma de artivismo, John Street (2017) alega que os músicos têm utilizado a *popular music* como um veículo de disseminação de ideologias políticas, transpondo-as para o papel, sob a forma de rimas, versos e letras a partir de uma base instrumental. As influências políticas, geográficas, sociais, artísticas e culturais são fundamentais para a construção e entendimento do *self*, principalmente porque as identidades individuais se encontram dependentes de um conjunto de normas que são construídas através da vivência com o outro (Nicholas, 2007). Assim, estas criações artísticas são um meio de (des)universalização dos sistemas tradicionais de gênero e de oposição ao patriarcado (ver Figura 8), na medida em que prefiguram uma nova e diferente realidade social, através da mistura entre da arte e com o ativismo social: exaltando uma realidade social que tende a ser descartada e menorizada, nomeadamente, aquela na qual atuam indivíduos *queer* ou LGBTQIA+. Continuando a citar Mário Lopes: "Algo tão banal como a escolha da roupa com que alguém se veste continua a provocar reações violentas, mas, para Sambado, seria redundante voltar ao tema da mesma forma. Fá-lo, mas de forma mais abrangente, e mostrá-lo-á a todo o país quando apresentar *Gerbera amarela do Sul* no Festival da Canção. É uma canção para o festival, sobre o festival, ou melhor sobre a necessidade de, perante ele, como perante todo e qualquer assunto na era em que vivemos, se emitirem opiniões tão vincadas que no processo, os outros, os de opinião contrária, tornam-se inimigos. Para ele a questão fundamental, hoje, é a capacidade de empatia: 'é criar união e não cair no panfleto, porque isso te leva a cair facilmente no populismo. É assim que crescem as vozes irritadas, é assim que cresce a extrema direita. Surge a falta de empatia, vem a inveja, é o capitalismo a crescer e a gente a ir abaixo'" (*In* Lopes, 2020, s/p.).

Figura 8 Lila e João, dos Fado Bicha, em 2019

Fonte: @ Rita Carmo/Blitz. Figura cedida pelos Fado Bicha

Pensando nesta concomitante e confluente forma de resistência e de existência (Guerra, 2021b), as noções acerca da estruturação e dos mecanismos de poder devem ser convocadas com o objetivo de pers-pectivar algumas abordagens marginais que intervêm, confrontando o sistema de gênero totalizante e hegemônico, e que, por sua vez, têm a capacidade de criar os seus próprios mecanismos ação, podendo estes serem entendidos como expressões micro ou macropolíticas (Butler, 1999). Complementarmente, Oliveira e Romanini (2020) entendem estas ações diárias como sendo não convencionais, usualmente vistas como transgressivas, bem como dualidades vivenciais. O artivismo nasceu de um sentimento assoberbante de indignação por parte de várias franjas populacionais que, por conseguinte, viram no campo artístico um meio de enfrentamento, de expressão e de mudança. Mencionamos que o termo artivismo permite uma descrição do entrelaçamento de duas outras dimensões paradoxais e complementares: criatividade e protesto, estilo e significado, ação e experimentação (Guerra, 2019). Paralelamente, aquilo que pretendemos enfatizar, é que este conceito de artivismo pretende atribuir uma nova roupagem ao conceito de arte, afastando-o dos dogmas classistas e remetendo-o para o campo dos significados. Globalmente, artivistas têm emergido massivamente nos campos mediáticos, com o intuito de provocarem o poder político, econômico e cultural, mas também com a intenção de instigarem os seus grupos de pares e outros artistas. No caso específico destas artistas e das suas bandas, cotejamos que o artivismo emerge como um veículo de comunicação estratégica, bem como um meio de expressão estética de desagrado político e social. Acrescentamos ainda que o fato de a música ser a principal expressão artística, este artivismo musical emerge como uma textualidade passível de inúmeras interpretações, dotada de sentimentos, de simbologias, de ideologias e de afetos.

Nos Fado Bicha e nas suas produções artísticas e performáticas, temos presente o conceito de "essencialismo estratégico", adiantado por Spivak (1994, p. 167) para entender as noções de gênero pós-estruturalistas. Este conceito pressupõe uma tática que tem como objetivo desconstruir o gênero (Sharp & Shannon, 2020) que, para a elaboração deste artigo, é feita através da música (fado e folclore, mais concretamente). Um exemplo primordial a este respeito é a música *O namorico do André* (2019), dos Fado Bicha, em resposta ao fado *O namorico da Rita*, imortalizado por Amália Rodrigues em 1957.

No Mercado da Ribeira, há um romance de amor
Entre o André que é peixeiro e o Chico que é pescador
Sabem todos que lá vão que o André gosta do Chico
Só a mãe dele é que não consente no namorico
[...]

Namoram de manhãzinha e da forma mais diversa
Dois caixotes de sardinha são dois dedos de conversa
E há quem diga à boca cheia que depois de tal banzé
O Chico, de volta e meia, prega dois beijos no André
[...]
Em dias de mais movimento, quando o peixe se esgota
Para não perder clientela, a mãe manda o André à lota
E ali, entre os contentores, salmão, atum e garoupa
Dá-se o André aos amores: mais Chico, menos roupa.

O videoclipe da música deste trecho é paradigmático. Além disso, são várias as narrativas visuais presentes. Por um lado, a da família tradicional, no caso associada à atividade piscatória – bastante conservadora e tendencialmente religiosa em Portugal – que não aceita a sexualidade do filho e que a pretende mudar, recorrendo à religião para isso. Por outro, a narrativa assumida por Lila e João, representa uma imagem simbólica *queer* (Stormer, 2020). É ainda de realçar uma referência visual relevante no que respeita a questão do racismo – o casal protagonista da estória é constituído por um homem negro e por um homem branco. Em suma, numa única música e no pertencente videoclipe, são múltiplos os alvos de contestação e de oposição à sociedade portuguesa (homofobia, racismo e tradicionalismo). Estas práticas e narrativas – meios específicos de fazer (Spivak, 1994) – são contestações que podem ser entendidas a partir de símbolos historizados, no sentido em que reveliam face às estruturas do patriarcado.

Existe ainda uma matriz de referência sobre a qual esta dupla trabalha, nomeadamente o fado, que, como já vimos, se assume como conservador e tradicionalista. Através da alteração de poemas já cantados ou através da criação de novos, Lila e João criam espaços para a experimentação de narrativas não normativas quanto ao gênero e à sexualidade (ver Figura 9). Com o seu projeto, e desde logo com o nome escolhido, combinam o fado com uma dimensão transformadora das sociedades e das narrativas, sendo tal encarado como um instrumento de luta. Através das letras, das performances e da forma como se apresentam, procuram reescrever as regras do fado, tanto musicalmente, como na forma de estar, de cantar e de vestir.

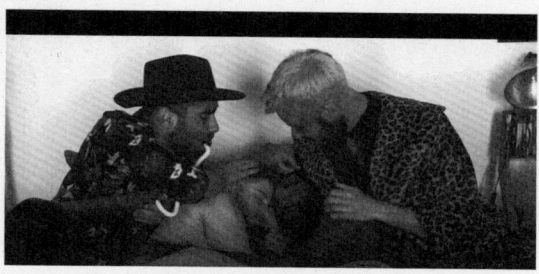

Figura 9 *Frame* do videoclipe *O namorico do André*, dos Fado Bicha (2019)[10]

Mais do que um ato de ativismo, o fado dos Fado Bicha corporaliza-se num ativismo que é feito com o próprio corpo, indo além da participação em manifestações LGBTQIA+ como a *Marcha do Orgulho Gay*. Ao invés de intervirem numa massa, as suas práticas artísticas e performativas reivindicam os seus direitos, lutam pelas suas causas, ocupando por isso um lugar mais frágil que, e decorrente da forma como o assumem, implica também uma maior responsabilidade, pois estes acabam por dar a cara pelas suas causas, tornando-se em artistas pioneiros e emblemáticos do ponto de vista da contestação social e musical no âmago da sociedade portuguesa. Ainda sobre a questão do corpo, vejamos um excerto do videoclipe de *Jóia da rotina*, de Filipe Sambado (ver Figura 10).

Figura 10 *Frame* do videoclipe *Jóia da rotina*, de Filipe Sambado (2019)[11]

Em ambos os projetos, é possível enxergar um processo de des-colonização das cabeças e dos corpos. Procuram desconstruir ideias e estereótipos que eles e todos nós fomos construindo – sobre identidades de gênero, masculinidade tóxica, direito ao prazer –, questionando-os e reposicionando-se em relação a eles. Através da música, da sua postura, dos seus corpos, da forma como se vestem e como se apresentam, ambos os artistas personificam um ativismo corporal (carnal) (Souza, 2019). As causas pelas quais lutam relacionam-se, em certa medida, com uma dicotomia centro-periferia que caracteriza os sistemas sociais, bem como as classes sociais e os ideias políticos, sociais e culturais (Guerra, 2020), seja do ponto de vista das identidades de gênero e da questão pós-feminista (McRobbie, 2009), seja do racismo estrutural da sociedade portuguesa, ou da dimensão territorial das diferenças, das desigualdades e do desenvolvimento.

Ambos os projetos ocupam, no presente, um lugar-chave na socie-dade portuguesa, na medida em que conquistaram um "palco" a partir do qual, e através dos seus sons, das suas palavras, dos seus corpos e das suas posturas, podem transmitir as suas mensagens, as suas leituras e suas interpretações. Possuem um público, apesar de não serem artistas *mainstream*. Assim, ocupam um lugar favorecido, não se inibindo de uma constante afinação da mensagem que transmitem e da forma como a estão a transmitir, bem como de um exercício de reflexão sobre quem é o seu público, sobre quem são aqueles sobre quem não estão a falar, quem é que estão (ou não) a representar, quais são os seus limites e os das suas mensagens. As (pós)(sub)culturas e o conceito *queer*, como é o caso do Fado Bicha e de Filipe Sambado, dão conta dos limites das teorias subculturais que, durante 40 anos, omitiram a sexualidade contra-hegemônica dos seus objetos de estudo (McRobbie, 2009). Na verdade, estas identidades formam-se em relação a um espaço e em relação a uma expressão cultural (fado e folclore), opondo-se à cultura dominante e hegemônica, mas também à cultura *gay* e lésbica *mainstream*. Inscrevem-se numa abordagem da agência *queer* (Nicholas, 2007) que almeja a inclusão de uma produção não heterossexual masculina, não branca e não adolescente em toda a sua especificidade, promovendo o artivismo. Logo, o impacto destes artistas não pode ser medido pela produção de mudanças sociais imediatas, mas antes, pela concretização de dinâmicas de ação que visam a consciencialização dos indivíduos face a problemas sociais emergentes numa perspectiva de pedagogia crítica de médio e longo prazo.

Tudo isto existe, tudo isto é bicha, tudo isto é sambado

A associação entre reconfigurações identitárias, sonoridades, *queer* e o artivismos assumiu-se como muito profícua ao longo deste texto. A relação estabelecida entre música e identidade (Taylor, 2010) está fortemente patente no caso dos Fado Bicha e de Filipe Sambado. Nestes projetos, verifica-se uma intensa "simbiose-osmose" entre as reconfigurações de determinados gênero musicais tradicionais e suas performances de reivindicação de um espaço no âmago da intervenção em problemas da sociedade portuguesa (Butler, 1999). A abordagem feita às práticas e conteúdos artísticos dos Fado Bicha e de Filipe Sambado, enquadra-os numa modernidade tardia, na qual são exacerbadas as estruturas de significados (Frith & McRobbie, 1990). Talvez a última década tenha sido aquela em que surgiu o maior número de conteúdos artísticos marcados pela mensagem política, pela ideologia, pela reivindicação e pela resistência face a sistemas opressores e normativos (Street, 2017; Guerra, 2020; García & Feixa Pàmpols, 2020).

A ideia de que a arte está ao serviço do ativismo e de uma cidadania ativa é, cada vez mais, um elemento estrutural das identidades que mapeiam as sociedades contemporâneas. Fado Bicha e Filipe Sambado, como mostramos ao longo do texto, partem de um conjunto de vivências que estruturam as suas identidades, para disruptivamente, instituírem um novo lugar de (re)existência musical e social (Guerra, 2021b; Mauss, 2006; Ingold, 2001). Formas musicais tradicionais como o fado e/ou o folclore ou música de baile são as principais arenas de luta em uma sociedade ainda marcada por uma ideologia de gênero desigualitária, discriminatória e patriarcal. O corpo transforma-se num eixo fundamental para compreender a forma como estes artistas se definem enquanto indivíduos, bem como a forma como estes interagem com outros indivíduos e com outros artistas, bem como com a sociedade portuguesa, mas especialmente em relação ao seu próprio *self* (Driver & Bennett, 2015). As performances, as estéticas, as letras, as composições e as produções dos Fado Bicha e de Filipe Sambado podem, deste modo, ser entendidas como espaços alternativos de contenda (Sharp, 2019). Ao criarem estes "novos espaços" de denúncia e de contestação, proporcionam a emergência de diferentes modos de ação contemporâneos, pois fornecem códigos, discursos e ferramentas para tal.

Notas

[1] Este texto desenvolveu-se no quadro das atividades de investigação que a autora desenvolve nos projetos "ArtCitizenship – Youth and the arts of citizenship: creative practices, participatory culture and activism" (PTDC /SOC -SOC/28655/2017) e "CANVAS – Towards Safer and Attractive Cities: Crime and Violence Prevention through Smart Planning and Artistic Resistance" (Ref. POCI-01-0145-FEDER-030748) – ambos financiados pela Fundação para a Ciência e Tecnologia. Dedico este texto à Lila Fadista, ao João Caçador e ao Filipe Sambado – os protagonistas inspiradores da minha abordagem.

[2] Os Fado Bicha são compostos por Lila Fadista e por João Caçador. O projeto – criado em 2017 – procura, através do fado – canção nacional por excelência – trazer à luz do dia as histórias vivenciadas nos quotidianos pelas comunidades lésbica, *gay*, bissexual, transgênero e intersexo. Os fados – muitas vezes os clássicos alterados de forma a incluir a realidade LGBTQIA+ – juntam a guitarra tradicional portuguesa à guitarra elétrica. (Cfr. https://www.festivaliminente.com/pt/detail-artists/fado-bicha/).

[3] Filipe Sambado é um cantautor e produtor português. Situado no espectro do *indie pop*, iniciou a sua carreira musical em 2010 com a banda Cochaise. Em 2015, lançou o single *O Bardo* com Vaiapraia. Em 2016, integrou a banda Chibazqui. Neste mesmo ano, repetiu a colaboração com Vaiapraia com a edição de Panelei Punx. Em 2017, integrou a banda Jasmim e tocou no projeto a solo de Alexandre Rendeiro – Alek Rein – que viria a integrar os Acompanhantes de Luxo em 2018/2019, na gravação de disco de estúdio e em concertos ao vivo. Paralelamente, é corresponsável pela produtora e agência musical Maternidade. Sambado faz canções pop que têm como objetivo refletir sobre vivências intimistas dos quotidianos e seus universos. Compõe canções que partem de uma matriz *indie pop* e que perpassam cumplicidades e contaminações diversas com a música portuguesa – da canção de autor ao folclore e à música de baile –, o *krautrock*, o *lo-fi* ou a *surf music*. Em 2020, estreou-se no Festival RTP Eurovisão da Canção, como compositor e intérprete do tema Gerbera Amarela do Sul. (Cfr. https://www.rimasebatidas.pt/filipe-sambado--precisamos-uns-dos-outros-mais-do-que-nunca/).

[4] São um movimento coletivo e sem hierarquias que defende uma democracia radical onde não exista discriminação e agressão face à comunidade LGBTQIA+. Enquanto grupo *queer* e transfeminista, as Panteras Rosa denunciam o cissexismo, o heterossexismo e o primado da heterossexualidade como parte de um sistema político patriarcal que cria diferenciações sexuais e de género para determinar desigualdades sociais. (Mais informações em https://pt-pt.facebook.com/pages/category/Political-Organization/Panteras-Rosa-167629923258311/).

[5] É a editora, agência, promotora e produtora que representa Filipe Sambado.

[6] Disponível em: https://www.youtube.com/watch?v=iSLmp7itNSk&ab_channel=FilipeSambado

[7] Disponível em: https://www.youtube.com/watch?v=iSLmp7itNSk&ab_channel=FilipeSambado

[8] Disponível em: https://www.youtube.com/watch?v=stRJOUJlOLc&ab_channel=FilipeSambado

[9] Disponível em: https://www.youtube.com/watch?v=k4r9guWXc5M&ab_channel=FilipeSambado

[10] Disponível em: https://www.youtube.com/watch?v=GrZv7FJGUKE&abchannel=FadoBicha

[11] Disponível em: https://www.youtube.com/watch?v=iSLmp7itNSk&ab_channel=FilipeSambado

Referências

ABTAN, Freida. Where is she? Finding the women in electronic music Culture. *Contemporary Music Review*, v. 35, n. 1, pp. 53 - 60, 2016.

ACORD, Sophia Krzys & DENORA, Tia. Culture and the arts: From art world to arts-in-action. *The Annals of the American Academy of Political and Social Science*, v. 619, pp. 223 - 237, 2008.

BERKERS, Pauwke; SCHAAP, Julian. *Gender inequality in metal music production*. London: Emerald Publishing Limited, 2018.

BLASHILL, Aaron & POWLISHTA, Kimberly. Gay stereotypes: The use of sexual orientation as a cue for gender-related attributes. *Sex Role*, v. 61, n. 11, pp. 783 - 793, 2009.

BOURDIEU, Pierre. *The Logic of Practice*. Stanford: Stanford University Press, 1991.

BRILL, Dunja. Gender, status and subcultural capital in the goth scene. *In* HODKINSON, Paul & DEICKE, Wolfgang (orgs.). *Youth cultures: Scenes, subcultures and tribes*. London: Routledge, 2007, pp. 111 - 125.

BUTLER, Judith. *Gender trouble. Feminism and the subversion of identity*. New York: Routledge, 1999.

COLLING, Leandro. *Que os outros sejam o normal. Tensões entre movimento LGBT e ativismo queer*. Salvador da Bahia: Universidade Federal de Bahia, 2015.

DENORA, Tia. Music sociology: getting the music into the action. *British Journal of Music Education*, v. 20, n. 2, pp. 165 - 177, 2003.

DRIVER, Christopher & BENNETT, Andy. Music scenes, space and the body. *Cultural Sociology*, v. 9, n. 1, pp. 99 - 115, 2015.

FRITH, Simon; MCROBBIE, Angela. Rock and sexuality. *In* FRITH, Simon; GOODWIN, Andrew (orgs.). *On record: Rock, pop and the written word*. London: Routledge, 1990, pp. 371 - 389.

GALLOWAY, Samuel & SANNICANDRO, Joseph. Queer noise: Sounding the body of historical trauma. *In* STRONG, Catherine & RAINE, Sarah (orgs). *Towards gender equality in the music industry.* New York: Bloomsbury, 2019, pp. 147 - 162.

GRAHAM, Hannah. Hysteresis and the sociological perspective in a time of crisis. *Acta Sociologica*, v. 63, n. 4, pp. 450 - 452, 2020.

GIFFNEY, Noreen. Introduction: The 'q' Word. In GRIFFNEY, Noreen & O'ROURKE, Michael (orgs.). *The Ashgate Research Companion to Queer Theory*. New York: Routledge, 2009, p. 1.

GRIFFIN, Naomi. Gendered performance performing gender in the DIY punk and hardcore music scene. *Journal of International Women's Studies*, v. 13, n. 2, pp. 66 - 81, 2012.

GUERRA, Paula. Barulho! Vamos deixar cantar o Fado Bicha. Cidadania, resistência e política na música popular contemporânea. *Revista de Antropologia*, no prelo, 2021a.

GUERRA, Paula. So close yet so far: DIY cultures in Portugal and Brazil. *Cultural Trends*, *v*. 30, pp. 122 - 138, 2021b.

GUERRA, Paula. The song is dtill a 'weapon': The Portuguese identity in times of crises. *Young*, *v*. 28, n. 1, pp. 14 - 31, 2020.

GUERRA, Paula. Nothing is forever: um ensaio sobre as artes urbanas de Miguel Januário±MaisMenos±. *Horizontes Antropológicos*, v. 28, n. 55, pp. 19 - 49, 2019.

GUERRA, Paula. António e as Variações identitárias da cultura portuguesa contemporânea. *Ciências Sociais Unisinos*, v. 53, n. 3, pp. 508 - 520, 2017.

HART, Carrie. The artivism of Julio Salgado's I Am Undocuqueer! Series. *Working Papers on Language and Diversity in Education*, v. 1, n. 1, pp. 1 - 14, 2015.

INGOLD, Timothy. Beyond art and technology: The anthropology of skill. *In*: SCHIFFER, Michael Brian (ed.). *Anthropological perspectives on technology*. Albuquerque: University of New Mexico Press, 2001, pp. 17 - 31.

LANGMAN, Lauren. Punk, porn and resistance. *Current Sociology*, v. 56, n. 4, pp. 657 - 677, 2008.

LOPES, Mário. Filipe Sambado encontrou uma nova tradição. *Ípsilon*, 31 de janeiro 2020 on-line. Disponível em https://www.publico.pt/2020/01/31/culturaipsilon/noticia/filipe-sambado-encontrou-nova-tradicao-1902074, 2020. Acessado em 01 de novembro de 2021.

LOPES, Mário. Filipe Sambado: Vida a sério em corpo de fantasia. *Ípsilon*, 17 de junho 2016 on-line. Disponível em https://www.publico.pt/2016/06/17/culturaipsilon/noticia/filipe-sambado-vida-a-serio-em-corpo-de-fantasia-1735099, 2016. Acessado em 01 de novembro de 2021.

MANAIA, Tiago. Sambadomania. *Vogue*, 8 de abril 2016 on-line. Disponível em https://www.vogue.pt/sambadomania, 2016. Acessado em 01 de novembro de 2021.

MAUSS, Marcel. Techniques of the body. *In*: MAUSS, Marcel & SCH-LANGER, Nathan (eds.). *Techniques, technology and civilisation*, Oxford: Berghahn Books, 2006.

MCROBBIE, Angela. *The aftermath of feminism: Gender, culture and social change*. London: Sage, 2009.

MCROBBIE, Angela. Settling accounts with subculture: A feminist critique. In Youth Questions (Org.). *Feminism and youth Culture*. London: Palgrave, 1991, pp. 16 - 34.

NICHOLAS, Lucy. Approaches to gender, power and authority in contemporary anarcho-punk. *Gender: Power and Authority*, v. 9, pp. 1 - 22, 2007.

OLIVEIRA, Itauane & ROMANINI, Moises. Sobre existências: As narrativas de vida de mulheres trans e seus modos de resistência. *Diversidade e Educação*, v. 7, n. 2, pp. 417 - 444, 2020.

RIBEIRO, Alexandre. Precisamos uns dos outros mais do que nunca. *Rimas e Batidas*, 23 de dezembro 2019 on-line. Disponível em https://www.rimaseba-tidas.pt/filipe-sambado-precisamos-uns-dos-outros-mais-do-que-nunca/, 2019. Acessado em 01 de novembro de 2021.

SANTOS, Pedro Miguel; PALMA RODRIGUES, Sofia. Tudo isto existe, tudo isto é bicha, tudo isto é fado. *Divergente*, 17 de maio 2018 on-line. Disponível em https://divergente.pt/fado-bicha/, 2018. Acessado em 01 de novembro de 2021.

SHARP, Megan. Queer(ing) music production: Queer women's experiences of Australian punk scenes. *In* RAINE, Sarah & STRONG, Catherine (eds.). *Towards gender equality in the music industry. education, practice and strategies for change*. London: Bloomsbury, 2019, p. 201-2013.

SHARP, Megan & NILAN, Pam. Queer punch: young women in the Newcastle hardcore space. *Journal of Youth Studies*, v. 18, n. 4, pp. 451 - 467, 2015.

SHARP, Megan; SHANNON, Barrie. Becoming non-binary: An exploration of gender work in Tumblr. ir. FARRIS, Nicole; COMPTON, D'Lane & HER-

RERA, Andrea (orgs.). *Gender, sexuality and race in the digital age*. London: Springer, 2020, pp. 137 - 150.

DE SOUZA, Natália Maria Félix. Quando o corpo fala (a)o político: Ativismo feminista na América Latina e a busca por futuros democráticos alternativos. *Contexto Internacional*, v. 41, n. 1, pp. 89 - 112, 2019.

SPIVAK, Gayatri Chakravorty. *In* a Word: Interview. Gayatri Chakravorty Spivak with Ellen Rooney. *In* SCHOR, Naomi & WEED, Elizabeth (orgs.). *The essential difference*. Bloomington: Indiana University Press, 1994.

STORMER, Tim. *"My Boy Like a Queen"*. *Musical and visual queer performance in music videos of Sam Smith and Troye Sivan*. Utrecht University, 2020.

STREET, John. Rock, pop and politics. *In* FRITH, Simon; STRAW, Will & STREET, John. (Orgs.). *The Cambridge Companion to Pop and Rock*. Cambridge: Cambridge University Press, 2017, pp. 243 - 255.

STRONG, Catherine; CANNIZZO, Fabian. *Australian women screen composers: Career barriers and pathways*. Melbourne: RMIT, 2017.

TAYLOR, Jodie. Queer temporalities and the significance of 'music scene' participation in the social identities of middle-aged queers. *Sociology*, v. 44, n. 5, pp. 893 - 907, 2010.

VALOCCHI, Stephen. Not Yet Queer Enough: The Lessons of queer theory for the sociology of gender and sexuality. *Gender and Society*, v. 19, n. 6, pp. 750 - 770, 2005.

VASCONCELOS, João. Estéticas e políticas do folclore. *Análise Social*, v. 36, n. 158/159, pp. 399 - 433, 2001.

WAGAMAN, Alex M. Self-definition as resistance: Understanding identities among LGBTQ emerging adults. *Journal of LGBT Youth*, v. 13, n. 3, pp. 207 - 230, 2016.

WHITTLE, Stephen. The trans-cyberian mail way. *Social & Legal Studies*, v. 7, n. 3, pp. 389 - 408, 1998.

WOLFREYS, Julian. *Critical keywords in literary and cultural theory*. Harmondsworth: Penguin Books, 2004.

WRAY, Tim. The queer gaze. *Wissenschaftliche Zeitschrift der Bauhaus-Universität Weimar*, v. 4, pp. 69 - 73, 2003.

ZHAO, Jamie. It has never been 'normal': queer pop in post-2000 China. *Feminist Media Studies*, v. 20, n. 4, pp. 463 - 478, 2020.

Discografia

FILIPE SAMBADO. Jóia da rotina. *Revezo*. CD, Álbum. Lisboa: Valentim de Carvalho, 2020.

FILIPE SAMBADO. Gerbera amarela do sul. *Revezo*. CD, Álbum. Lisboa: Valentim de Carvalho, 2020.

FILIPE SAMBADO. Deixem lá. *Filipe Sambado & Os Acompanhantes de Luxo*. CD, Álbum. Lisboa: Valentim de Carvalho, 2018.

Videografia

FADO BICHA. *Marcha do orgulho*. Videoclipe, 2019. Disponível em: https://www.youtube.com/watch?v=mCkPxNk5N50&ab_channel=FadoBicha. Acessado em 04 de novembro de 2021.

FADO BICHA. *Lisboa, não sejas racista*. Videoclipe, 2019. Disponível em: https://www.youtube.com/watch?v=kBk5Q4tpYTM&ab_channel=FadoBicha. Acessado em 04 de novembro de 2021.

FADO BICHA. *O namorico do André*. Videoclipe, 2019. Disponível em: https://www.youtube.com/watch?v=GrZv7FJGUKE&ab_channel=FadoBicha. Acessado em 04 de novembro de 2021.

FADO BICHA. *Crónica do maxo discreto*. Videoclipe, 2017. Disponível em: https://www.youtube.com/watch?v=mq-OxW4Y7lE&ab_channel=FadoBicha. Acessado em 04 de novembro de 2021.

FILIPE SAMBADO. *Jóia da rotina*. Videoclipe, 2019. Disponível em: https://www.youtube.com/watch?v=iSLmp7itNSk. Acessado em 04 de novembro de 2021.

FILIPE SAMBADO. *Alargar o passo*. Videoclipe, 2018. Disponível em: https://www.youtube.com/watch?v=iSLmp7itNSk. Acessado em 04 de novembro de 2021.

Para além da Garota de Ipanema: negociações da identidade carioca construídas no videoclipe da cantora Anitta[1]

Simone Pereira de Sá

Este artigo propõe uma discussão em torno do videoclipe *Girl From Rio*, lançado em maio de 2021 pela cantora *pop* brasileira Anitta – cuja canção sampleou trechos de uma das mais famosas composições da bossa nova, *Garota de Ipanema*.[2] Meu objetivo é analisar a forma como Anitta dialoga com "e tensiona" os clichês celebrizados pela composição ícone da bossa nova, no que diz respeito à beleza e ao erotismo relacionados à mulher carioca, e, por extensão, ao imaginário sobre a cidade do Rio de Janeiro e do gênero musical bossa nova. Assim, partindo de um videoclipe da cultura *pop* brasileira contemporânea lançado nas redes digitais, minhas indagações são: quais marcas territoriais e sonoras da cidade do Rio de Janeiro são sublinhadas nesse videoclipe e como elas ampliam o imaginário sobre a cidade? E que formas de ativismo político se enunciam a partir dessas estratégias?

Minha reflexão parte da premissa de que as paisagens midiáticas construídas através da música revelam novos mapas urbanos e que com grande recorrência os espaços fragmentários das cidades contemporâneas são reconfigurados por esses produtos culturais, tal como apontado por autores como Herschmann e Fernandes (2011), Connel e Gibson (2002) e Connor (2000). Simultaneamente, tomo como pano de fundo a discussão sobre a importância dos afetos e das territorialidades como circunscrições das ambientações comunicacionais – seja em termos do agenciamento de vínculos e vivências do comum; seja em termos da consolidação das relações de poder a partir de práticas de exclusões territoriais e construção de barreiras étnico-sociais.

Organizada em três seções principais, a discussão aborda primeiramente a trajetória da canção *Garota de Ipanema* e sua visibilidade internacional; a seguir, apresenta os aportes metodológicos da análise, que giram em torno da questão da performance, sobretudo no que diz respeito à discussão de Diana Taylor (2013) sobre os roteiros performáticos, somada à minha proposta de análise dos videoclipes que circulam nas redes sociotécnicas contemporâneas, com atenção ao ecossistema midiático e aos rastros desses videoclipes nas redes digitais (Pereira de Sá, 2021). E, finalmente, na terceira parte, discuto as estratégias de Anitta no videoclipe *Girl From Rio*. Nesta direção, analiso aspectos do videoclipe a partir de elementos tais como sonoridades, corporeidades e territórios. A seguir, amplio essa análise em direção a alguns rastros do lançamento desta produção audiovisual nas redes sociais de Anitta, tais como os *posts* que ela fez sobre as mulheres do Rio de Janeiro e alguns memes que circularam na mesma ocasião, argumentando que esse conjunto de materiais faz parte do roteiro performático que constrói uma narrativa que dialoga, tensiona e amplia o imaginário construído sobre esse território pela canção bossa-novista *Garota de Ipanema*.

A trajetória da Garota de Ipanema

Garota de Ipanema é uma das canções brasileiras mais conhecidas no exterior. Escrita em 1962 por Vinicius de Moraes e Tom Jobim e lançada no ano seguinte no Brasil[3], se tornou *hit* internacional quando foi novamente gravada pelo saxofonista Stan Getz, Astrud Gilberto e João Gilberto e incluída no álbum Getz/Gilberto (1964), ganhando o Grammy de Gravação do Ano em 1965.

Essa gravação marca o *debut* de Astrud Gilberto – mulher de João Gilberto – como cantora. E, segundo os relatos, foi por acaso que ela assumiu os vocais na parte da canção em inglês, fazendo dueto com o marido, por ser a única pessoa a dominar o idioma anglo-saxônico entre os presentes. O fato de a intérprete não ter nenhuma experiência prévia como cantora profissional não impediu que sua interpretação passasse à história como a melhor tradução do clima *cool* e suave que embala a musa de Vinicius e Tom, *The Girl From Ipanema,* no seu "doce balanço a caminho do mar", representando um decisivo passo na aproximação entre a bossa nova e o *jazz* e para a consagração internacional do gênero musical brasileiro.[4]

Desde então, os dados em torno da canção não deixam dúvidas sobre o seu estrondoso sucesso: acredita-se que ela é a segunda canção mais gravada no mundo, atrás somente de *Yesterday,* dos Beatles. Frank Sinatra, Ella Fitzgerald, Nat King Cole e muitos outros artistas do cenário internacional fizeram gravações da música, contribuindo para a ampliação da sua circulação. Nos EUA, ela atingiu a quinta posição no *ranking* da Billboard Hot 100 e chegou à primeira posição na categoria de *Easy Listening Chart*; enquanto na Europa ela atingiu a 29ª posição no *chart* do Reino Unido, além de outras posições importantes em outros países. A canção foi ainda incluída no *Latin Grammy Hall of Fame* em 2001. Em 2004, foi uma das 50 canções escolhidas naquele ano pela Biblioteca do Congresso (*Library of Congress*) para ser adicionada ao acervo do *National Recording Registre.*[5]

A música foi inspirada por Heloisa Eneida Menezes Pinto, depois conhecida como Helô Pinheiro – uma adolescente de 17 anos que morava na rua Montenegro, em Ipanema, e era observada pelos compositores da varanda do bar de mesmo nome da rua (chamado de "Bar do Veloso"), quando caminhava rumo à praia de Ipanema. E segundo o relato de Vinicius de Moraes: "ela era o paradigma da jovem carioca: uma adolescente dourada, mistura de flor e sereia, cheia de luz e graça, mas cuja visão é também triste, pois carrega consigo, a caminho do mar, o sentimento do que passa, da beleza que não é só nossa – é um dom da vida em seu lindo e melancólico fluir e refluir constante". [6]

Garota de Ipanema, com sua visibilidade internacional, contribui para a consolidação de um imaginário em torno do Rio de Janeiro e do Brasil que reitera os clichês de um paraíso tropical no qual belas mulheres com corpos perfeitos desfilam a caminho do mar embaladas pela sonoridade da bossa nova. Um clichê que, evidentemente, exclui a maioria das mulheres brasileiras, mas que se tornou uma referência no imaginário internacional, reforçado nas últimas décadas pelo sucesso das modelos brasileiras no exterior.[7] Não por acaso, na abertura dos Jogos Olímpicos de 2016, no Rio de Janeiro, *Garota de Ipanema* foi a trilha para a cena na qual a *top model* brasileira Gisele Bündchen desfila no palco acompanhada pelo músico Danilo Jobim, neto de Tom Jobim, enquanto o telão mostra a fotografia do próprio Tom Jobim.[8] Ao mesmo tempo, essa canção contribui para a aura em torno do bairro Ipanema como o coração da Zona Sul carioca, imaginada como um território glamouroso, sofisticado e cosmopolita, cuja praia é ladeada pelos apartamentos com o metro quadrado mais caro do Brasil.

Diante desse cenário, cabe reconhecer, por um lado, a sensibilidade "ensolarada" e "cosmopolita" que a bossa nova traz ao imaginário sobre o Brasil, até então restrito à imagem vista como "exótica" da cantora e atriz Carmen Miranda, eternizada nas comédias românticas de *Hollywood* nos anos de 1940/1950.[9] Gênero musical que, como vimos, circulou bem em inglês e recebeu pouca resistência – seja no Brasil, seja no exterior – como tradutor de aspectos da identidade do país. Ao mesmo tempo, ao olhar para trás sob o prisma das pautas identitárias contemporâneas, é preciso apontar para as "limitações eurocêntricas da bossa nova" e suas dificuldades para "explicar a sociabilidade brasileira de hoje sem preconceitos ou caricaturas de feminilidade" (Liv Sovik, 2009, p. 104). Conforme nos lembra a autora: "Por meio da bossa nova, sofisticados homens brancos da periferia do poder mundial ingressaram no clube cosmopolita, o clube da cultura ocidental onde se discutem e estabelecem cânones: ouve-se, na bossa nova, uma voz brasileira que diz 'nós também somos machos' em um tom suave e caloroso" (p. 97).

Esta "voz" pode ser percebida em *Garota de Ipanema*, por meio do eu lírico masculino que expressa seu desejo por uma mulher – no caso, uma adolescente que passa indiferente, desfilando seu corpo bronzeado: "Olha que coisa mais linda, mais cheia de graça, é ela menina que vem e que passa, no doce balanço a caminho no mar." Moça cuja origem indubitavelmente é o território ipanemense, generosamente banhado pelo sol que acentua a sua beleza e gingado: "corpo dourado do sol de Ipanema, o seu balançado é mais que um poema, é a coisa mais linda, que eu já vi passar".[10] Assim, embaralhando realidade e ficção – uma vez que os compositores eram assíduos frequentadores dos botecos do bairro e se notabilizaram como parte da intelectualidade boêmia de Ipanema naquele momento, enquanto Helô Pinheiro aproveitou a oportunidade para entrar no mercado de moda como a "garota de Ipanema" – esses personagens contribuem para a fama de Ipanema e ao mesmo tempo desfrutam do sucesso da canção.[11]

Temos aqui, portanto, um instigante exemplo de como certas canções podem contribuir para a reconfiguração simbólica de corpos e territórios[12], uma vez que esta canção se torna o epíteto do bairro e de certa corporeidade feminina carioca. Ao mesmo tempo, tal como em qualquer outro clichê, além de agenciar vínculos e vivências do comum, esse processo implica relações de poder em práticas de exclusões e barreiras étnico-sociais. Desta maneira, caberia aqui também reconhecer que no mesmo processo em que *Garota de Ipanema* se torna o paradigma do *carioca way of life*, outros corpos e territórios da cidade são excluídos.

Videoclipes, performances e redes sociotécnicas

Em 29 de abril de 2021, a cantora brasileira Anitta lança a canção e o videoclipe *Girl From Rio*[13], sampleando a sonoridade da canção *Garota de Ipanema*. Cercada de expectativas a partir do conjunto de *posts* que ela vinha publicando no seu Instagram sobre o Rio de Janeiro, conforme analiso a seguir, a narrativa do videoclipe aposta num contraste entre o cenário da Zona Sul, retratado em tons pastel e de maneira claramente estereotipada, à maneira dos filmes *hollywoodianos* da década de 1940, que Carmen Miranda tornou célebres; e o Piscinão de Ramos, uma área de lazer na Zona Norte do Rio de Janeiro, na qual Anitta se diverte com sua família e amigos num dia de praia.

Anitta é uma cantora que vem do *funk* e que alcançou a cena musical *mainstream* buscando uma carreira internacional. Assim, podemos primeiramente ver a apropriação de *Garota de Ipanema* pela cantora como uma estratégia de reiteração de um clichê – entendido aqui como uma imagem "utópica" e "idealizada" (Soares, 2018, p. 36) da identidade musical brasileira, capaz de engajar fruidores mundo afora, que se reconhecem a partir da familiaridade com gestos tipificados. É como se ela usasse um "cartão de visitas" que pode abrir portas a uma cantora que busca ampliar sua circulação no mercado global da música *pop*, a partir de elementos da "boa música" do Brasil e das bênçãos de uma canção da bossa nova extremamente bem-sucedida no exterior.

Porém, meu argumento é o de que ela tensiona essas referências a partir da sua performance no videoclipe, reivindicando a inclusão de outras corporeidades, outros territórios e outras sonoridades no imaginário sobre o Rio de Janeiro, conforme veremos a seguir.

Nessa chave de análise, a reflexão em torno da noção de performance – entendida aqui como um processo de comunicação incorporado (Frith, 1996) e uma forma de produzir sentidos e negociar posições (Taylor, 2015) – é um aspecto central da análise, uma vez que nos chama a atenção para o papel do corpo em ação – em vez de apenas textos ou narrativas – na construção das identidades.

Conforme já assinalado por Soares (2018) e por Amaral, Soares e Polivanov (2018), a lente metodológica proposta por Taylor se torna oportuna para os estudos de música por propiciar a abordagem da performance como uma episteme. Em diálogo com Schechner, para quem a performance se define a partir de atos de reiteração e transferência (1988), a autora enfatiza a construção de conhecimento, memória e senso de identidade como elementos centrais desse processo, ressaltando a importância da performance para a transmissão de memórias, construção de identidades e de reivindicações políticas. Performance é, assim, uma forma de "produzir conhecimento e negociar posições a partir da tangibilidade dos corpos" (Taylor, 2013, p. 19).

Além disso, outro aspecto que me parece importante é a sugestão metodológica da autora em torno de pensarmos a performance como uma narrativa cujo roteiro atinge a forma de "drama social" encenado pelos corpos:

> O roteiro inclui aspectos bem teorizados na análise literária, como narrativa e enredo, mas exige também que se preste atenção aos *milieux* e comportamentos corporais como gestos, atitude e tom, que não se reduzem à linguagem. Simultaneamente, montagem e ação, os roteiros moldam e ativam os dramas sociais. A montagem exibe a extensão de possibilidades; todos os elementos estão lá: encontro, conflito, resolução e desenlace (Taylor, 2013, p. 61).

Um terceiro aspecto produtivo da discussão, que já destaquei alhures, é a tensão entre os aspectos efêmeros e aqueles mais persistentes da performance. Pois, apesar de acontecer no presente, como um evento, toda performance constitui-se como um repertório de práticas incorporadas que atua como um sistema de transmissão de conhecimento e que implica em negociações com o outro (Pereira de Sá, 2021, p. 106).

Taylor distingue entre os conceitos de arquivo e repertório como fontes de informação. Para a autora, o arquivo diz respeito às formas de conhecimento "fixas", tais como documentos, mapas, textos literários, cartas, restos arqueológicos, vídeos e filmes; enquanto o repertório encena a memória incorporada, tal como gestos, oralidade, movimento, dança e canto; e requer copresença e corpos que atualizem essa memória. "O repertório ao mesmo tempo guarda e transforma as coreografias de sentido" (2013, p. 50). Assim, arquivo e repertório existem em estado de interação e se complementam como formas de construção de memória e conhecimento.

No caso específico dos videoclipes, minha abordagem se inspira nessa discussão e ao mesmo tempo propõe ir além, uma vez que entendo o videoclipe ao mesmo tempo como arquivo e repertório. Segundo a autora: "um vídeo de uma performance não é uma performance" e a performance ao vivo nunca pode ser captada em um arquivo (Taylor, 2013, p. 50). Além de discordar dessa afirmação, gostaria de pensar justamente na tensão que se instaura entre os aspectos arquivais e de repertório do videoclipe, ou seja, na forma como ele registra uma performance de artistas e dançarinos; mas, ao mesmo tempo, como ele atualiza uma performance. Neste ponto, cabe destacar a articulação entre performance, corpos e territórios, destacando o papel da performance como instrumento de (re)territorialização.

Outro aspecto de minha perspectiva de análise diz respeito ao entendimento do papel dos videoclipes que circulam nas redes digitais, tomados como atores centrais nas disputas políticas da atualidade, contribuindo de inúmeras formas para a produção, negociação e visibilidade das identidades (Railton e Watson, 2011, p. 10). Isso nos leva à reflexão que tenho desenvolvido em torno do "videoclipe pós-MTV", na qual enfatizo a importância de entendermos o videoclipe em seu ambiente comunicacional – a internet –, identificando os atores, humanos e não humanos, que constituem essa experiência de produção, circulação e consumo musical. Reitero aqui, pois, a proposta que formulei sobre a necessidade de:

> [...] ir além da análise de cunho culturalista do videoclipe, que investiga somente os sentidos, as narrativas e as ideologias, isoladamente; buscando, ao invés disso, seguir também seus rastros, seus deslocamentos e suas conexões – seja com outros produtos audiovisuais, seja com *softwares* e plataformas comunicacionais, seja com outros atores humanos tais como os fãs, *haters* e outros usuários das redes

sociais, tomando-os como parte de redes sociotécnicas mais amplas (2021, p. 77).

Com base nessas questões, passo à análise do videoclipe de *Girl From Rio* e de seus rastros nas redes sociais, buscando entender o que a performance de Anitta torna visível em termos de corpos, territórios e sonoridades ligados à cidade do Rio de Janeiro e quais são os principais elementos de seu roteiro performático. Afinal, que garota é essa e que Rio é esse?

Territorialidades e corporeidades periféricas

Conforme já mencionado, uma chave central da narrativa do video-clipe é o contraste entre a Zona Sul, mostrando Ipanema em cores pastel, estilizada e *clean*; e a Zona Norte carioca, buscando dar visibilidade a outros territórios do Rio de Janeiro "real". E nesse sentido, a escolha do Piscinão de Ramos – uma área de lazer que consiste em uma praia artificial construída em torno de uma piscina pública com água do mar no bairro da Maré, inaugurada em 2001 durante o governo estadual de Anthony Garotinho – é bem eloquente. Cercado de polêmicas por seu caráter "populista" e "eleitoreiro", o projeto que visou atrair os moradores dessa área, que pertencem às classes populares, tornou-se um clichê da estética "suburbana" da cidade do Rio, tornando-se cenário de novelas e programas populares.[14]

É, portanto, nesse cenário que o roteiro performático do videoclipe constrói uma narrativa em torno da sociabilidade das classes populares em um dia de praia com riqueza de detalhes: do momento em que Anitta desce do ônibus passando às cenas de "um dia na praia", com brincadeiras no mar, churrasquinho, flerte, jogo de futebol, mergulhos no mar e paquera. Assim, ela sugere que, enquanto Ipanema é um pastiche sobre os trópicos, a "vida real" acontece no Piscinão.

Nesse cenário, observamos a performance de corpos com trajes de banho sumários, que fazem parte da paisagem das praias da cidade.

Corpos que se beijam e que exploram o clichê da eroticidade ligado aos trópicos, porém a partir de uma representação que vai além dos corpos perfeitos das garotas de Ipanema ou das modelos brasileiras que circulam no exterior, dando a ver a pluralidade de corpos que abrangem as expressões periféricas – incluindo corpos negros, corpos que desafiam os padrões estéticos hegemônicos e também corpos considerados esculturais, tais como o da própria Anitta.

Já em termos da sonoridade da canção, conforme mencionado, *Girl From Rio* sampleia *Garota de Ipanema*, cuja batida bossa-novista vai ser ouvida ao longo de toda a canção de pouco mais de três minutos. Gênero musical que adquiriu popularidade internacional a partir de um conjunto de mediadores importantes do *jazz* e da canção anglo-saxônica do mercado global, tais como Stan Getz, Frank Sinatra, Nat King Cole e outros, e cujo valor ocupa o topo do panteão da moderna música popular brasileira entre críticos e músicos. Construção que passa pela crítica musical e literária, tais como na influente obra de Augusto de Campos sobre o *Balanço da Bossa* (1968). Destacando a "estética moderna e vanguardista" que valoriza a ruptura e o avanço formais, assim como a resistência política à ditadura, o crítico foi fundamental para posicionar a bossa nova (e o Tropicalismo) a partir da aposta na ideia de "revolução":

> E foi justamente por não temer as influências do *jazz*, até então a mais moderna música popular do Ocidente, que a bossa nova deu a virada sensacional na música brasileira, fazendo com que ela passasse, logo mais, de influenciada a influenciadora do *jazz*, conseguindo com que o Brasil passasse a exportar para o mundo produtos acabados e não mais matéria-prima música (ritmos exóticos), "macumba para turistas", segundo a expressão de Oswald de Andrade (Campos, 1968, p. 143).

Visão que se tornou quase unânime entre a crítica musical desde então.[15] Assim, quando Anitta se apropria dessa referência, ela parece pretender usufruir do prestígio desta canção e do gênero musical consagrado. Porém, ao mesmo tempo que a bossa nova poderia abrir algumas portas para Anitta, por ser uma canção muito conhecida, evidentemente ela também fecha outras, uma vez que a admiração pela bossa nova dificilmente é compartilhada com sua jovem audiência.[16] E, nesse sentido, a mistura da sonoridade da bossa nova com as batidas eletrônicas do *trap* – subgênero de música eletrônica derivado do *rap* surgido nos arredores da cidade de Atlanta, no Sul dos EUA, em meados da década de 1990; e que a partir dos anos 2000 atinge crescente visibilidade no cenário da indústria musical *mainstream* – traz novas camadas de escuta à canção. Pois o *rap* e seus subgêneros fazem parte de um movimento cultural cosmopolita, que fala com a juventude negra e mestiça e no qual o discurso sobre aspectos étnicos e relacionados às classes sociais é explícito. Discurso ainda predominantemente vinculado a elementos de uma masculinidade hegemônica, que Anitta vai tensionar, com uma letra cantada em inglês – detalhe criticado por uma parcela de seus fãs brasileiros – e construída a partir de uma persona feminina, que é a Garota do Rio/*Girl from* Rio.

Temos aqui, portanto, uma dupla provocação da artista. Primeiramente, propondo apresentar um Rio povoado por mulheres reais: *"Hot girls shore I'm from, we don't look like models/ Tan lines, Big curves and the energy glows/ You'll be falling in love with the girl from Rio"* – ela canta nos primeiros versos, parecendo dialogar diretamente com o estereótipo brasileiro das mulheres longilíneas projetadas no exterior a partir de modelos tais como Gisele Bündchen. E, a seguir, ela enfatiza que vai apresentar "um Rio diferente":

> *Let me tell you about a different Rio/*
> *The one I'm from, not the one that you know/*
> *The one you mee shen you don't have no Real/*
> *Baby, it's my love affair, it's my love affair […]"*
> E que Rio é este?
> *Honório Gurge shower* (sou eu)
> *Babies having babies like it doesn't matter* (ah, é!)

Yeah, the streets have raised me, I'm favela (demais).
Just found out I have another brother (hey)
Same daddy, but showant mother (had a brother)
This was something that showys wanted
Baby 't's a love affair, 't's a love affair, yeah (yeah, yeah) [...]
I just had to leave another lover (mais um)
Yes, he coul'n't handle my persona (não fala)
'Cause'I'm cold like winter, hot like summer (yeah)
Baby, 't's my love affair, 't's my love affair, yeah (yeah, yeah)

Nesses versos, o eu lírico da canção se apresenta a partir da voz e do olhar femininos, com ênfase em traços biográficos de sua *star persona*[17] tais como a sua origem no bairro de Honório Gurgel; na descoberta recente de um irmão, Felipe Terra, por parte de pai; ou nas fofocas da imprensa em torno da vida amorosa e sexual da artista. Voz narrativa em tudo diferente, seja daquela sensibilidade masculina e romântica da tradição bossa-novista de *Garota de Ipanema* e na qual a mulher é uma musa inatingível, diáfana e que só existe a partir da voz e desejo masculino, seja das vozes da masculinidade hegemônica do *rap*.

Por fim, cabe ainda destacar o diálogo do clipe com as redes sociais de Anitta, uma vez que, conforme comentei anteriormente, aposto numa metodologia na qual é preciso seguir os rastros, deslocamentos e conexões do videoclipe que circula na internet, como parte de redes sociotécnicas mais amplas (Pereira de Sá, 2021). Assim, caberia destacar os *posts* que Anitta fez para o Instagram e os memes que circularam sobre a canção, entendendo que esses rastros fazem parte do roteiro performático de circulação do videoclipe, contribuindo decisivamente para a construção da narrativa sobre o Rio de Janeiro que ela encena.

Primeiramente, cabe destacar os *posts* publicados no seu perfil no Instagram nos 30 dias que antecederam o lançamento do videoclipe, cujo tema foi o Rio de Janeiro, seus locais e personagens – sobretudo femininas. O primeiro deles foi sobre Nilma Duarte Narciso – apresentada por Anitta como "modelo *plus size*, dançarina de Carnaval e técnica de hemoterapia".

Mother, plus size model and Carnival dancer, laboratory and hemotherapy technician, Nilma Duarte Narciso believes that beauty is more than looking in the mirror and falling in love with what you see, 't's something that causes chatte showarar. "Even though people give you perverse looks, their opinion is all about themselves. If you are well in mind and body, th showis just something else." In Rio de Janeiro, she is dedicated to helping people, because this show the reality of the city may change #She is a girl from Rio.

A esta, seguiram-se outras postagens, sempre (muito bem) escritas em inglês, dedicadas a mulheres cariocas mais ou menos conhecidas do público, construindo uma narrativa coesa a partir do uso da *hashtag She is a Girl From Rio*: Fernanda Abreu, Carolina Dieckmann, Fernanda Montenegro, Roberta Close, Taís Araujo, Marielle Franco, além de ativistas, advogadas em prol de direitos humanos; e ainda sobre artistas do cenário internacional que gravaram a canção *Garota de Ipanema*, tais como Ella Fitzgerald, Amy Winehouse e – exceção aberta para um homem – Frank Sinatra. Outros *posts* descrevem pontos turísticos do Rio e escritores de "alma carioca", tais como Nelson Rodrigues. Assim, a artista constrói uma narrativa sobre a cidade e uma genealogia de mulheres que ocupam esse lugar de *Girl From Rio*, claramente comprometida com a pluralidade e com as questões de gênero, etnia e ativismo político.

Uma segunda ação de marketing que faz parte desse roteiro foi a divulgação de algumas imagens do clipe, que imediatamente foram apropriados e se transformaram em memes na internet. O primeiro deles foi a capa do álbum, que traz uma foto de Anitta em trajes praianos (biquíni e um minúsculo *top*) posando na frente de um ônibus cujo visor dianteiro informa, no local do trajeto: *Girl From Rio*. Imagem que, ao ser amplamente apropriada – não só por fãs mas também por artistas e celebridades – permitiu a afirmação da pluralidade de identificações territoriais, em letreiros tais como: "*Girl From* Paraíba" (ex-BBB Juliette); "*Girl From* Vila da Penha" (cantora e compositora Teresa Cristina), "*Boy From* Rio" (cantor e compositor Tico Santa Cruz, em trajes sumários com uma tarja de "censurado"; "Jurunas Conceição" (Gretchen, num *post* em homenagem ao Pará), *"From Rio* / Maricá" (prefeito Eduardo Paes, brincando com o fato de que foi flagrado falando mal da cidade de Maricá em um telefonema privado com Lula, grampeado durante a Lava Jato), entre muitos outros. Até mesmo a campanha "Unidos pela vacina", capitaneada pela empresária Luiza Trajano, da Magalu, pegou carona na brincadeira, exibindo seu *slogan* no letreiro do ônibus com a foto de Luiza à frente.

A segunda imagem que se tornou meme e viralizou foi a da foto de Anitta lendo um jornal no qual a manchete, em inglês, é: "Anitta *has another brother*", em referência ao verso no qual ela menciona a descoberta do novo irmão. Nesse caso, a apropriação realizada pelos internautas foi a de trocar não só a foto de Anitta como também a manchete do jornal, permitindo uma conversação em torno dos assuntos diversos não só da cidade do Rio, mas da cultura e da política nacionais. Assim, notícias fictícias sobre Juliette como vencedora do *reality-show Big Brother* ou sobre o *impeachment* de Bolsonaro circularam, sob as bênçãos da artista, que compartilhou algumas delas em seu perfil, tal como a seguinte: "Caiu! Bolsonaro sofre impeachment e a partir de hoje não é mais o presidente do Brasil" – compartilhada em seus *stories* no Instagram.

Em síntese, entendo que o roteiro performático do videoclipe de *Girl From Rio* engloba o conjunto dessas ações em torno de um "drama social" (Turner, 2011) que é o da reterritorialização afetiva e simbólica da cidade do Rio de Janeiro para além do cartão-postal da Zona Sul, dando visibilidade a outras corporeidades e territórios. Aponta, assim, para uma identidade carioca plural que tensiona os clichês construídos por *Garota de Ipanema*.

E se as performances, conforme propôs Gofman (1975), são as formas como os sujeitos encenam personas de modos intencionais visando causar certas impressões, a performance deve ser avaliada pela sua eficácia comunicacional, enquanto produtora de narrativas convincentes para o outro, no contexto das interações sociais ou, conforme Taylor (2013), no enquadramento dos roteiros performáticos. Ou seja: uma performance é eficiente se ela engaja outros atores e os persuade a se posicionarem em relação ao roteiro que está sendo proposto.

E nesse sentido, podemos afirmar a partir do *buzz* gerado por essas ações, que a performance de Anitta foi bem-sucedida, produzindo uma conversação em torno da pluralidade dos corpos e territórios que constituem o imaginário sobre a cidade do Rio de Janeiro, que poderia ser caracterizada como uma forma de ativismo, definido brevemente como "a ação intencional para modificar a hegemonia e provocar mudança" (Pereira de Sá, 2016).

E antes que os críticos desse argumento afirmem que o exemplo discutido não representa uma "autêntica" forma de ativismo, caberia problematizar a própria definição de "ativismo autêntico", ecoando assim as observações de Duncombe (2007; apud Bennett; 2012). Para o autor, reivindicar uma forma de ativismo político cujo modelo ainda se ancora nas estratégias predominantemente "disciplinadas" e "racionais" de Martin Luther King Jr, por exemplo, é uma armadilha, uma vez que o jogo, a performance, o espetáculo e o afeto são elementos cruciais da mobilização política e devem ser reconhecidas como tal. E é nessa direção que atores oriundos do universo da cultura *pop*, tais como artistas e seus fãs, são cruciais no cenário político e ativista contemporâneo, conforme apontam pesquisadores do tema. Com alta capacidade de visibilidade, mobilização e pressão em torno de suas causas; e contando com um exército de apoiadores na forma de uma comunidade afetiva de fãs, a cultura *pop* se torna, cada vez mais, a instância central de mediação das questões político-culturais, demolindo as fronteiras entre ativismo e entretenimento (Amaral *et al.*, 2014; Jenkins *et al.*; 2016; Bennett, 2012; Brough; Shrestova, S., 2012; Pereira de Sá, 2016).

Considerações finais

Meu objetivo neste artigo foi o de analisar um videoclipe de cultura *pop* brasileira, buscando demonstrar a centralidade dos videoclipes pós-MTV como veículos privilegiados para uma vivência do *pop*, que assim, por meio de sua circulação, tecem complexas teias que enredam aspectos locais, globais e transnacionais das experiências identitárias na atualidade.

Ao acionar a ideia de cultura *pop*, evoco também o conjunto de tensões que o termo produz. Tensões advindas, por um lado, do fato de que o *pop* se enraíza na lógica mercantil, negociando com as exigências do mercado global e acionando um conjunto de clichês. Assim, cabe reconhecer que as estratégias de Anitta estão inscritas na lógica das indústrias globais do entretenimento e que *Girl From Rio* é um produto mercadológico destinado a esse mercado. Desta maneira, Anitta não foge de um conjunto de clichês sobre a brasilidade (e/ou latinidade), tais como a ideia de "alegria" e "felicidade" dos trópicos; das praias como espaços de sociabilidade; e ainda o erotismo com foco nas bundas das garotas de biquíni.

Além disso, reconhecendo o lugar central dos videoclipes na cultura da música hoje, defendi que estes não devem ser apreendidos como unidades isoladas. Ao contrário, eles articulam-se a diferentes redes sociotécnicas que vão redefinindo suas narrativas e sentidos. Dessa maneira, o "enquadramento performático" dos videoclipes exige o esforço de rastreamento dessas narrativas múltiplas que os enredam e que disputam sentidos na cultura digital; e que, no caso de *Girl From Rio*, tecem uma rede de conversações em torno dos sentidos da identidade, dos corpos e territórios cariocas que se espraiam pelas redes e *posts* de Anitta.

Mas, por outro lado, também entendemos o *pop* como uma estrutura de sentimentos, uma matriz de sensibilidade estética cosmopolita que povoa o *mediascape* da modernidade (Pereira de Sá; Ferraraz; Carreiro, 2015). Nessa direção, para além dos binarismos, interessa-nos sublinhar a potência *"pop*-lítica" dessa sensibilidade "bastarda" do *pop* (Rincon,

266

2016), que pode ser vista em ação quando o videoclipe desafia os estereótipos consolidados em torno da bossa nova, incorporando outros corpos e territórios periféricos com outros padrões e memórias que, apesar de inscritos no diálogo com o mercado transnacional, podem revelar outros balanços e bossas que não somente aquelas imortalizadas por Vinicius e Tom com *Garota de Ipanema*.

Notas

[1] Este artigo é resultado da pesquisa "Música *pop*-periférica: política, ativismo e controvérsias nas plataformas digitais", desenvolvida pela autora com o apoio de bolsa de Produtividade do CNPq.

[2] Vídeo oficial de *Girl From Rio*. Disponível em: <https://www.youtube.com/watch?v=CuyTC-8FLICY>. Acesso em: 9 nov. 2021.

[3] Foram duas gravações: a de Pery Ribeiro, na gravadora Odeon; e do Tamba Trio, na Philips.

[4] Para uma análise da trajetória da bossa nova no mercado anglo-saxônico nos anos 1960, ver: Goldschmitt, 2019. Segundo o autor, no início dos anos 1960, a bossa nova entra na indústria *mainstream*, tornando-se um dos ritmos latinos "da moda" rotulados de "Latin *Pop*". E, tal como o *twist* anteriormente, torna-se um ritmo dançante e jovem, com passos exibidos na televisão por Judy Garland, no seu programa de variedades; ou no álbum de Quincy Jones chamado *Soul Bossa Nova*, em 1962. Remontando à origem do interesse saxônico pelo gênero, Goldschmitt menciona o sucesso internacional do filme *Orfeu Negro*, dirigido por Marcel Camus e premiado com a Palma de Ouro no Festival Internacional de Cinema de Cannes em 1959; e com o Oscar de Melhor Filme Estrangeiro de 1960, chamando a atenção para a música brasileira graças à trilha composta por Tom Jobim e Luiz Bonfá e ao roteiro baseado em peça de Vinicius de Morais. Outros mediadores importantes são Charlie Byrd e Stan Getz, compositores e músicos de *jazz* que se interessam pela bossa nova (a partir de uma viagem de Byrd ao Brasil em 1961) e gravam o álbum *Jazz Samba* em 1962. Este álbum é sucedido pela parceria de Stan Getz e João Gilberto no álbum *Getz / Gilberto*, que traz a mencionada canção *Girl From Ipanema*. Assim, o argumento do autor é de que a bossa nova entra no mercado internacional, sobretudo nos EUA, a partir de um conjunto de mediadores que vão "traduzir" o gênero, adaptando-o ao gosto e à sensibilidade da juventude e transformando-o em uma "moda" internacional. Segundo o autor: "*At that time, bossa nova represented many things: an exotic new jazz style, a trendy dance, and the essence of cutting-edge fashion for the privileged – predominantly white – elite*".

[5] Fonte: Wikipedia. Disponível em: <https://pt.wikipedia.org/wiki/Garota_de_Ipanema>. Acesso em: 15 dez. 2021.

[6] Revelação. Citado por Wikipedia. Disponível em: <https://pt.wikipedia.org/wiki/Garota_de_Ipanema>. Acesso em: 15 out. 2021.

[7] Gisele Bündchen, Adriana Lima e Alessandra Ambrósio são algumas das modelos que construíram bem-sucedidas carreiras, atingindo o topo do mercado da moda e abrindo as portas para outras profissionais no mercado internacional, a partir do final dos anos de 1990.

[8] "Gisele Bündchen arrasa na cerimônia de abertura da Olimpíada Rio 2016". Site Ego, 5 ago. 2016. Disponível em: <http://ego.globo.com/moda/noticia/2016/08/gisele-bundchen-arrasa-na-cerimonia-de-abertura-da-olimpiada-rio-2016.html>. Acesso em: 22 jan. 2022.

[9] Analiso a trajetória de Carmen Miranda e a sua performance de *Baiana* no cinema hollywoodiano e refuto as críticas sobre sua "exotização" da música e imagem do Brasil em: Pereira de Sá, 2002.

[10] No caso da gravação em inglês, a tradução coloca a frase do desejo como uma pergunta: "*How can he tell her he loves her?*" – curiosamente entonada pela voz suave de Astrid Gilberto, que assim desloca o sentido original, por sugerir que há uma mulher que observa um homem observando outra mulher (Sovik, 2009, p. 98).

[11] Vale lembrar que o bar Montenegro, conhecido como Bar do Veloso, mudou seu nome para Garota de Ipanema, a fim de explorar a fama da canção; e a rua Montenegro também sofreu a mudança de nome para rua Vinicius de Moraes, transformando-se em *souvenir* turístico da bossa nova.

[12] Conforme assinalamos anteriormente: "[...] nos debates sobre as culturas da imagem e do som, noções ligadas à lugar, espaço e territorialidade são constantemente acionadas. Seja para atrelar determinada prática a um sentimento de identidade local ou regional; seja para delimitar espaços simbólicos de origem de gêneros musicais; seja ainda para discutir os ambientes virtuais de circulação de áudiovisualidades múltiplas, a noção de que sons e imagens se vinculam a lugares, ambientes ou territórios afetivos – físicos, simbólicos, virtuais – é recorrente. Além disto, espaços urbanos e ambientes virtuais também se reconfiguram a partir de imaginários produzidos por sons, músicas, filmes, videoclipes e imagens midiáticas. Nesta perspectiva, tomando-se a importância dos afetos e das territorialidades como circunscrições das ambientações comunicacionais, ressalta-se que além de agenciar vínculos e vivências do comum, a territorialização, em seus aspectos físicos e virtuais, também implica relações de poder em práticas de conectividade, exclusões e barreiras étnico-sociais" (Pereira de Sá *et al.*, 2020, p. 8).

[13] A composição tem a autoria de Anitta, Gale, Raye, Tor Erik Hermansen e Mikkel Storleer Eriksen, além dos créditos e Tom Jobim e Vinicius de Morais, pelo *sample.*; e faz parte do quinto álbum da cantora e compositora, com previsão de lançamento em 2022. O videoclipe tem direção de Giovanni Bianco.

[14] Tais como as novelas *O Clone* (2001, TV Globo) e *Amor e Intrigas* (2007/2008, Record TV); e programas como *Pânico na TV*.

[15] Vale registrar a exceção: o influente crítico José Ramos Tinhorão execrava a mistura de samba com *jazz*, sobretudo a partir de sua circulação internacional. Ver, entre outras, sua obra: "O Samba Agora Vai: a farsa da música popular no exterior" (1969) na qual, desde o irônico título, já destaca o que pensava sobre as tentativas de a música brasileira adentrar no mercado internacional.

[16] Conforme Goldschmitt (2019), a "percepção" do que seria a bossa nova nos Estados Unidos tornou-se cada vez mais difusa e sem conexão com o Brasil. Um exemplo é o fato de o gênero passar a ser rotulado como "*easy listening*", música instrumental "suave" feita para ambientes públicos tais como elevadores, shoppings e *halls* de hotéis.

[17] Por persona midiática me refiro à persona pública do artista, construída por meio de um roteiro performático que envolve a seleção e a exposição de alguns traços biográficos e da vida íntima, somados a um conjunto de expressões públicas tais como *posts*, entrevistas, declarações etc. – visando à produção de uma "narrativa de si" que seja de alguma maneira linear e coerente. Ver: Pereira de Sá e Dalla Vechia, 2020.

Referências

AMARAL, Adriana; SOUZA, Rosane; MONTEIRO, Camila. De Westeros no #vemprarua à shippagem do beijo gay na TV brasileira. Ativismo de fãs: conceitos, resistências e práticas na cultura digital brasileira. XXXVII Congresso da Intercom. *Anais [...]*. São Paulo: Intercom. 2014.

AMARAL, Adriana; POLIVANOV, Beatriz; SOARES, Thiago. Disputas sobre performance nos estudos de comunicação: desafios teóricos, derivas metodológicas. *Intercom: Revista Brasileira de Ciências da Comunicação*, São Paulo, v. 41, n. 1, pp. 63 - 79, jan./abr. 2018.

BENNET, Lucy. Fan activism for social mobilization: A critical review of the literature. *Transformative Works and Cultures*, v. 10, 2012. Disponível em: <http://journal.transformativeworks.org/index.php/twc/article/ view/346/277>. Acesso em: 27 jan. 2022.

BROUGH, Melissa; SHRESTOVA, Sangita. Fandom meets activism: Rethinking civic and political participation. *Transformative Works and Cultures*, v. 10, 2012.

CAMPOS, Augusto. *Balanço da bossa e outras bossas*. São Paulo: Perspectiva, 1986.

CONNELL, John; GIBSON, Chris. *Sound Tracks*: popular music, identity and place. Londres: Routledge. 2002.

CONNOR, Steven. *Dumbstruck*. Oxford: Oxford University Press, 2000.

DUNCOMBE, Stephen. *Dream*: Re-imagining Progressive Politics in an Age of Fantasy. New York: New Press, 2007.

FRITH, Simon. *Performing Rites*. On the value of popular music. Cambridge/ Massachussets: Harvard University Press, 1996.

GOLDSCHMITT, K. E. *Bossa Mundo*. Brazilian Music in Transnational Media Industries. Oxford: Oxford University Press, 2019

HERSCHMANN, Micael; FERNANDES, Cíntia S. Territorialidades sônicas e ressignificação dos espaços do Rio de Janeiro. *Revista Logos*. Rio de Janeiro, v. 8/2, n. 35, 2011.

JENKINS, Henry *et al*. (org.). *By any media necessary*. New York: University Press, 2016.

PEREIRA DE SÁ, Simone. *Música Pop-Periférica Brasileira*. Curitiba: Ed. Appris, 2021.

PEREIRA DE SÁ, Simone. *Baiana Internacional*: As mediações culturais de Carmen Miranda. Rio de Janeiro: MIS Editorial, 2002.

PEREIRA DE SÁ, Simone. Somos Todos Fãs e *Haters*? Cultura pop, afetos e performance de gosto nos sites de redes sociais. *Eco-Pós* – Revista do PPGCOM da UERJ, Rio de Janeiro, v. 19, n. 3, 2016.

PEREIRA DE SÁ *et. al.* (org.). *Territórios Afetivos da Imagem e do Som*. Belo Horizonte: PPGCOM/UFMG, 2020.

PEREIRA DE SÁ, Simone; CARREIRO, Rodrigo; FERRARAZ, Rogério (org.). *Cultura Pop*. Salvador: Edufba, 2015.

PEREIRA DE SÁ, Simone; DALLA VECCHIA, Leonam. O álbum visual *Kisses* e a construção da *star persona* de Anitta. *In*: PEREIRA DE SÁ, Simone; AMARAL, Adriana; JANOTTI JR., Jeder (org.). *Territórios afetivos da imagem e do som*. Belo Horizonte: Selo Editorial PPGCOM/UFMG, 2020.

RAILTON, Diane; WATSON, Paul. *Music Video and the politics of representation*. Edinburgh: Edinburgh University Press, 2012.

RINCON, Omar. O popular na comunicação: culturas bastardas e cidadanias celebrities. *Eco-Pós* – Revista do PPGCOM da UERJ, Rio de Janeiro, v.19, n. 3, set./dez. 2016.

SOARES, Thiago. *Musica Pop en Cuba*. Barcelona: Ed. UOCC, 2018.

SOVIK, Liv. *Aqui ninguém é branco*. Rio de Janeiro: Aeroplano, 2009.

TAYLOR, Diana. *O Arquivo e o Repertório*. Belo Horizonte: Editora UFMG, 2013.

TINHORÃO, José Ramos. *O samba agora vai*. Rio de Janeiro: Editora JCM, 1969.

TURNER, Victor. *O Processo Ritual*. Petrópolis: Vozes, 2011.

Toda instalação é falsa arte, Ana Mendieta dixit. Espiritualidade feminista: das galáxias às plantas

Karina Bidaseca

> A arte é uma parte material da cultura, mas o seu maior valor reside no seu papel espiritual e na sua influência na sociedade, pois é a maior contribuição que podemos dar ao desenvolvimento intelectual e moral da humanidade (Mendieta, no prefácio do livro *Ana Mendieta: uma retrospectiva*, 1987).

Nascida em Havana, Cuba, em 1948, Ana Mendieta foi arrancada da Revolução Cubana. Em 1961, ela e sua irmã chegaram a Dubuque (Iowa), como refugiadas. Sendo uma latina nos Estados Unidos, Ana chegou aos treze anos, por meio da Operação Peter Pan, organizada pela Igreja Católica para "salvar as crianças do comunismo" – seu pai era um prisioneiro político do regime de Fidel Castro. Sua vida é produto das relações conflituosas entre os dois países.

Em Iowa, Mendieta e a irmã passaram as primeiras semanas em um campo de refugiados, onde viveram em orfanatos, instituições correcionais e passaram por diferentes casas de adoção. Elas conheciam o racismo e o sexismo. "Cadelas. Pretas. Voltem para Cuba", disseram-lhes. Mendieta se proclamaria uma artista de cor não branca. Em 1965, ela se graduou na *Regis High School* e matriculou-se no *Briar Cliff* University em Sioux City. No dia 29 de janeiro de 1966, ocorreu o tão esperado reencontro com sua mãe e seu irmão, que conseguiram deixar Cuba em um dos "*Vuelos de la Libertad*" e se estabeleceram perto de ambas, em Cedar Rapids.

Em 8 de setembro de 1985, sua morte repentina chocou o movimento feminista internacional quando seu corpo caiu de um prédio em Greenwich Village (bairro de Nova York), onde morava com seu parceiro, o pintor minimalista Carl Andre. Gritando: "Onde está Ana Mendieta?", o movimento feminista condena a impunidade e relembra sua memória.[1]

Cabe destacar que, na década de 1980, Howardena Pindell, feminista afro-americana, convidou Mendieta para organizar uma exposição de referência em 1980 intitulada: *Dialectis of Isolation: An Exhibition of Third World Women Artists of the US*. Esse fato coletivo foi fundamental para reescrever uma história feminista de artistas racializadas da qual ela foi participante ativa.

Antes de sua partida deste mundo, a Academia de Roma foi a última estadia que fez antes de chegar a Nova York. A videoartista começou a criar "objetos" de arte, que incluíam desenhos e esculturas. Uma série de esculturas de baixo-relevo feitas de areia e terra foram exibidas na Galeria de Piano de Roma.

> Eles me deram um lindo estúdio em Roma. Eu nunca tive um estúdio, porque eu não precisava de um. Agora, eu tenho trabalhado dentro de casa. Sempre tive problemas com essa ideia, pois sinto que não posso imitar a natureza. Uma instalação é arte falsa (Ana Mendieta e Linda Montano, entrevista inédita, citada em Barreras del Río, 1987, p. 50).

Em 2018, no Museu de Arte Moderna de Buenos Aires (MAMBA), pude abordar os oito registros de performance que foram projetados em uma sala onde telas simultâneas exibiram seus trabalhos realizados durante as décadas de 1970 e 1980. *Ocean Bird*; *Pára-quedas*; *Cachorro*; *Respiração de Grama*; *Peça de Construção Moffitt*; *Traços do corpo*; *Esculturas rupestres*; *Sem título*, da série *Siluetas*, sem dúvida, a mais conhecida do artista.[2]

Em particular na obra *Sopro da grama*, é possível verificar a exclamação que dá título a este texto: "Toda instalação é uma arte falsa".

Ao provocar um movimento sísmico subterrâneo que nos sacode e nos invade, um batimento cardíaco ofegante que é exacerbado pelo corte da respiração, o vídeo nos permite sentir aquela força que a artista soube colocar em palavras: "Não há passado original para resgatar: há vazio, orfandade, a terra não batizada do início e o momento em que nos olha de dentro da terra", escreveu ela em 1988 (Mendieta apud Obregón, 2015).

Seu corpo, seus escritos performáticos no mar, suas "silhuetas", como vaginas que redefinem a arte rupestre, foram esculpidos em calcário nas cavernas das Escaleras de Jaruco, em Havana (Cuba). Eles compõem um arquivo vivo que institui novas "poéticas eróticas do relacionamento" (Bidaseca, 2020), conceito que nasce da fundição do pensamento feminista da afrofeminista Audre Lorde com o poeta e romancista antilhano Édouard Glissant[3].

Este texto propõe, assim, situar a arte *site-specific* de Mendieta como uma potência erótica e espiritual que brota da terra, confrontando os limites da caixa branca do museu. Aquele que pode expandir os impostos pela ordem afetiva do sexo de dominação com a terra. Nas palavras da afrofeminista Audre Lorde:

> [...] a ponte que liga o espiritual e o político é precisamente o erótico, o sensual, aquelas expressões físicas, emocionais e psicológicas do mais profundo, poderoso e rico de nosso interior, aquilo que compartilhamos: a paixão do amor em seu sentido mais profundo". Um erotismo que busca constituir-se "no espaço entre a incipiente consciência do próprio ser e o caos dos sentimentos mais fortes. É uma sensação de satisfação interior que sempre desejamos recuperar depois de experimentá-la (Lorde, 1984).

Aproximando as margens entre a África e o Caribe, sua estética acomoda o que Glissant chamou de "direito à opacidade" (Glissant, 2017, p. 17). Assim, é possível investigar em seu pensamento formas vibrantes de corpos-d'água, de sua íntima ligação com as espécies, com as galáxias, com os poderes africanos do Orixá. Nas seções que seguem tratarei dos itinerários que unem aqueles lugares que, embora imperceptíveis, deixam sua marca e abraçam sua memória.

Mundos de viagem

Tenho conduzido um diálogo entre a paisagem e o corpo feminino – baseado em minha própria silhueta –. Eu acho que isso foi resultado direto de ter sido arrancada da minha terra natal – Cuba – durante a minha adolescência. Estou sobrecarregada pelo sentimento de ter sido jogada para fora da barriga – a natureza –. A minha arte é a forma como restabeleço os laços que me unem ao universo. É um retorno à fonte materna. Através das minhas esculturas de terra/corpo, torno-me uma com a terra. Eu me torno uma extensão da natureza e a natureza se torna uma extensão do meu corpo. Esse ato obsessivo de afirmar meus laços com a terra é na verdade uma reativação de crenças primordiais [...] em uma força feminina onipresente, a imagem residual de estar presa no útero; é uma manifestação da minha sede de ser" (Mendieta, 1988, p. 17).

Desenvolveu suas performances[4] em torno da violência exercida sobre os corpos femininos colonizados, inspirando a metáfora do corpo da mulher como a primeira das colônias humanas. Com essas intervenções, Ana Mendieta ia criando um novo gênero artístico, ao qual nomeou esculturas "*earth-body*". Trabalhou com a cultura afro-cubana e ameríndia. Incluiu nesta série cenas de sacrifícios rituais de animais e, além disso, representações de violações a mulheres, convocando sua adesão ao movimento feminista das mulheres não brancas. Segundo Lugones (2021, p. 7), "Mendieta documenta obras de terra específicas de lugares desde o seu exílio nos Estados Unidos ao retorno a Cuba natal, passando por Oaxaca, expandindo sua própria temporalidade e abraçando distintos viajar-mundos".

- *De Havana, Cuba; a Iowa, Estados Unidos: Série Siluetas.* Em 1971, realizou sua primeira exposição individual em *Iowa Memorial Union, University of Iowa.* Em 1972, forma-se em pintura na Universidade de Iowa. Por volta de 1974, realiza *Body tracks,* ações em que ela, seminua ou vestida, mancha com sangue a parede branca da sala, deslizando os braços. Em outra performance de vídeo, *Signos de Sangre,* colocando a mão em um balde de sangue, ela escreve "She got love/Ella consiguió amor". Desde 1977, a artista realizou imagens inquietantes de suas mais conhecidas *Siluetas,* para as quais traçou o contorno de seu corpo na terra e na lama, no mar, nas árvores, utilizando o fogo em obras como: *Ánima, Alma soul Ñáñigo brutal* (1976); série *Árbol de la vida* (*Tree of Life Series*); série *Fetiches.*

- *Do México a Nova York (1976).* Abre *Burial of Ñanigo,* em que aparece uma silhueta com os braços levantados com 47 velas pretas. Essa instalação realizada na 112 *Greene Street,* Nova York, durou sete dias, e na parede foi projetado o slide *Silueta con cenizas* da série *Siluetas.* Por volta de 1977, termina seu mestrado em Belas Artes pela Universidade de Iowa e se muda para Nova York, onde se relaciona com artistas visuais do circuito contracultural e com artistas feministas, como Nancy Spero, Mary Beth Edelson e Carolee Schneemann, cofundadoras da *AIR Gallery* na *Wooster Street.* É a primeira galeria de arte administrada por mulheres artistas criada nos Estados Unidos em 1972, na qual ela ingressará em 1979.

- *De Nova York a Iowa (1979).* Ela retorna a Iowa para desenvolver outra ação incluída na série *Siluetas,* intitulada *Ixel negro,* em que seu corpo é envolto em veludo preto e areia, amarrado com uma fita roxa, sobre uma luva branca perfurada por uma adaga. *Conjuro a Olokun y Yeremaya* são outras peças desse momento. Realiza, no Parque *Old Man's Creek, The Tree of Life,* em que fica nua com seu corpo coberto de lama, em plena fusão com a pele de uma árvore milenar. Em 12 de novembro de 1979, exibe uma exposição individual na galeria A.I.R., com a documentação fotográfica da série *Siluetas*, que produziu em Iowa, Colorado e Nova York.

- *De Nova York a Oaxaca (1980)*. Ela viaja para Oaxaca, onde faz silhuetas de mulheres em calcário na Serra de San Felipe. Pela primeira vez desde o exílio, ela retorna a Havana em 1980. No Parque de Escaleras de Jaruco e Guanabo, destacam-se suas esculturas rupestres que lembram petróglifos, que ela esculpiu nas cavernas. Mendieta viu nas obras uma fusão com o território da ilha e com sua ancestralidade indígena taína. As formas que ela inscreveu referem-se a antigas divindades femininas e maternas. São vaginas, rostos femininos marcados nas paredes de *La Cueva del Águila*, a partir das técnicas indígenas: *Maroya, Guabancex, Iraye, Guanaroca, Alboboa, Bacayú Madre Vieja ensangrentada, Guacar. Nossa menstruação, Atabeyy e Itiba Cahubaba* são o repertório das dez silhuetas femininas, inspiradas nas deusas da cultura taína. "Pela primeira vez, ela incorpora tinta em suas obras. Usou a pintura muito seletivamente, delineando os contornos de uma escultura ou de uma formação rochosa" (Espinosa-García, 2020, p. 12).

- *De Oaxaca a Washington e Miami (1981)*. Executa *Silueta*, como parte do Projeto para as Artes, em um cemitério de Georgetown (Washington D.C.), e participa da Quarta Bienal de Medellín (Colômbia). Como artista convidada na *Alfred State University*, Nova York, ela faz figuras ao ar livre em uma colina próxima. No outono, viaja para Miami como convidada da *Frances Wolfson Gallery* e da *Dade Community College*, e cria *Ochun* e *Ceiba Fetish* (Espinosa--García, 2020).

- *De Cuba ao Canadá (1982) e Nova York*. Ela instala no Canadá uma versão semelhante à de Cuba e, em 8 de abril, realiza a performance *Body Tracks* na *Franklin Furnace* de Nova York. A Escola de Arte de Hartford, junto com a galeria *Real Art Ways* (R.A.W), encomendou um trabalho a ser apresentado ao lado da exposição de fotos em tamanho real *Rock Sculptures*. É assim que surge *Arbitra*, que em latim significa "testemunha feminina", uma alusão que conecta a mulher com a árvore. Em 18 de fevereiro, ela é convidada para uma conferência sobre arte e política no *New Museum of Contemporary Art*, em Nova York. Aqueles que participaram destacaram o tom da acusação à manipulação da arte pela classe dirigente dos Estados Unidos:

> [...] uma classe reacionária que empurra para paralisar o desenvolvimento social do homem em um esforço para fazer com que toda a sociedade sirva a seus próprios interesses e se identifique com eles. Os membros desta classe banalizam, misturam, distorcem e simplificam a vida. [...] O risco que a cultura real corre hoje é que, se as instituições culturais são governadas por pessoas que fazem parte da classe dirigente, então a arte pode se tornar invisível porque elas se recusarão a assimilá-la (Mendieta, 1999, p. 6).

Nesta palestra, apresenta primeiro seu compromisso com o mundo como artista, depois explica o significado da cultura e conclui dizendo que as agências publicitárias são as que falam em nome dos EUA hoje em dia. Ela pede aos artistas que não se vendam ao dinheiro e continuem lutando, preservem sua integridade (Mendieta, 1999). Em 1983, em Long Island, Nova York, ela instala outra versão das grandes silhuetas das mulheres. Realiza uma exposição pessoal no Museu Nacional de Belas Artes de Cuba cujo catálogo escrito por Alberto Quevedo se encontra no Arquivo do Museu Nacional de Belas Artes.

• *De Nova York a Roma, Itália (1984 e 1985)*. Em Roma, ela é premiada com o Prêmio Roma da Academia Americana. Ela faz uma estadia na Academia de Roma. Exposição na Galeria de Piano. Depois de completar a bolsa em Roma, ela aluga um estúdio com Carl Andre no terreno da Academia e em 17 de janeiro de 1985 eles se casam lá.

- *De Roma a Nova York (1985)*. Como artista visitante na *Rhode Island School of Design* (RISD), Providence, cria *Furrows*, uma série de silhuetas no gramado. Recebe o Prêmio em Artes Visuais, *Southeastern Center for Contemporary Art* (SECCA), em Winston-Salem. Em 8 de setembro de 1985, ocorre sua morte. Esse trágico acontecimento a impediu de desenvolver o projeto de arte *La jungla*, encomendado para instalar uma obra no MacAuthur Park de Los Angeles composta de sete esculturas totêmicas.

Espiritualidade e poética do diverso

O termo *mondialité,* usado por Glissant, opõe-se à globalização neoliberal e multicultural dos anos 1990. Esse autor trabalhou em seu livro *Poéticas da relação* (2016) a ideia de que tal poesia se constitui como um elo de elementos divergentes que produzem o "diverso" como singularidade:

> Os africanos chegam sem nada, despidos de qualquer possibilidade, desprovidos até mesmo de sua língua. (...) Mas, partindo dos únicos poderes da memória, isto é, dos únicos pensamentos da pista que lhes resta, fazem algo completamente imprevisível [...]. Por um lado, criam linguagens crioulas e, por outro, formas artísticas universais, como a música *jazz*, que se reformula com a ajuda dos instrumentos adotados, mas com base na marca de ritmos africanos essenciais (Glissant, 2017, p. 16).

Em 1972, Mendieta queria que suas imagens "tivessem força, fossem mágicas". Seu próprio corpo foi o meio em que ele capturou essas representações efêmeras. A artista expressa: "Abracei as tradições espirituais dos iorubás na África e elementos do catolicismo" (citado em Barreras del Río, 1987, p. 43). Seu significado estava ligado ao seu interesse pelas origens, pelos ritos *ñáñigo*[5], pela *Santería*, pelos traços do corpo. Ele transformou os elementos que a natureza lhe proporcionava em ofertas artísticas. Flores, água, pedras, granizo, fogo, terra, esqueletos, sangue tornaram-se metáforas poéticas de grande valor espiritual em suas obras. "Fazer esculturas corporais é para mim – sustentou – a etapa final de um ritual" (Barreras del Río, 1987, p. 50).

Convencida de que a cultura capitalista poderia acabar com a conectividade espiritual com a terra, ela deixou seus traços corporais em Oaxaca (México), Cuba, Iowa e Nova York. Mendieta tinha uma forte inclinação para as árvores. Seu fim foi dissolvido pela trágica interrupção do projeto de plantio de árvores no parque. Entre seus escritos, ela menciona ter lido uma tradição oral africana que falava de como as moças, quando se casavam e migravam para outra aldeia, pegavam um saco de terra e comiam um pouco todos os dias, para aplacar a dor de serem desenraizadas.

Função orgástica com a terra

Em algumas das suas performances, o corpo se move sobre o mar sugerindo a dissolução no corpo materno da terra: "Minha arte é baseada na crença de que a Energia Universal percorre tudo, dos homens aos fantasmas, dos fantasmas às plantas, das plantas à galáxia" (1988, citado por Barreras del Río, 1987).

Em sua obra *Image of Yagul*, da série *Siluetas*, 1973-1977, em sua primeira viagem ao México em 1970, ela usará seu corpo nu para explorar e se conectar com a terra. Essa ligação íntima entre o corpo feminino e a natureza na obra de Mendieta consistia em uma crítica ao capitalismo e sua prática predatória que poderia romper a relação íntima da mulher com a terra. Nos contornos de seu corpo enraizado na terra ela escreveu as "marcas dessa conexão em processo de extensão" (Reckitt, 2005, p. 32). Associou assim a domesticação das mulheres com a natureza, de alguma forma intuindo o que observamos hoje: a ligação íntima entre a destruição da natureza e dos corpos[6], lançando as bases para o que chamarei de "feminismo multiespécie" do tempo-espaço do "Chthulucene"[7], que, inspirado em Haraway (2019), trata de uma justiça que promove a crítica ao Antropoceno e ao Capitaloceno. *Respiración del grass*, como mencionei acima, é uma de suas performances mais eróticas, em que se sente o batimento cardíaco da terra até chegar ao orgasmo.

Obra inconclusa

> Magma vulcânico, substância instável e perigosa.
> Jogado da barriga – natureza
> Eu me torno um com a terra
> uma extensão da natureza
> do meu corpo
> dos meus laços com a terra
> força feminina onipresente
> energia universal que percorre tudo
> dos (seres humanos) aos espectros
> de fantasmas a plantas
> das plantas para a galáxia. [8]

Os momentos criam tempo, podem eliminar a produtividade e são uma expansão dos gestos poéticos. Se a lógica da política se apresenta como efêmera, para depois tentar ser capturada em uma nova lógica, Ana Mendieta sugere que não é imperativo prolongar a duração do efêmero.

Diante de profundas crises ecológicas globais, as formas vibrantes da água nas práticas curatoriais feministas multiespécies de sua obra continuam a explorar as possibilidades de outras leituras e outras práticas que confrontam a "retórica salvacionista" eurocêntrica, inscrita naquela analogia entre feminismo e imperialismo, ampliando universos de sentido e colaborando na ética de uma curadoria erótica e comprometida. E isso implica observar os contextos culturais, os escritos pós-heroicos porque, na verdade, o que me interessa é promover o gesto de descentralização do heroísmo cis branco da supremacia patriarcal em sua arte e promover a difusão horizontal de sua obra fora do *establishment* (Bidaseca, 2021).

Essas energias acontecem no reino do invisível, do espiritual, e podem ser captadas nas obras, nos papéis da artista, como se vê nas transposições temporais e espaciais que se concretizam nas conexões espectrais. Elas vislumbram o horizonte de uma nova forma de fazer política feminista multiespécie, vinculando, constelada com o universo que seu trabalho invoca.

Essa estranha ligação entre erotismo e morte que marca sua vida faz parte do fenômeno que questiona o feminismo hoje: o feminicídio. Lutas que são travadas corpo a corpo resolvendo o controle da vida de Mendieta e, por fim, mostram no desfecho de sua morte prematura, as garras do patriarcado furioso. Órgãos caíram no chão. A pele arrepia.

Notas

[1] Seu companheiro, o pintor minimalista Carl André, foi o principal suspeito de sua morte.

[2] Na Galerie Lelong and Co., junto à coleção Ana Mendieta, ocorreu a primeira exposição dedicada aos seus filmes: *Ana Mendieta: Experimental and Interactive Films*. Disponível em: <https://www.galerielelong.com/exhibitions/ana-mendieta2>. Acesso em: 27 jan. 2022.

[3] Em trabalho anterior, publicado em 2014, sua obra me convidou a refletir sobre o poder ético--político que o discurso crítico das ciências sociais e humanas pode assumir em relação à arte das mulheres deslocadas, cujos corpos marcados carregam o peso histórico da violência que o sexismo, o racismo e o classismo marcam com sua assinatura permanente. Questionando as bases orientalistas do que oportunamente chamei de "retórica salvacionista" (Bidaseca, 2010, 2012, 2014) – trabalhei sobre a tese do "exílio" das mulheres do mundo, inspirando-me na arte da artista cubana exilada. Naquela época, as questões buscavam compreender: como é possível pensar entre as categorias do "belo" e do "efêmero" o agenciamento de mulheres testemunhas da experiência traumática? Nossas disciplinas podem quebrar horizontes discursivos de justiça simbólica? Conferir Lo bello y lo efímero como configuraciones de emancipación, *Revista Internacional de Pensamiento Político*, Universidad Pablo de Olavide, v. 9 (2014), Sevilha, Espanha. Disponível em: <https://www.upo.es/revistas/index.php/ripp/article/view/3626>. Acesso em: 27 jan. 2022.

[4] Retirada de Diana Taylor, a performance funciona como um ato vital de transferência pelo qual o conhecimento social e a memória compartilhada são comunicados, traços que a tornam uma prática quase epistêmica, pois constroem uma forma de compreensão do contexto envolvente, também compõem um dispositivo corporal que gera conhecimento por meio de táticas significativas ou comportamentos realizados, que podem ser reais ou fictícios (citado por Lucero, *Crónicas performativas*, em Dossier REF, 2014).

[5] Sociedades religiosas cubanas e de origem africana.

[6] Pintadas com jenipapo e urucum, mulheres Potyguará, Timbira, Jurunas, Yawalapiti, Tembé, Guajajara, Krenak, Pataxó e Awa invadem Brasilia em 2019, exigindo que sejam respeitadas as suas terras.

[7] Descrito por la feminista y ecologista Donna Haraway (2019) como una "palabra simple'; un compuesto de dos raíces griegas (khthón y kainos) que juntas nombran un tipo de espaciotiempo para aprender a seguir con el problema de vivir y morir con responshabilidad en una tierra dañada."

[8] Fragmentos transcritos do meu livro *Ana Mendieta – Pájaro del océano* (2021) foram agenciados para evocar uma espiritualidade feminista associada a uma iniciativa poética ritual, que foi concretizada em parceria com Victoria Lagos e Verona Fischer. Este ritual poético se inspirou na obra *Ñáñigo Brutal* que Mendieta apresentou em Nova Yor, no final dos anos de 1970.

Referências

BARRERAS DEL RIO, Petra (curadora) *Ana Mendieta*: A retrospective [Catálogo]. New York: The New Museum of Contemporary Art, 1987.

BHABHA, Homi. *El lugar de la cultura*. Buenos Aires: Manantial, 1996.

BIDASECA, Karina. *Ana Mendieta*, Pájaro del océano. Buenos Aires: El Mismo Mar, 2021.

BIDASECA, Karina. *Por una poética erótica de la relación*. Buenos Aires: El Mismo Mar, 2020.

BIDASECA, Karina. Las "puertas del no retorno" en África: performatividad descolonial y estéticas feministas en las memorias afro-transatlánticas en Ana Mendieta y Édouard Glissant. *In:* CAMPOALEGRE SEPTIEN, Rosa; LOANGO, Anny O. (ed.). *Afrodescendencias y contrahegemonías*. Desafiando al decenio. Buenos Aires: Clacso/CIPS, 2019. Disponível em: <http://biblioteca.clacso.edu.ar/clacso/posgrados/20191018124924/Afrodescendencias.pdf> Acesso em: 28 jan. 2022.

BIDASECA, Karina. Mujeres blancas buscando salvar a las mujeres color café de los hombres color café. *Andamios* (UAM), México, v. 8, n. 1, 2011. Disponível em: <http://dx.doi.org/10.29092/uacm.v8i17.445>. Acesso em: 28 jan. 2022.

CAMPOALEGRE SEPTIEN, Rosa; BIDASECA, Karina (coord.). *Más allá del decenio de los pueblos afrodescendientes*. Buenos Aires: CLACSO, 2017.

DIDI-HUBERMAN, Georges. *La imagen mariposa*. Barcelona: Mudito & Co. 2007.

ESPACIO VISUAL EUROPA. Qué significa descolonizar un museo. Disponível em: <https://evemuseografia.com/2020/06/22/que-significa-descolonizar-un-museo/>. Acesso em: 28 jan. 2022.

GLISSANT, Édouard. *Poética de la Relación*. Buenos Aires: Editorial UNQ, 2017.

GONZÁLEZ, Lélia. A categoria político-cultural de amefricanidade. *Tempo Brasileiro*, Rio de Janeiro, n. 92/93, pp. 69 - 82, 1988.

LORDE, Audre. Uso de lo erótico: lo erótico como poder. *In:* LORDE, Audre. *Sister outsider*. Essays and speeches by Audre Lorde. Califórnia: Crossing Press Berkeley. 1984.

LUCERO, María Elena. Crónicas performativas. *Revista de Estudos Feministas*, UFSC, Brasil, 2014.

LUGONES, María. Colonialidad y género. Hacia un feminismo descolonial. *In*: *Género y descolonialidad*. Buenos Aires: Ediciones del Signo, 2008.

MBEMBE, Achille. *Necropolítica*. Madrid: Melusina. 2011.

MBEMBE, Achille. *Crítica de la razón colonial*. Buenos Aires: NED-Futuro Anterior, 2016.

MENDIETA, Ana: Escritos personales. *In:* MOURE, Gloria. *Ana Mendieta*. Barcelona: Museo Rufino Tamayo, 1999. pp. 167 - 222.

MENDIETA, Ana. Arte y Política. *Lumière*. Disponível em: <http://elumiere.net/especiales/mendieta/mendietaarteypolitica.php>. Acesso em: 28 jan. 2022.

MENDIETA, Ana. *Feathers on a woman* [performance]. *In: Silueta Works (1973-1977)*. San Francisco: San Francisco Museum of Modern Art, 2020.

MENDIETA, Ana. *Imagen de Yagul* [fotografia]. *In: Silueta Works (1973-1977)*. San Francisco: San Francisco Museum of Modern Art, 2020.

MUDIMBE, Valentin-Yves. *The invention of Africa*. Bloomington/Indianápolis: Indiana University Press, 1988.

PERREAULT, John. Tierra y fuego. La obra de Mendieta. *In*: BARRERAS DEL RIO, Petra (curadora). *Ana Mendieta*: A retrospective [Catálogo]. New York: The New Museum of Contemporary Art, 1988.

QUIJANO, Aníbal. ¡Qué tal raza! *América Latina en movimiento*, Quito, n. 320, 2011.

Oração a contrapelo ou de quando minha sexualidade se tornou amante da minha religiosidade[1]

Chris, The Red

Antes de seguir com a leitura deste artigo, peço que veja a videoperformance *Oração a Contrapelo* (2021), uma vez que é essencial para a compreensão do texto aqui apresentado. Acesse pelo link a seguir https://bit.ly/CTROracaoAContrapelo ou pelo QR Code abaixo (Figura 1):

Figura 1: QR CODE para visualização do registro da obra Oração a Contrapelo. Chris, The Red. 2021

De acordo com o Dicionário *On-line* de Português, o Dicio, *Contrapelo* significa: "direção contrária à inclinação natural do pêlo; revés do pêlo. A contrapelo, ao revés, ao arrepio".[2]

Ao longo da minha construção como sujeito bixa, fui confrontado várias vezes por normatividades com as quais eu não me identificava. Papéis sociais que eu deveria executar, mas não me causavam tesão. Ir contra o fluxo me trazia provocações mais necessárias em nossos processos de aprendizagem enquanto indivíduos pertencentes a uma cadeia de conexões que muitos chamam de sociedade, de entender a ideia de uma perspectiva a contrapelo.

Assim, fui buscando me perceber nessas provocações e como tudo isso se conectava às minhas próprias questões, a minha própria arte e não deixo de pensar no texto sobre Franz Boas, *Por uma semântica profunda: arte, cultura e história no pensamento de Franz Boas* (1998), de Kátia Almeida, especialmente no trecho:

> Com efeito, Boas é explícito ao afirmar que, de modo geral, o estilo tem o poder de limitar a criatividade do artista, pois "se admitimos que gênios potenciais [...] podem surgir em qualquer cultura, então a uniformidade das formas artísticas em um dado grupo só pode ser compreendida a partir dessas limitações" (1955[1927]:156) (Almeida, 1998, p. 25).

Sempre me senti, desde ainda criança, neste lugar do "entre-espaço", de não me ver nem lá nem aqui, mas transitando – e isto se reflete na forma como escrevo e nas minhas produções artísticas. Nunca desejei ser reconhecido, seja por um estilo único ou uma linguagem única. Sempre me causou uma estranheza este tipo de reconhecimento. Me percebia muito mais nas transições dos espaços do que nos próprios espaços em si, o que me levou a pensar a construção do meu trabalho artístico fora – ou nos entre-meios – desses espaços das cisheteronormatividades, principalmente, dos papéis que esperavam de mim.

Pensando nestes espaços e entre-espaços, gostaria de fazer uma pausa e traçar uma ponte com Doreen Massey e sua "abordagem alternativa do espaço" que ela traz no livro *Pelo espaço: uma nova política da espacialidade* (2008) e que encontra, em minhas provocações artísticas e políticas, brechas para se fazer presente por meio das proposições trazidas pela autora, a saber: (1) "o espaço como produto de inter-relações" (p. 29); (2) "o espaço como esfera da possibilidade de existência da multiplicidade, no sentido da pluralidade contemporânea, como a esfera na qual distintas trajetórias coexistem" (p. 29); (3) "o espaço como estando sempre em construção" (p. 29).

Na sua primeira proposição, Massey defende uma política de identidades construída a partir de conexões, que não se pode pensar estas enquanto um aspecto imutável e que tanto nossas identidades quanto nossas inter-relações são processos que acontecem juntos e o espaço é produto destes processos: "o espaço não existe antes de identidades / entidades e de suas relações" (2008, p. 30).

Pensando na segunda proposição, Massey escreve:

> A estória do mundo não pode ser contada (nem sua geografia elaborada) como a estória apenas do "Ocidente", ou a estória, por exemplo, daquela figura clássica (irônica e frequentemente, ela própria essencializada) do macho branco, heterossexual e que essas eram histórias particulares, entre muitas outras (e sua compreensão através dos olhos do Ocidente ou do macho heterossexual é ela própria específica) (Massey, 2008, p. 31).

Nas minhas práticas artísticas, quando as afirmo como políticas, eu estou buscando justamente a diversidade, a quebra de construções hegemônicas. Quando trago a sexualidade, a nudez, o explícito para a superfície não é com o intuito único de chocar, mas de provocar reflexões sobre como a história colocou estas temáticas nestes espaços fechados, censurados.

Crescemos em meio a padrões eurocentrados que não nos pertence, mas que nos são impostos pela própria colonização da nossa sociedade brasileira, e entender-se parte desta organização é um processo doloroso por dois aspectos, talvez não únicos, mas que aponto como principais: primeiro, olhar para si e isto nunca é fácil. Sou uma bixa branca cis, nascida num corpo biologicamente masculino, o que me coloca com um pau entre as pernas e junto com todas estas características me estabelece dentro de zonas de privilégios e se perceber dentro destas zonas não é um processo fácil, mas que é necessário. Não foi fácil para mim entender meus confortos, nem foi um processo rápido. Até alguns anos atrás, eu já estava na Universidade de Brasília quando comecei a perceber minha branquitude quando ainda nem sabia o que esta palavra significava. No entanto, é um processo que todos nós precisamos passar e indispensável para podermos nos preparar para o que considero o processo ainda mais doloroso: lutar pela mudança dentro de uma construção social que me é muito anterior.

E estes processos não acontecem de forma cronológica – primeiro um e então, o outro – eles são constantes e simbióticos, mas uma vez iniciados, dificilmente podem ser interrompidos, por mais que determinados setores da sociedade, geralmente os que desejam permanecer em suas zonas de privilégio, façam de tudo para oprimi-los. Quando me entendi como bixa, comecei a perceber meu papel neste processo de como nossa sociedade é construída e como ela deve ser repensada a partir de sua multiplicidade e como diferentes saberes podem e devem coexistir. Enquanto bixa brasileira, pensar menos do ponto de vista do olhar ocidental europeu ou estadunidense e mais profundamente do sul global.

E é este pensamento que alimenta minhas pesquisas teóricas e práticas artísticas. Quando escrevi o artigo *Pode um cu branco ouvir?* (2021), fiz uma opção por trazer apenas citações e referenciais de mulheres (trans ou negras ou brancas ou cis) ou quando opto por escrever este artigo com linguagem não binária como forma de inclusão das pessoas que não se sentem representadas pelas binariedades impostas. Todas estas escolhas são resultados de um processo de ressignificação, de não mais contar nossa história pelo aspecto posto, como aponta Massey em sua segunda proposição, mas a partir de outras abordagens, outras possibilidades.

E se as inter-relações e as multiplicidades habitam nossos espaços, estes não poderiam ser acabados ou fechados e é o que nos traz a terceira proposição de Massey:

Imaginar o espaço como sempre em processo, nunca como um sistema fechado, implica insistência constante, cada vez maior, dentro dos discursos políticos, sobre a genuína abertura do futuro. É uma insistência baseada em tentativa de escapar da inexorabilidade que, tão frequentemente, caracteriza as grandes narrativas ligadas à modernidade (Massey, 2008, pp. 31 - 32).

E estando em constante transformação, metamorfose, não podemos desistir, pois há sempre a possibilidade de seguirmos, de alterarmos nem que seja uma mudança que pareça mínima para alguns; mas para outras, será infinita. E é tendo em mente estas três proposições de Massey sobre espaços e suas múltiplas possibilidades, é que penso nos caminhos que quero seguir, inclusive, nas minhas produções artísticas.

Então, me percebendo nestes "entres", aspectos como religião e sexo fazem mais sentindo, de um ponto de vista mais pessoal, serem mais amantes do que antagônicos. Este projeto artístico *Oração a Contrapelo* (2021), formado por três obras: o objeto *O Terço* (2021), o texto-objeto *Oração a Contrapelo* (2021) e a videoperformance *Oração a Contrapelo* (2021) é muito mais uma relação de amor carnal do que "isto" versus "aquilo" e ao longo deste texto, vou traçando os caminhos que levaram à sua construção e as relações com a minha formação religiosa/espiritual e o meu fazer artístico dentro dessa perspectiva de uma sociedade pautada por violências contra o nosso ser e a nossa sexualidade.

Oração a Contrapelo (2021) vem se unir ao longo e já existente debate, principalmente, no campo das artes, sobre dois aspectos muito importantes: nossa religiosidade e nossa sexualidade e as intersecionalidades intrínsecas a ambos, como: gênero, identidades e raças. Em 2008, André Sidnei Musskopf, na sua tese de doutorado *Via(da)gens teológicas: itinerários para uma teologia queer no Brasil*, aponta a importância destas duas dimensões em nossas vidas e "que são raras as reflexões que discutem estas temáticas (religiosidade e sexualidade) simultaneamente" (p. 31). Assim, com esse projeto, busco, junto com outres artistes, como Marcia X, Paulx Castello e Ventura Profana, apresentar estes meus amantes, tão importantes na minha construção enquanto ser humano: sexualidade e religiosidade.

Os amantes: sexo e religião

Voltando a tese de Musskopf, cito o trecho abaixo para em seguida traçar dois perfis importantes sobre mim e a formação da minha personalidade:

> Sexo e religião são duas dimensões fundamentais da vida de brasileiros e brasileiras que, ao longo da história do país, se converteram em motivo de orgulho e identificação e se tornaram foco do desenvolvimento de rotas turísticas, provocando tanto uma movimentação interna, quanto atraindo visitantes de outras partes do mundo. São, afinal, uma gente extremamente sensual e com uma fé abundante, ou pelo menos assim são vistos/as e gostam de entender a si mesmos/as. Na área da sexualidade, o que atrai e provoca esta movimentação é a suposta liberdade sexual e o erotismo dos quais os festejos populares do Carnaval são a expressão mais vívida e representativa. Na área da religiosidade, o maior país católico (religioso) do mundo atrai e provoca movimentações por suas incontáveis romarias, procissões e peregrinações aos santuários da fé, muitas das quais transformadas em patrimônio cultural. Tanto com relação a uma quanto a outra, há dispositivos e instituições voltadas para o controle e policiamento, buscando garantir a manutenção de uma certa ordem e o estabelecimento dos comportamentos e práticas aceitáveis. Tais dispositivos e instituições também promovem a separação rígida entre uma e outra, justamente por não conviverem bem com as formas como elas são experimentadas. Ainda assim, parece que, nem no nível dos comportamentos, nem no nível da separação entre elas, este controle consegue eliminar os elementos de ambiguidade na forma como são vividas (Musskopf, 2008, p. 30).

Fui criado em uma família católica. Estudei da segunda série até o terceiro ano científico (como era chamado, na época, o Ensino Médio) em colégios religiosos. Da segunda à quarta série, estudei em um colégio evangélico – que não tinha ainda a significância de hoje – e a conclusão dos meus estudos pré-UnB foi em um colégio de padres. Minha mãe é uma católica praticante, no entanto e acho importante frisar, sua religiosidade nunca me foi imposta como uma herança a que eu tinha o dever de seguir. Pelo contrário e, exercendo o meu livre arbítrio, me senti à vontade de seguir dentro da instituição católica – com todos os seus ritos, rituais e possibilidades, exercendo, inclusive, o papel de coordenador litúrgico entre os anos de 1996 e 1997. No entanto, nos meus 19 anos, quando percebi que já não era um espaço no qual me sentia pertencente, resolvi sair da instituição da Igreja Católica, o que não quer dizer que eu tenha deixado de lado a minha religiosidade, pois sempre percebi como aspectos independentes, a instituição da religião e a minha religiosidade/espiritualidade.

Fui criado em uma família matriarcal, com mulheres e pensamentos à frente do seu tempo e, por conta disso, recebi educação sexual, ainda na minha infância. Aprendi ainda cedo a anatomia dos corpos biológicos masculino e feminino e suas diferenças anatômicas. Além disso, fui ensinado sobre sexo, respeito, consentimento. Fui ensinado sobre heterossexualidade e homossexualidade. Estes temas nunca foram tabus na minha casa, de forma que quando tive a primeira experiência da minha sexualidade, ela foi feita com muito autorrespeito e desejo. Não carrego comigo traumas relacionados à sexualidade – e, por isto, a importância de que sexo e religião devem ser discutidos ainda na infância, como minha mãe fez comigo, com liberdade, clareza e sem tabus. Por conta disso, sexo e religião tornaram-se assuntos resolvidos em mim.

E assim, esses dois aspectos da minha existência cresceram juntos como amantes. Estar na instituição católica era a amante que contribuía para o desenvolvimento da minha espiritualidade e confesso que, até os meus 18 anos, eles se relacionavam muito bem. Mas com minha maior participação nos bastidores da instituição católica, quando assumi o papel de coordenador litúrgico e também com o maior acesso à internet e ao que acontecia no mundo, fui me dando conta do quanto a minha sexualidade era *persona non grata* no espaço da Igreja Católica: "o Vaticano afirmou, nesta segunda-feira (15) que padres e outras autoridades da Igreja Católica não podem abençoar uniões entre pessoas do mesmo sexo e que, se isso acontecer, elas não seriam oficiais" (canal de notícias G1, 2021)[3]. A notícia é recente, mas a intolerância é antiga.

Recordo-me de dois fatos que aconteceram na minha vida quando era membro da liturgia na paróquia da Cidade Ocidental, em Goiás, entorno do Distrito Federal. Foi durante o primeiro semestre da minha graduação em Relações Internacionais, na Universidade de Brasília: na época, morava na casa da minha madrinha e participei do Segue-Me, um encontro católico para jovens que reunia debates, discussões, leituras da bíblia e várias outras atividades, entre elas, peças de teatro – e foi numa destas que os amantes tiveram sua primeira "DR". A peça era sobre pessoas que a Igreja Católica via como pecadoras. Cada uma das personagens se apresentava dizendo qual o seu pecado e uma delas se apresentou: "sou *gay*". Lembro-me de ter pensado: "eu também sou *gay* e isto não faz de mim um pecador". Não que eu vivesse em uma bolha no fantástico mundo de Pollyanna, tinha total consciência sobre as questões e os preconceitos relacionados à homossexualidade. A AIDS já era um fato, o medo do HIV era presente e, por mais que minha homossexualidade estivesse muito tranquila em mim, até então, ter ouvido aquela pessoa ter dito "sou *gay*" no espaço da instituição católica que havia escolhido para ser minha amante espiritual, me causou muitos incômodos – e comecei a questionar se gostaria de continuar a ser parte, já que ali eu era um "pecador".

Algum tempo depois, outro episódio aconteceu: como escrevi antes, morava com minha madrinha e ela pediu para uma mãe de santo fazer uma limpeza espiritual na nossa casa e em nós, e por mais que eu nunca tivesse tido contado até aquele momento com as religiões de matriz africana, não vi como um problema participar do ritual de limpeza. Pelo contrário, gostei muito de participar – dos cantos, do banho no rio – me senti extremamente leve. Alguns dias depois, pessoas pertencentes à comunidade litúrgica da paróquia que eu participava foram me visitar em casa, dizendo que tinham ouvido que eu havia participado de um ritual de outra religião e queriam saber se era verdade. Confirmei que sim, e aí começou um blá, blá, blá chato, preconceituoso e intolerante. Gentilmente, pedi que se retirassem da minha casa.

Algum tempo depois, me divorciei da Igreja Católica. Minha religiosidade não cabia naquele espaço tão limitador.

As artes

Desde quando o campo das artes foi ocupando seus espaços em minha existência, como nas primeiras poesias que escrevi na minha adolescência ou nos meus trabalhos fotográficos a partir de 2011, aspectos da religião e da religiosidade têm estado presentes. Vejo, nesta conexão, potencialidades de discursos políticos. Sempre defendi minha arte como política, mas sem o intuito de defender se toda arte é ou não política, mas de pensar na própria forma como fui construindo o meu fazer artístico como esse espaço de debate político e tendo uma criação católica tão presente, não teria como deixar de lado este aspecto nas minhas obras, uma vez que as instituições religiosas têm sido ao longo da nossa história, um daqueles espaços de controle trazido por Musskopf.

Assim, em várias obras minhas, trago aspectos da religião para questionar o controle religioso sobre nossa sexualidade, sobre nossas vidas. Para questionar a violência, o poder, o preconceito da instituição católica – faço o recorte para a instituição da Igreja Católica por ter sido onde aconteceu minha formação religiosa e não por que seja a única que apresenta estes aspectos. Acredito profundamente no poder político e transformador da arte, no seu papel por nos fazer repensar aquilo que tomamos como verdade e tentar, mesmo que minimamente, com o meu trabalho artístico, causar rupturas nesses sistemas. Assim foi com *Sacra-Sexuallis*[4] (2018) (Figura 2), *Religião Que Sufoca*[5] (2018), *A Libertação de Cristo*[6] (2019) (Figura 3), *Que Me Trazem Os Reis?*[7] (2019), *Questões Contemporâneas*[8] (2019) (Figura 4) e agora, com o projeto *Oração a Contrapelo* (2021).

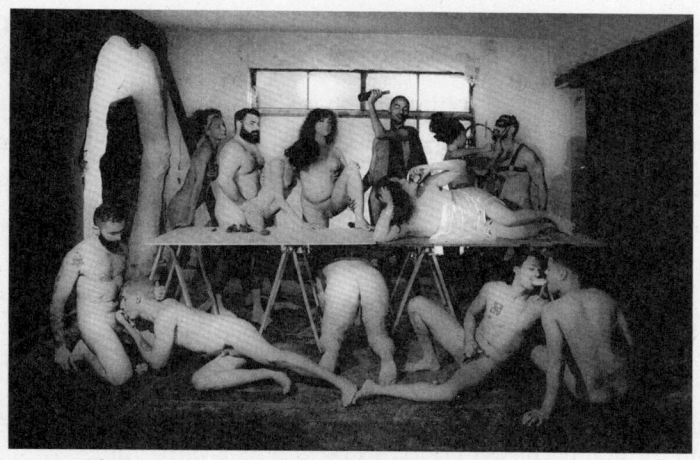

Figura 2: Sacra Sexuallis. Chris, The Red. Fotografia. São Paulo/SP. 2018.

Fonte: acervo do artista

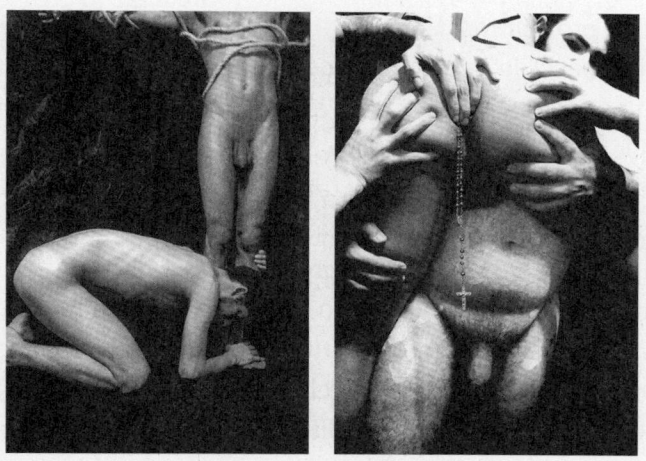

Figura 3 (à esquerda): A Libertação de Cristo. Chris, The Red.
Fotografia. São Paulo/SP. 2019.

Fonte: acervo do artista

Figura 4 (à direita): Série Questões Contemporâneas. Chris, The Red.
Fotografia. São Paulo/SP. 2019.

Fonte: acervo do artista

Na medida que fui desenvolvendo estes trabalhos, fui pensando também nos pedestais onde determinados símbolos religiosos são colocados e o quão perigosos estes podem ser, principalmente, quando observo violências colocadas em prática na busca de uma defesa da moral, dos bons costumes e da família de bem. Recentemente, a artista Mãe Correria teve seu grafite *Nossa Senhora do Matriarcado* (2019)[9] censurado e apagado pela Prefeitura de São Paulo, após denúncias de um vereador do MDB – "o parlamentar publicou vídeos em suas redes sociais dizendo que o grafite desrespeitava Nossa Senhora Aparecida, um símbolo da fé católica" (Borges, 2021).

Um outro caso é do artista espanhol Abel Azcona que, somente no último mês de abril de 2021, teve uma denúncia feita contra ele em 2019 arquivada[10]. Membros da Igreja Católica abriram um processo por conta da obra *Amén o la Pederastia* (2015-2020)[11], para a qual ele utiliza 242 hóstias consagradas para escrever a palavra Pederastia e denunciar os abusos sexuais a crianças por membros da Igreja Católica[12].

Estes dois casos são apenas uma ínfima parte das diversas formas de repressão feita a artistes que sofreram algum tipo de violência por se utilizarem dos símbolos ditos sagrados e que para os agressores justificaria a violência, os abusos, a censura. No entanto, é aí que está o grande papel da arte: romper com estas crenças, retirar esses objetos desses espaços sacros de poder. Como bem escreve Paul B. Preciado no livro *Um Apartamento em Urano*:

> Enquanto o profeta e o político se esforçam para santificar as palavras, ocultando sua historicidade, cabe à filosofia e à poesia [às artes], como sugere Giorgio Agamben, a tarefa de profanar as palavras sagradas para devolvê-las ao uso cotidiano (Preciado, 2020, p. 118).

Assim, o projeto *Oração a Contrapelo* (2021) é a minha forma de expressar este sentimento de "profanação" nesta busca a contrapelo no seu significado de ir não apenas na direção contrária, mas também para direções diversas – de pensar outras religiosidades, pois, quando me "divorciei" da Igreja Católica, não rompi como minha espiritualidade, pelo contrário: abriu espaços para criar outras relações com ela, na qual minha sexualidade e minha religiosidade são minhas "amantes-guia".

Em *Oração a Contrapelo* (2021), me aproprio de elementos da minha formação católica para a construção dessa outra religiosidade. Cada obra deste projeto traz elementos muito presentes na minha construção católica: o terço, a oração e a reza.

O Terço

Um dos principais símbolos sagrados da Igreja Católica é o terço, objeto onde é colocado a fé para que um pedido aconteça – e, também, o agradecimento – e é a partir dele que construo a primeira parte desse projeto artístico: *O Terço* (2021) (Figuras 5, 6 e 7), feito com camisinhas, madeira e EVA. Criar este objeto feito com camisinhas foi o meio que encontrei de trazer/provocar reflexões sobre os diversos posicionamentos da Igreja Católica ao longo da história em relação às nossas corpas, ao papel reprodutor do sexo, às relações sexuais e afetivas, ao HIV/AIDS, ao uso de contraceptivos e da camisinha, aos apagamentos e silenciamentos impostos. Só muito recentemente, com o Papa Bento XVI e, mais recente, com o Papa Francisco, a Igreja Católica finalmente começou a alterar seus posicionamentos em relação a métodos contraceptivos, mas ainda muito longe de um pensamento mais humanizado[13].

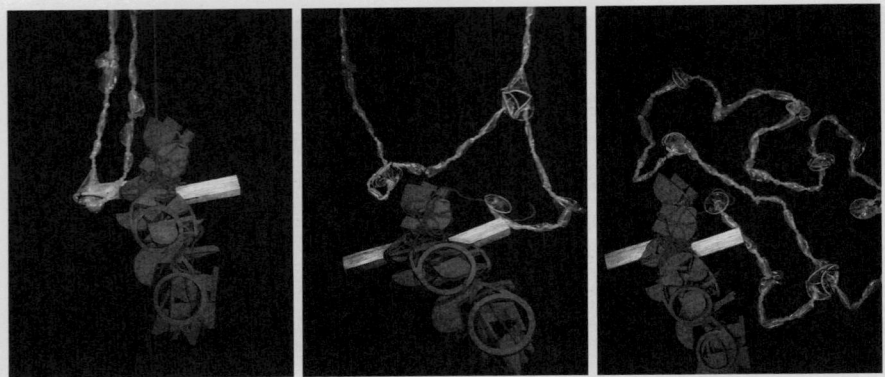

Figuras 5, 6 e 7: O Terço. Chris, The Red. Objeto.
São Paulo/SP. 2021. Registro: Chris, The Red.
Fonte: acervo do artista

Para a idealização desse objeto artístico, inspirei-me na obra da artista brasileira Márcia X., a performance-instalação *Desenhando com Terços* (2000-2003)[14]. Nesta, "Márcia X., de camisola branca, usou 400 terços para realizar desenhos de pênis no chão em uma sala de cerca de 20 metros quadrados."[15]. No entanto, no ano seguinte ao de sua morte, sua obra sofreria censura:

> Em 2006, registros da performance *Desenhando com Terços* fez parte da coletiva itinerante *Erótica: Os sentidos da Arte,* do Centro Cultural Banco do Brasil. Ao chegar no Rio de Janeiro – ironicamente a cidade natal da artista –, políticos e religiosos exigiram a retirada da obra, por ofender o catolicismo. Estabeleceu-se um debate público sobre liberdade de expressão, e o Ministro da Cultura na época condenou a censura. Mesmo assim, a obra foi retirada da itinerância e as instituições culturais levaram quase dez anos para expor trabalhos da artista novamente (sendo esses, os com menos indícios eróticos) (Chagas, 2021, p. 81).

Construir este objeto artístico a partir de camisinhas também é uma maneira de cutucar a censura a tantes artistes que ao longo de suas carreiras já sofreram agressões, violências de todos os tipos por conta do pedestal onde esses símbolos religiosos foram colocados. É lembrar de:

> [...] ações como a da artista Pêdra Costa no Salão de Artes Visuais de Natal, onde ela tira do cu um terço religioso (2010); a ação do Coletivo Coiote na Marcha das Vadias do Rio de Janeiro, com masturbação e quebra de símbolos religiosos (2013) [...], a performance de Viviany Beleboni transexual crucificada na parada LGBT de São Paulo (2015) (Kury, 2021, p. 17).

A Oração

Durante a missa, o padre convida a todas as pessoas a ficarem de pé e rezarem a oração que o Senhor nos ensinou. Não foi nossa mãe, nosso pai, avó, amigue, foi o próprio Senhor – a entidade suprema – que nos ensinou, dando ao texto da oração do Pai Nosso sua sacralidade máxima. E é a partir dela que surge a segunda parte deste projeto: o texto-objeto *Oração a Contrapelo* (2021) (Figura 8), transcrita abaixo:

Todes nós que estamos por aí, nos céus, nos infernos,
nas ruas e em qualquer lugar.
Respeitados sejam os nomes por nós escolhidos.
Venham juntes construir os nossos reinos.
Sejam honradas as nossas vontades.
Aqui na Terra e agora.
As insurgências nossas de cada dia sejam feitas.
Não pediremos perdão pelos cus escancarados.
Assim como não perdoaremos o sangue em vossas mãos.
Não nos deixem esquecer o tesão,
mas livrai-nos de toda caretice.
Amém!

Figura 8: Oração a Contrapelo. Chris, The Red. Texto-Objeto.
São Paulo/SP. 2021. Registro: Chris, The Red.
Fonte: acervo do artista

Enquanto a Oração do Pai Nosso foi ensinada pelo próprio Senhor, a Oração a Contrapelo a gente aprende nas ruas, nas violências que nos são impostas, no apagamento das nossas corpas dissidentes. A oração do Pai Nosso faz parte de um conjunto de textos sagrados geralmente utilizados para argumentar discursos de ódio e preconceito, como os da *Bíblia*. Pode observar, por trás do que violenta em nome da família de bem e dos bons costumes, sempre tem uma *Bíblia* sendo esbravejada. É sobre a *Bíblia* que juramos dizer a verdade e somente a verdade e nada mais que a verdade.

Então, é sobre a *Bíblia*, neste caso, a de Ventura Profana e sua obra *Novo Testamento* (2019)[16] que digo a grande verdade sabida por tod[e][a][o]s: que ao longo da história da humanidade pessoas foram violentadas, mortas, abusadas, assassinadas pelas instituições religiosas e continuam até hoje. Neste exato momento em que escrevo este texto, alguma criança está sendo abusada por um padre no mundo; uma pessoa trans, sendo violentada por um devoto religioso; uma mulher sendo assediada por um médico, professor, pai e marido de uma família de bem; um filho gay sendo expulso de casa pela família que vai à missa todos os domingos pedir perdão pelos os seus pecados, mas "não perdoaremos o sangue em vossas mãos" (The Red, 2021).

A Reza

Por fim, o ato de orar. Seja em casa ou na igreja, durante a missa, a formação católica é pautada no momento de nos ajoelharmos e rezarmos. Momento para pedir a "absolvição dos nossos pecados". Somente assim, estaremos limpos para recebermos a hóstia: o corpo e o sangue de Cristo. Na vídeoperformance *Oração a Contrapelo* (2021) (Figura 9), me coloco de joelhos diante de um altar, um Altar de Artista (Figuras 10 e 11) composto por elementos que, entre outros, entendo como intrínsecos ao desenvolvimento do meu saber: obras artísticas e livros. São estes que me alimentam (pensando na própria hóstia). São as artes e os livros que saciam a minha fome, o meu desejo por outros saberes, por outras perspectivas a contrapelo. Entre as obras, além d'*O Terço*, estão o incensário *"Meu pau é feminino"*, da Profânia; uma cabeça de argila em construção, do Bruno Novodvorski; a instalação fotográfica *Sacra Sexuallis*, de minha autoria; castiçal de cerâmica, de Vania Gevaerd; e entre os livros: *O Manual do sexo anal* (2021), da Abhiyana; *Manifesto contrassexual* (2017), do Paul B. Preciado; *Crônicas do cus* (2019), de Leandro Colling e Gilmaro Nogueira; *Corpos que importam* (2019), da Judith Butler; e *Pelo cu: políticas anais* (2016), de Javier Sáez e Sejo Carrascosa.

Figura 9: Oração a Contrapelo. Videoperformance (Frame). Chris, The Red. São Paulo/SP. 2021. Print: Chris, The Red.
Fonte: acervo do artista

Figuras 10 e 11: Altar da videoperformance Oração a Contrapelo.
São Paulo/SP. 2021. Registros: Chris, The Red.
Fonte: acervo do artista

Além dos elementos descritos no parágrafo anterior, no porta-bíblia encontram-se um *dildo* e um *plug* anal. Com eles, abro o meu corpo para outros exercícios da minha sexualidade. Diante desse Altar de Artista e antes de começar a "reza", pego o *plug* e o introduzo no meu cu e o mantenho lá durante todo a reza neste monótono processo de repetição, a cada conta d'*O Terço*, da *Oração a Contrapelo*. No entanto, ao deixar o *plug* no meu cu enquanto de minha boca saem as palavras "sacro-se-xuais", interligo pontas do meu corpo – "orifícios-entrada"[17] (Preciado, 2017, p. 32) e me alimento da energia desses objetos que compõem o meu altar, da energia sexual, da energia das corpas marginalizadas que vieram antes de mim e abriram espaços para seguirmos adiante. De forma que a monotonia da repetição se canaliza em gozo do meu corpo-mente-espíri-to. É a partir deste altar que construo minhas outras religiosidades, ritos e rituais. Ao me separar da instituição católica, busquei outros espaços para construir estas novas relações entre minha sexualidade e minha religiosidade e a minha nova ideia de missa que quero fazer parte é a de Paulx Castello: *Missa I – celebrada por Crembregui* (2017). Nesta, Paulx recria tanto a liturgia das palavras proferidas na missa católica, assim como os próprios ritos da missa, fazendo de sua própria corpa seu espaço de comunhão.

Considerações finais ou O lugar da censura é na lixeira do banheiro

Por fim, fazer da minha religiosidade e sexualidade dois amantes vem com um preço a ser pago, ainda mais em um país biblicamente violento como o Brasil, onde a todo momento, atos de repressão e censura são feitos a artistas que ousam "profanar" os símbolos e dogmas religiosos cristãos – e eu não passaria batido. Em 2018, participando da 2ª Bienal de Artes do Ouvidor 63, em São Paulo, com a instalação fotográfica *Sacra Sexuallis* (2018)[18], tive a foto *Sacra-Sexuallis I: Primus in deliciis vixerunt*[19] (Figura 2) – que faz uma releitura d'*A Última Ceia* (1495–1498) de Leonardo da Vinci – arrancada do espaço onde estava exposta e jogada na lixeira do banheiro junto com restos de papel higiênico usados (Figuras 12, 13 e 14).

Figuras 12, 13 e 14: Instalação Fotográfica Sacra Sexuallis. 2ª Bienal de Artes do Ouvidor 63, São Paulo/SP. 2018. Registros: Chris, The Red

E diante deste caso e de tantos outros de censura contra artistas é que se faz importante continuar trazendo para o discurso da arte contemporânea temas como religiosidade e sexualidade e as intrínsecas relações que há na conjunção de ambos – e *Oração a Contrapelo* (2021) é esta obra que traz estes dois aspectos da minha vida, não apenas questionando a

301

forma como são construídos ao longo da história, mas buscando propor outras possibilidades de existências, e reescritas a contrapelo por outros olhares, os olhares das corpas dissidentes, como já defendia Walter Benjamim em *Theses on the philosophy of history* (1969):

> The answer is inevitable: with the victor. And all rulers are the heirs of those who conquered before them. Hence, empathy with the victor invariably benefits the rulers. Historical materialists know what that means. Whoever has emerged victorious participates to this day in the triumphal procession in which the present rulers step over those who are lying prostrate (Benjamin, 1969, s/p).[20]

Por séculos, nossa sexualidade e nossa religiosidade têm sido contadas pelos conceitos de "certo e errado", "inferno e paraíso", "pecado e regozijo" que a Igreja Católica nos forçou goela abaixo – e, por conta disso, milhares de pessoas foram assassinadas, mortas ao longo da história em nome de um Deus vendido como onipotente, mas julgador. Vendendo uma ideia de culpa para controlar quem podemos ser, amar, trepar. Já passamos da hora de sairmos deste controle. Minha sexualidade e minha espiritualidade não se encaixam nestes conceitos seculares de "certo" e "errado". Então, fodam-se todos eles e "não nos deixem esquecer o tesão, mas livrai-nos de toda caretice. Amém" (The Red, 2021).

Notas

[1] Uma versão inicial deste artigo foi apresentada no V Seminário Internacional Desfazendo Gênero 2021, realizado de 22 a 25 de novembro de 2021, de forma online: https://desfazendogenero.com.br/principal.php.

[2] Disponível em https://www.dicio.com.br/contrapelo/. Acesso em 01 novembro 2021.

[3] Igreja Católica não pode abençoar as uniões do mesmo sexo, diz Vaticano. Site G1. Publicada em 15 de março de 2021. Disponível em g1.globo.com/mundo/noticia/2021/03/15/igreja-catolica--nao-pode-abencoar-as-unioes-do-mesmo-sexo-diz-vaticano.ghtml. Acesso em 15 novembro 2021.

[4] Disponível em https://bit.ly/CTRSacraSexuallis. Acesso em 15 novembro 2021.

[5] Disponível em https://bit.ly/CTRReligiaoQueSufoca. Acesso em 15 novembro 2021.

[6] Disponível em https://bit.ly/CTRALibertacaoDeCristo. Acesso em 15 novembro 2021.

[7] Disponível em https://bit.ly/CTRQueMeTrazemOsReis. Acesso em 15 novembro 2021.

[8] Disponível em https://bit.ly/CTRQuestoesContemporaneas. Acesso em 15 novembro 2021.

[9] Disponível em https://periferiaemmovimento.com.br/nossasenhoradomatriarcado. Acesso em 15 novembro 2021.

[10] Disponível em https://www.eldiario.es/cultura/arte/abel-azcona-no-profugo-justicia-espano-la-juez-archiva-denuncia-artista-delitos-sentimientos-religiososya-no-profugo-justicia-espano-la_1_7825378.html. Acesso em 15 novembro 2021.

[11] Disponível em https://abelazcona.art/amenolapederastia. Acesso em 15 novembro 2021.

[12] Disponível em https://historia-arte.com/obras/amen. Acesso em 15 novembro 2021.

[13] Ver em https://brasil.elpais.com/brasil/2016/02/18/internacional/1455808373_120037.html.

[14] Disponível em http://marciax.art.br/mxObra.asp?sMenu=2&sObra=26. Acesso em 15 novembro 2021.

[15] Disponível em http://marciax.art.br/mxText.asp?sMenu=5&sText=3. Acesso em 15 novembro 2021.

[16] Disponível em https://www.premiopipa.com/ventura-profana/. Acesso em 15 novembro 2021.

[17] No livro *Manifesto Contrassexual* (2017), Paul B. Preciado nos traz dois pontos importantes da contrassexualidade. O primeiro é a utilização de *dildos*, e o segundo, a reconquista do ânus como centro erógeno, retirando do pênis sua centralidade no sistema heterocentrado: "A reconquista do ânus como centro contrassexual de prazer tem pontos comuns com a lógica do direito: cada lugar do corpo não é somente um plano potencial no qual o *dildo* pode se deslocar, mas também um orifício-entrada, um ponto de fuga, um centro de descarga, um eixo virtual de ação-paixão" (p. 32).

[18] Disponível em https://bit.ly/CTR2BienalArtesOuvidor63. Acesso 28 novembro 2021.

[19] *Primus in deliciis vixerunt* é uma brincadeira com o latim que significaria *A Primeira Orgia*.

[20] Em livre tradução: A resposta é inevitável: com o vencedor. E todos os governantes são herdeiros daqueles que conquistaram antes deles. Portanto, a empatia com o vencedor invariavelmente beneficia os governantes. Os materialistas históricos sabem o que isso significa. Quem saiu vitorioso participa até hoje da procissão triunfal em que os atuais governantes passam por cima dos que estão prostrados.

Referências

ALMEIDA, Kátia. *Por uma semântica profunda: arte, cultura e história no pensamento de Franz Boas.* Mana, 4(2), 1998.

BENJAMIN, Walter. Theses on the philosophy of history. *In: Illuminations*: essays and reflections [livro eletrônico]. New York: HBJ, 1969.

BORGES, Thiago. Artista periférica faz petição e denuncia censura de vereador a graffiti de "Nossa Senhora do Matriarcado". Site *Periferia em Movimento*. Publicado em 18 de outubro de 2021. Disponível em periferiaemmovimento. com.br/. Acesso em 15 novembro de 2021.

CHAGAS, Filipe. *Falo de História: Márcia X. In:* Falo Magazine, n°16/2021, v. IV. Rio de Janeiro. ISSN 2675-018X. Disponível em https://www.falomagazine.com/edicoes/falo-16/. Acesso em 23 janeiro 2021.

KURY, Bruna. *A pós-pornografia como arma contra a maquinaria da colonialidade.* São Paulo: Fera Livre, 2021.

MASSEY, Doreen. *Pelo espaço: uma nova política da espacialidade.* Tradução Hilda Pareto Maciel, Rogério Maciel. Rio de Janeiro. Bertrand Brasil, 2008.

MUSSKOPF, André Sidnei. *Via(da)gens teológicas: itinerários para uma teologia queer no Brasil* / André Sidnei Musskopf ; orientador Rudolf von Sinner. – São Leopoldo: EST/PPG, 2008. 524 f.: il. Tese (doutorado) – Escola Superior de Teologia. Programa de Pós-Graduação. Doutorado em Teologia. São Leopoldo, 2008.

PRECIADO, Paul B. *Manifesto Contrassexual.* Tradução de Maria Paula Gurgel Ribeiro. São Paulo: N-1 Edições, 2017.

_____. *Um Apartamento em Urano: crônicas da travessia.* Tradução Eliana Aguiar; prefácio Virginie Despentes. 1ª ed. Rio de Janeiro: Zahar, 2020.

Tensões sociais e visibilidade da dança Passinho Foda

Hugo Oliveira

A partir de um breve histórico da dança Passinho, questiona-se onde é possível encontrar relações de pesquisas com a discussão sobre artivismo. Na intercessão com a discussão de conceitos como de aparecimentos, precariedade e performatividade, o artigo tem por análise três vídeos: o primeiro, (1) um vídeo de protesto do Iguinho Imperador, (2) um dos *Relíquias*[1] do Passinho, sobre os maus usos que a parceria Adidas/Farm fez do Passinho em uma campanha publicitária, a regravação do vídeo da campanha, e (3) um vídeo autoral do bonde Imperadores da Dança, dirigido pelo próprio Iguinho, a fim de apresentar uma contranarrativa social a respeito da favela, ilustrar como os(as) próprios dançarinos(as) atuam dentro dos seus fazimentos artísticos buscando reconhecimento e espaço de autorrepresentação.

O primeiro contato com a palavra artivismo foi em uma postagem de um amigo em rede social que dizia: "Acho Artivismo um desserviço. Beijos!". Nos comentários estavam: "A prática artística não tem um fim só", "Prefiro o atrevismo e o artevírus", "a arte é uma maneira de existir [...] não é um termo consensual [...]", "Arteofício é mais límpido! Geeeeente, porque??? Eu super uso [...] se a arte não tá na atividade, tá fazendo o que?".

Isso me chamou a atenção para importância da discussão sobre o termo e como o Passinho pode ser compreendido nessa discussão. Logo em seguida recebi o convite para participar do Seminário Internacional e Coletânea (E-book) "A(r)tivismos Urbanos – (sobre) vivendo em tempos de urgências", mas antes de comentar sobre o termo, quero situar a quem me lê, para partirmos do mesmo lugar.

Passinho Foda: uma breve história

A dança do Passinho originou-se no baile do Jacaré entre varejistas de drogas que dançavam com passos marcando a batida dos *funks*. Com o passar do tempo, esse estilo se popularizou entre os frequentadores, se incorporando na cultura popular. Aos poucos ganhou influências de outros ritmos, despertando a atenção da mídia como um fenômeno da cidade, segundo o jornalista Júlio Ludemir[2] (2013): "A nova expressão do *funk* é uma fusão de ritmos e estilos de dança".

Um marco importante para o desenvolvimento do Passinho é o final da primeira década dos anos 2000, quando novas redes de sociabilidades surgem nas Rodas de Duelo. Até então, a atenção repousava num palco onde as apresentações eram protagonizadas por MCs ou coletiva através dos "bondes", e não havia duelo entre os dançarinos.

A partir de 2008, as danças se tornam mais individualizadas, descem do palco e se desenrolam. Nelas, ao som da batida do *funk*, dois ou mais dançarinos se desafiam com floreios, variações e virtuosismo perante um público atento. Ao final do duelo, aquele que teve mais destaque no desempenho é considerado vencedor. Essa nova sociabilidade, desenvolvida a partir do Passinho, gera um novo fenômeno social: jovens atravessam a cidade para assistir às batalhas; formam grupos de dança; pensam mais em seus corpos para ter melhor desempenho; formam grupos virtuais onde combinam treinos e partilham vídeos de suas performances pela internet.

O Passinho conquistou, através de redes sociais como Orkut, You-Tube e Facebook, espaço na cultura popular, e atualmente produz uma reconfiguração das subjetividades que para Hall (2003) surge perpassada por pontos de resistência e de superação, o que compõe a dialética da luta cultural. Luta que oscila. Sendo essa a forma de os jovens que dançam *funk*, aos poucos, se destacarem diante das acusações de erotização e apologia ao varejo de drogas.

No contexto em que a imagem da população favelada oscila entre reducionismos marcados por marginalização ou glamourização, ressignificam-se para além dessa polarização as experiências com a dança Passinho, vivenciadas no ciberespaço e na cidade, e constituem temas de estudo contemporâneo em investigações desenvolvidas em iniciações científicas, monografias, dissertações de mestrado e teses de doutorado. Entre alguns, destaco como exemplo minha pesquisa de graduação, que resultou no trabalho de conclusão (Oliveira, 2013; e, 2017; Pacheco, 2017; Maia, 2017; Marques, 2017), para reflexão sobre uma juventude negra que habita e transforma a cidade do Rio de Janeiro, através da arte em seus próprios territórios.

Recentemente, o Passinho tem sido reconhecido como componente da cultura carioca por sua incorporação em uma série de atividades culturais. Podemos destacar a Batalha do Passinho[3] com o Sesc e a Coca-Cola, aparições nas grandes mídias (programas jornalísticos, de entretenimento, revistas e cinema), um documentário premiado (*A Batalha do Passinho*, de Emílio Domingos), estruturação de novos bondes, grupos e companhias, apresentações de espetáculos em grandes teatros da cidade (em âmbitos nacional e internacional).

O Ministério da Educação também tem incorporado o Passinho como exemplo de ferramenta pedagógica em uma formação continuada dos professores do Ensino Médio que conta com os chamados "Cadernos da Primeira Etapa de Formação Continuada", além da Secretaria Municipal de Educação, com materiais virtuais do Rio Educa para as turmas de Ensino Fundamental. A proposta é combater a evasão escolar, promover o letramento e o protagonismo dos estudantes com a realização de aulas que levem em consideração os saberes locais e as culturas afrodiaspóricas, e crie no aluno o sentimento de pertencimento.

Além disso, a Câmara dos Vereadores do Rio de Janeiro declarou a Batalha do Passinho, em 2013, e a Dança Passinho, em 2017, Patrimônio Imaterial da cidade e o Sindicato dos Profissionais da Dança do Rio de Janeiro reconheceu o Passinho como uma modalidade, possibilitando a emissão do registro profissional (DRT)[4] regulamentado na Carteira de Trabalho e Previdência Social.

Com o reconhecimento da profissão, ocorreu um avanço na leitura do Passinho como ferramenta promotora de ressignificação social entre muitas escalas e no poder de convencimento para os familiares e amigos, já que os(as) jovens ainda estão em fase de formação e o registro auxilia na construção de referências positivas também para a comunidade local. Além de possibilitar a geração de renda com a categorização, os artistas têm acesso a cachês, testes e contratos como elenco, protagonistas. Por fim, o documento ainda pode ser utilizado como um documento de identificação, um tipo de "distintivo" de trânsito pela cidade num ato em defesa contra abusos policiais em abordagens cotidianas.

Esse fenômeno foi parcialmente desconhecido pela grande mídia e por uma parte da sociedade até outubro de 2012, quando o antropólogo e cineasta Emílio Domingos lançou o documentário *A Batalha do Passinho* no Festival de Cinema do Rio. O lançamento do filme promoveu a dança e os(as) dançarinos(as) para além das favelas e redes sociais (Orkut, MSN e YouTube), ou seja, ganhou espaço e visibilidade nos grandes meios de comunicação, tais como tv e jornais.

É também neste ano que o dançarino Gualter Damasceno, o Gambá "Rei do Passinho", é assassinado, gerando mais alarde, enfatizando o genocídio da juventude negra[5] e favelada, e fortalecendo a repercussão para o movimento que crescia nos subúrbios e favelas.

Esperava-se pelos dançarinos que a visibilidade proporcionada pela mídia a essas novas formas de construção de cidadania se traduzisse numa conquista de direitos para as juventudes das favelas cariocas, no entanto, a implementação das UPP (Unidades de Polícias Pacificadoras), em 2010, expôs e reforça a ideia de política pública de quem historicamente governa a cidade.

Hoje, além dos bailes, seu local de encontro é o bairro do Manguinhos, na Zona Norte do Rio de Janeiro, famoso pelo Pavilhão Mourisco – sede da Fundação Oswaldo Cruz, por sediar a maior horta da América Latina, por ter recebido as obras do PAC, por abrigar a cidade da Polícia, pelos altos índices de violência, mas, recentemente, também por vir obtendo destaque com a efervescência da juventude com arte urbana na Rodas Cultural do Pac'Stão e no Treino de Passinho.

Os que tentaram construir a cidade em uma lógica que a recortava em áreas específicas, como área agrícola, área de moradia e área de trabalho, não imaginavam que uma cidade não é feita somente de divisões geográficas, mas também de afetos e sociabilidades. E nesse quesito as práticas insubordinadas das culturas negras brasileiras em suas reminiscências africanas têm no corpo a centralidade de seus saberes, compondo tessituras de resistências que engendram caminhos de existências por meio de outras lógicas de uso da cidade.

No treino de Manguinhos, que ocorre às quartas-feiras na praça de skate, os dançarinos fazem uso do mesmo espaço dos produtores da Roda Cultural Pac'stão, construindo outras territorialidades. A presença do treino garante um dos poucos espaços na cidade para sociabilidade entre os dançarinos: neste espaço são desenvolvidos estudos das técnicas da dança Passinho, registros de vídeos, duelos entre indivíduos ou seus bondes[6], paquera, ensaios para apresentações, troca de informações de trabalho e afins.

Assim, a inovação, a criatividade, a insubmissão, a teimosia, os rearranjos de fuga da juventude favelada que dança Passinho ganham força por meio da arte para uma (sobre)vivência e aparecimento, reafirmando seus direitos e construindo territorialidades também no ambiente virtual que ganham escala e reverberam a tal ponto que retornam a seu próprio local ressignificando a si e os espaços do seu cotidiano, descentralizando o pensar e o fazer cultura na cidade.

Artivismos e o Passinho

Sem diminuir a importância da discussão sobre o termo "artivismo", e compreendendo que há na nomeação das produções artísticas razões concretas para explorar as novas compreensões que os estudos acadêmicos e artísticos vêm propondo para o campo político, é interessante compreender que para outros, como os(as) dançarinos(as) de Passinho, não há tal preocupação.

A discussão é recente, no Brasil, o termo "artivista" é apontado por Vila Boas (2015) e Mesquita (2008) como originado em uma matéria de jornal da *Folha de S.Paulo* e para Mesquita o termo é considerado:

> [...] problemático, por denotar um certo engessamento dos campos de relação entre ativismo e arte, além de, obviamente, ser um nome inventado pela mídia, muito mais com o objetivo de se criar uma "tendência artística emergente" ou um "ismo" dentro de uma "nova vanguarda". Sobre os "ismos", recordo algumas palavras de Aracy Amaral: "esses 'ismos' não deixaram de ser, em seu surgimento e eclipse, estimulados pela própria crítica, ávida de novidades formais e, nesse aspecto, veiculadora de algo comparável à obsolescência planejada de nossa contemporaneidade industrial e que é, simultaneamente, indício claro de que 'arte moderna', para muitos, pode ser identificada com o progresso na arte" (Mesquita, 2008, pp. 31 - 32, aspas do autor).

Outras diferenciações são feitas por Mesquita (2008, p. 15), entre arte política e arte ativista:

> Considere que a arte ativista não significa apenas arte política, mas um compromisso de engajamento direto com as forças de uma produção não mediada pelos mecanismos oficiais de representação. Esta não mediação também compreende a construção de circuitos coletivos de troca e de compartilhamentos abertos à participação social e que, inevitavelmente, entram em confronto com os diferentes vetores das forças repressivas do capitalismo global e de seu sistema complexo de relações entre governos e corporações, a reorganização espacial das grandes cidades, o monopólio da mídia e do entretenimento por grupos poderosos, redes de influência, complexo industrial-militar, ordens religiosas, instituições culturais e educacionais e etc.

Há quem faça uma distinção na grafia da palavra para trazer outros sentidos – significados às lutas – e pensar as emergências de determinadas produções como um acontecimento, como é o caso do Troi (2018), que usa "a(r)tivismo" conectando a palavra *queer* para propor uma discussão com foco nas dissidências sexuais e de gênero, e quando usa o (r) é justamente pra colocar o termo em suspeição e também aproximar com a questão do teat(r)o usado pelo Teatro Oficina. Ele explica:

> Grafar "a(r)tivismo" é estabelecer as conexões entre os campos, entre os agenciamentos que tanto o Oficina, com o teat(r)o, quanto os a(r)tivismos *queer*, provocam nas subjetividades (2018, p. 13). A lógica não é dizer qual produção é ou não a(r)tivismo, mas refletir sobre a emergência dessas produções nos permite notar como isso afeta todo o contexto das artes e seu mercado: perceber que a todo momento, artistas, ativistas, coletivos e o próprio mercado serão questionados quanto a validade, a legitimidade e os agenciamentos que essas produções suscitam. Para além das 'intenções' dos artistas e ativistas, são os enunciados e seus impactos que nos darão ferramentas para analisar essa emergência. Penso, por exemplo, ser mais lógico chamar essa produção de a(r)tivismo do que considerar ou chamar aqueles que executam as obras de 'artivistas'. Mesquita (2008) usa os termos 'artista ativista', 'ativista cultural' ou simplesmente 'artista' ou 'ativista'. Se o sufixo 'ismo' procura dar a ideia de algo instituído, de movimento, aqui é preciso um esforço permanente para fugir da ideia de movimento unificado e pensar na emergência de determinada produção como um acontecimento. Há também, ao contrário, quem não abomine o termo e já se denomine 'artivista', mas, na minha análise, não existe o ofício do artivista, os a(r)tivismos *queer* são produções de acontecimentos que tratam de desestabilização sexual, de gênero com caráter anticolonial e, frequentemente, com caráter anarquista. Sendo produção de acontecimentos, faz sentido que a performance seja uma das linguagens mais usadas nesta cena, porque ela é, em si, um acontecimento (Troi, 2018, p. 76).

Contudo, o dissenso é o que nos permite as análises de diferentes pontos de vista sobre o assunto. Latour vai dizer: "A tarefa de definir e ordenar o social deve ser deixada aos próprios atores, não ao analista. É por isso que para recuperar certo senso de ordem, a melhor solução é rastrear as conexões entre as próprias controvérsias e não tentar decidir resolvê-las" (2012, p. 44).

Para rastrear essas conexões das práticas do Passinho na relação entre os diferentes corpos, os locais públicos e as manifestações, reflito a partir de alguns temas da autora Judith Butler, tais como: precariedade, aparecimento e performance. Sobre precariedade, segundo a autora, todos temos diferentes níveis, mas sua distribuição é desigual e sendo assim é sentida mais pelas pessoas pobres devido à sua exposição à insegurança, à violência e à perda de direitos, para além das questões econômicas, há ainda relações com outras formas de diferenciação social, gênero e raça. Neste sentido, as políticas de gênero devem estar em aliança com as populações precarizadas, para fazer oposição às forças políticas e econômicas que nos levam a mais precariedades.

O próximo ponto que destaco tem a ver com manifestação e os corpos que ocupam as ruas nos espaços públicos, mas não é o espaço público pensado na relação no binarismo clássico entre público e privado, e sim como equipamento que está disponível a ser ocupado e cujo direito ganha existência quando, então, é exercido, e ele é exercido por aqueles que agem de maneira orquestrada, em aliança.

Com novas formas de atuação social, valendo-se da própria circularidade dos bailes e das redes de comunicação, que agora fazem-se no cotidiano, o Passinho demonstra seu poder de emancipação tanto dos modos tradicionais quanto como um movimento que constrói novas formas de ação coletiva. Para Di Giovanni:

> Neste cenário, a emergência do termo artivismo, como categoria analítica, marca um interesse, político e teórico, em formas de ação coletiva cujo efeito e possíveis interpretações não se esgotam na taxonomia da provável

orientação ideológica dos participantes, nem na possível funcionalidade que possam cumprir no jogos político--eleitorais e midiáticos das democracias representativas, cuja explicação não termina na identificação dos fatores contextuais, históricos ou socioeconômicos que fomentaram sua erupção. Por um lado, trata-se de formas histórica e simbolicamente associadas ao ativismo, ao protesto, a irrupção de processos coletivos de auto-organização, denúncia e reivindicação de direitos, acirrados em momentos de crise econômica e social, que mesmo quando relativamente autônomos em relação às estruturas organizativas e instituições precedentes (partidos, sindicatos, movimentos setoriais), mobilizam recursos e repertórios próprios do campo de relações que nos acostumamos a chamar de política. Ao mesmo tempo, trata-se de experiências coletivas mal contidas pelas fronteiras convencionais da política em sentido estrito, formas de dissenso e reivindicação que mais se aproximam à dimensão cotidiana dos "modos de vida" e "contraculturas" do que das estruturas programáticas e ideológicas que o senso comum atribui aos movimentos sociais. Ao mesmo tempo em que habitam o universo da ação e da organização política, trata-se de modos de intervenção notavelmente ligados a práticas experimentais próprias dos mundos da arte ou, em muitos casos, explícita ou implicitamente informadas pela história do deslizamento das práticas artísticas para fora do campo de autonomia que define a arte moderna, ao encontro de outras dimensões da vida social (Di Giovanni, 2015, p. 15).

Entre os dançarinos de Passinho, o termo "artivismo" ainda não é comum, e ao longo das pesquisas que realizei não lembro de ter ouvido menção ao conceito ou à discussão. Portanto, identifico tanto os sujeitos como suas práticas nas formas como os próprios se intitulam.

O Passinho pode ser entendido como um movimento contestatório, mas sua principal característica encontra-se na performance, cuja dimensão estética desse ativismo é encontrada na luta pela existência e na disputa do imaginário. Para os(as) dançarinos(as) de Passinho, se identificarem como artistas e conseguirem que suas atuações estejam sendo encaradas como arte já é um ato político. Não como o tradicional e institucional ato político ligado aos DCEs, sindicatos, partidos ou ideologias – o que para uma parcela da população é ainda uma abstração –, mas o da vida encarnada, substancial, pois o fato de estarem vivos em uma sociedade em que as estatísticas mostram o contrário já é uma insurgência.

Os sociólogos do social ou um pensamento conservador não conseguem enxergar a dimensão política afora as formas tradicionais de organização pautadas do racionalismo que imperava nas sociedades industriais dos séculos XIX e XX, e, portanto, Latour afirma que: "A ação não ocorre sob o pleno controle da consciência; a ação deve ser encarada, antes como um nó, uma ligadura, um conglomerado de muitos e surpreendentes conjuntos de funções que só podem ser desemaranhados aos poucos" (Latour, p. 72).

A estética da dança está impregnada do contexto em que ela surge, um misto de beleza e denúncia, rigidez e ternura, um emaranhado de dissensos que fazem da autodefesa a arte que garante a luta por direitos básicos e a expressão, mesmo sem terem sido instruídos diretamente para tal, mas que ainda sim desestruturam paradigmas e velhas lógicas de atuações políticas, fazendo do seu cotidiano o campo de luta por direitos e produção de novos imaginários e subjetividades para enfrentar as inúmeras formas de opressões e garantir existências coletivas.

Os dançarinos de Passinho, e consequentemente o movimento, não propõem suas reivindicações de forma tradicional (por meio de assembleias, atas, cartas, passeatas etc.). Suas práticas atuam nas reformulações sociais construindo nomenclaturas para seus passos, novos vocabulários de movimento, criando espaço de autorreferenciamento e legitimação de suas atuações e criação de discursos, disputando e consolidando o(a) dançarino(a) dentro do movimento *Funk* como protagonista, a fim de que se perpetuem na história marcando sua geração com as novas lutas por existência: reexistir tanto dentro das culturas locais quanto para a cidade, sobrevivendo e reinventando as possibilidade da garantia de seus direitos por meio de mobilizações virtuais individuais, como veremos com Iguinho Imperador no caso da Adidas/Farm.

Vídeos da Campanha da Adidas/Farm, vídeo do Iguinho Imperador e o vídeo #RABISCAOCHÃO#PASSINHOFODA

Os exemplos a seguir trazem uma noção das repercussões que esse ativismo virtual tem mobilizado. A Adidas, em parceria com a Farm, lançou em 2018 uma coleção inspirada no *Patchwork*, cujas referência partem dos remixes de músicas e dos movimentos de danças populares como Frevo pernambucano, Kuduro angolano, *Dance Hall* jamaicano, *Krump* estadunidense e Passinho Foda do Rio de Janeiro, cuja natureza, arte de rua, artesanato, gráficos retrô e arte contemporânea servem de influência para a moda.

A campanha foi protagonizada por modelos e um dançarino, em sua maioria brancos, que não sabiam dançar o Passinho no turístico cenário do monumento a Estácio de Sá com o fundo do Pão de Açúcar. As críticas logo surgiram e teve grande repercussão e consternação por parte dos dançarinos, pela ausência tanto de artistas legítimos quanto de uma representatividade ou de representação que fizesse jus aos ambientes em que a dança é praticada – bailes de favelas – ou às lutas de personagens que contribuíram para a legitimação da dança.

A discussão nas redes sociais foi puxada por Iguinho Imperador, Relíquia do Passinho[7] e um dos líderes do, atualmente, principal bonde de Passinho Foda (Os Imperadores da Dança), e no vídeo postado em sua rede social. Iguinho tinha dimensão do seu poder de alcance e usou a tática da benevolência contra seu opressor, a fim de captar a atenção da audiência, entendendo que o dançarino do vídeo e os modelos são profissionais, ou seja trabalhadores, e a marca é um ente simbólico, não responde por si, então assertivamente direciona as críticas aos produtores da campanha, pautando identidade, representatividade, representação e lugar de fala (Ribeiro, 2017), quando questiona sobre os protagonismos.

A questão do reconhecimento é importante porque se dizemos acreditar que todos os sujeitos humanos merecem igual reconhecimento, presumimos que todos os sujeitos humanos são igualmente reconhecíveis. Mas e se o campo altamente regulado da aparência não admite todo mundo, demarcando zonas onde se espera que muitos não apareçam ou sejam legalmente proibidos de fazê-los? Por que esse campo é regulado de tal modo que apenas determinados tipos de seres podem aparecer como sujeitos reconhecíveis, e outros não podem? (Butler, p. 42).

Embora Iguinho negue o aspecto individual, o lugar de fala possibilita um foco no lugar social, ocupado pelos dançarinos em uma estrutura comum de dominação e opressão, dentro das relações de poder, e questiona as condições sociais que impedem ou autorizam o acesso de jovens às oportunidades de se autorrepresentarem.

A postagem repercutiu de maneira significativa com 185 reações, 59 comentários e 205 compartilhamentos, resultando em 7,6 mil visualizações, incluindo engajamento internacional de dançarinos de outros países compartilhando o vídeo e marcando a Adidas. Um esforço conjunto que rapidamente mobilizou os responsáveis pelo vídeo a retirá-lo do ar e realizar um pronunciamento público sobre o erro, com um pedido de desculpas e um convite a representantes, incluindo Iguinho, a pensarem uma nova proposta para o comercial.

A reparação veio à altura do que era merecido: um elenco de dançarinos(as) pretos(as), legítimos da cultura, envolvendo diferentes gerações, todos(as) oriundos de favelas e no cenário de Madureira. Na ocasião minha opinião foi:

A Farm entendeu que o Passinho não precisa de quem os represente, seus adeptos são a expressão e representação de si, e que apesar da Zona Sul ser rica, financeiramente e enquanto cartão-postal, é pobre culturalmente. É na Zona Norte (neste caso específico, Madureira) o berço dos encontros e local histórico desse movimento e de muitos outros, com todas as dificuldades e problemas que há nesse lugar, é aqui que está a nossa riqueza, nosso afeto. Nosso cartão-postal não é um rochedo grande (Pão de Açúcar): são experiências e pessoas! Reconhecer que errou e buscar se retratar, além de lucrativo, por que a favela consome ambas as marcas – e sabemos que no final das contas uma marca mal posicionada vende menos –, é inteligente e nobre. O vídeo está lindo, não tenho dúvidas que agora a campanha será um sucesso, mas quem merece os parabéns são os experientes, os da nova geração e a galera da dancinha em geral, por enfrentar diariamente diversas formas de violências e não desacreditar... O Passinho é foda, por que vocês são foda!!!! Fé em Deus e nas crianças da favela! (Oliveira, 2018. Depoimento na página do Facebook).

Tempos depois, Iguinho Imperador ainda dirigiu um vídeo com o objetivo de contrapor os preconceitos e estereótipos vinculados na tv aberta sobre a juventude de favela, principalmente nos programas policialescos de horários de grande audiência. O vídeo trata inicialmente da violência do estado sobre as favelas, e, em seguida, de como os dançarinos agem diante do descaso do poder público, dançando em seu próprio território.

Nesse sentido, as dimensões materiais e simbólicas da cidade e do corpo se organizam de maneira a responder e elaborar nas desigualdades formas de produzir, viver e se relacionar individual e coletivamente. Os territórios com contextos desiguais que são interferidos pelo corpo nos localizam nos princípios metafóricos da vida coletiva. As regiões da Zona Norte e favelas, como exemplo de expressões culturais nos modos de vida, indicam outros meios de fazer, praticar e pertencer à cidade, carregando consigo as marcas da subversão e reinvenção das lógicas coloniais.

Considerações finais

Tendo em vista as mudanças dos cenários artísticos atuais, os novos conceitos, como a(r)tivismos, cabem e se encaixam numa perspectiva fora do mercado e do circuito de arte. Apesar de compreender a importância desse movimento, é necessário reafirmar que dar nome às coisas não é tão necessário ao Passinho quanto suas reformulações cotidianas. Ou melhor, o que constitui sentido, dentro do movimento, tem outras categorias e formas de se fazer, identificar e diferenciar.

Sendo assim, o campo teórico e acadêmico ainda carece da experimentação de jovens e mulheres como ferramentas políticas de luta e resistência. Eu tenho aprendido com essa nova geração e me sentido encorajado para achar, conjuntamente, as possibilidades de aplicações e encaminhamento daquilo que as minhas pesquisas têm gerado no campo, como a produção da cartografia realizada no Instituto Moreira Salles; pensar políticas públicas, metodologias de ensino, editais e formas de reconhecimento dessas práticas (como a sindicalização e patrimonialização da dança), além da abertura de espaços no mercado publicitário e na economia cultural da cidade/país para abertura de novas oportunidade de aparecimento para tais jovens.

Dessa forma, elaboram novas rotinas e caminhos divergentes do planejamento urbano, das políticas de violência, da falta de infraestrutura e materialidades dignas. Assim como afirma Butler, no espaço de abundante precariedade surgem corpos que buscam o aparecimento como formas de existência e comprometidos com práticas contra-hegemônicas no espaço público.

Iguinho Imperador usa a tática de ocupar o espaço da mídia para se contrapor e conseguir maior visibilidade com suas queixas. Ele movimenta parte das estruturas, e assim é possível pensar e compreender o Passinho como uma atuação política e potente em si, seja só pelo fato de esses jovens estarem vivos e atuantes, seja também por promoverem o deslocamento dos olhares sociais.

Notas

[1] O termo "Relíquia" tem sido comumente utilizado para referenciar e reverenciar dançarinos(as) pioneiros da dança Passinho que frequentaram, dançaram e duelaram entre 2004 e 2008 nos bailes *funk* de favelas do Rio de Janeiro, como Mandela, Jacaré, Manguinhos, Arará, Campinho e Cidade de Deus. Trata-se também de um termo utilizado nas periferias e favelas da cidade para

identificar indivíduos que são reconhecidos pelo território por reunirem saberes constituídos pela acumulação de experiência.

[2] Documentário *O desafio do Passinho*. Disponível em: <https://www.youtube.com/watch?v=gg-DH2IvNEBk&t=1s>. Acesso em: 20 fev. 2021.

[3] A Batalha do Passinho foi uma competição entre dançarinos de favelas diferentes que cointou em suas primeiras edições com o patrocínio do Sesc e da Coca-Cola, o que impulsionou o movimento a conquistar visibilidade. Disponível em: <https://exame.com/marketing/coca-cola-apoia-batalha--do-passinho-em-comunidades-cariocas/>. Acesso em: 12 out. 2021.

[4] DRT é uma sigla popular entre os artistas referindo-se ao registro profissional que é emitido pela Delegacia Regional do Trabalho.

[5] O Atlas da Juventude de 2021 aponta que dos 45.503 homicídios ocorridos no país, 51,3% das vítimas eram jovens entre 15 e 29 anos, totalizando 23.327 óbitos, o que indica uma média de 64 jovens assassinados por dia.

[6] Bonde é como são chamados os grupos de Passinho.

[7] Dançarinos(as) que auxiliaram na construção e luta por reconhecimento da cultura Passinho Foda.

Referências

CASTELLS, Manuel. *La question urbaine*. Paris: François Maspero, 1972.

DI GIOVANNI Julia R., Artes de abrir espaço. Apontamento para a análise de práticas em trânsito entre arte e artivismo. *Cadernos de Artes e Antropologia*, v. 4, n. 2, 2015, pp. 13 - 27.

FABIÃO, Eleonora. Programa Performativo: O corpo-em-experiência. *Revista Lume*, Núcleo Interdisciplinar de Pesquisas Teatrais, Unicamp, n. 4, dez. 2013.

GOHN, Maria da Glória. Movimentos sociais na Contemporaneidade. *Revista Brasileira de Educação*, v. 16, n. 47, maio-ago. 2011.

LEFEBVRE, Henri. *O direito à cidade*. São Paulo: Centauro, 2001.

MAIA, Aline S. C. *Rabisca e publica*: juventudes e estratégias de visibilidade social e midiática do Passinho carioca ao ativismo de Nova Orleans. 2017. Tese (Doutorado em Comunicação) – Pontifícia Universidade Católica do Rio de Janeiro, Rio de Janeiro, 2017.

MENEZES, Darciele P. M. *No ritmo do Passinho*: deslocamentos midiáticos e estetização cotidiana do grupo Dream Team do Passinho. Tese (Doutorado em Comunicação) – Universidade Federal de Santa Maria, 2017.

MESQUITA, André L. *Insurgências poéticas*: arte ativista e ação coletiva (1990-2000). Dissertação (Mestrado em História Social) – Faculdade de Filosofia, Letras e Ciências Humanas, Universidade de São Paulo, São Paulo, 2008.

NASCIMENTO, Luna M. P. do. *No território do Passinho*: transculturalidade e ressignificação da dança nos espaços periféricos. 2017. Dissertação (Mestrado em Comunicação e Territorialidades) – Universidade Federal do Espírito Santo, 2017.

OLIVEIRA, Hugo S. *O Desafio do Passinho* – Uma forma de expressão corporal e sociocultural. Trabalho de conclusão de curso (Bacharel em Comunicação Social) – Centro Universitário Carioca, Rio de Janeiro, 2013.

OLIVEIRA, Hugo S. *Vem Ni Mim Que Eu Sou Passinho*: A dança Passinho na confluência entre Redes Sociais, Arte e Cidade. Dissertação (Mestrado em Cultura e Territorialidades) – PPCULT, vinculado ao Instituto de Arte e Comunicação Social da Universidade Federal Fluminense, 2017.

TROI, Marcelo de. *Corpo dissidente e desaprendizagem*: do Teat(r)o Oficina aos a(r)tivismos queer. Dissertação (Mestrado em Cultura e Sociedade) – Instituto de Humanidades, Artes e Ciências Professor Milton Santos, Universidade Federal da Bahia, Salvador, 2018.

Web

Vídeo de lançamento da campanha da Farm. Disponível em: <https://www.youtube.com/watch?v=1VVFqw0FhIk>. Acesso em: 29 jan. 2022.

Vídeo postagem do Iguinho Imperador no Facebook. Disponível em: <https://www.facebook.com/100002334128683/videos/1619752598112529>. Acesso em: 29 jan. 2022.

Vídeo dos Imperadores da Dança. Disponível em: <https://www.youtube.com/watch?v=knFRzpUIwzk>. Acesso em: 29 jan. 2022.

Post sobre A(R)tivismo. Disponível em: <https://www.facebook.com/flip.couto/posts/10159125831030340>. Acesso em: 29 jan. 2022.

Parte III
Ressignificações dos artivismos urbanos

Ocupação Ouvidor 63: sentidos dos artivismos urbanos no centro de São Paulo

Simone Luci Pereira;
Priscila Miranda Bezerra

A discussão sobre as lógicas urbanas, sociais, demográficas e territoriais sobre o centro urbano já tem lastro no que diz respeito à cidade de São Paulo, despertando mais recentemente a atenção também de estudos no campo das Artes/Estética e da Comunicação. Em nosso Grupo de Pesquisa URBESOM (Culturas Urbanas, Música e Comunicação),[1] temos trilhado um caminho de reflexão e pesquisas que nos conduz à percepção das dimensões comunicativas da cidade em que a cultura/arte/música tem protagonismo e centralidade, em suas dimensões estéticas, afetivas e políticas. Da mesma forma, em nossa pesquisa[2] temos analisado as ações de coletivos e outros grupos que vêm conjugando um ativismo urbano e musical/artístico (ou artivismo urbano) que busca ocupar o centro de São Paulo como forma de reivindicar a cidade, na contramão de lógicas econômicas que, em geral, têm na edificação e no abandono de centralidades um caminho que vai em direção ao quadrante sudoeste da cidade (Frúgoli, 2000)[3]. Dentro dessa investigação maior, enfocamos aqui neste artigo as atividades e as formas de artivismo urbano de uma iniciativa na área central de São Paulo, o Ouvidor 63[4], ocupação artística e de moradia que, desde 2014, habita um prédio até então abandonado na região do Anhangabaú, pertencente oficialmente ao Governo do Estado de São Paulo.

Já temos refletido sobre a atuação do Ouvidor 63 nas suas formas de gerir o espaço de maneira horizontal e autônoma, bem como sua relevância política, artística e urbanística, na medida em que articula movimentos por moradia e direito ao centro da capital paulista e também ativismos artísticos/urbanos, salientando aspectos das formações de redes múltiplas na cidade em seus nós, dinâmicas, associações e evidenciando a noção de comunicação urbana que buscamos abordar (Pereira e Bezerra, 2021). Nosso objetivo neste artigo é compreender as formas de artivismo urbano que se constroem no âmbito das atividades deste coletivo de coletivos que é o Ouvidor 63, centrando-nos na análise da 3ª Bienal de Artes do Ouvidor 63, ocorrida em novembro e dezembro de 2021.

Desde os anos de 1980 e1990, a ocupação das áreas centrais das cidades parece ter sido o lema de políticas públicas e privadas em diversos locais do mundo, com diferentes proposições, atores, interesses, sentidos e poderes em jogo. Tendo à frente as lógicas do capitalismo financeiro e pós-industrial, a centralidade da cultura como ativo econômico, marketings urbanos, disputas pela memória territorial, noções complexas de *ranking* de municípios, isso tem gerado discussões e práticas em que diferentes imaginários de cidade, convivialidade, criatividade e vida urbana entram em jogo e levam tantas vezes a processos de gentrificação, segregações e desigualdades territoriais, sociais, urbanas (Seldin, 2017; Fernandes e Herschmann, 2018; Pereira *et al.*, 2021).

Nesta conjuntura de disputas e negociações pela área central da cidade de São Paulo (Pereira *et al*, 2021), entra em jogo também o papel dos ativismos artístico-urbanos, dos artivismos urbanos e das ocupações artísticas propriamente ditas e suas formas de urbanismo emergente e insurgente (Holston, 2009; Stevens *et al.*, 2019; Nascimento e Ultramari, 2019).

Iniciamos o artigo com uma discussão conceitual e histórica de artivismo mais ampla, salientando suas origens e proposições, bem como as disputas contemporâneas que emergem dessa nomenclatura e seus usos, e prosseguimos com uma discussão mais circunscrita sobre artivismos urbanos e o contexto da cidade de São Paulo. Em seguida, centramo-nos na análise da ocupação Ouvidor 63, seu histórico de quase oito anos, algumas de suas ações e suas Bienais de Arte, focando-nos na última (terceira), ocorrida em novembro/dezembro de 2021.

De que falamos quando falamos de artivismo?

Desde que tomamos conhecimento e contato com a ocupação Ouvidor 63, em 2018, visitando o local periodicamente em seus eventos ou mesmo em dias sem atividades formais, percebemos que nas ações dos artistas que ali viviam/vivem se esboçava um borramento de fronteiras entre ativismo e arte, experimentado e encenado no cotidiano vivido por eles.

Nesse sentido, ao conjugar luta por espaços e práticas artísticas não institucionalizadas e mais autônomas, ocupação de moradia e arte no centro da cidade – que se encontra em disputa por lógicas do capital financeiro, coletivismo e luta política –, a Ouvidor 63 desafiava a nossa compreensão não apenas sobre a) movimentos sociais/políticos, como também sobre b) práticas de urbanismo insurgente e tático e c) práticas artísticas/estéticas.

Essa percepção nos levou à noção de artivismo, como categoria analítica que ajuda a compreender expressões, ações e imaginários que escapam tanto das noções clássicas de movimentos sociais em sua eficácia ou duração nas estruturas urbanas como das definições de arte e de processos artísticos e estéticos em si mesmos. A noção de artivismo (Di Giovanni, 2015; Raposo, 2015; Rocha, 2021; Chaia, 2007; Mesquita, 2008), nos permite refletir sobre "a complexidade dos cruzamentos entre experiência política e criação estética nas formas contemporâneas de ação coletiva" (Di Giovanni, 2015, p. 15), fazendo com que as lutas sociais e urbanas que passam pela arte/estética assumam sua dimensão política ligada ao sensível/afetual, as quais, sem essa perspectiva e numa visão mais tradicional das ciências sociais, poderia ser entendida como não política. Adentrar a perspectiva do artivismo é aceitar o desafio de entender a radicalidade de fenômenos que não podem ser contidos ou analisados nem "sob o critério de sua eficácia política nem sob o critério de sua natureza artística, pois ultrapassam as convenções" (Di Giovanni, 2014, p. 14) e os limites de ambos os campos, "destacando as sobreposições e intersecções entre experiência política e experiência estética", e a complexidade destes cruzamentos (p. 15).

Chaia (2007) já apontava – em artigo pioneiro no contexto brasileiro – que dois fatores podem ser observados para compreender as origens do artivismo contemporâneo: por um lado, os movimentos sociais dos anos 1960, que incluem aspectos contraculturais e do situacionismo, os quais, acrescentamos, traziam a noção da ampliação da noção de estética para a vida cotidiana, ancorada em artes de ação e performadas no corpo. Por outro lado, deve ser levada em conta nestas origens do fenômeno artivista a emergência das novas tecnologias, que ganham intensidade a partir de meados dos anos 1990, tanto como suportes importantes para ampliar o potencial de artistas políticos e alastrar o campo de ação do artivismo, como para trazer "novas revoluções de linguagem, captadas e utilizadas por um indivíduo ou um coletivo na prática político-estética" (Chaia, 2007, p. 10).

Desta maneira, Chaia define o artivismo como estando ligado de maneira inextricável ao desejo de luta, de enfrentamento e de responsabilidade e vocação social diante do outro e diante das condições estruturais que produzem a contemporaneidade. Amplia-se a relação entre ética e estética na medida em que seu núcleo gerador inclui uma prática e uma atitude em relação à arte e à realidade vivida.

Entretanto, nos últimos anos, percebe-se que a noção de artivismo vem sendo disputada por práticas e compreensões do termo que pensam a estética e a política articuladas também em expressões, ações e performances conservadoras, reacionárias e até fascistas (Raposo, 2021). Salientamos que, ainda que não apoiem essas manifestações, essas compreensões do artivismo contemporâneo como sendo algo também apropriado por ideários políticos reacionários outorgam a elas o termo "artivismo", por considerá-lo de difícil delimitação e contorno (Raposo, 2015), estando aberto a diferentes apropriações.

Delgado (2013) vai além na sua crítica, destacando o quanto o artivismo urbano contemporâneo deve ser interrogado tanto por suas implicações ideológicas de "ciudadanismo" e democracia liberal, como por poder colaborar inclusive com processos de gentrificação urbana e servir aos interesses do próprio capital, ao se tornar uma estetização da política e complementar (ainda que de maneira não deliberada) políticas mercantis e de marketing de promoção das cidades em seus aspectos considerados prestigiosos de *underground*", "criatividade" e de certo "inconformismo".

Ora, se podemos assumir que o artivismo se mostra como um conceito em disputa, requerendo atenção aos seus usos e apropriações paradoxais e contraditórias, compreendemos aqui o artivismo como noção e como prática dissensual que visa à crítica e à transformação social, nos horizontes tanto da política, da cidade e do urbanismo como da própria arte. Assim é que compreendemos o artivismo urbano construído e experimentado nas ações dos artistas da ocupação Ouvidor 63, como analisaremos.

Concordamos com Mesquita (2008), quando este afirma que a arte ativista constitui e produz novas esferas públicas, transformando e extrapolando os limites da noção de esfera pública habermasiana, na medida em que agencia "a organização de zonas alternativas e liberdade de expressão invertendo espaços já existentes e trabalhando com outras identidades e socialidades" (pp. 11 - 12); nesta articulação de contraesferas públicas "o político" se amplia e se desdobra. Ou seja, compreendemos uma noção do político, nos termos de Mouffe (2005), como sendo o que parte das demandas e anseios das coletividades e discursos contra-hegemônicos, que instauram antagonismos dissidentes e que podem construir uma democracia radical, extrapolando os limites da democracia moderna liberal deliberativa, que não inclui a todos.

Assim é que o artivismo parece se colocar em nossa concepção, seja como prática, seja como campo de reflexão: como fissuras e brechas no poder e como desdobramento de formas outras de viver democracias, em que se tem a intenção explícita e intencional de criar antagonismos e dissidências e incluir as alteridades e os grupos silenciados pela via estética/política/performativa.

Walsh (2017), no contexto latino-americano, nos traz ainda mais elementos para este debate, na medida em que pensa estas *"grietas"* ou "fissuras" nas formas de pensar/sentir/atuar/lutar decoloniais. Segundo ela, é preciso buscar as "esperanzas pequeñas, es decir, en y por esos modos-muy-otros de pensar, saber, estar, ser, sentir, hacer y vivir que sí son posibles y, además, existen a pesar del sistema, desafiándole, transgrediéndole, haciéndole fissurar" (2017, p. 30). Brechas abertas por práticas artivistas como as que temos vivido e observado na ocupação Ouvidor 63, como formas de "re-viver" e "re-existir". Voltaremos a este assunto mais à frente.

Artivismo urbano: cidade, arte e política

Desdobrando a noção de artivismo mais geral ou ampla, assumimos aqui uma noção de artivismo urbano no século XXI que se mostra inter-ligado aos novos movimentos sociais de ocupação e insurgência urbana (Harvey, 2014; Holston, 2009) das duas últimas décadas – presentes em vários contextos mundiais – e que em São Paulo se esboçaram, entre outras frentes, na reinvindicação da cidade e ao seu centro, vinculado às movimentações e subversões artísticas evidenciadas na ocupação aqui referida. Uma insurgência político-artística que, numa lógica performativa e relacional (Raposo, 2021) característica dos novíssimos movimentos sociais do século XXI, colabora na edificação de novas alianças em rede (Butler, 2018), transformações conjunturais possíveis e novas formas de viver, pensar e imaginar o fazer político (Migliano, 2020; Mouffe, 2005). Um artivismo urbano, assim, entendido como uma atualização das relações entre estética, política, performance e urbanismo insurgente que tem nas cidades, seus usos e suas lógicas um campo de experimentação, ação e reflexão, repensando noções clássicas modernas de espaço público e esfera pública burguesas, no entrelugar entre experiências sensíveis/corpóreas/relacionais e as transformações possíveis nas relações de poder.

Concordamos com Harvey (2014), que delineia o itinerário do direito à cidade lefebvriano dos anos 1960 até as emergentes ocupações dos corpos que habitam a cidade em espaços como praças, pontes e ruas em todo o mundo, interligando o artivismo a esses fenômenos, outorgando--lhes potência, força sensível e dinamização de afetos. Afetos que nos remetem às dimensões corporais e performativas da arte evidenciadas em muitas das expressões e nos coletivismos artísticos aqui em tela, que fazem das ocupações (de moradia e/ou artísticas) um meio de expressão dos corpos, sensibilidades e potência política nas cidades.

Há de se atentar para o contexto urbano paulistano e seu caráter segregacionista, excludente e espraiado (Maricato, 2015; Rolnik, 2017; Caldeira, 2000; Kowarick, 2007; Frúgoli, 2000). Vale ressaltar que esse contexto de espraiamento urbano aliado à questão social e de moradia da cidade – que são de longa duração – se interseccionam com as demandas e contextos mais recentes, fazendo com que a história dos artivismos urbanos esteja entrecruzada com o histórico de luta social dos movimentos por moradia na cidade de São Paulo nas últimas décadas.

Até o começo do século XX, o centro da cidade em torno do triângulo histórico (rua Direita, rua São Bento e rua XV de Novembro) tinha sua centralidade econômica e urbana. Mas logo no início do século XX, como fruto da industrialização do país e da cidade e a consequente exploração de mão de obra, as camadas mais baixas da população passavam a ter dificuldades em obter uma moradia digna, tornando a questão da habitação em São Paulo num problema social, demográfico e urbanístico (Kowarick, 2007). Durante o século XX, com a nova centralidade deslocando-se para a região da Avenida Paulista, a região central (agora "centro velho") vai sendo abandonada paulatinamente de investimentos e atenção, levando à formação das periferias mais afastadas do centro, nas bordas da cidade[5], em que o centro passa a abrigar o setor de comércio e moradias irregulares como cortiços. Cada vez mais esvaziado de moradores e com taxas negativas de crescimento, o centro passa a sofrer uma intensa deterioração urbana, com falta de investimentos públicos e privados por muitas décadas, sendo ocupado, a partir dos anos 1960, por comércio e serviços dirigidos a uma população de menor poder aquisitivo, acompanhada de um aumento da taxa de vacância de moradores (Rolnik, 2017). Nesse desinvestimento em manutenção da região ocorreu também um processo de "desvalorização e deterioração física dos imóveis existentes que durou várias décadas", somado a um aumento do "comércio informal nos calçadões, a redução na qualidade dos serviços de limpeza e manutenção dos espaços públicos e a ausência de apoio às atividades voltadas ao amparo dos moradores de rua" (Vanucchi, 2018, p. 5).

Só nos anos 1980/1990 é possível perceber uma maior atenção das políticas públicas e interesses privados na área central, ainda que com vieses bastante questionáveis do ponto de vista urbanístico e de inclusão, privilegiando a monetização e ornamentação da área. Também é a partir dos anos 1980/1990 que movimentos sociais populares de luta por moradia se estruturam, ganham força e certa visibilidade, principalmente os que reivindicam o centro como local de habitação[6]. Essa noção do direito a viver no centro é uma forte reinvindicação que está no foco de muitos debates desde aquelas décadas nos movimentos de ocupações de moradia e artísticas (como a que analisamos aqui), como também na atuação de muitos coletivos ativistas mais amplos ligados à música e às artes que temos estudado. O direito ao centro, como direito à cidade e à vida urbana (Lefebvre, 2009), pela ampla possibilidade de mobilidade, acesso à cultura, lazer, serviços, como também se configurando como possibilidade de visibilidade e audibilidade e como uma forma de se contrapor aos modelos espraiados de cidade que empurram os indesejáveis para suas bordas. Um direito ao viver urbano como experiência de encontro, desejo e produção comunicativa da diferença na cidade

(Caiafa, 2003). Entretanto, essa busca é obstruída e dificultada pelas políticas públicas da Prefeitura e do Estado que, financiados e apoiados pelo setor imobiliário, têm construído planos de revitalização do centro que trazem ações de despejo e criminalização dos movimentos (Victor; Chiachiri; Correio, 2019).

Reina & Comarú (2015) e Nakano (2018) ressaltam o fenômeno do "repovoamento" da área central de São Paulo desde os anos 2000, depois de décadas de esvaziamento habitacional e de quase ausência de investimentos públicos e privados, vem acompanhado de um processo gentrificador articulado a um incremento do mercado imobiliário/financeiro na virada do século. Nesse discurso de "renascimento" das regiões centrais, conjugam-se caros lançamentos imobiliários para as classes médias altas e o aumento de moradias em cortiços e cômodos para classes de baixa renda. Esse paulatino aumento de moradores no centro da cidade salienta o quanto esta área é um local de disputas materiais e simbólicas sobre o direito e acesso à cidade, entre discursos e ações difusas de economia e cidades criativas e ações e reinvindicações mais democráticas e inclusivas.

Retomamos a noção do artivismo urbano que se gestava na capital paulista e que não deve ser pensado de maneira isolada deste contexto urbanístico e social da cidade; ao contrário, deve ser pensado dentro de uma lógica mais ampla em que muitos atores, com diversidade e convergência de intenções, estavam interrogando os usos do centro da urbe por diferentes vias. Oliveira Neto (2012) aponta algumas matrizes de formação e de interação entre poéticas-políticas do espaço urbano, usos da cidade e o coletivismo artístico. Segundo o autor, desde os anos 1960/1970 o campo da arte passou por questionamentos tanto quanto ao sistema de arte como por questões políticas mais amplas. Oliveira Neto destaca aí algumas práticas com inspiração nas reflexões e atuações dos intelectuais e artistas da Internacional Situacionista, a ação crítica de alguns artistas brasileiros, bem como a formação de coletivos de arte nos anos 1970/1980, todas essas marcando a expressividade do coletivismo nas artes. Monroy (2019) complementa esse debate salientando projetos e ações de arte não institucionalizada em São Paulo nos anos 1970/1980, em experiências como as do grupo 3Nós3 ou o Museu de Rua, que buscavam repensar os espaços institucionais de arte (museus e galerias), os monumentos e o uso da esfera urbana para expressões artísticas.

No contexto das lutas populares, desde meados dos anos 1990 alguns movimentos sociais urbanos ganharam corpo e força trazendo a "autoprodução da moradia" na forma de uma prática de ocupação de edifícios públicos e privados ociosos nas áreas centrais. Segundo dados da Secretaria Municipal de Habitação[7], em 2018 havia cerca de 206 ocupações em toda a cidade, sendo 59 delas localizadas na região central, nas quais vivem mais de 3 mil famílias. Em um cotidiano marcado pela precariedade, criminalização, constantes disputas jurídicas em torno de pedidos de reintegração de posse, mas também de mobilização, articulação política e resistência, buscam suprir necessidades de educação, saúde e cuidados entre os moradores e em redes na cidade com potência de ação e visibilização, que vão se estabelecendo com outras ocupações e com atores externos. Destaca-se nessa trajetória dos movimentos urbanos por moradia a potência do MSTC (Movimento Sem Teto do Centro), entre outros, desde o final dos anos 1990 e ao longo das últimas décadas (Maricato, 2015; Nakano, 2018).

O histórico e as dinâmicas das ocupações por moradia mostram-se importantes por coadunar questões que passam por interesses e disputas conflitantes entre a atuação do poder público, do mercado imobiliário, dos movimentos de moradia e suas pautas de reivindicação e nos limites e caminhos que isso pode gerar. Nesse contexto, a luta por moradia e as ocupações apontam também para outras formas de resistência que incluem a construção de um território de fixação, a construção de redes de relações (Affonso, 2010) e colaborações entre ocupações e o uso da arte/estética na pauta e no cotidiano político das ocupações por moradia.

A ocupação Prestes Maia é um caso singular neste sentido, ao ter articulado nos seus anos de existência a atuação de militantes/moradores e artistas em seu espaço, compondo uma polifonia de sentidos, interesses e modos de fazer política. A ocupação Prestes Maia (próxima à Estação Luz do metrô) – que existiu entre 2003 e 2007 – mostra-se um tanto paradigmática desses movimentos por moradia e suas teias de relações criadas e geridas (Affonso, 2010; Mesquita, 2008) no centro de São Paulo em suas formas de luta, ocupação e gestão coletiva dos espaços aliada aos movimentos de coletivismo artístico, aproximando o campo da arte com os ativismos políticos. A ocupação Prestes Maia foi liderada pelo MSTC e passou por diversas gestões municipais, estaduais e federais, conseguindo ora avanços, ora maiores dificuldades de negociação, tendo articulado diversos atores em suas dinâmicas de atuação, tais como ex-moradores do edifício, ativistas, proprietários, artistas, intelectuais, políticos e moradores de outras ocupações, salientando dinâmicas dos movimentos sociais e sentidos de comunicação urbana nas últimas décadas. Os artistas (poetas, cineastas, fotógrafos, performers, intelectuais) tiveram papel importante ao terem realizado uma série de intervenções junto aos moradores do prédio e até exposições abertas ao público geral; uma "teia de artistas" (Affonso, 2010) que se mostrou fortalecedora no jogo de forças de visibilização e certo apoio de parcelas da sociedade à ocupação.

Nessa experiência da Prestes Maia e em outras mais recentes das ocupações no centro de São Paulo (como a Ouvidor 63 e a ocupação Nove de Julho, por exemplo), pode-se perceber a arte como um atrator entre diversos atores do circuito da arte e também como instrumento de construção e articulação entre o meio artístico, os moradores da ocupação e a população do centro de São Paulo (Beiguelman, 2018).

A ocupação Ouvidor 63

Se a ocupação Prestes Maia tinha como mote central a questão da moradia e foi liderada pelo MSTC conjugando também a atuação de coletivos artísticos, o Ouvidor 63 tem um histórico um pouco diferente, tendo se originado pela iniciativa direta de coletivos artísticos.

Surgiu após um grupo de artistas ter acampado na região, com o intuito de se manifestar a respeito de questões sociais emergentes e em protesto contra a realização da Copa do Mundo 2014 no Brasil. Lembramos de Gonçalves (2010) quando afirma que a prática dos coletivos artísticos no século XXI se dá em torno da reflexão sobre os dilemas e conflitos que a vida na cidade nos revela, se organizando em redes horizontais, autogestivas, mais ou menos temporárias e colaborativas, acrescentando aí o uso das redes digitais que conjugam forças e engajamentos virtuais e presenciais. Em muitos destes, a imaginação política se renova a partir das práticas ativistas coletivas urbanas coadunadas ao artístico e corporal e atuando em territórios (matérias e imaginários) liminares (Migliano, 2020), em sua potência como zona de criação e invenção de outros mundos possíveis.

Nesse contexto, se deu a iniciativa do coletivo Androides Andróginos[8], com integrantes de Porto Alegre e de São Paulo, que buscavam um espaço físico para produzir (ao mesmo tempo em que localizavam 248 prédios abandonados só no centro da capital paulista) e abrigar a convivência em um espaço voltado para a criação de projetos que contemplasse as mais variadas expressões culturais e aberta ao público. O coletivo já fazia ações pela cidade, tendo realizado uma vivência de 45 dias no Estúdio Lâmina[9], experiências estas que serviram de portfólio para a ocupação do Ouvidor (Cézar, 2017). Foi no Estúdio Lâmina também onde os artistas divulgaram o projeto (também em redes sociais) para que – já depois de ocupado o prédio da Rua do Ouvidor – fosse realizada a abertura da nova ocupação com o Festival de Revitalização Holística do Centro Histórico de São Paulo, que recebeu mais de 100 inscrições para a prática de oficinas, saraus, espetáculos, exposições, shows e *workshops* abertos ao público da cidade, atraindo assim artistas e colaboradores que puderam contribuir com essa iniciativa. Foi no Estúdio Lâmina (localizado na Avenida São João) também de onde partiram no dia 1º de maio de 2014 – após um café da manhã coletivo (Daidone Oliveira, 2019) – em grupo pelas ruas do triângulo histórico até a Rua do Ouvidor.

Esses coletivos de artistas e ativistas atuam fora dos meios institucionalizados e hegemônicos, com formas de atuação em rede, sejam redes digitais ou presenciais na cidade, construindo formas de comunicação (interação, socialidade e coletivismo) como "importante recurso para novas formas de expressão artística e política" (Gonçalves, 2010, p. 4). No caso da ocupação do prédio na Rua do Ouvidor em 2014, foi fundamental a ação de uma rede de coletivos e espaços artísticos independentes que atuavam naquele momento no território do centro da cidade – nas adjacências da Praça da Sé e do Vale do Anhangabaú (Brasil Jr., 2018). Eles formulavam ações de artivismo que refletem sobre os meios e tecnologias para que elas aproximem pessoas e ideias interdependentes num mundo de redes, de maneira horizontal e disruptiva, vinculando as artes aos espaços urbanos e suas disputas. Essa noção de território (Haesbaert, 2014), que pensa os espaços para além de sua materialidade física, mas como expressão simbólica, vivida, repleta de poder, pertencimento, dissensos e disputas, nos ajuda a compreender as dinâmicas artísticas e ativistas na área central como possuidoras de uma potência em suas formas colaborativas e suas reticularidades e capilaridades.

Assim nasceu a ocupação artística Ouvidor 63, a partir de maio de 2014 (durante um jogo do Brasil na Copa do Mundo daquele ano). Um grupo de artistas ocupou o prédio que hoje abriga o "coletivo de coletivos" de artistas da Ouvidor 63, formado e autogerido por brasileiros e estrangeiros de maneira horizontal em forma de residência artística. Localiza-se ao lado do Vale do Anhangabaú (Rua do Ouvidor), sendo o prédio originalmente propriedade do Governo do Estado de São Paulo e já tendo sido usado como sede de diferentes órgãos administrativos. Atualmente, abriga em torno de 100 pessoas, entre adultos e crianças (embora já tenham passado por ali quase 1 mil artistas), distribuídas no prédio de treze andares. Cada andar é identificado com uma cor que representa o grupo residente, quais sejam, artistas de diferentes linguagens, feministas, grupos LGBTQIA+, imigrantes, entre outros, possuindo uma fachada externa colorida que já o destaca na paisagem cinza predominante na região circundante.

Devido ao estado de abandono do prédio – vazio desde 2007[10] – o grupo removeu todo o entulho e lixo e realizou algumas reformas (que seguem até hoje). Foi-se elaborando uma proposta de enxergá-lo para além da ocupação de moradia, sendo transformado em um centro cultural artístico, numa reinvindicação por espaços de arte mais democráticos, não institucionalizados, horizontais e inclusivos na cidade. Isso ocorreu também pelo fato de o Governo do Estado ter tentado leiloar o edifício por três vezes, sendo que em junho de 2018 a Justiça expediu um mandado de execução da reintegração. Diante dessas ameaças, algumas iniciativas foram tomadas pelos artistas/ocupantes como forma de manifestação e resistência, tendo realizado três Bienais de Arte (em 2016, 2018 e 2021), e, em março de 2019, um festival que durou dez dias: o Ouvidor 63 Resiste! (Rett; Pontes; Pereira, 2019).

Segundo Monroy (2019), se no começo participavam da ocupação um grupo de jovens artistas de classe média alta, com o tempo, a ocupação foi se tornando cada vez mais habitada e apropriada por grupos mais periféricos e dissidente (negros, feministas, LGBTQIA+, imigrantes etc.).

Considerada a maior ocupação artística da América Latina, o espaço conta com um teatro e pista de skate na garagem, um brechó, um estúdio de gravação, integrando diversos tipos de arte, tais como fotografia, grafite, música, artes cênicas e circenses, em forma de oficinas, exposições, festivais, feiras, cursos nessas e em outras modalidades artísticas. Constitui-se ainda como um centro de reflexão sobre arte e urbanismo por meio de ações e debates em torno da arte, do direito à moradia, da gentrificação e da reivindicação ao centro da cidade.

Em suas práticas, ressaltam-se novas formas de linguagens e de fazer artístico não institucional, bem como sentidos alternativos de viver, estar juntos e criar convivialidades em São Paulo, nos limites, intersecções e negociações entre o individual/coletivo e o doméstico/público, edificando-se como espaço coletivo (Caiafa, 2003) – para além do binarismo público/privado – que se dá pela lógica dos seus usos e de seu acesso. Uma lógica relacional e performativa presente nos movimentos sociais contemporâneos (Raposo, 2021) pode ser notada nas ações artísticas ali realizadas.

Entre tantos eventos criados pelos artistas/ocupantes, destacaram-se as três edições da Bienal de Artes do Ouvidor 63. A primeira, em 2016, ainda manteve formato reduzido e embrionário. Já a segunda, em 2018, contou com maior estruturação, amplitude e complexidade na sua elaboração e execução. A II Bienal de Artes do ouvidor se chamou "Novos Mundos Possíveis" e aconteceu na mesma semana da 33ª Bienal Internacional de Artes de São Paulo, se colocando como contra narrativa ao circuito oficial das artes – ainda que alguns artistas da Ouvidor tenham sido convidados para a Bienal de Artes de SP, como lembra Monroy (2019). Foi realizada contando com a união dos próprios artistas residentes para o processo de planejamento, montagem, curadoria etc., utilizando laboratórios multiartes de circo, música, performances, pintura, xilogravura, grafite, esculturas, mostras de cinema, etc (Angelis e Barros, 2019). E contou com a parceria da Red Bull Station[11], estendendo a sua rede de apoio, não sem conflitos e controvérsias (Monroy, 2019).

O ano de 2018 (de preparação para a Bienal que ocorreria em outubro) foi marcado por muitas dificuldades para a ocupação. Além das ameaças de reintegração de posse e problemas jurídicos, o incêndio e desabamento do prédio no Largo do Paissandu – (também no centro da cidade) que abrigava uma ocupação –, em maio daquele ano, trouxe ainda mais insegurança, perseguição e vigilância sobre as ocupações, bem como uma visibilização bastante negativa para os movimentos sociais e ocupações por moradia. Ao longo daquele ano, ficou explícita a necessidade de construir e ampliar redes de apoio externos e até institucionais para poderem resistir como ocupação artística. Alguns exemplos mostram isso: reunindo membros da Comissão de Direitos Humanos da Câmara dos Vereadores de São Paulo (como Eduardo Suplicy e Soninha Francine) para que levassem suas demandas de ameaças de despejo em audiências públicas; atores do meio acadêmico e universitário para ali fazerem ações como Clínica de Ginecologia (Faculdade de Medicina/ USP), laboratórios e oficinas artísticas com professores, curadores e artistas na forma de orientações, direcionamento e práticas de curadoria (facilitação/laboratórios); e mesmo curadores e gestores de outros espaços independentes mas institucionalizados (tais como o Lâmina e a Red Bull Sation).

Ainda em 2019/2020, os ocupantes criaram a Associação Cultural Ouvidor 63, como forma de ter um estatuto legal para dialogar com o Estado e outras instituições, a partir de recomendação do juiz que acompanha o caso na Justiça (Monroy, 2019). A associação conta com eleições e reuniões regulares, colegiado representativo etc.

Vale destacar o processo de elaboração e gestão da parceria com a Red Bull Station, para a realização da 2ª Bienal, em 2018. Monroy (2019) observa que a Ouvidor 63 ficou entre os cinco projetos selecionados (entre os mais de 250 inscritos) em um edital lançado pelo centro cultural privado. A sede da Red Bull Station se localiza em um prédio histórico tombado (e por algum tempo abandonado) a poucos metros da Ouvidor 63, do outro lado da Avenida 23 de maio, próximo à Praça da Bandeira. Um viaduto de pedestre (a Passarela do Piques) liga as duas localidades, e essa metáfora da ponte foi usada em muitas performances e experimentações artísticas (Monroy, 2019). A parceria com o setor privado foi alvo de muitos embates e resistências dentro da Ouvidor 63, já que todas as decisões são tomadas coletivamente, buscando consenso entre muitos grupos com estratégias e posições políticas diversas (como anarquistas, por exemplo).

Possuindo uma forma de organização independente e autogestiva, a ocupação tem que lidar com um complexo sistema que inclui conflitos, expulsão de moradores, delimitação complexa do que é individual e coletivo; do que é reponsabilidade/imposição; por não possuir líderes autodeclarados. Vai se compondo aquilo que Yúdice (2002) chama de autoria desses sujeitos que fazem uso da cultura como recurso: na perfor-

338

matividade de formas de ação entre muitas vozes dissonantes nas redes, na sociedade, entre as instituições, os mediadores internos e externos, os artistas, as instituições.

Na parceria com a Red Bull Station, isso parece ter ficado ainda mais explícito, na medida em que questões pertinentes se colocavam, como bem destacado por Monroy (2019): parceria ou apropriação? Até que ponto haveria a supressão de conflitos e de combate político, amenizando discursos e linguagens? E os paradoxos do uso da noção utópica do "*underground*" (para romantizar e monetizar a precariedade e ao mesmo tempo fixar uma marca no mercado ligada ao marketing da "cultura urbana")?

Essas questões não foram resolvidas ou ultrapassadas com o fim da 2ª Bienal e, em nossa concepção, seguem não apenas na ocupação Ouvidor 63, como também nas atividades, projetos e experimentações de muitos espaços e coletivos culturais e artísticos mais ou menos independentes na contemporaneidade. Suas formas de fazer arte e estética (entendida como capacidade criativa e expressiva que se dá para além do objeto artístico), seus processos criativos híbridos, suas formas de divulgação, visibilização e monetização são construídas em negociações complexas com agentes e até institucionalidades diversas, tais como o Estado, as Secretarias de Cultura e suas leis e editais de fomento, outros coletivos, instituições artísticas, apoios privados como o da Red Bull Station, entre outros. Negociações que articulam diferentes saberes e capacidades estratégicas, astuciosas, mobilizadoras e que se mesclam aos processos criativos partilhados e plurais, que envolvem sentidos de sustentabilidade, reaproveitamento de materiais e uso de laboratórios criativos como espaço de intercâmbio de significações e experiências de construção coletiva e produção de diferença na cidade, ao reunir diversos atores sociais e possibilitar a expressão de dissidências e dissensos[12].

Em meio ao isolamento social e às medidas de circulação restritivas na cidade ocasionadas pela pandemia da Covid-19, a partir de março/2020, o Ouvidor 63, assim com muitos espaços culturais/artísticos, teve que fechar as portas ao público. Os ocupantes/residentes do local sempre contaram financeiramente com o público e com as redes de apoio estabelecidas durante os anos; mas isso se tornou mais difícil neste momento. Durante os anos de 2020 e 2021, acompanhamos as ações e movimentações do Ouvidor 63, por meio de suas páginas em plataformas de redes sociais digitais (Facebook e Instagram). Nesse período, o prédio passou por reformas e manutenções (nos espaços de moradia, como também no teatro e terraço), capitaneadas pelos próprios residentes em forma de mutirão, materializadas por meio de vaquinhas *on-line*, ajuda de outros coletivos e doações. Permaneceram também as rotinas de ensaios e algumas atividades restritas aos próprios residentes que, ao serem transmitidas via *streaming*, possibilitam a contribuição voluntária do público.

Vale lembrar que em meio à pandemia e à situação de extrema vulnerabilidade socioeconômica vivenciada por artistas que perderam suas fontes de renda em todo o país, o governo federal promulgou a Lei Federal Aldir Blanc, de auxílio emergencial para artistas, em forma de fomentos às atividades culturais. Os artistas e coletivos do Ouvidor 63 contemplados pelo auxílio disponibilizaram (como contrapartida) em sua página no Instagram algumas oficinas artísticas em fevereiro de 2021, com uma programação de três dias (oficinas de Grafite/Introdução à Arte Urbana, de Afrofuturismo e de Bambolê). Mas, além disso, temos acompanhado pelas redes que diversas oficinas, cursos e eventos foram oferecidos circunscritos aos próprios residentes da ocupação, voltados para adultos e crianças e direcionados para reformas em andares específicos do prédio (das minas, dos músicos etc.). O estúdio de gravação também vem sendo usado pelos ocupantes, em que vimos a banda Dinamite Panda lançar o videoclipe de sua música *Passos tortos*, todo gravado na ocupação e lançado em fevereiro de 2021.

Em meio a esse contexto, no segundo semestre de 2021 foi idealizada e realizada a 3ª Bienal de Artes do Ouvidor. O título *A cisterna contém: a fonte transborda*, é baseado em um trecho do livro do poeta William

Blake, *O matrimônio entre o céu e o inferno*, escrito em 1790. O título foi decidido também durante as reuniões específicas realizadas para pensar essa Bienal, conforme contou-nos Fernando Horta, o Fernandinho, artista plástico e músico que reside no 6º andar, em uma conversa informal que tivemos no teatro do Ouvidor 63, durante o evento. Uma postagem no Instagram oficial da ocupação (@ouvidor63), no dia 26 de novembro, desdobra a metáfora da cisterna e da fonte, como movimentos e fluxos que se alternam de baixo pra cima e vice-versa, na busca por mudar a ordem das coisas:

> A intenção no desejo. A cisterna contém: a fonte transborda. Aquele que pede o seu desejo com intenção, grande, sincera e intensa, faz que o pedido ascenda ao lugar de onde vêm as águas, fluindo das profundezas do poço. Então, as águas fluem de baixo para cima, e a cisterna torna-se um poço de água corrente. Depois que subiram, as águas fluem de cima para baixo. Há união, fundamento, desejo, amizade e harmonia. É necessário dar o impulso de baixo, a intenção, pois se não houver impulso de baixo não haverá movimento de cima. A cisterna contém: a fonte transborda (título da 3ª Bienal da Ouvidor 63).

Ocorrida entre 20 de novembro e 5 de dezembro de 2021, a Bienal contou com programação ampla e variada, mas marcada pelo contexto pandêmico e de inúmeras dificuldades econômicas dos artistas. Encontrava-se em sua programação pintura, desenho, escultura, instalação, videoarte, audiovisual, fotografia, performance, grafite, dança, teatro, música, circo, cinema, poesia, fanzine e atividades para crianças. Segundo Thiago, skatista e artista plástico integrante do coletivo Skate Point, dentro da ocupação desde 2017, as pessoas não estavam tão motivadas, mas mesmo assim faziam reuniões para pensar essa Bienal, das quais ele afirma ter participado de apenas duas, pois muitos dos artistas estavam engajados em outras coisas, trabalhando fora ou em outros projetos pela necessidade de conseguir sustento. Para Biriba (músico e integrante do coletivo de músicos Pirata 63, estabelecido no 3º andar), essa 3ª Bienal veio da necessidade de todos os artistas do Ouvidor 63 produzirem e fazerem algo no pós-pandemia, "retomarem a energia", já que muitos passavam por situações pessoais complicadas, optando por ficar mais afastados da organização, embora colaborando de alguma forma.

Uma programação foi especialmente pensada para a abertura de estreia do evento (20/11), data em que é comemorado o Dia da Consciência Negra, afirmando a pauta da diversidade nas artes e na ocupação. O evento iniciou-se de tarde, com a exposição *Consciência Negra* na portaria do prédio, em que uma das paredes acolhia vários desenhos em preto e branco, como caricaturas de rostos com as palavras "preto" e "negro" repetidas em vários espaços, e ainda com frases escritas tais como "Pela inclusão do negro na arte", e "Só você pode se salvar", entre outras; em outras paredes, havia colagens coloridas.

Esse local, mais tarde daquele mesmo dia, contou com uma performance com vários artistas negros que ali residem. Uma das artistas que se apresentou esse dia, Tamyris Santos, que reside no 7º andar, postou em sua página no Instagram (@yristamy) o seguinte texto:

> Nesse dia de Zumbi, nós, quilombolas urbanos da maior ocupação artística da América Latina (@ouvidor63), criamos juntos exposições de arte, performances políticas, cuidado com a estética negra, para nos afirmamos mais um dia o quão fortes e resistentes nos tornamos a cada dia, nos lembrando de nossos ancestrais que mantemos vivos aqui dentro do peito, de mãos empunhadas de luta.

Ainda nesse dia, por volta das 20h, a rua em frente ao prédio já estava muito mais movimentada por um público jovem de residentes, colaboradores e visitantes de outras partes da cidade que ali frequentam desde o recomeço das atividades em agosto de 2021. Ao lado do prédio da ocupação existe um bar que, naquele sábado à noite reunia moradores da região ou trabalhadores que saiam dos empregos, tocando música sertaneja em volume alto. Ao mesmo tempo, as pessoas esperavam para ver a fanfarra que começaria a tocar. A Fanfarra Clandestina[13] começou a se apresentar e foi caminhando e arrastando o pequeno público (a princípio) pela Passarela do Piques, que liga a Rua do Ouvidor até a Praça da Bandeira, do outro lado da Avenida 23 de Maio. Aos poucos, o espaço foi tomado por pessoas que dançavam ao som dos instrumentos; a fanfarra se movimentava de um lado para o outro do viaduto e as pessoas movimentavam os corpos, indo e vindo. Num dia especialmente frio em novembro (mesmo para os padrões paulistanos), uma espécie de Carnaval se instaurou em meio a gritos de "Fora Bolsonaro" e "Fora Polícia Militar". Se no começo a fanfarra cantava e tocava suas próprias composições, que narravam a pandemia e as mortes numa forma de luto e reparação, aos poucos o clima de alegria se impôs, embalado por sambas e marchinhas de Carnaval, em que muitas das pessoas do público diziam "Me sinto no Carnaval" ou "É a primeira vez que danço na rua em dois anos", numa espécie de catarse e desagravo pelos dois anos de pandemia, tristezas, isolamento e perdas.

Como última programação da noite de abertura da 3ª Bienal, houve a apresentação de um espetáculo de *varietés* no teatro localizado no térreo do prédio. Após isso, foi ligado um som ambiente com músicas dançantes e uma festa se formou, abarcando artistas moradores, colaboradores externos e público. Nos dezesseis dias de evento da 3ª Bienal do Ouvidor 63, muitas outras atividades, performances, visitas guiadas, oficinas, apresentações no prédio e na rua ocorreram, ressaltando a variedade de linguagens artísticas utilizadas (vídeo, projeções urbanas, música, poesia, artes visuais, circo, bambolê, *body paiting*, etc.) e formas de apresentação, interação e usos das corporalidades ali enfatizadas. Desde visitas guiadas pelo prédio e exposição do histórico das questões jurídicas/legais que envolvem a ocupação, reunindo público da cidade e estrangeiros, até oficinas e laboratórios de teatro, música, poesia, vídeo, entre outros, a 3ª Bienal se mostrou com público mais amplo e variado, atraindo diferentes grupos; e mais colaborativa em rede com outros coletivos e pessoas.

Percebe-se que essa edição do evento não contou com tantos meses de preparo, discussões e formulação de parcerias para sua realização, como em 2018; o próprio contexto pandêmico de precariedade e a falta de horizontes futuros mais seguros (sobre os rumos da pandemia, vacinação, certezas sobre aberturas e restrições de circulação etc.) impediram uma maior e mais ampla elaboração prévia. Mas, ao mesmo tempo, pareceu e parece estar servindo como uma espécie de "ensaio geral" para a retomada das atividades, criações, eventos, novas parcerias, colaborações e formação de redes.

Esses eventos, além de evidenciarem a busca por monetização e alguma renda para a vida diária desses artistas ocupantes (pois esses momentos são usados também como oportunidade para arrecadações de dinheiro, venda de obras, renda advinda do bar, rifas, ampliação de parcerias, colaborações, redes), mostram-se também como formas de resistência em tempos tão difíceis por meio das atividades de confraternização, coletivismo e cuidado mútuo. Ainda que não totalmente reconhecido pelos órgãos públicos oficialmente como espaço artístico, o Ouvidor 63 resiste como centro cultural não institucionalizado em busca de sua existência e (re)existência a cada ação/evento, como também no cotidiano partilhado de lutas, criações e decisões coletivas, apresentando-se como espaço de integração, convivência, pesquisa e criação artística.

A noção de (re)existência nos é cara como desdobramento da noção de resistência tradicionalmente pensada em termos de enfrentamento ou reação aos poderes constituídos. Para o artivista colombiano Achinte Albán (2007), o conceito de (re)existência se mostra em atitudes referentes às produções de sentido que apontam para imaginários, práticas e fazeres decoloniais (Mignolo, 2015). (Re)existência significaria a luta por determinada forma de existência cotidiana, por vezes fragmentada em pequenas ações, da persistência em determinados modos de vida, de produção artística/estética, e de sentir, agir e pensar na contramão de lógicas hegemônicas. Expressaria formas de trabalhar crítica e criativamente junto aos processos de decolonialidade, em pedagogias, práxis e estéticas de (re)existência (Achinte Albán, 2007) entre grupos subalternizados na busca por redefinir e ressignificar a vida e a existência em condições de dignidade e autodeterminação.

Esboços conclusivos

Buscamos refletir e discutir acerca dos artivismos urbanos em suas possibilidades de compreensão do fazer político e das formas de ativismo urbano na contemporaneidade. Ao focarmos nas origens, ações e caminhos abertos pela ocupação artística Ouvidor 63 e suas Bienais de Arte, os sentidos artivistas parecem dar a ver uma dinamização de (re) existências possíveis, esquadrinhadas pelo fazer artístico/estético, suas formas de articulação em rede, suas lutas por permanência no local e outras demandas.

Buscamos perceber como o coletivo de coletivos do Ouvidor 63 utiliza a arte como potência para enfrentamentos e por formas outras de significar a cidade e as convivialidades urbanas. A ocupação Ouvidor 63 esboça ainda outras dimensões, explicitando desejos de (re)fazer territórios da cidade, locais de encontro, consumo, acesso e democratização da arte, bem como manifestações de identidades minorizadas. Segundo Ximenes (2015, p. 36) essas práticas teriam um "potencial inovador de estabelecer novos arranjos subjetivos, novos modos de ser e estar no mundo".

Podemos perceber que os artistas/ocupantes do Ouvidor 63 se articulam pelas brechas que surgem em meio às tramas sociopolíticas, urbanísticas, culturais e territoriais existentes na região central de São Paulo. Brechas que se articulam em torno das práticas artivistas, por espaços artísticos mais democráticos e não institucionalizados e pelo direito aos territórios centrais da cidade. Articulada a essa dimensão política/ativista envolvida no Ouvidor 63, observamos maneiras de pensar sentidos políticos na atualidade nas quais o que é da ordem do sensível, do corpo, do performático e dos afetos se faz presente, ajudando a ressignificar a cidade, o viver urbano e formas de (re)existência.

Walsh (2017) apresenta em sua reflexão sobre a perspectiva decolonial uma noção ampla de pedagogias que nos são caras. Pedagogias que são poéticas, afetivas e artivistas e que se tecem a partir das fissuras e brechas abertas em pequenas ações cotidianas, nos modos de viver, lutar, atuar, sentir/pensar, como as que percebemos na ocupação Ouvidor 63, em que morar, fazer arte, se organizar e autogerir o prédio e a ocupação e suas atividades se tecem, entretecem, se fazem e refazem nas práticas cotidianas. O que essas brechas decoloniais que Walsh nomeia como "esperanças pequenas" apontam não é uma visão purista e romântica de autonomia, independência ou entropia, mas as fissuras que elaboram vidas em (re)existência, nas negociações possíveis, num entramado construído a cada dia, a cada evento, a cada parceria e rede articulada, em seus acertos e contradições.

Stevens *et al*. (2019) apontam quatro aspectos presentes nas ocupações por moradia em São Paulo como configuradores de um "proto-urbanismo" em jogo e em elaboração na atualidade: vacância, ocupação, movimento e mutirão, apontando múltiplas articulações entre si e podendo contribuir inclusive para formas urbanas menos desiguais e mais participativas. Fazendo uso do espaço já constituído e reciclando-o; outorgando-lhe novos usos; criando tensões e outras formas de relação entre temporalidade e permanência, esse proto-urbanismo esboçado na ocupação Ouvidor 63 – e em outras ocupações em São Paulo – se constitui "na defesa de um exercício de equilíbrio entre organização comunitária, a responsabilidade privada e o engajamento governamental, em que um não nega ou substitui o outro" (Stevens e*t al*, 2019, p. 13).

Esses sentidos de artivismo urbano a que aqui demos enfoque salientam a necessidade e a dinâmica de formação e contínua reelaboração das alianças em rede (Butler, 2018), que fortalecem os corpos e em luta e em viver poético. Importante salientar o quanto as articulações entre artes, ativismos e uso das mídias nos espaços urbanos baseiam-se numa perspectiva conexionista e reticular, com importantes aspectos comunicativos, apontando como as formas de atuação mesclam arte e ativismo e se disseminam por meio de redes virtuais e presenciais de comunicação (Gonçalves, 2010).

Assim, formas de engajamento, coligação, luta e resistência estão intimamente atreladas às pautas e aos sentidos artísticos, estéticos e performativos, em que as corporalidades (em suas dimensões éticas, estéticas, étnicas, de gênero, de sexualidade etc.) são vetores de comunicabilidade, presença e visibilidade para politicidades outras e para modos de "fazer cidade" (Agier, 2015), os quais se referem à dinâmica e à movimentação constante das tramas da metrópole e do seu centro em disputa.

Como afirma Monroy (2010), a ocupação Ouvidor 63 sintetiza e reúne muitas das questões que envolvem o Brasil na década de 2010 e a passagem para a década de 2020. Concordamos com a autora e explicitamos algumas dessas questões, tais como o recrudescimento de ideários e políticas reacionárias e neofascistas; um acirramento da violência contra grupos minorizados e dissidentes; a intensificação das lógicas neoliberais privatistas; os impasses vividos pelos novíssimos movimentos sociais e ativistas nessa última década etc. Acrescentamos, ainda, como questão estrutural importante neste contexto, a pandemia da Covid-19 e a grave crise econômica, sanitária, institucional e democrática em que se encontra o país. Apontamos, assim, que um caminho de reflexão futuro pode estar no tensionamento da ideia de cidadania urbana ligada aos movimentos sociais no século XX para a noção de artivismos urbanos que aqui apresentamos e discutimos, percebendo suas continuidades e descontinuidades, rupturas, disjunções, novos sentidos abertos, etc., entre os quais se colocam como prementes as pautas interseccionais que buscam refletir e agir criticamente sobre os ativismos na cidade e na arte pensados e experimentados em corpos e subjetividades femininas, negras, migrantes etc. Um tema para novas e futuras aventuras do pensamento.

Notas

[1] Grupo certificado pelo CNPq, ligado ao PPG Comunicação da Universidade Paulista (UNIP) e liderado por Simone Luci Pereira.

[2] Projeto de pesquisa financiado pelo CNPq, em forma de Bolsa de Produtividade em Pesquisa (PQ-2) (2020-2023).

[3] Primeiro o centro antigo, no final do século XIX; depois a Avenida Paulista, já no século XX; e atualmente a região das avenidas Luís Carlos Berrini e Faria Lima, desde os anos 1990.

[4] O nome tem origem na localização do edifício, na Rua do Ouvidor, número 63, no Centro da cidade.

[5] Acrescentem-se aí os planejamentos urbanos desde a década de 1930, que priorizam as grandes vias para carros e outros veículos, e a expansão em vias radiais pela cidade, levando a uma expansão indefinida até as bordas (Rolnik, 2017).

[6] Dados de 2019 mostram um déficit de aproximadamente 474 mil moradias na cidade de São Paulo. Disponível em: <https://www1.folha.uol.com.br/cotidiano/2019/09/sao-paulo-tem-deficit--de-474-mil-moradias-diz-estudo.shtml>. Acesso em: 12 abr. 2021. Ao mesmo tempo, segundo o MTST (Movimento dos Trabalhadores Sem Teto), há quase o mesmo número de imóveis ociosos na cidade, salientando a necessidade de uma política habitacional adequada.

[7] Disponível em: <https://g1.globo.com/sp/sao-paulo/noticia/cidade-de-sao-paulo-tem-206-ocu-pacoes-onde-moram-45-mil-familias.ghtml>. Acesso em: 26 mar. 2021.

[8] Trata-se de um coletivo artístico de *media-art* atuante nas artes visuais para a produção, apresentação e comunicação (mídia) de arte contemporânea e experimental, tensionando o sistema tecnocrático vigente. Disponível em: <https://www.facebook.com/AndroidesAndroginos>. Acesso em: 22 abr. 2021.

[9] Um "espaço de arte polimorfa e invenção em arte contemporânea multilinguagem abrigado no 4º andar de um prédio no Centro de São Paulo". Funciona desde 2011, como casa, galeria, estúdio de criação e residência artística. Disponível em: <https://www.facebook.com/estudio.lamina.7>. Acesso em: 22 abr. 2021.

[10] Para um histórico completo do prédio e seus vários usos institucionais, abandonos e ocupações, ver Monroy (2019).

[11] Trata-se da iniciativa privada (uma marca de bebidas energéticas) de um espaço aberto ao público com atividades e exposições de diferentes expressões artísticas, bem como seleciona artistas e projetos. Disponível em: <https://www.redbull.com/br-pt/projects/red-bull-station>. Acesso em: 23 abr. 2021.

[12] Vale lembrar que após a 2ª Bienal (2018), quatro artistas residentes que ali viviam desde o início da ocupação (ou logo no começo) e tiveram protagonismo nos eventos e na sua organização se mudaram dali e foram para outros espaços artísticos também no Centro, devido a essas divergências em torno da parceria com a Red Bull Station e outros problemas (Monroy, 2019).

[13] A Fanfarra Clandestina é uma banda de protesto, como se definem. Disponível em: <https://www.instagram.com/p/B4ILguJnlog>. Acesso em: 22 de nov. 2021.

Referências

AFFONSO, Elenira A. *Teia de relações da ocupação do edifício Prestes Maia*. Dissertação (Mestrado) – Faculdade de Arquitetura e Urbanismo, Universidade de São Paulo, São Paulo, 2010.

ALBÁN ACHINTE, Adolfo. *Prácticas creativas de re-existencia*: más allá del arte... el mundo de lo sensible. Buenos Aires: Del Signo, 2007.

AGIER, Michel. Do direito à cidade ao fazer-cidade: o antropólogo, a margem e o centro. *Mana*, Rio de Janeiro, v. 21, n. 3, 2015.

ANGELIS, Marian; BARROS, José Marcio. Ocupa Ouvidor 63: arte, ocupação e artivismos. *Revista Indisciplinar*, Belo Horizonte, v. 5, n. 1, pp. 320 - 341, jul. 2019.

BEIGUELMAN, Giselle. *Galeria Reocupa* (transcrição do áudio da coluna Ouvir Imagens – Radio USP FM). Disponível em: <http://www.desvirtual.com/galeria-reocupa>. Acesso em: 18 dez. 2021.

BRASIL Jr., Ivaldo. *Arte-Circuito*: trajetórias da arte contemporânea no centro de São Paulo. Dissertação (Mestrado) – Programa de Pós-Graduação em Estética e História da Arte, Universidade de São Paulo, São Paulo, 2018.

BUTLER, Judith. *Corpos em aliança nas ruas*. Rio de Janeiro: Ed. Civilização Brasileira, 2018.

CAIAFA, Janice. Comunicação e diferença nas cidades. *Lugar Comum*, Rio de Janeiro, n. 18, pp. 91 - 101, 2003.

CALDEIRA. Teresa. *Cidade de muros*: crime, segregação e cidadania em São Paulo. São Paulo: Editora 34/Edusp, 2000.

CÉZAR, Ana Flávia. O princípio da Ouvidor 63. *Revista Quatro*, maio 2017. Disponível em: <https://medium.com/revistaquatro/o-princ%C3%ADpio-da-ouvidor-63-3474761ff920>. Acesso em: 23 mar. 2021.

CHAIA, Miguel. Artivismo – política e arte hoje. *Aurora*, n. 1, pp. 9 - 11, 2007.

DELGADO, Manuel. Artivismo y pospolítica. Sobre la estetización de las luchas sociales en contextos urbanos. *Quaderns-e* (Institut Català d'Antropologia), v. 2, n. 18, pp. 68 - 80, 2013.

DI GIOVANNI, Julia Ruiz. Artes de abrir espaço: apontamentos para a análise de práticas em trânsito entre arte e ativismo. *Cadernos de Arte e Antropologia*, v. 4, n. 2, pp. 13 - 27, 2015.

FERNANDES, Cíntia; HERSCHMANN, Micael (org.) *Cidades musicais*: comunicação, territorialidade e política. Porto Alegre: Ed. Sulina, 2018.

FRÚGOLI JR., Heitor. *Centralidade em São Paulo*: trajetórias, conflitos e negociações na metrópole. São Paulo: Cortez/Edusp, 2000.

GONÇALVES, Fernando Nascimento. Poéticas políticas, políticas poéticas: comunicação e sociabilidade nos coletivos artísticos brasileiros. *E-Compós*, Brasília, v. 13, n. 1, jan./abr. 2010.

HAESBAERT, Rogério. *Viver no limite*: território e multi/transterritorialidade em tempos de in-segurança e contenção. Rio de Janeiro: Bertrand Brasil, 2014.

HARVEY, David. *Cidades rebeldes* – do direito à cidade à revolução urbana. São Paulo: Martins Fontes, 2014.

HOLSTON, James. Insurgent citizenship in an era of global urban peripheries. *City & Society*, v. 21, n. 2, pp. 245 - 267, 2009.

KOWARICK, Lúcio. Áreas centrais de São Paulo: dinamismo econômico, pobreza e políticas. *Lua Nova*, São Paulo, n. 70, pp. 171 - 211, 2007.

LEFEBVRE, Henri. *O direito à cidade*. São Paulo: Ed. Centauro, 2009.

MARICATO. Ermínia. *Para entender a crise urbana*. São Paulo: Expressão Popular, 2015.

MESQUITA, André. *Insurgências poéticas*: arte ativista e ação coletiva (1990-2000). Dissertação (Mestrado em História) – Faculdade de Filosofia, Letras e Ciências Humanas, Universidade de São Paulo, São Paulo, 2008.

MIGLIANO, Milene. *Entre a praça e a internet*: outros imaginários políticos possíveis na Praia da Estação. Cruz das Almas: EDUFRB, 2020.

MIGNOLO, Walter. *Trayectorias de re-existencia*: ensayos en torno a la colonialidad/decolonialidad del saber, el sentir y el crer. (org. por Pedro Pablo Gómez). Bogotá: Universidad Distrital Francisco José de Caldas, 2015.

MONROY, Paula. *II Bienal de Artes da Ocupação Ouvidor 63*: modos insurgentes de produção artística e seus desdobramentos no espaço. Dissertação

(Mestrado em Arquitetura e Urbanismo) – Faculdade de Arquitetura e Urbanismo, Universidade de São Paulo, São Paulo, 2019.

MOUFFE, Chantal. *On the Political*. Abingdon: Routledge, 2005.

NAKANO, Anderson K. Desigualdades habitacionais no "repovoamento" do centro expandido do município de São Paulo. *Cadernos da Metrópole*, São Paulo, v. 20, n. 41, pp. 53 - 74, 2018.

NASCIMENTO, Isabella; ULTRAMARI, Clovis. Das insurgências urbanas: Ouvidor 63, São Paulo, Brasil. *Papeles de Coyuntura*, n. 46, pp. 228 - 261, 2019.

OLIVEIRA, Leticia Daidone. Cidade e comum: experiência da ocupação artística Ouvidor 63. *XV ENECULT – Encontro de Estudos Interdisciplinares em Cultura*, Salvador, 1 a 3 ago. de 2019.

OLIVEIRA NETO, Sebastião. *Situação Prestes Maia*: o processo de colaboração entre artistas, coletivos artísticos e Movimento Sem-Teto (MSTC) Ocupação Prestes Maia. Dissertação (Mestrado) – Programa de Pós-Graduação em Estética e História da Arte, Universidade de São Paulo, São Paulo, 2012.

PEREIRA, Simone L.; BEZERRA, Priscila. Ocupar, comunicar, habitar: un análisis de la ocupación artística "Ouvidor 63" en el centro de São Paulo. *Revista Latinoamericana de Ciencias de la Comunicación – ALAIC*, v. 20, n. 37, pp. 89 - 99, 2021.

PEREIRA, Simone L. *et al*. São Paulo como cidade musical? Perspectivas de debate a partir de três experiências de pesquisa. *CSOnline – Revista eletrônica de Ciências Sociais*, v. 33, pp. 198 - 222, 2021.

RAPOSO, Paulo. Artivismo: articulando dissidências, criando insurgências. *Cadernos de Arte e Antropologia*, v. 4, n. 2, pp. 3 - 12, 2015.

RAPOSO, Paulo. *Artivismo: poéticas e performances* (Palestra). 2021. Disponível em: <https://www.youtube.com/watch?v=G-ekSt5K3hs>. Acesso em: 23 dez. 2021.

REINA, Michelly; COMARÚ, Francisco. Dinâmicas imobiliárias e políticas urbanas no centro de São Paulo: uma discussão sobre gentrificação na Mooca. *Cadernos da Metrópole*. São Paulo, v. 17. n. 34, pp. 419 - 440, 2015.

RETT, Lucimara; SILVA, Everton V. P.; PEREIRA, Simone L. Música, (re) existência e disputa por visibilidade: Festival Ouvidor 63 Resiste! Musimid

2019 – 15º Encontro Internacional de Música e Mídia *Anais [...]*. São Paulo, Musimid, 2019.

ROCHA, Rose de M. (org.) *Artivismos musicais de gênero*. São Paulo: Ed. Devires, 2021.

ROLNIK, Raquel. *Territórios em conflito*: São Paulo: espaço, história e política. São Paulo: Editora Três Estrelas, 2017.

SELDIN, Claudia. *Imagens urbanas e resistências*: das capitais da cultura às cidades criativas. Rio de Janeiro: Ed. Rio Books, 2017.

STEVENS, Jeroen; DE MEULDER, Bruno; SOMEKH, Nadia. Ocupações no centro da cidade de São Paulo. Um urbanismo emergente? *Arquitextos*, ano 20, n. 230, jul. 2019. Disponível em: <https://www.vitruvius.com.br/revistas/read/arquitextos/20.230/7472>. Acesso em: 15 dez. 2021.

VANNUCHI, Luanda V.B. A gentrificação, o complexo e o oco: números e notas sobre o "renascimento" do centro de São Paulo. Seminário Internacional Gentrificação: Medir, Prevenir, Enfrentar. *Anais [...]*. Faculdade de Arquitetura e Urbanismo, Universidade de São Paulo, 2018.

VICTOR, Cilene; CHIACHIRI, Roberto; CORREIO, Talita. Nós na perspectiva deles: a tragédia do Paissandu e a representação midiática dos movimentos de moradia em São Paulo. *Logos 51 – Territórios e (Re)Existência – 2*, v. 26, n. 1, pp. 111 - 129, 2019.

VIEIRA, Teresa. *Artivismo – Estratégias artísticas contemporâneas de resistência cultural*. Dissertação (Mestrado em Arte Multimédia) – Universidade do Porto, Porto, Portugal, 2007.

XIMENES, Clarissa T. *Desvios urbanos – um olhar sobre as ocupações artísticas da cidade de São Paulo*. Trabalho de Conclusão de Curso – Especialização em Gestão de Projetos Culturais e Organização de Eventos, Escola de Comunicação e Artes, Universidade de São Paulo, São Paulo, 2015.

WALSH, Catherine (ed.). *Pedagogías decoloniales*: Prácticas insurgentes de resistir, (re)existir y (re)vivir. Tomo II. Quito/Equador: Ed. AbyaYala, 2017.

Música e som em artivismos urbanos

Natalia Bieletto-Bueno

Nos últimos anos, vimos como a vida se tornou precária em todos os sentidos: as mudanças climáticas são devastadoras, somos afligidos por uma pandemia que parece não ter fim, a classe política está deslegitimada em todo o mundo, as crises econômicas e humanitárias proliferam no mundo inteiro e as alternativas mundiais e políticas se polarizam. À medida que o descontentamento social cresce, o autoritarismo e a repressão também aumentam. Desaparecimentos, prisões injustas e até assassinatos são todos fenômenos que afligem a vida dos ativistas. Paradoxalmente, à medida que o autoritarismo e os mecanismos de repressão se tornam cada vez mais agressivos, as estratégias cidadãs de resistência são cada vez mais criativas, mais diversas e mais propensas a recorrer a ações não violentas para exercer, no entanto, profundos danos simbólicos que possam mudar o curso de um sistema fracassado. Em muitos desses ambientes, as batalhas dos cidadãos por maior justiça têm sido travadas tanto nas áreas rurais mais remotas quanto nas principais cidades do mundo; no entanto, é nestas últimas que com maior facilidade podem ser observadas as estratégias contemporâneas de resposta aos sistemas ideológicos, materiais e sensíveis dominantes. Refletir sobre a relação entre a cidade, os processos de construção da cidadania, o papel das artes na construção do urbano e os chamados "artivismos" é o objetivo deste texto. Nele, exploro várias formas de estetização das reivindicações dos cidadãos que recorrem ao som como forma de luta.

A cidade é um espaço de encontro e convergência de diferentes setores populacionais. É o enclave mais visível da vida coletiva e também tem servido como um instrumento necessário para transmitir ideologias e resolver sistemas econômicos. Por meio de sua materialidade e de seus usos, a cidade estabelece um sistema simbólico que torna possível o urbano como uma expressão sociocultural e não apenas como um ambiente físico. Além disso, por ser sede de poderes, a cidade abriga espaços, edifícios e instituições que lhe conferem *status* como tal, marcando hierarquias espaciais, por um lado, e determinando os ritmos do cotidiano, por outro. Considerando as práticas sociais que nelas ocorrem, os marcos legais próprios a cada uma delas e as políticas urbanas que influenciam seu desenvolvimento, as cidades fornecem os espaços públicos necessários para configurar oportunidades de sociabilidade – harmoniosas ou conflitantes – em que os coletivos e os indivíduos podem forjar um senso de cidadania (Ramírez Kuri, 2007). Esses espaços podem ser ativados como cenários efêmeros que, cheios de cargas simbólicas, oferecem oportunidades de seu próprio colapso, ou atualização.

Nas últimas décadas, várias cidades do mundo têm funcionado como campos de batalha em que a vontade do cidadão se posiciona diante de sistemas econômicos, políticos e econômicos hegemônicos. Desde 2011, temos testemunhado a proliferação em várias partes do globo de movimentos sociais nos quais, por meio de ocupações de espaço público, criações artísticas e performances, pessoas mobilizadas reivindicam direitos que parecem cada vez mais elementares. Estes incluem aspirações como maior acesso a bens e serviços que garantam uma vida digna, luta pela democracia, maior justiça social, respeito pela liberdade de expressão, proteção do meio ambiente, defesas territoriais contra a especulação imobiliária, justiça epistêmica, igualdade de gênero, respeito pelos direitos civis das minorias étnicas e dissidências sexo-genéricas, rejeição do racismo sistêmico, entre outros. Em algumas sociedades em que os direitos mais básicos foram violados, tais reivindicações incluem o respeito à vida, o respeito a transitar pelas ruas sem medo de ser assassinado ou, como no caso do Afeganistão, as demandas até envolvem as áreas mais íntimas do desenvolvimento emocional, como o direito das mulheres cantarem.

Em muitos outros casos, o que é reivindicado é a própria cidade como um recurso necessário para a vida pública e social, e onde o neoliberalismo funciona contra ela. Por isso, há algumas décadas, intensificaram-se iniciativas cidadãs para responder à terceirização dos espaços urbanos e resgatá-los do assédio que sofreram por causa da promoção excessiva de seus usos turísticos, comerciais ou administrativos, especialmente os centros históricos e centros das cidades. Tais usos subtraíram espaços de uso residencial e de convivência cidadã, razão pela qual grande parte das ações associadas à ideia de "ativismo urbano" consiste em mecanismos de reapropriação e recuperação da cidade para o uso prioritário de seus habitantes. Nesse sentido, as artes têm desempenhado um papel que não é menor (Delgado, 2013 e 2017). Desdobrando-se nas praças, ruas e espaços desabitados das cidades, os cidadãos recorrem a diversas expressões estéticas para promover o envolvimento social, a interação cidadã e, com isso, o abalo dos sentidos. Como sabemos, as artes, ou – para colocar de forma mais específica – a performance no palco, tem sido implementada como uma estratégia de luta eficaz, uma vez que seu potencial simbolicamente corrosivo consegue investir uma reivindicação como um evento estético aparentemente "inocente". Por isso, até poucos anos atrás, a performance servia como um amuleto que tinha uma espécie de escudo protetor, pois sua natureza lúdica e teatral a fazia parecer inócua. No entanto, nos tempos atuais, esse parece não ser mais o caso. O fato de as artes e a estética terem sido eficazes na quebra de um sistema tem alarmado às classes dominantes, que cada vez mais censuram e punem as pessoas por soarem, cantarem ou dançarem nas ruas da cidade.

Quando falo de "artivismos", não me refiro necessariamente às obras ou ações artísticas protagonizadas por aqueles que se reconhecem como artistas, ou seja, às chamadas "classes criativas" (Flórida, 2002 e 2012). Sem negar necessariamente a influência desses setores na geração e transferência de novas ideias e tecnologias para a vida urbana, refiro-me antes às múltiplas ações realizadas pelo cidadão comum e por aqueles que recorrem a diversos mecanismos de estetização (formas de enquadramento, intertextualidade, teatralização, (re)inserções, recirculações etc.), para condicionar corpos, sensibilidades e subjetividades. Segundo afirma Jacques Rancière (2004), é graças à ação coletiva das pessoas comuns – os sem nome, os que se fundem nas massas – que é possível uma subversão da ordem social preservada pela ação policial. Assim, é por meio da estética politizada que o artista-cidadão se torna um gerador de acontecimentos que "redistribuem o sensível"; alterando o audível e o visível em determinado sistema estético político. Esses diversos atos de subversão alteram as "coordenadas estéticas" e reconfiguram sensibilidades e emoções, conduzindo a mecanismos de subjetivação de novas atitudes políticas, tanto para com o espaço habitado como para com os outros que constituem a experiência urbana.

Neste artigo, presto especial atenção aos ativismos artísticos que recorrem a diferentes formas de fazer soar e ouvir as cidades, para tornar audíveis as exigências a sociedade. Diferentes estratégias sonoras nos últimos anos ajudaram os cidadãos em suas reivindicações cotidianas; o que LaBelle chamou de "agência sonora" (2018). Sem querer ser exaustiva, apresento alguns exemplos de repertórios sonoros que possibilitaram diferentes reivindicações sociais, seja em contextos de movimentos sociais, seja no curso da vida cotidiana. Quando digo "repertórios", sigo Diana Taylor em sua noção deles como atos corporizados de "transferência do conhecimento coletivo", que se expressam como comportamentos sociais que, baseados em memórias coletivas, permitem comunicar em uma dimensão além da discursiva e que são utilizados para visibilizar histórias, memórias e lutas (Taylor, 2003). Presto atenção na forma como tais afirmações são "audibilizadas" em vez de se tornarem visíveis, redistribuindo o uso político dos sentidos e deslocando ontologias de existência e interação social, do visual para o auditivo no cotidiano. Para enfatizar o papel do cotidiano nos processos de politização, recorro à antropóloga grega Seremetakis, que, ao discutir as urgências do presente, indica que, embora crises tão graves como as que enfrentamos hoje – na esfera socioeconômica e ambiental, política e humanitária – tenham nos obrigado

356

a centrar a discussão no nível macrossocial, é necessário investigar as microestruturas cotidianas para ver como "nas marcas ilustres do dia a dia se inscrevem os sistemas de sinais do macrológico" (Seremetakis, 2019, p. 3). Dessa forma, o estudo do micrológico politiza o cotidiano como uma realidade significativa para os indivíduos, e diminui o caráter aparentemente totalitário, homogeneizador e rotineiro da vida humana.

Para aprofundar o uso utilitário do barulho como estratégia de luta política, a premissa inicial é que o barulho na cidade é uma expressão disruptiva do *status quo*. Com efeito, Jacques Attali (1985) entende o barulho como uma expressão sonora da quebra da ordem estabelecida; ou seja, como uma ruptura com os códigos vigentes. Com base na teoria política da comunicação, Attali defende que o barulho propriamente dito não existe, mas é uma expressão do sistema em que está inscrito e, portanto, uma forma de oposição ao poder. Por sua vez, Bruce Johnson argumenta que "desde a Idade Média, o direito de impor o silêncio tem definido cada vez mais as relações de poder, portanto, as disputas em torno do direito de fazer barulho representam uma forma útil de traçar essas relações" (Johnson, 2007, p. 116). Se, por outro lado, entendemos a cidade como um espaço físico no qual se assentam as relações sociais que constituem o urbano, é possível explicar que essas formas de ação sonora modificam a conformação material das cidades e que, ao suscitarem diversas experiências de escuta e de interação social mediada pelo som, dão lugar a formas peculiares de subjetivação política entre seus habitantes. Em suma, ao vincular a ideia de cidade à cidadania, é possível formular um argumento sobre como "fazer barulho" pode transformar subjetividades políticas. Ao final do artigo, tentarei responder à pergunta sobre o que esse "barulho" político está fazendo para a cidade e seus cidadãos, tanto no âmbito material quanto experiencial. Ou seja, como a produção, circulação, mediação e escuta desses barulhos afetam nossa experiência auditiva da cidade e, assim, podem contribuir para a transformação política das subjetividades de quem as habita.

São diversas as táticas cotidianas para fazer barulho na cidade que, ligadas a reivindicações sociais, desdobram o som como uma forma de ativismo. Algumas delas incluem recuperação, ressignificação e reinserção de repertórios musicais já ancorados nas memórias coletivas, criação de novos hinos em prol de novas causas, flash mobs e intervenções urbanas com música e dança, uso de barulho por meio de panelas, gritos, buzinas; cartazes em passeatas ou janelas, sobreposições sonoras, vocalizações, performances de corais, provocações de fala e de escuta, exibição de silêncios significativos, e assim por diante. Uma vez que essas ações sonoras e performances musicais ressignificam a materialidade dos espaços, podem, mediante padrões de ressonância, (re)estabelecerem novas cargas simbólicas e afetivas. Assim, os processos de significância e apego que os habitantes desenvolvem pelo lugar em que habitam se reconfiguram. Isso gera o que Berrens identificou como novas "cartografias afetivas da ressonância" que também incidem sobre a forma como as pessoas que habitam a cidade se ligam umas às outras. Territorializando determinados espaços urbanos através de sons (alguns emblemáticos e outros de uso cotidiano) não só se contribui para estabelecer uma nova relação com as materialidades urbanas, como também se estimula o "rearranjo dos sentidos" que Rancière defende – e utiliza o arquivo digital para formar um arquivo de som e um arquivo de performance. Ambos são gestados e circulam graças à disponibilidade e onipresença contemporânea das novas tecnologias de informação digital.

Recuperação e ressignificação de repertórios musicais

Uma das estratégias musicais e performáticas mais recorrentes em contextos de protesto é a recuperação e ressignificação de repertórios musicais já ancorados em memórias coletivas. Trata-se, sobretudo, de canções emblemáticas utilizadas em contextos de protesto e que permitem reposicionar o imaginário da canção de protesto e da cultura popular e colocá-lo a serviço das mobilizações sociais. Um caso recente é o dos usos políticos ao nível global da canção *Do you hear the people sing*?

Originalmente criado para o musical *Os Miseráveis*, no início dos anos 1980, esse hino de rebelião foi recuperado, traduzido e adaptado no contexto de protestos em países como Hong Kong, Mianmar e Tailândia. Essa música foi cantada em Hong Kong por centenas de milhares de pessoas, no âmbito de uma reunião do G20. Vestidas de preto, elas se reuniram na principal praça pública do país, Edinburgh Place, em 26 de junho de 2019. Segurando cartazes com os dizeres "Hong Kong Livre", organizadores da frente de direitos humanos civis emitiram um comunicado instando que a proposta de extradição que o governo chinês propôs aplicar aos dissidentes[1] fosse descartada. Esta praça pública foi projetada para abrigar grandes massas em uma cidade densamente povoada e que oferece poucos espaços de convergência social. Assim, a entonação da canção em coro permite a esta praça reivindicar a sua missão social e aos seus cidadãos a identificação com uma causa comum, construindo o seu sentido de cidadania. Por fim, a Lei de Segurança Nacional chinesa foi imposta para silenciar as reivindicações dos grupos mobilizados na ilha, com uma triste solução política que consistia na criminalização de todos os atos performativos ativistas administrados pelos cidadãos de Hong Kong.

Em 2019 e 2020, a mesma canção foi recuperada no contexto do golpe em Mianmar, e também nos protestos na Tailândia que exigiam a expansão democrática, demandando como seus ideais associados à cultura liberal europeia. Da mesma forma, em várias cidades dos Estados Unidos *Do you hear the people sing*? foi cantada por manifestantes que reivindicavam o respeito pela vida no âmbito dos protestos do movimento *Black lives Matter*, que despertou a ira popular devido ao assassinato de George Floyd. Além disso, em 4 de setembro de 2020, na Bielorrússia, os alunos da *Minsk State Linguistic University* foram espancados e detidos pelas autoridades policiais por terem cantado essa música em coro dentro das instalações da universidade; isso no âmbito dos protestos pela sexta reeleição do presidente Alexander Lukashenko. Transcendendo nacionalidades e sistemas culturais, essa música ressurgiu recentemente como um hino contra a tirania internacional da classe política.

Outro exemplo de canção que circulou de forma transnacional e foi reutilizada como expressão musical de protestos ao nível global é *Bella Ciao*. Original da Itália, ao final do século XIX, foi recuperada como um hino antifascista e de resistência no contexto do nacionalismo italiano das décadas de 1920 e 1940. Ao longo de sua história, foi adaptada para fins locais específicos (Bermani, 2020). No caso do Chile, a música foi lançada em junho de 2019 para acompanhar a greve do sindicato dos professores, mas com uma modificação *ad hoc* na letra.[2]

Bella Ciao – Versão docente
Grupo de Difusão Gabriela Mistral de Pudahuel, Santiago do
Chile,
Junho, 2019.
La educación está muriendo
Por el lucro instalado por la corrupción
Los profesores luchan a diario
Por esta triste situación.
Salas de clases muy destruidas
Por el lucro instalado por la corrupción
Sin materiales para los niños
Seguridad para morir
Hay profesores que están muriendo
Esperando el bono de su jubilación
Ya el estado se ha equivocado
Deuda histórica no pagó.
Ellos crean leyes para burgueses
Dejando de lado toda la dignidad
De una comunidad cansada
De ser pisoteada.
El presidente intransigente

Propuso una reforma curricular
Que priva al … joven chileno
De educación integral.
El gran exceso de trabajo
Administrativo y burocrático
Dobles contratos y evaluaciones
Que agobian al profesor.
A las docentes educadoras
No les pagan el salario de la mención
Y con el SIMCE se discriminan
A todos nuestros niños.
Los profesores llaman al pueblo
A organizar la más grande revolución
Para que nunca más en Chile
Se lucre con la educación

Se lermos retrospectivamente, essa intervenção urbana cantada e musicalizada pode ser entendida como um dos antecedentes do que acabou se configurando como o "surto social chileno" de outubro de 2019, que deu lugar a um longo processo de declínio político, bem como da reconstrução constitucional em andamento no Chile. O fato de esta intervenção urbana e musical ter ocorrido no metrô é um dado revelador, uma vez que o barulho não se dá apenas ao nível acústico, mas também ao nível dos ritmos da cidade; o que Henri Lefebvre tentou descrever com sua análise de ritmo – causando interrupções e bloqueios à fluidez usual dos movimentos dos usuários. Ao fazê-lo, a intervenção dos professores atrai a atenção da mídia tanto quanto a de outros cidadãos não vinculados ao sindicato dos professores. Insistindo na leitura retrospectiva, não se deve esquecer que foi também no metrô que começou a eclosão de outubro por estudantes mais jovens, estudantes de nível médio, entre 15 e 18 anos, que, com o apoio de seus professores, protestaram contra o aumento das taxas por meio de ações de evasão de pagamento.

Assim, a reivindicação pela desigualdade social, materializada inicialmente nos abusos das empresas de transporte e extrapolada a outro tipo de abusos, somou-se à reivindicação pela educação pública e de qualidade, que já se arrastava desde 2011 e foi desencadeada pela reforma educacional em disputa em 2019. Essas ocorrências ampliam os usos simbólicos do metrô como mais do que um espaço de transporte utilitário e o delimitam como um espaço de luta social onde os usuários se identificam como protagonistas do tecido urbano e cidadão. Lá, o barulho, o canto, a música e o grito ativam novas formas de sentir aquele ambiente urbano e de compreender suas funções sociais.

Desde o início do movimento social de outubro de 2019 no Chile, muitas foram as canções utilizadas para os propósitos do movimento (Spencer e Bieletto, 2020; Spencer, 2020). A canção icônica *O povo unido jamais será vencido* é talvez uma das recuperações mais previsíveis, mas não menos significativa para isso. Sua apresentação ao vivo, dia 10 de novembro, no saguão do Centro Cultural Gabriela Mistral, ilustra uma das formas de se apropriar dos espaços culturais associados à cultura oficial. Coordenado por organizações orquestrais autoconvocadas apenas algumas semanas depois de ter começado, esse concerto soou o clamor popular por mais justiça; recorrendo à territorialização sonora para demarcar territórios institucionais e reivindicá-los para uso cidadão. Esses repertórios são marcados por uma forte carga ideológica associada ao passado chileno da ditadura de Pinochet e sua respectiva resistência.[3] Algo semelhante já havia acontecido com a fachada da Biblioteca Nacional, no dia 25 de outubro de 2019, no evento denominado "A maior manifestação do Chile" (com uma estimativa de 2,5 milhões de pessoas, apenas na cidade de Santiago, e mais 3 milhões no resto das cidades do país). Em frente ao emblemático prédio, músicos, cantores e ouvintes se reuniram para cantar e tocar instrumentos em um show denominado nas redes sociais como *Mil violões pela paz*. O objetivo era responder às declarações do presidente Piñera, que defendiam que o governo "estava em guerra contra um inimigo poderoso". A sua ocorrência em frente à

362

Biblioteca e ao Arquivo Nacional redefine as geografias urbanas e lembra à população de que, mais do que um espaço das elites, esse local guarda parte da memória documental do povo chileno, útil para a construção de novas narrativas históricas.

Flash mobs e intervenções diversas: vocalizações, performances e cantos no espaço público

Os flas hmobs consistem em uma congregação efêmera de massas cidadãs que realizam uma performance coordenada previamente, seja por meio de encontros ou de instruções distribuídas em redes sociais e *smartphones* [por isso o nome também inclui *Smart mob*]. Embora inicialmente muitos desses flas hmobs não estivessem necessariamente associados a movimentos políticos, eles sempre tiveram uma carga crítica. Particularmente a sociedade de consumo que criticava a proliferação de shoppings em detrimento de políticas de reavaliação ou recuperação de espaços públicos, então foi nesses espaços que os flash mobs ocorreram com mais frequência. Assim, o que se reivindica não é apenas a cultura da sociabilidade, mas também a própria ideia da vida pública como um direito cidadão. No entanto, nos últimos anos, essas formas de expressão pacífica tornaram-se expressões de protesto político e foram transferidas para espaços urbanos com uma alta carga simbólica, como praças cívicas, sedes de poder ou espaços de alta convergência social.

O *"thriller"* massivo para a educação pública foi encenado na esplanada do *Palacio de la Moneda*, também em Santiago do Chile, no contexto do movimento pela educação, em 2011. Centenas de dançarinos recorreram ao símbolo do zumbi para representar os "mortos-vivos" nos quais se transformam ao sair da universidade, quando devem começar a pagar a dívida causada pelos altos custos de acesso à educação no Chile. O evento criou um marco local, porque visibilizou a necessidade de renovar a luta social quando as manifestações deixaram de ser suficientes. A partir de então, a cultura, o altruísmo e a criatividade começaram a ser convocados com maior força para redefinir as formas de protesto cidadão (Saavedra, 2016; Mayol; Miranda; Azócar Rosenkranz, 2011). O confronto direto com o estado foi simbolizado pela localização do ato em frente ao edifício oficial do governo. Da mesma forma, a já famosa performance de *Um estuprador em seu caminho*, tanto em suas versões iniciais em várias ruas e praças do Chile quanto a versão massiva que foi vista no dia 4 de dezembro em frente ao Estádio Nacional, contribuem para a sonificação de espaços emblemáticos. As ressonâncias derivadas dessas performances deixaram ainda uma forte marca sensorial, afetiva e subjetiva nos corpos e mentes das milhares de mulheres que tornaram possível sua realização (Bieletto-Bueno, 2020). A sua replicação em numerosas cidades do mundo revela ainda o forte impacto dessa performance internacionalmente (Martin e Shaw, 2021).

Panelaços

Os panelaços consolidaram-se como um dos mecanismos performativos da cultura com o qual se protesta mediante uma mensagem puramente sonora, isto é, desprovida de discursos. Embora um panelaço possa vir acompanhado de gritos e cartazes, essas formas de vocalização podem ser consideradas típicas de protesto político e não necessariamente exigidas no ato de bater panela. Um dos diferenciais é que, por meio da batida de uma panela e de uma colher, a capacidade dos governos de ouvir e dialogar com os agentes sociais que protagonizam o ato é desafiada. Por isso, o panelaço não é apenas uma ação sonora; mas também pode ser configurado como um momento performático que se sustenta, e muito, na audibilidade e visibilidade pública da ação (Bieletto-Bueno, 2021). É com este momento performático que os emissores conseguem mascarar a corrosividade de sua mensagem política, valendo-se de arraigadas suposições em torno da natureza evanescente e pretensamente inócua do som.

O recurso político do panelaço esteve presente nos repertórios da política sul-americana durante grande parte da segunda metade do século

XX, e foi recuperado, tanto no movimento argentino de 2001, como mais recentemente nos movimentos chilenos pela educação, em 2011, durante a chamada "explosão social chilena", em 2019; assim como na Colômbia, em 2020. Globalmente, o panelaço também foi implementado em países como Tailândia e Hong Kong. Ao contrário dos países latino-americanos, onde o barulho da panela busca expressar descontentamento para fazer uma demanda às classes dominantes, nos países asiáticos o som das panelas tocando está associado à crença de que os "maus" espíritos se assustam com esses barulhos, o que promoveria um ambiente pacífico e favorável ao diálogo. No contexto dos protestos, então o que se buscaria afugentar é a ação repressiva dos órgãos policiais para assim poder co-municar as demandas sociais. Como já foi explicado, a partir da história e da sociologia (Kammerer e Roncero, 2005; Bendezú Untiveros, 2016; Vargas, 2017; Ruiz Ortíz, 2019), o panelaço é uma forma de expressão popular e uma estratégia política que permite a articulação social quando outras formas de expressão de descontentamento já acabaram.

Em contextos políticos em que a preservação do anonimato pode significar a proteção da segurança, da integridade física, ou mesmo da vida, o som amorfo distribuído entre sacadas, paredes e ruas ressoantes serve de proteção a quem percutimos como participantes do protesto. Em outras palavras, a formação de uma única massa sonora obscurece a origem acústica do som e, assim, anonimiza seus autores, protegendo-nos de possíveis represálias e até mesmo de possíveis interações hostis com vizinhos simpatizantes do regime que causa descontentamento. Assim, indica Brandon LaBelle:

> O invisível não se realiza apenas como negativo do visí-vel, como modalidade antitética, mas também como um conjunto de práticas urgentes que existem no trabalho da verdade e da memória. Além disso, pode funcionar como um caminho para apoiar as comunidades que operam nas esferas ocultas do *underground*, possibilitando a expressão de uma afirmação nas condições que tornam a vida possível entre outros (LaBelle, 2018, pp. 31 - 32).

De alguma forma, uma colher de pau e uma panela são os instrumentos que nos integravam a uma mesma comunidade acústica unida pelo descontentamento e pelo desejo de mudanças radicais, unindo o acústico, o auditivo, o político e o ideológico. Além disso, a participação em um panelaço implica um envolvimento sonoro e auditivo, bem como um envolvimento corporal. Ao ouvir os vizinhos baterem panela, nós percebemos o nosso próprio corpo naquela forma raivosa de vibrar, sentindo os braços tremerem e os tímpanos doerem. Quando uma pessoa bate panela por vários minutos, você pode sentir uma vibração irritante nos ouvidos, braços e todo o corpo. *Tinitus* é o nome desse pequeno zumbido que fica na mente, no tímpano e na memória auditiva e que pode até causar uma temporária versão desse pequeno trauma auditivo. Algo semelhante acontece com os músculos do braço. Esta "fenomenologia do panelaço", como experiência corporal, favorece o estabelecimento tanto de uma comunidade sensorial como de um tipo de conhecimento háptico, por meio do qual o incômodo político "se torna carne". A pequena dor auditiva autoinfligida, que permanece como residuais minutos após o panelaço, nos permite entender a injustiça em primeira mão, e assim catalisar o poder político-afetivo do panelaço. Enquanto isso, a marca que o som deixa na própria cóclea, na pele e nas emoções configura as memórias sociais que nos integram a uma mesma comunidade acústica e, sem dúvida, também política.

Sobreposições sonoras

Por sobreposições sônicas me refiro à exibição intencional de cantos ou sons rebeldes sobre atos sônicos oficiais. Um caso que ilustra isso ocorreu na transmissão do "escutatório do cidadão", na Cidade do México, em 2017. O contexto foi a realização da tradicional cerimônia denominada "O grito de independência", à qual se sobrepôs uma intervenção sonora. Enquanto ao fundo se ouvia a voz do presidente enunciando os heróis nacionais que iniciaram a guerra de independência, no primeiro plano se ouvia a voz de um locutor enunciando os nomes dos jornalistas assassinados. O mesmo aconteceu com a enunciação dos nomes dos 43 estudantes desaparecidos no massacre de Ayotzinapa verificado no ano de 2014 em circunstâncias ainda não esclarecidas. Tais sobreposições e justaposições forçam o ouvinte a realizar um trabalho de redirecionamento da atenção auditiva. Há nessa escolha um exercício de escuta micropolítica que, em última instância, nos leva a tomar consciência das alternativas e a escolher para qual estímulo dirigir a atenção. Isso leva intrinsecamente o ouvinte a uma postura política. Essa provocação, gerada por quem atua como arquiteto da superposição, configura o que identifico como processos de "politização da escuta".

Um exemplo semelhante ocorreu no evento de inauguração da Convenção Constituinte, no Chile, no dia 4 de julho de 2021. O evento oficial de inauguração foi realizado no Palácio Pereira, localizado no centro da capital de Santiago. Nas ruas ao redor, cidadãos comuns que apoiaram a elaboração da nova Constituição foram interceptados pelas forças da ordem pública e sofreram atos de repressão. Assim, se no ato oficial estava prevista a interpretação do hino nacional chileno, as vozes dos constituintes que diziam representar os interesses do povo e honravam o movimento social ocorrido nas ruas nos meses anteriores recorreram a gritos, vaias e cartazes, tornando impossível ouvir a execução musical.[4] Esse é um claríssimo exemplo de como as lutas ideológicas adquirem uma dimensão sonora que, como as ideias, também se polarizam.

Provocações sonoras e/ou provocações de escuta (politização da escuta)

Assinalei anteriormente que a "politização da escuta" é um fenômeno atual sob o qual o poder de soar e fazer ouvir é cada vez mais disputado na esfera pública auditiva. A gestão de oportunidades e provocações de escuta através de registros, plataformas de armazenamento e dispersão de registros sonoros, amplificações, entre outros, são exemplos do que foi mencionado anteriormente. Um caso conhecido foi o da amplificação dos registros sonoros de crianças chorando em centros de detenção na fronteira entre México e Estados Unidos. Esses registros foram reproduzidos em vários programas de notícias em junho de 2018. Mais importante ainda, por seus efeitos sobre as emoções, essas gravações também foram ampliadas por potentes alto-falantes no prédio Trump, em Nova York, como forma de protesto contra as políticas de imigração promovidas por esse ex-presidente.[5] A escolha do espaço para a reprodução ampliada questiona diretamente o presidente. Considerando o hipercontrole do entorno da Casa Branca, sede oficial do governo dos Estados Unidos, a territorialização sonora desses registros abre alternativas de protesto: registros sonoros são reinseridos em um prédio cujo proprietário está diretamente associado à responsabilidade pelos atos. Vemos assim como a carga simbólica de determinados espaços urbanos é aproveitada para fins de protesto político, bem como para a divulgação de determinadas formas de ativismo.

Como se pode perceber, a onipresença e o fácil acesso às tecnologias de gravação têm levado a novas formas de armazenamento, dispersão e manuseio de sons vinculados às reivindicações sociais. Por isso, outro exemplo de provocação de escuta são os chamados "escutatórios", arquivos sonoros digitais, ou museus sonoros virtuais. Estes consistem em plataformas de escuta, onde sons, testemunhos, registros de áudio, paisagens sonoras etc. são postados simplesmente procurando "fazer ouvir" para criar comunidades auditivas. Esses arquivos são cada vez mais autônomos em relação às instituições e cada vez mais gerenciados pelos mesmos cidadãos que protestam. Por vezes, estão vinculados a organizações civis de artistas ou ativistas que, interessados no som, divulgam registros sonoros recolhidos por meios colaborativos com o público em geral. A criação do Museu Sonoro da Revolta no Chile é um claro exemplo disso. Esse museu digital, administrado pela organização de artistas e estudiosos do som no Chile Tsonami, reuniu abertamente cidadãos comuns e artistas do som para compartilhar sonoridades ligadas à revolta social.[6]

Arte Sonora e amplificação em espaços públicos

Os artistas sonoros também contribuíram consideravelmente para os ativismos urbanos. Esses criadores especializados (compositores, artistas sonoros etc.) estão cada vez mais conectados com questões da política e da sociedade; muitos deles utilizaram os espaços públicos para dar solidez às suas composições, mas, sobretudo, para criar espaços de provocação estética, intelectual e política. Nesses casos, as tecnologias de criação musical têm desempenhado um papel importante no deslocamento das estratégias perceptivas usuais, ocasionando novas formas de perceber o espaço urbano e se sentir afetado por ele, dado determinado contexto político. Um caso recente é a peça *Transdutor oscilográfico de slogans subliminares*, apresentada na coleção do Museu da Explosão Social do Chile. Essa obra consiste em um implemento tecnológico que traduz as vibrações vocais em um sinal oscilográfico através de um feixe de laser, possibilitando "ver" a voz e controlá-la remotamente. Com esse transdutor, é recuperado o simbolismo que o uso do *laser* adquiriu durante os protestos da explosão chilena para combater as forças policiais, por exemplo, para derrubar seus drones. Em uma homenagem à cultura popular que recaptura as imagens do *Star Wars*, os *lasers* verdes tentavam "atacar o lado negro".

Silêncios significativos são outra maneira com a qual o acústico é mobilizado para fins ativistas. As manifestações silenciosas – o silêncio usado como lembrança dos mortos ou desaparecidos – são formas tradicionais de ação política não violenta. Porém, um uso menos comum do silêncio ocorre quando ele é convocado em situações em que o que se espera é a emissão de barulho. O silêncio como metáfora do apagamento, destituição ou substituição também foi instrumentalizado em peças de arte sonora, a exemplo da *Destruição da Constituição da República do*

Chile ilustra o exposto. A obra é de autoria de Felipe Sánchez Riquelme e, graças a um processo de desintegração sonora, os artigos da constituição, lidos e gravados em áudio, vão se transformando em um barulho ininteligível até fazerem silêncio.[7]

E são muitos os exemplos de como as cidades foram barulhentas ou sonorizadas, em busca da realização de ideais sociais por meio do ativismo. Neste ponto, gostaria de recuperar as palavras de Connor, a respeito dessas formas sensoriais que o som possibilita e expressa como instâncias de mudança social e que estão localizadas nas cidades:

> O barulho pode ser ouvido não apenas como um símbolo de vulnerabilidade simbólica, ou como desordem teórica, mas também como evidência, e muitas vezes como um catalisador dinâmico, de mudança social operando em todos os distritos urbanos (Connor apud LaBelle, 2010, p. 23).

Nos últimos anos, já foi demonstrada a capacidade das músicas para transformar as materialidades urbanas; e não me refiro apenas a um nível simbólico, mas também aos espaços materiais onde ocorrem certas cenas musicais. Mas, para além da música, me refiro aos desdobramentos de sons, barulhos e silêncios na transformação da morfologia das cidades, seja pela sua materialidade acústica, seja pela forma como a sua dimensão simbólica altera a relação que temos com os espaços e as memórias sociais associadas a eles.

É, portanto, necessário voltar à questão de saber o que o ruído faz às cidades e aos seus cidadãos. Claramente o barulho é uma alteração do *status quo*, uma forma de violação simbólica que abala os alicerces do estabelecido. Como o barulho ocorre na cidade, ele também altera o ritmo diário da vida urbana. No nível experiencial, o barulho muda a experiência auditiva urbana. Onde havia ordem, vem a desordem e a destruição. Nesse processo de escuta e associação, questionam-se os mandatos que se cumprem com a invocação da ordem e questiona-se se essa ordem corresponde à justiça social vigente. O barulho também intensifica e altera as emoções dos cidadãos que escutam, não só no que diz respeito ao questionamento racional, mas também pelas sensorialidades e emoções que são desencadeadas pelo barulho, desordem ou silêncio. Diante de um ambiente acústico imprevisível e saturado, há também um mundo interno em alteração e que se debate para ressignificar essas relações sociomateriais que se tornam audíveis. Por esse motivo, o barulho tem a capacidade de criar novas formas de interligação social. Além disso, ao perturbar alguns dos simbolismos associados a espaços, lugares e/ou edifícios emblemáticos, o barulho pode alterar hierarquias urbanas preexistentes, modificando a importância que os cidadãos atribuem a determinados espaços e ao papel que desempenham na sua vida cotidiana. Assim, são geradas novas geografias afetivas de ressonância que nos permitem novas formas de apego ao espaço e aos demais que o habitam.

Notas

[1] "Democracy now, Free Hong Kong": Thousands of protesters urge G20 to back anti-extradition law movement. Disponível em: <https://hongkongfp.com/2019/06/26/democracy-now-hundreds--gather-central-hong-kong-urging-g20-countries-raise-concerns-upcoming-summit/>. Acesso em: 30 jan. 2022.

[2] Flash mob pela educação. Escola de professores Pudahuel. Disponível em: <https://www.youtube.com/watch?v=Rs49nkPD1vs&ab_channel=Difusi%C3%B3nColegiodeprofesoresdepudahuel>. Acesso em: 30 jan. 2022.

[3] *O povo unido jamais será vencido*. Victor Jara Sinfônico. Disponível em: <https://www.youtube.com/watch?v=XgnXAymPyGE&ab_channel=juanrojas>. Acesso em: 30 jan. 2022.

[4] Convenção Constitucional: Hino Nacional interrompido por proclamações de constituintes. Disponível em: <https://www.youtube.com/watch?v=z0CBZ9Z7zk8&abchannel=T13-0:27-2:26>. Acesso em: 30 jan. 2022.

[5] Crianças separadas de seus pais, na fronteira. Disponível em: <https://www.youtube.com/watch?v=PoncXfYBAVI&t=113s&ab_channel=ProPublica>. Acesso em: 30 jan. 2022.

[6] Museu Sonoro da Revolta. Disponível em: <https://museosonorodelarevuelta.cl/>. Acesso em: 30 jan. 2022. A curadoria das propostas foi feita por Fernando Godoy e Pablo Saavedra Arévalo.

[7] Destruição da Constituição. Disponível em: <https://museosonorodelarevuelta.cl/proyecto/destruccion-de-la-constitucion-de-la-republica-de-chile/>. Acesso em: 30 jan. 2022.

Referências

ATTALI, Jacques. *Noise*: The Political Economy of Music. Minneapolis: University of Minnesota Press, 1985.

BENDEZÚ UNTIVEROS, Raúl. La estrategia del "cacerolazo" como dinámica de complejidad en los procesos de cohesión y articulación social en Chile: práctica semiótica y significación estratégica. *Civilizar*, v. 3, n. 3, pp. 153 - 166, jan./jun. 2016.

BERMANI, Cesare. *Bella ciao*: storia e fortuna di una canzone: dalla Resistenza italiana all'universalità delle resistenze. *E-book*. Novara: Interlinea, 2020.

BIELETTO-BUENO, Natalia. (2020) Sonido, Vocalidad y Espacio de Audibilidad Pública. Las Tesis Senior en el Estadio Nacional de Chile en Volver a creer. *In:* BIELETTO-BUENO, Natalia; ESPINOSA Christian S. (ed.). *Boletín Música*, n. 54, pp. 71 - 91, jul./dez. 2020.

BIELETTO-BUENO Natalia. Sounding the Path to dignity. *Musicology Now*, 35 ago. 2021. Disponível em: <https://musicologynow.org/sounding-the-path-to-dignity/>. Acesso em: 31 jan. 2022.

BIELETTO-BUENO, Natalia; SPENCER ESPINOSA, Christian (ed.). Volver a creer. Crisis social, música, sonido y escucha en la revuelta chilena (2019-2020). *Boletín Música*, n. 54, p. 3, jul./dez. 2020.

DELGADO, Manuel. Artivismo y pospolítica. Sobre la estetización de las luchas sociales en contextos urbanos. *Quaderns-e de l'Institut Català d'Antropologia*, v. 18, n. 2, pp. 68 - 80, 2013.

DELGADO, Manuel. Luchas Esteticas: Los límites del artivismo. *Artes y Movimientos Sociales*: III Encuentro. Mil Formas de Mirar y Hacer. Proyecto Atalaya Arte y Compromiso. Experiencias para el cambio social, pp. 6 - 13, 2017.

FLORIDA, Richard. Bohemia and economic geography. *Journal of Economic Geography,* v. 2, n. 1, pp. 55 - 71.

FLORIDA, Richard. *The Rise of the Creative Class*. New York: Basic Books, 2012.

JOHNSON, Bruce. Voice, power and Modernity. *In:* DAMOUSI, Joy; DEACON, Desley (ed.). *Talking and Listening in the Age of Modernity*: Essays on the History of Sound. pp. 113 - 122. Camberra: Australian National University Press, 2007.

KAMMERER LUJÁN, María; SÁNCHEZ RONCERO, María. (2005). El cacerolazo como nueva forma de expresión popular. *Question*, v. 1, n. 6, 2005.

LABELLE, Brandon. *Sonic Agency*. Sound and Emergent Forms of Resistance. Londres: Goldsmiths Press, 2018.

MARTIN, Deborah; SHAW, Deborah. Chilean and Transnational Performances of Disobedience: LasTesis and the Phenomenon of Un violador en tu camino. *Bulletin of Latin American Research*, jan. 2021. Disponível em: <https://doi.org/10.1111/blar.13215>. Acesso em: 31 jan. 2021.

MAYOL MIRANDA, Alberto; AZÓCAR ROSENKRANZ, Carla. (2011). Politización del malestar, movilización social y transformación ideológica: el caso "Chile 2011". *Polis*, Santiago, v. 10, n. 30, pp. 163 - 184, dez. 2021. Disponível em: <http://www.scielo.cl/scielo.php?script=sci_arttext&pid=S0718-65682011000300008&lng=es&nrm=iso>. Acesso em: 31 jan. 2022.

RAMÍREZ KURI, Patricia. La ciudad, espacio de construcción de ciudadanía. *Enfoques*: Ciencia Política e Admnistración Publica, v. 5. n. 7, pp. 85 - 107.

RANCIÈRE, Jacques. *The Politics of Aesthetics*. Londres: Continuum, 2004.

RUIZ ORTÍZ, Nicolás. Cacerolazo: emociones y memoria en el movimiento estudiantil 2011. *Polis*, Santiago, v. 18, n. 53, pp. 90 - 112, ago. 2019. Disponível em: <http://www.scielo.cl/scielo.php?script=sci_arttext&pid=S0718-65682019000200090&lng=es&nrm=iso>. Acesso em: 31 jan. 2022.

SAAVEDRA, Hernán. *Ya no basta con marchar*. Santiago: Escuela de Cine de Chile/Kitral Producciones, 2011-2019.

SEREMETAKIS, Nadia. *Sensing The Everyday*. Dialogues From Austerity Greece. Abingdon: Routledge, 2019.

SPENCER ESPINOSA, Christian. (2020). Hacia un nuevo cancionero popular: música, creación y política en la revuelta social chilena (2019-2020). *Boletín Música*, n. 54, pp. 29 - 52, jul./dez. 2020.

TAYLOR, Diana. *The Archive and the Repertory*. Durham: Duke University Press, 2003.

VARGAS BRAVO, Viviana. *Piedras, barricadas y cacerolas*: Las jornadas nacionales de protesta Chile 1983-1986. *E-book*. Santiago: Ediciones Universidad Alberto Hurtado, 2017.

Espaço performativo: cidade em disputa e atualização histórica

Marcelo de Troi;
Leandro Colling;
Susana Batel

Em 1792, durante a instalação da primeira República na França, a estátua de Luís XV foi substituída por um monumento à Liberdade. Em novembro de 1989, com a queda do muro de Berlim, a estátua de Lênin foi derrubada de uma praça na então Alemanha Oriental. Nos países que se libertaram do poder da antiga União Soviética, as imagens transmitidas pela televisão, da derrubada de monumentos, ainda estão frescas em nossas memórias, assim como a derrubada da estátua de Saddam Hussein, em 2003, após a invasão norte-americana no Iraque.

Em 2020, a morte por sufocamento de George Floyd, por forças policiais, disparou protestos na cidade de Baltimore, nos Estados Unidos, que culminaram com a derrubada da estátua de Cristóvão Colombo. Atos semelhantes aconteceram nas cidades norte-americanas de Miami, Richmond, St. Paul e Boston. Para pôr fim a um movimento em cadeia, o presidente Donald Trump ameaçou os/as manifestantes com prisão e multa no valor de 10 mil dólares a quem "vandalizasse" tais monumentos. Transmitidos pela internet, esses atos passaram a influenciar ações semelhantes em diversos lugares do mundo. Em Bristol, Inglaterra, a estátua de Edward Colston, que fez fortuna ao traficar africanos escravizados no século XVIII, foi derrubada e atirada ao rio. No lugar do traficante, uma estátua da ativista Jen Reid foi colocada pelo movimento popular, mas, posteriormente, retirada pelo poder público, que alegou não haver autorização formal para a instalação do símbolo.

Em Lisboa, Portugal, no Largo Trindade Coelho, seguindo a onda da revolta popular contra esse tipo de símbolo, uma estátua que representa o Padre Vieira com três indígenas foi pichada em vermelho com o escrito "descoloniza". Considerado pelos movimentos antirracistas e anticoloniais como colaborador da instituição Católica, Vieira esteve atrelado à evangelização jesuítica no Brasil e, tal qual a Igreja a que pertencera, conivente com a escravização do povo africano e o etnocídio ameríndio. Desde quando foi instalada, em 2017, a estátua de Vieira fora criticada por tais movimentos e, surpreendentemente, foi guardada por neonazistas quando, na altura, o grupo Descolonizando tentou realizar uma performance contra a presença do símbolo. Para impedir a manifestação contra a estátua de Vieira, o grupo encontrou uma barreira com membros do grupo de extrema direita: "No chão, tinha sido colocada uma fita com a mensagem 'Portugueses primeiro!' e o símbolo da cruz de malta entre as duas palavras" (Ferreira e Louro, 2017, p. 54).

Longe de serem entulhos aos quais ninguém daria importância, percebemos, nesses fatos, debates, embates e tensões recentes que estátuas e monumentos "são poderosos meios de comunicar valores, crenças e utopias e afirmar o poder daqueles que os construíram" (Corrêa, 2004, p. 4). Presentes em praticamente todas as cidades do mundo, eles dizem muito sobre as sociedades e suas representações, sobre as relações de poder, imaginário, história e, ao longo dos anos, despertam e expressam conflitos sociais latentes. Com a repercussão das ações dos movimentos antirracistas, foram muitas as análises e justificativas do porquê da instalação desses símbolos, acusações de anacronismos, o que nos levou a refletir sobre o quanto o espaço urbano é formado de maneira discursiva a partir dos símbolos que ganham relevância na cidade.

Este artigo é uma reflexão sobre essa materialidade urbana, da qual monumentos, estátuas e nomes de ruas são componentes. Juntando-se aos outros fluxos da cidade, demonstramos que eles podem ser lidos pela teoria da performatividade. Também faremos uma breve revisão bibliográfica sobre esses eixos temáticos que passam pela linguagem, pela história, pelo urbanismo, pela geografia. Da mesma maneira, contextualizaremos os ativismos presentes no espaço urbano com intervenções artísticas e ações que são lidas como "vandalismo" pelo *establishment*. Não pretendemos fazer uma genealogia do movimento *Black Lives Matter*, mas é importante salientar que sua origem está intimamente ligada ao espaço urbano. O movimento ganhou força, em 2014, na cidade de Ferguson, depois de um policial atirar fatalmente em Michael Brown, um rapaz negro de 18 anos. E também em 2015, ano em que Sandra Annette Bland, uma afro-americana de 28 anos, foi encontrada morta em uma cela no Texas, três dias depois de ter sido presa em um patrulhamento de trânsito (Seo, 2019). Com a morte de Floyd, em 2020, o movimento ganhou nova repercussão mundial.

Na primeira parte do texto, faremos uma rápida revisão da teoria da performatividade, a partir de Judith Butler (2003, 2018), desde o seu uso para pensar gênero até uma teoria performativa da assembleia. Em seguida, trataremos de uma revisão bibliográfica sobre pesquisas e teorias que complementam a ideia de uma cidade formada por componentes subjetivos e hegemônicos. Em geral, esses estudos são vistos de maneira separada, em áreas disciplinares, havendo uma lacuna nos estudos da cidade com um olhar interdisciplinar e, principalmente, atravessados pela dimensão da cultura, empreitada na qual nos lançamos neste texto.

Teceremos algumas considerações sobre memória, historicidade e ativismos, utilizando como exemplos intervenções artísticas em cidades brasileiras e espanholas, como Pamplona, onde o artista Abel Azcona realizou uma ação para relembrar os desaparecidos na ditadura franquista. Também citaremos alguns exemplos de conflitos com monumentos coloniais e memória toponímica em cidades como Rio de Janeiro, São Paulo e Salvador. Ademais, citaremos ações contra-hegemônicas no espaço urbano, lutas urbanas e intervenções artísticas que questionaram e questionam a configuração das culturas em algumas cidades ocidentais.

Inicialmente, nos valemos de algumas perguntas: quem determina a permanência de símbolos nas cidades? Como se constrói a ideia de memória no espaço urbano e representando quem? Como se articulam os interesses em torno da construção discursiva e da historicidade urbana? Como o espaço citadino tem se configurado como local de disputa simbólica e material para pessoas que clamam por seu direito à cidade e pelo direito ao aparecimento público?

Performatividade

Existe uma luta histórica entre corpos dissidentes e grupos que atingiram a hegemonia no campo social e urbano. Richard Sennett (2003) mergulhou na análise dessas disputas afirmando que a civilização ocidental não tinha respeitado a dignidade dos corpos humanos, nem a sua diversidade: "Imagens ideais do corpo humano levam à repressão mútua e à insensibilidade, especialmente entre os que possuem corpos diferentes e fora do padrão" (Sennett, 2003, p. 22). A constituição do espaço urbano e seus símbolos não deixam de idealizar personalidades históricas. Se, pela visão eurocêntrica e "civilizatória", elas são colocadas como ícones e heróis da divisão espaço-temporal implementada pela modernidade, pela visão dos vencidos e dos que sofreram as consequências da expansão ultramarina ao longo dos séculos, esses vultos históricos não deixam de representar uma espécie de apocalipse.

A atuação de movimentos anticoloniais, antirracistas e anticapitalistas desvelou as disputas nas cidades e questionou a presença de símbolos na configuração dos espaços urbanos em diversos locais do mundo. Em Lisboa, por exemplo, a manutenção da toponímia colonial é vista como um retrocesso no pós 25 de abril. Para alguns, o novo estado de consciência que emergiu com o processo de se retirar das colônias africanas deveria ter modificado os inúmeros discursos e personagens controversos eternizados em nome de ruas, praças e em estátuas pela cidade: "(...) a profissão de colonizador ou civilizador não é hoje aceitável, e o espírito que ditou esta toponímia já não corresponde àquilo em que passamos a acreditar" (George, 2018, s/p.). Entretanto, muitos desses símbolos continuam firmes e fortes no espaço citadino.

Não é de hoje que a cidade tem sido o local de disputa de tais forças, pois ela própria se constitui como prática discursiva e social. Assim, este texto defende a existência de um caráter performativo da cidade, o que significa dizer que sua materialidade é constituída por discursos e atos performativos. São histórias oficiais, registros, memórias que nos são ensinadas e repetidas, muitas vezes de maneira imperativa, sem muita possibilidade de reflexão, já que há um sentido universalista na maneira como as sociedades ocidentais se constituíram como sistemas de educação, de pensamento, de estruturas sociais e políticas.

Em 1962, John Langshaw Austin publicou o livro *How to do thing with words*, traduzido para o português nos anos 1990 como *Quando dizer é fazer: palavras e ação*. A série de conferências do filósofo da linguagem, proferidas na Universidade de Harvard, em 1955, girava em torno de conceitos sobre verdade e falsidade. A verificação desses estatutos na linguagem e a constatação de que alguns discursos não eram verificáveis levou Austin a chamá-los de "atos performativos":

> O termo "performativo" será usado em uma variedade de formas e construções cognatas, assim como se dá com o termo "imperativo". Evidentemente que esse nome é derivado do verbo inglês *to perform*, verbo correlato do substantivo "ação" e indica que ao se emitir o proferimento está-se realizando uma ação, não sendo, consequentemente, considerado um mero equivalente a dizer algo (Austin, 1990, p. 25, aspas do autor).

Para Austin, o caráter de autoridade da linguagem enfatiza o poder de materialidade do discurso e, assim, a linguagem vai além do apenas informar e descrever. Assim dizendo, existe um caráter imperativo no discurso, principalmente naqueles proferidos por autoridades, a exemplo do padre que declara duas pessoas "marido e mulher" ou do médico que afirma, ao realizar o ultrassom na pessoa gestante, "é menino ou menina".

Os poderes dos atos performativos foram aprofundados 30 anos depois pela filósofa Judith Butler (2003). Inicialmente, ela utilizou os conceitos de Austin para pensar as questões de gênero e sexualidade, o que causou a revolta de conservadores e biologistas ao afirmar que o gênero e a sexualidade são fruto das reiterações dos discursos e, sendo assim, se constituem em um forte componente cultural, argumento que já vinha sendo desenvolvido por outras feministas no tocante à identidade de gênero (Beauvoir, 1980). Butler ampliou esse debate ao pensar na intersecção entre sexo, gênero, desejo e prática sexual e deslocou o conceito da filosofia da linguagem para outro campo, gerando novos significados e demonstrando que a performatividade depende da citação e da repetição que realizamos, em boa medida, de forma compulsória/ obrigatória:

> Como em outros dramas sociais rituais, a ação do gênero requer uma *performance repetida*. Essa repetição é a um só tempo reencenação e nova experiência de um conjunto de significados já estabelecidos socialmente; e também é a forma mundana e ritualizada de sua legitimação. Embora existam corpos individuais que encenam essas significações estilizando-se em formas de gênero, essa "ação" é uma ação pública. Essas ações têm dimensões temporais e coletivas, e seu caráter público não deixa de ter consequências; na verdade, a *performance* é realizada com o objetivo estratégico de manter o gênero em sua estrutura binária – um objetivo que não pode ser atribuído a um sujeito, devendo, ao invés disso, ser compreendido como fundador e consolidador do sujeito (Butler, 2003, p. 200, itálico e aspas da autora).

A filósofa nos ensinou que, ao falarmos sobre o gênero, ao constituirmos discursos sobre o que é ser homem e ser mulher, criamos formas de ser e estar nesses papéis que são criadas e reiteradas a partir da materialidade de nossos corpos (se temos pênis ou vagina, por exemplo). O pensamento de Butler sofreu diversas e reiteradas críticas (Colling *et al.*, 2019) e não será objetivo deste texto apontá-las novamente. O que importa para nossa argumentação aqui é o caráter de repetição, ritualização, legitimação e ação pública enfatizado por Butler em relação à performatividade e que transferiremos, também seguindo a ideia de citacionalidade (Derrida, 1991), ou seja, a propriedade de o signo ser deslocado de um contexto para outro, para produzir novos significados para pensar a cidade. Também importa aqui destacar que, ao contrário do que dizem algumas críticas a Butler, a materialidade dos corpos sempre esteve presente em sua teoria, pois se, por um lado, os corpos nos informam sobre como nos constituímos, são os discursos, as normas e a linguagem que nos dão subsídios para ler e constituir esses corpos e materialidades. Então, como essas reflexões poderiam ser acionadas para pensarmos as cidades, os seus monumentos e os ativismos em prol de um pleno direito à cidade? Esse esforço, em alguma medida, segue os passos de Karen Barad (2017), que ampliou a teoria da performatividade de Judith Butler para levar em consideração a performatividade de não humanos, que também performatizam, repetem, diferem e têm agência.

Falar de um espaço performativo e, por extensão, enfatizar o espaço urbano como performativo já foi objeto de alguns estudos. Eduardo Andrade (2016), ao propor uma reflexão entre teatro, memória e espaço como agente performativo, destaca o caráter instável do conceito. Citando pensadores do campo das artes, ele aproximou os espaços teatrais e urbanos e demonstrou que eles são produtos de vivências: "O espaço da cidade constitui-se, assim, de diversos tipos de memória: aquelas sacralizadas no imaginário coletivo, aquelas vivenciadas pelos habitantes no seu uso cotidiano ou, ainda, aquelas instituídas pela força dos discursos institucionais" (Andrade, 2016, p. 84).

Andrade ainda cita a memorialização cultural como espécie de sacralização do lugar (Carlson, 2001 apud Andrade, 2016), processo que acontece no imaginário coletivo a partir da vivência e das práticas dos habitantes da cidade, no seu uso cotidiano, e pela força dos discursos institucionais. Ambos atuam como processos de normalização. O pesquisador também defendeu que um evento "cênico-performático" poderia embaralhar o viés estruturante e normativo da arquitetura e da paisagem urbana:

> Seria, portanto, através das várias camadas de significação sedimentadas na sua materialidade que o espaço se torna um agente performativo, capaz de se reafirmar em uma nova presença, reiterando seus usos e vivências, performando citacionalmente seu passado e suas memórias, que passam a atuar junto ao processo de recepção do espectador como uma espécie de assombro (Andrade, 2016, p. 85).

Por sua vez, com um pensamento interdisciplinar entre dança, movimento e cidade, Fabiana Britto e Jussara Setenta (2017) pensam os gestos urbanos pela noção de performatividade, a partir de um mergulho no espaço urbano com professores, artistas e pesquisadores[1]. Sob tal experiência, elas afirmam: "Naqueles dias de estudo, a cidade se afirmou como um campo de disputas por hegemonias normativas para o corpo compor seu modo público de existência, experimentando performatividades" (Brito e Setenta, 2017, p. 242).

Historicamente, diversos sujeitos/as da cidade têm procurado imprimir a sua presença com o objetivo de criar outras materialidades. Essas ações na cidade têm acontecido a partir de diversos ativismos que se utilizam da arte (Troi, 2018, 2019a, 2019b; Colling, 2018) e de táticas mais próximas ao campo da política e dos anarquismos. Tais ações procuram fazer frente às normalidades que se impõem a partir de mecanismos e práticas socioculturais, o que nos leva a avançar na teoria da performatividade para demonstrar a importância e a presença de corpos na cidade como força política em assembleia. Para Butler (2018), isso se torna uma questão fundamental nesses tempos atravessados pelo neoliberalismo, dotados de uma moralidade na qual cada um/uma é responsável por si mesmo/a. Encontrar condições de aparecimento torna-se então uma tarefa fundamental no atual contexto das disputas urbanas:

> Isso acontece mais claramente quando pensamos sobre corpos que agem juntos. Nenhum corpo estabelece o espaço de aparecimento, mas essa ação, esse exercício performativo, acontece apenas "entre" corpos, em um espaço que constitui o hiato entre o meu próprio corpo e o do outro. Na realidade, a ação emerge do "entre", uma figura espacial para uma relação que tanto vincula quanto diferencia (Butler, 2018, p. 55).

Assim, o espaço do aparecimento está ligado a uma ação plural, na qual a assembleia e a reunião trabalham para estabelecer ou restabelecer esse local de visibilidade. E essa tem sido a centralidade de movimentos que buscam certo tipo de reparação histórica nesse grande local de registro humano que é a cidade, a exemplo das ações de derrubada de estátuas do *Black Lives Matter*.

Ao longo dos séculos, principalmente a partir do século XIX, a cidade se tornou um lugar de inscrição da história, mas apenas aquela que emerge dos grupos que atingiram algum tipo de hegemonia social. Entretanto, para outros grupos sociais, o aparecimento não é uma realidade no espaço urbano: são áreas ou locais específicos de cidades onde pessoas racializadas e pessoas trans, por exemplo, podem ser impedidas de adentrar apenas por conta de seus corpos. Caso contrário, se uma pessoa pode caminhar desprotegida e ainda estar segura, "(...) então certamente é porque existem muitos que apoiam esse direito mesmo quando ele é exercido por uma pessoa sozinha" (Butler, 2018, p. 38). Assim, a presença de determinados corpos na cidade e em determinados lugares, sem que sejam vítimas de algum tipo de violência ou discriminação, é um nítido indício do quanto esses espaços podem ser considerados realmente democráticos. Nessa perspectiva, encontrar representações no espaço urbano que dizem respeito a essas existências é um bom indício do quanto as sociedades podem se tornar realmente um local onde todos/as se sintam participantes e integrados/as.

Cidades e práticas socioculturais

Ao identificar a urbanização como central para a sobrevivência do capitalismo e depois cunhar o termo "direito à cidade", conceito que se difundiu e se popularizou por diversos campos do conhecimento, em especial aqueles que pensam o espaço citadino, Henri Lefebvre (2001) reformulou o paradigma ecológico e socioespacial. A cidade deixava de ser o local de simples inscrição da história para ser um local que dependia das relações humanas e, mais do que isso, se o humano modificava o espaço, o espaço também modificaria o humano. Assim, novas práticas sociais se tornavam cruciais para qualquer tentativa de modificação do espaço urbano. Lefebvre (1991, p. 410) também afirmou que o espaço citadino era marcado por uma predominância masculina e valorizado pelas "virtudes viris".

Para David Harvey (2012), o direito à cidade é um direito comum, antes de individual, mas o geógrafo ressalta que a urbanização sempre foi um fenômeno de classe, embora devesse ser de todos: "A liberdade de construir e reconstruir a cidade e a nós mesmos é, como procuro argumentar, um dos mais preciosos e negligenciados direitos humanos" (Harvey, 2012, p. 74). Tomando como exemplo a suburbanização nos EUA, o que poderia facilmente ser estendido para qualquer grande cidade ocidental, Harvey explica como nesse país a urbanização nunca foi apenas uma questão de infraestrutura, mas de transformar o estilo de vida, introduzir novas práticas: ar-condicionado, refrigerador, automóvel, aumento de consumo do petróleo, endividamento dos trabalhadores para comprar casas, impedindo, com esse atrelamento de necessidades econômicas e materiais, qualquer propensão para greves trabalhistas.

Assim, articulando o pensamento desses autores, o direito à cidade e o tipo de cidade que se deseja estão diretamente relacionados aos laços sociais, à relação com a natureza, aos modos de vida e à estética que desejamos. E, pensando nesse caráter subjetivo, que também diz respeito às práticas sociais, autores demonstraram como o gênero e a sexualidade são fatores significantes na moldagem não apenas das nossas percepções dos ambientes naturais, mas que eram fundamentais na construção de espaços. No século XIX, por exemplo, assentamentos do estado norte--americano do Oregon contaram com um encorajamento governamental que dava um adicional de terras para casais heterossexuais, assim como os parques europeus, também naquele século, foram originalmente programados para desencorajar outras expressões da sexualidade, que não as "normalmente sancionadas na visão pública" (Sandilands, 2011, pp. 185 - 187).

Seguindo essa linha de estudos, Marcelo Teixeira (2013) aprofundou o entendimento de que corpos e cidades são formações recíprocas a partir da análise de corpos dissidentes em Brasília, concordando que "o espaço é entendido também como performativo" (Teixeira, 2013, p. 105). O ambiente da cidade modernista não seria neutro nos processos de sedimentação das subjetividades sexuais de indivíduos, ele próprio seria impactado por necessidades de repressão sexual e procura de desejos eróticos. A cidade modernista, projetada por Lúcio Costa e Oscar Niemeyer, tinha como objetivo suplantar a ideia de cidade caótica. Brasília foi criada para ser um espaço disciplinado com vias a construir uma identidade nacional, diferenciando-se da promiscuidade da antiga capital, o Rio de Janeiro. As linhas retas da cidade tentavam disciplinar e orientar os fluxos, induzindo determinados comportamentos em seus usuários. Mas, ao concluir a sua investigação, Teixeira revela que, embora os espaços sejam construídos de modo a disciplinar os corpos, existem formas de resistência e subversão da urbanidade. Dessa forma, não haveria espaços propriamente sexuados, mas "[...] apropriações, graus de visibilidade e de acessibilidade em conjunto com significados dados aos espaços pelos corpos e suas subjetividades" (Teixeira, 2013, p. 144).

Essa necessidade de disciplinamento das cidades e da sobreposição das forças hegemônicas que apagaram outros entes sociais gerou, muitas vezes, a ideia de cidades multiculturais que poderiam conviver com as "diferenças". Mas os conflitos oriundos da divisão espacial da cidade onde os carros são donos absolutos das vias públicas; onde as pessoas mais pobres estão sempre relegadas aos locais mais distantes e insalubres, distantes das regiões centrais dotadas de infraestrutura, evitando que elas possam circular por essas áreas; a falta de representação de imagens e símbolos que indiquem a presença de outros protagonistas nos levam a pensar na incongruência entre discurso e prática:

> É então quando vemos entrar em jogo as invocações ao "multiculturalismo, à interculturalidade e a outros derivados de uma concepção apolítica, aeconômica, asocial e ahistórica da noção de cultura. Também de tal princípio depende a irrupção em cena de todo tipo de experto em "resolução de conflitos" que aparecem sob a epígrafe de "mediadores culturais" (Delgado, 2007, p. 204, aspas do autor).

Ora, como se pode acabar com conflitos que, essencialmente, estão ligados à necessidade de dividir espaço, se ele nunca é dividido? Isso diz respeito a todos os campos que estão contidos na cidade e, em última instância, às diversas dimensões da cultura.

Dessa maneira, nos esforçamos aqui para pensar campos díspares como filosofia da linguagem, arquitetura e urbanismo, estudos de gênero, como expressões da cultura. Cultura aqui compreendida como elemento central para pensar mudanças concretas na cidade onde muitas vezes as ações positivadas, a exemplo de leis e outros marcos jurídicos, não garantem um olhar de respeito às diferenças, muito menos a resolução de conflitos ou o direito efetivo à cidade. Conflitos esses que tendem a aumentar dentro da perspectiva de que todos querem e devem ter direito à cidade, direito de ir e vir, direito de se sentirem representados no espaço urbano, direito de caminhar em calçadas que ofereçam segurança, direito de pessoas com deficiência de se deslocarem de maneira irrestrita, iluminação pública, condições de deslocamento em outros modais que não seja a hegemonia carrocrata (Troi, 2017); necessidades e desejos que vão do imigrante ao nativo, do preto ao branco, da travesti e pessoas trans às pessoas cisgênero[2].

É impossível esconder que esses conflitos urbanos estão latentes e que envolvem tantas dimensões do espaço citadino e de marcadores subjetivos. Essa urbanidade, que é palco de tantos desencontros, foi arregimentada por discursos, a partir da memória e da noção de historicidade.

Memória e historicidade

No surpreendente estudo que faz sobre a materialidade urbana de Manchester, na Inglaterra, Tim Edensor (2012) estabeleceu um profícuo diálogo com coisas humanas e não humanas, notando as ausências e presenças no espaço. Essa rede de significados é revelada a todo tempo pelos afetos, restos humanos, práticas culturais, gostos, redes e conexões que são parte integrante da produção contínua da cidade. Estátuas de monarcas, filantropos, heróis militares, estadistas e mesmo arquiteturas monumentais de prédios estatais revelam como as elites queriam materializar ideias, fornecendo uma espécie de "testamento duradouro" de certos valores. Mas o pesquisador ressalta: presença de uns, ausência de outros. Minuciosamente, Edensor faz uma espécie de arqueologia urbana para identificar pedras retiradas de determinado lugar para a construção de um edifício e até marcas da mão de pedreiros anônimos em construções seculares, demonstrando que as narrativas históricas podem ser perturbadas no decorrer dos tempos:

> A criação de narrativas promocionais e históricas pode testemunhar o desejo de fixar o significado no lugar. No entanto, como mostrei acima, essas visões estão continuamente sujeitas a serem perturbadas por ausências materiais, aqui reveladas no tecido pedregoso da cidade. Dificilmente poderia ser diferente quando consideramos o dinamismo

da cidade, com seus caprichos da moda e do gosto, a destruição criativa forjada em sua estrutura pelo capitalismo em suas várias encarnações, pelas decisões impulsivas de planejadores e burocratas. E aí estão as qualidades vitais da própria materialidade, incessantemente em formação, sempre emergente. Em um mundo de energias e agentes emaranhados e fervilhantes, lugares e coisas são inevitavelmente diferentes de como costumavam ser e como se tornarão. No tecido material do lugar, certas ausências saltam e se anunciam, outras podem ser rastreadas com algum esforço, enquanto outras desaparecem do mundo (Edensor, 2012, p. 461).

Se a materialidade da cidade assombra o futuro e também o presente (Desilvey, 2012 apud Edensor, 2012, p. 461), é esperado que os recentes levantes possam ser vistos como uma reação à ausência histórica daqueles que podemos considerar vítimas da própria história. Afinal, poucos devem discordar que os processos coloniais imprimiram memória e materialidade na cidade, sempre sob a proteção do estado como o ente defensor da oficialidade. Mesmo porque as ideias de nacionalidade e território que forjaram países não se fizeram sem um processo ideológico de formação das identidades nacionais. No caso específico do Brasil, sabemos que, do passado violento que poucos querem ver emergir, assistimos ao genocídio de nossa população indígena. O país foi o último a abolir o tráfico de seres humanos escravizados, que até hoje traz consequências para a sociedade.

Os estudos pós-coloniais e decoloniais, a partir de suas diferenças e objetivos (Ballestrin, 2013), serão novos marcos no entendimento da própria noção de história e das causas e efeitos do colonialismo. Enquanto os primeiros fizeram emergir uma revisão do período colonial a partir de pensadores caribenhos, africanos e indianos, os segundos colocaram em cena posições latino-americanas que estabeleceram a rota do Atlântico como marco temporal da invenção da modernidade e do capitalismo. Coube aos/às pensadores/as latinos/as rechaçar o fim do mundo colonial, já que, mesmo com o fim da colonização, novas formas de dominação passavam a operar nos países explorados. Com isso, cunhou-se o conceito de colonialidade, que é o efeito permanente das táticas, lógicas e saberes produzidos nos longos séculos de implementação da cultura eurocêntrica nesses lugares:

> A retórica da modernidade (da missão cristã, desde o século XVI, à missão secular de civilização, para desenvolvimento e modernização após a 2ª Guerra Mundial) obstruiu – sob sua retórica triunfante de salvação e boa vida para todos – a perpetuação da lógica da colonialidade, ou seja, da apropriação massiva da terra (e hoje dos recursos naturais), a massiva exploração do trabalho (da escravidão aberta do século XVI até o século XVIII, para a escravidão disfarçada até o século XXI) e a dispensabilidade de vidas humanas desde a matança massiva de pessoas nos domínios Inca e Asteca até as mais de vinte milhões de pessoas de São Petersburgo à Ucrânia, durante a 2ª Guerra Mundial, mortos na chamada Fronteira do Leste (Mignolo, 2008, p. 293).

Nessa reprodução colonial do poder também está inserido o espaço urbano. A cidade tem perpetuado a história de grupos hegemônicos, daqueles que a historicidade garante visibilidade, engrandecimento e honra, mesmo que o passado venha a atrelar esses nomes aos horrores e crimes contra a humanidade. E não se trata de anacronismo, haja vista que, mesmo durante os períodos coloniais, existiram registros de opiniões contrárias ao dispositivo da escravidão. Para existir e ser base para o capitalismo nascente, o regime escravocrata, colonial e mercantilista criou a ideia de raça superior, destituindo tanto indígenas como negros do *status* de humano.

Ainda assim, são os protagonistas do massacre que ganham representação no espaço territorial brasileiro. Raposo Tavares foi um português que adentrou o interior brasileiro no século XVII e que é louvado pela história oficial como defensor do território, embora seja conhecido por escravizar indígenas e cometer atrocidades contra a população nativa, o que incluiu a morte de velhos e crianças que não conseguiam acompanhar as chamadas "bandeiras" (expedições). Apesar da conhecida violência colonial, nomes como Fernão Dias são louvados nos livros de história com muita pouca revisão ou admissão de suas ações violentas, sempre justificadas como "pensamento da época". A esses nomes, o estado de São Paulo rendeu homenagens com nomes de rodovias, de ruas e construção de marcos, como o Monumento às Bandeiras (1954), do renomado artista Victor Brecheret, na região do Parque do Ibirapuera, e a gigante estátua de Manuel de Borba Gato, bandeirante paulista que viveu entre 1649 e 1718, no bairro do Brooklin, na capital paulista. Desde 2016, tais monumentos têm sido alvo de manifestações e pichações com tinta vermelha, simbolizando o sangue dos mortos pela colonização. Com o *Black Lives Matter*, novos debates reascenderam em relação a esses símbolos, o que tensionou ainda mais essa discussão. No dia 24 de julho de 2021[3], um grupo chamado Revolução Periférica ateou fogo à estátua de Borba Gato, para a indignação de muitos. Na época, o prefeito da cidade de São Paulo garantiu que a estátua seria restaurada com o patrocínio de um empresário que exigiu anonimato.

Esses são apenas alguns exemplos, dentre centenas de outros espalhados pelo território brasileiro, que encontram similaridade em outros países do mundo. Além de esse debate ser incipiente no Brasil, muitos desses personagens foram fundamentais para a construção cultural e ideológica de uma ideia de nacionalidade. Sobre essa espécie de "comunidades imaginárias", Benedict Anderson (2008) escreveu um livro referência demonstrando como as ideias de nacionalidade e de nação encontram uma profunda ligação com o emocional, o que tem garantido a defesa de muitos desses monumentos por parte da população, em geral, aquela que se identifica com certa supremacia. Anderson ainda demonstra que reconstruir monumentos nos países colonizados era sempre uma maneira de hierarquizar, na qual os "nativos" não eram mais capazes das realizações dos "ancestrais". Além disso, a constituição da História como disciplina foi fundamental para garantir determinadas "versões" dos fatos, nas quais o nacionalismo surgia como uma nova forma de consciência em uma sociedade "fraturada pelos mais violentos antagonismos raciais, classistas e regionais" (Anderson, 2008, p. 277).

Embora, muitas vezes, essas simbologias não tenham uma representatividade de maneira evidente e declarada, elas se materializam como formadoras de uma nação imaginada no espaço da cidade, configurando-se como um discurso imagético e performativo, fortalecendo essa memória sanguinária da colonização do país em um momento histórico no qual vozes silenciadas ampliam sua presença nos debates políticos. Além disso, elas contribuem para um apagamento da história de pessoas subalternizadas no espaço urbano.

Em Lisboa, capital de Portugal, apesar da forte presença diaspórica na cidade, as pessoas negras não estão incluídas "na imagem dominante de Lisboa veiculada pelos guias turísticos da cidade" (Carvalho, 2006, p. 87). Por sua vez, Daniela Vieira (2017) demonstrou que, embora desde o período colonial a presença da população negra seja conhecida em Porto Alegre, capital do Rio Grande do Sul, ela não compõe as narrativas oficiais sobre a evolução da cidade, o que gera invisibilidade e esquecimento dessa presença no espaço urbano.

Já em Salvador, capital da Bahia, por exemplo, ressalta-se que a cidade tem o maior número de pessoas negras fora da África. De cada dez moradores, oito são negros/as ou pardos/as, ou seja, 82,1% dos 2.886 milhões de habitantes. Ainda assim, encontramos poucas representações desse segmento na publicidade e menos ainda no espaço público da cidade. A estátua do líder quilombola Zumbi dos Palmares é uma das poucas representações de uma liderança negra na cidade e foi instalada apenas em 2008. Esse cenário, a partir das manifestações do *Black Lives Matter*, motivou a criação do projeto "Salvador escravista"[4,] com conselho científico de pesquisadores/as de seis universidades brasileiras e que registra, de maneira *on-line*, essa cartografia dos símbolos da cidade:

Apesar desse infame histórico, Salvador é, ainda hoje, pontilhada por homenagens a traficantes de escravos – 170 anos após a extinção do tráfico e 132 anos depois da abolição formal da escravidão. O imenso poder econômico e político desses homens converteu-se em poder simbólico. Sua memória passou para a posteridade como grandes benfeitores, homens de negócio, empreendedores. Foram homenageados com nomes de ruas, estátuas e praças públicas, ocupando lugar privilegiado no patrimônio urbano em conjunto com outros símbolos de dominação colonial. Pessoas que defenderam até o último momento a continuidade da escravidão dão nome a artérias importantes da cidade. Há um aspecto em comum nessas honrarias: nelas não se encontram informações sobre a participação dos homenageados nos projetos de dominação e exploração no qual desempenharam papel ativo. Um dos propósitos do site Salvador Escravista é oferecer subsídios históricos que possibilitem uma melhor compreensão sobre o papel desses indivíduos no desenvolvimento de uma sociedade marcada pela desigualdade e pelo racismo (Salvador Escravista, 2020).

O projeto pretende, assim, apontar as homenagens controversas no espaço urbano de Salvador, mostrar as homenagens reparadoras, ou seja, de nomes e eventos importantes para a comunidade afrodescendente, e ainda mapear os lugares esquecidos pela história. Iniciativas insurgentes como essa se tornam fundamentais em um momento de polarização política vivida no Brasil, na qual se tenta criar narrativas que deslegitimam a importância e o poder de ações antirracistas, sob a acusação de anacronismo ou de divisões na sociedade (como se a sociedade não fosse historicamente dividida).

É também em Salvador que aconteceu outra iniciativa que atravessa diretamente as questões entre memória e historicidade. Em 2014, a portaria número 865, do governo estadual, autorizou a mudança do nome do Colégio Estadual Presidente Garrastazu Médici para Colégio Estadual Carlos Marighella. A mudança de nome de um presidente do período da Ditadura cívico-militar para um revolucionário que lutou contra o regime refletia um momento em que no Brasil era instaurada a chamada Comissão Nacional da Verdade[5], que funcionou de 2011 até dezembro de 2014, com a finalidade de examinar e esclarecer as graves violações de direitos humanos cometidas de 18 de setembro de 1946 a 5 de outubro de 1988. A Comissão, posteriormente, foi desarticulada no governo do presidente Jair Bolsonaro (2019-2022).

Como podemos inferir, apenas a partir de miradas raciais e políticas percebemos que os espaços citadinos estão repletos de simbologias dos grupos hegemônicos. Se pensarmos nas questões de gênero e sexualidade, aprofundaremos ainda mais esse descompasso. Mulheres são praticamente figuras ausentes nessa simbologia urbana. Em setembro de 2019, em Salvador, uma das poucas estátuas a representar uma figura feminina, a Yalorixá Mãe Stella de Oxóssi, foi vandalizada. O monumento foi inaugurado em 9 de abril de 2019.

Se pensarmos nos gêneros dissidentes, tornam-se ainda mais raros os monumentos dedicados a pessoas subalternizadas, a exemplo da homenagem feita à travesti Sonia Rescalvo Zafra, assassinada em 1991 no Parque de la Ciutadella, em Barcelona. Um dos raros monumentos mundiais, senão o único, dedicado a uma travesti e, infelizmente, como marco e constatação de quanto o espaço público e urbano tem sido uma ameaça para alguns corpos.

No rastro desse apagamento e esquecimento, alguns movimentos sociais e ativistas, que se utilizam de estratégias artísticas ou mesmo anarquistas, têm contribuído para alterar essa presença performativa na cidade. Não apenas pela reunião de seus corpos em assembleia para se manifestar contra essa cartografia colonial, mas também para gerar outros significados de apropriação urbana e de enfrentamento com os poderes instituídos.

A(r)tivismo e insurgência: política da multidão

A democracia liberal tem dado sinais de limitações na resolução de problemas cruciais para que o chamado estado democrático de direito seja uma realidade para toda a população. É nessa crise de representação, nos limites articulados entre o estado e o capitalismo contra as vontades e anseios populares, que surgiram movimentos da multidão, fenômenos essencialmente urbanos.

Iniciados nos primeiros atos contra o neoliberalismo, no final dos anos 1990, esses movimentos tiveram protagonismo na Primavera Árabe e no *Ocuppy* Wall Street, durante a primeira década do século XXI e, atualmente (2020), espalham-se pelo mundo em diversos movimentos ativistas, entre os quais se insere o *Black Lives Matter*. Esses movimentos são marcados por uma ação em rede e com participação da multidão.

Hardt e Negri (2016) defendem que a forma dominante de República é definida pela ideia de propriedade, a multidão seria, então, essa camada da sociedade destituída de propriedade, os corpos mais excluídos das hegemonias dominantes. Caracterizados pela pobreza, os movimentos da multidão tomaram forma desde as lutas políticas por terra no século XVII e constituem uma espécie de ameaça às hegemonias:

> A propriedade privada cria subjetividades que são, ao mesmo tempo, individuais (em sua mútua competição) e unificadas como classe, para preservar sua propriedade (contra os pobres). As constituições das grandes repúblicas burguesas modernas mediam esse equilíbrio entre o individualismo e os interesses de classe da propriedade. Vista dessa perspectiva, assim, a pobreza da multidão não remete a sua miséria, privação ou mesmo carência, antes designando uma produção de subjetividade social que resulta num corpo político radicalmente plural e aberto, opondo-se tanto ao individualismo quanto ao corpo social exclusivo e unificado da propriedade. Em outras palavras, o pobre não remete aos que não têm nada, mas à ampla multiplicidade de todos aqueles que estão inseridos nos me-

canismos de produção social, independentemente de ordem social ou propriedade. E esse conflito conceitual também é um conflito político. A produtividade é o que transforma a multidão dos pobres numa real e efetiva ameaça à república da propriedade (Hardt e Negri, 2016, p. 67).

Ao utilizar o conceito de multidão, Preciado (2011) também ampliará o entendimento desse corpo político, "ressexualizará" essas subjetividades e mostrará como elas se articulam com o capitalismo, e clamará pela necessidade de um trabalho de "desterritorialização" do corpo e da cidade: "Uma desterritorialização que afeta tanto o espaço urbano (é preciso, então, falar de desterritorialização do espaço majoritário, e não do gueto) quanto o espaço corporal" (Preciado, 2011, p. 14).

Desterritorializar o espaço urbano, deixar à mostra sua construção discursiva e performativa, tem sido a tarefa de muitas produções dos artivismos das dissidências sexuais e de gênero (Troi, 2018; Colling, 2018) que, em grande medida, estabelecem atuações dentro do espaço urbano, a exemplo de coletivos artísticos em cidades como Lisboa, em Portugal (Troi e Batel, 2020), e cidades brasileiras como Belém do Pará (Troi, 2019a) e Curitiba, no Paraná (Troi, 2019b). Ou seja, pessoas subalternizadas por conta de seus corpos e sexualidades dissidentes têm encontrado nas práticas artísticas uma maneira de produzir modos de estar no mundo, demarcar a cidade, produzir conhecimento, criar alianças com suas comunidades e formas alternativas de fazer política para além daquelas tidas como oficiais e partidárias. Essas estratégias de utilização da arte como vetor de transformação impactam a paisagem urbana com a presença de corpos que desafiam as normatividades estabelecidas ao custo de violências físicas e simbólicas.

O coletivo Revolta da Lâmpada, que discute questões relacionadas à arte, dissidência e ocupação do espaço público, foi criado em 2014, em reação ao ataque sofrido por Luís Alberto Betônio, em 2010, com lâmpadas fluorescentes na avenida Paulista, um dos cartões-postais da cidade de São Paulo: "[...] ele foi agredido porque leram seu corpo como um corpo inadequado para ocupar o espaço público sem sofrer algum tipo de sanção. [...] A questão não é nova. O espaço público nunca foi para todas" (Grunvald, 2019, p. 267). Uma das primeiras mobilizações do coletivo foi chamada "internamente" de Revolta da Rua. Nela, um trio elétrico saiu do local onde a agressão ocorreu, na avenida Paulista, e percorreu as ruas da cidade acompanhado por diversas pessoas que eram convidadas a dar seu depoimento "[...] sobre suas experiências, demandas, luta e "re-existência", ação que é intercalada por shows e performances de artistas cuja vivência e trajetória também lida, de alguma maneira, com essas opressões relacionadas a seus corpos" (Grunvald, 2019, p. 270).

A estratégia de utilização da arte de maneira política tem sido recorrente desde o século XIX, como aponta André Mesquita (2008). Paulo Raposo (2015), ao aprofundar o conceito de artivismo, defende que nessa estratégia estão presentes tanto a reivindicação social como a ruptura artística e, em especial aos trabalhos que interessam a este texto, destaco algumas produções com relação intrínseca com o espaço urbano, o que tem sido bastante comum.

Reale[6] é um exemplo curioso dessa relação com o espaço público, pois ela transita entre campos bastante distintos. Perita criminal e com formação em artes, Reale tem trabalhos que estabelecem relações diretas com o corpo e que procuram ocupar o espaço urbano com críticas a diversas violências. Na performance *Quando todos calam*, ela montou uma mesa no mercado Ver-o-Peso, o mais popular de Belém, deitou nua sobre ela e colocou carne crua em cima do seu ventre, ficando exposta aos urubus. Em outra performance, intitulada *Ordinário*, a artista atravessou um bairro periférico de Belém, o Jurunas, com um conjunto de ossos de 40 indivíduos em cima de um carro de mão, restos mortais encontrados por agentes policiais em cemitérios clandestinos: "A performance é uma denúncia a esta realidade, e um confronto entre os vestígios de homicídios com o local onde habitam possíveis perpetradores de tais crimes" (Rocha, 2014, p. 24). Berna também já foi carregada nua em uma barra de ferro pelas ruas de Belém na performance *Limite Zero*: "Retirando-a de um caminhão refrigerado, indivíduos que se assemelham a enfermeiros ou a talhantes, passeiam-na pela cidade, onde o público para observar a sua passagem. As reações são uma vez mais passivas; nulas" (Rocha, 2014, p. 27).

Se as reações ao trabalho de Reale parecem nulas, não podemos dizer o mesmo de outras ações performáticas, a exemplo daquelas que têm como objetivo a subversão da memória toponímica brasileira. As ruas de diversas localidades brasileiras não cansam de homenagear os homens que tiveram papel ativo não apenas no período colonial, mas também no republicano, incluindo aí o nome de generais e políticos que foram personagens-chave nos diversos períodos ditatoriais no país.

Quando a vereadora Marielle Franco foi assassinada, no dia 14 de março de 2018, no Rio de Janeiro, crime que continua sem elucidação e já foi fruto de diversas controversas, manifestantes prontamente trataram de eternizar o nome da ativista, substituindo o nome das placas que identificavam a "Praça Floriano", na Cinelândia, por "Rua Marielle Franco". De maneira informal, a ação modificava o logradouro que homenageava Floriano Peixoto, marechal que teve papel ativo no golpe de estado que colocou fim ao período monárquico brasileiro. A reação foi imediata por parte de partidos considerados de extrema direita, e dois candidatos ao posto legislativo em nível federal e estadual ostentaram imagens em que quebravam a placa com o nome da vereadora, ao lado do então candidato a governador do Rio, que foi afastado do cargo por suspeita de corrupção, o juiz Wilson Witzel. Depois desse fato, a placa com o nome da vereadora se multiplicou por diversas cidades do Brasil e do mundo e, por iniciativa da municipalidade, cidades como Lisboa e Paris instituíram o nome de Marielle de maneira oficial em logradouros desses locais.

Ações artísticas, ativistas e políticas podem despertar embates com grupos hegemônicos não apenas pela presença desses corpos na cidade, mas principalmente em relação ao potencial simbólico desses objetos que povoam o espaço urbano e que estão sempre sob a berlinda. Isso é motivado principalmente por questões identitárias e nacionalistas, de pessoas que se recusam a ver como crime as atitudes de seus heróis.

As estátuas do ditador espanhol Francisco Franco, espalhadas pela Espanha, suscitam ainda hoje diversos debates sobre o papel desses símbolos e a memória do franquismo (Andrés Sanz, 2004). O artista Abel Azcona, que toca em diversos tabus da sociedade espanhola, criou uma obra no espaço público de várias cidades que foram colonizadas pelo país ibérico, pintando paredes e monumentos latino-americanos com a frase: *España os pide perdón* (Espanha pede seu perdão). Na performance *Enterrados*, ocorrida em fevereiro de 2020, Abel realizou uma ação na Praça do Monumento dos Caídos, local onde estão restos mortais de generais franquistas, em Pamplona. A performance contou com a participação de dezenas de pessoas, que foram "enterradas" pelo artista para denunciar os crimes fascistas e destacar a importância da memória histórica. Estima-se que 114 mil pessoas tenham sido enterradas em valas comuns na Espanha e, atualmente, parte desses corpos ainda está sendo identificada com ajuda institucional e governamental. A performance contou com o apoio da Associação de Familiares de Fuzilados de Navarra, criada em função dos/as desaparecidos/as durante o regime franquista. Para Cemillán Casis (2018), o "enterro" realizado por Abel Azcona revelou uma imagem que não existe, que não pode ser lamentada e para a qual não se pode voltar. Assim, a performance denotou um desejo de "corporificar a memória", "um registro físico e icônico à gramática do esquecimento" (Cemillán Casis, 2018, p. 94).

Esquecimento está no cerne da discussão que propomos neste texto. Em última instância, esses símbolos, monumentos e a própria configuração da cidade como um local construído revelam os elementos e pessoas que devem ser lembrados e os que devem desaparecer, não só em termos simbólicos, mas também em termos materiais. Quando pensamos nos grupos de extermínio que existem nas cidades brasileiras, eles trazem, no seu subtexto, para além de uma suposta justiça punitiva e seletiva em função de uma segurança pública deficitária, um alvo preferencial que não deve existir na cidade e sobre o qual repousam discriminações históricas, a exemplo do racismo.

Esses/as artistas e ativistas têm criado uma espécie de força contra-hegemônica nas áreas urbanas contra o esquecimento e pelo direito do aparecimento. Porque se não é possível que o espaço urbano possa acolher as diferenças e seja um lugar perigoso e mortal para muitas existências, se os símbolos da cidade enfatizam comumente um passado colonial e ainda violento, eles/as criam maneiras inventivas de denunciar as violências que permeiam o espaço citadino.

Considerações finais

Enquanto escrevíamos este texto, as ações desencadeadas pelo *Black Lives Matter* ressoavam na cidade de Popayán, na Colômbia, onde indígenas da etnia Misak derrubaram a estátua do conquistador espanhol Sebastián de Belalcázar. A Organização Nacional Indígena da Colômbia (ONIC), que existe há 40 anos e representa dezenas de povos indígenas colombianos, emitiu nota[7] sobre a ação, na qual enfatiza que, para essas comunidades, Belalcázar foi "um genocida que encabeçou o começo desses tempos e dos inúmeros horrores que se aprofundam e nos sangram". A ONIC ainda afirmou que a derrubada da estátua demorou e rechaça a investigação criminal que foi aberta para identificar os responsáveis pelo ato e o oferecimento de uma recompensa em dinheiro para quem fornecer informações sobre sua autoria: "Nas ruas e estradas do [estado] Cauca encontraremos de novo a nossa alegre rebelião, a nossa dignidade insurrecional, com aqueles a quem é negada até a vida, para construir um país melhor para todos", finaliza a nota.

As reflexões trazidas aqui não deixam dúvidas de que há um caráter performativo na construção da cidade. Se nesse processo de repetição e reiteração discursiva grupos hegemônicos garantem a permanência desse espaço marcado por símbolos coloniais e a própria estrutura masculinizada da cidade, restrita ao livre trânsito de outras corporeidades, por outro lado, o caráter performativo também pode ser usado para a construção de ações contra-hegemônicas. Se é nas brechas da performatividade que os gêneros dissidentes se formam, é também nessas brechas que outras cidades e espaços insurgentes são construídos. A performatividade destaca as repetições, mas também as fissuras, as agências e os sujeitos de outros atos performativos capazes de criar aquilo que enunciam.

A reunião e assembleia desses corpos nas ruas "trabalham pra estabelecer ou restabelecer o espaço de aparecimento" (Butler, 2018, p. 36). O caráter performativo presente em movimentos como o *Black Lives Matter* e nos diversos artistas citados nesse texto também possibilita a repetição e reiteração desses atos considerados revolucionários. A derrubada de símbolos coloniais é uma ação que se espalha pelo mundo como possibilidade de modificação do espaço urbano, já que os regimes "supostamente" democráticos não garantem a participação popular nem mudanças efetivas do espaço citadino e do direito à cidade.

As recentes reações de governos e opinião pública em relação aos atos de derrubada das estátuas com representações coloniais demonstram que a discussão desse tema está longe de se esgotar e confirmam que, antes de serem considerados entulhos sem importância na cidade, símbolos ajudam a constituir o espaço citadino e desenham na urbanidade o sentido da cultura e da própria história.

É evidente que os estudos e a revisão bibliográfica apresentados neste texto estão limitados a acontecimentos das últimas décadas, especificamente em cidades ocidentais e metropolitanas, algumas das quais os/a pesquisadores/a mantém contato. Embora saibamos que as cidades metropolitanas tenham se constituído materialmente quase que de maneira global, o que faz com que elas apresentem problemas bastante similares ou até universais, pesquisas mais aprofundadas podem apontar diferenças a serem levadas em conta em cidades do continente africano, cidades orientais e naquelas que se encontram em áreas menos urbanizadas.

Por fim, essas discussões apenas reforçam o quanto a cultura interpela toda a produção simbólica e material humana e que ela jamais poderá ser considerada neutra. Também é preciso compreender que a história é dinâmica e o que hoje é julgado como vandalismo pode se tornar um fato épico depois. "A história deve esclarecer a memória e ajudá-la a retificar os seus erros", afirmou Jacques Le Goff (1990, p. 32). Assim, é tempo de admitir que as narrativas únicas e a história oficial ganham novos contornos a partir da emergência de novos sujeitos históricos, sujeitos político sexuais, racializados, que emergem com a força que o passado lhes tentou soterrar. Há uma onda coletiva que exige que a história seja reescrita nesse momento, e o espaço urbano se configura como um dos principais palcos dessa luta.

Notas

[1] A 5ª edição do evento Corpocidade aconteceu em 2016, na cidade de Salvador, e propôs aos participantes uma experiência intensiva a partir da ideia de gestos urbanos. Na ocasião, foram construídos, coletivamente, sentidos de relação entre corpo e cidade em quatro temas: visibilidades, liminaridades, performatividades e temporalidades. Mais informações estão disponíveis em: <http://www.corpocidade5.dan.ufba.br/>. Acesso em: 15 set. 2020.

[2] Diz respeito à pessoa que está confortável com o gênero atribuído no nascimento.

[3] A notícia sobre o fato está disponível em: <https://brasil.elpais.com/brasil/2021-07-24/estatua-do-borba-gato-simbolo-da-escravidao-em-sao-paulo-e-incendiada-por-ativistas.html>. Acesso em: 8 dez. 2021.

[4] Mais informações sobre o projeto estão disponíveis em: <https://www.salvadorescravista.com>. Acesso em: 20 set. 2020.

[5] Mais informações sobre a Comissão estão disponíveis em: <cnv.memoriasreveladas.gov.br/>. Acesso em: 20 set. 2020.

[6] Mais informações sobre a artista estão disponíveis em: <https://nararoesler.art/artists/69-berna-reale/>. Acesso em: 21 set. 2020.

[7] A nota completa da organização está disponível em: <https://www.onic.org.co/images/pdf/PRONUNCIAMIENTO_PUBLICO_COSS_SEPT_17-2020.pdf>. Acesso em: 21 set. 2020.

Referências

ANDERSON, Benedict. *Comunidades imaginadas*: reflexões sobre a origem e a difusão do nacionalismo. São Paulo: Companhia das Letras, 2008.

ANDRADE, Eduardo. Espaço performativo, espaço assombrado: processos de citação, iteração e as negociações com a memória do lugar. *O Percevejo Online*, v. 8, n. 1, pp. 73 - 89, jan./jun. 2016.

ANDRÉS SANZ, Jesús de. Las estatuas de Franco, la memoria del franquismo y la transición política española. *Historia y política*. Ideas, procesos y movimientos sociales, n. 12, p . 161 - 186, 2004.

AUSTIN, John Langshaw. *Quando dizer é fazer*. Porto Alegre: Artes Médicas, 1990.

BALLESTRIN, Luciana. América Latina e o giro decolonial. *Revista Brasileira de Ciência Política*, n. 11, p . 89 - 117, maio/ago. Brasília, 2013.

BARAD, Karen. Performatividade pós-humanista: para entender como a matéria chega à matéria. *Vazantes*, v. 1, n. 1, pp. 7 - 34, 2017.

BEAUVOIR, Simone de. *O segundo sexo*. Rio de Janeiro: Nova Fronteira, 1980.

BUTLER, Judith. *Problemas de gênero*: feminismo e subversão da identidade. Rio de Janeiro: Civilização Brasileira, 2003.

BUTLER, Judith. *Corpos em aliança e a política das ruas*: notas para uma teoria performativa de assembleia. Rio de Janeiro: Civilização Brasileira, 2018.

BRITTO, Fabiana D. SETENTA, Jussara S. Performatividades. *In*: JACQUES, Paulo B.; BRITTO, Fabiana D. *Gestos urbanos*. pp. 233 - 261. Salvador: Edufba, 2017.

CARVALHO, Francisco Avelino. O lugar dos negros na imagem de Lisboa. *Sociologia, Problemas e Práticas, Oeiras*, n. 52, pp. 87 - 108, 2006. Disponível em: <http://www.scielo.mec.pt/scielo.php?script=sci_arttext&pid=S0873-65292006000300005&lng=pt&nrm=iso>. Acesso em: 26 set. 2020.

CEMILLÁN CASIS, Luis. Memoria histórica, cuerpo y performance: enterrando el caso español. *Corpo Grafías Estudios críticos de y desde los cuerpos*, v. 5, n. 5, pp. 88 - 101, 2018. Disponível em: <https://doi.org/10.14483/25909398.14208>. Acesso em: 21 set. 2020.

COLLING, Leandro. A emergência dos artivismos das dissidências sexuais e de gêneros no Brasil da atualidade. *Sala Preta*, São Paulo, v. 18, n. 1, pp. 152 - 167, 2018. Disponível em: <https://doi.org/10.11606/issn.2238-3867.v18i1p152-167>. Acesso em: 4 set. 2020.

COLLING, Leandro; ARRUDA, Murilo S.; NONATO, Murillo N. Perfechatividades de gênero: a contribuição das fechativas e afeminadas à teoria da performatividade de gênero. *Cadernos Pagu*, Campinas, n. 57, pp. 01 - 34, 2019. Disponível em: <http://www.scielo.br/scielo.php?script=sci_arttext&pid=S0104-83332019000300501&lng=en&nrm=iso>. Acesso em: 15 set. 2020.

CORRÊA, Roberto Lobato. Monumentos, política e espaço. *Geo Crítica / Scripta Nova – Revista electrónica de geografía y ciencias sociales*, Barcelona, v. 9, n. 183, [s/p.]., 15 fev. 2005. Disponível em: <http://www.ub.es/geocrit/sn/sn-183.htm>. Acesso em: 5 set. 2020.

DELGADO, Manuel. *Sociedades movedizas* – pasos hacia una antropología de las calles. Barcelona: Editorial Anagrama, 2007.

DERRIDA, Jacques. *Margens da filosofia*. Tradução: Joaquim Torres Costa e Antonio M. Magalhães. Campinas: Papirus, 1991.

EDENSOR, Tim. Vital urban materiality and its multiple absences: the building stone of central Manchester. *Cultural Geographies*, v. 20, n. 4, pp. 447 - 465, 2012. Disponível em: <https://doi.org/10.1177/1474474012438823>. Acesso em: 10 set. 2020.

FERREIRA, Nicolau. LOURO, Manuel. Estátua do padre António Vieira guardada por "neonazis". *Público*, Lisboa, [s/p.], 5 out. 2017. On-line. Disponível em: <https://www.publico.pt/2017/10/05/sociedade/noticia/accao-de-protesto-contra-a-estatua-do-padre-antonio-vieira-barrada-por-neonazis-1787874>. Acesso em: 10 set. 2020.

GEORGE, João Pedro. Toponímia colonial: as homenagens urbanas a nomes do "Ultramar". *Sábado*, Lisboa, [s/p.], on-line, 17 mai. 2018. Disponível em: <https://www.sabado.pt/portugal/detalhe/toponimia-colonial-as-homenagens-urbanas-a-nomes-do-ultramar>. Acesso em: 10 set. 2020.

GRUNVALD, Vitor. Lâmpadas, corpos e cidades: reflexões acadêmico-ativistas sobre arte, dissidência e a ocupação do espaço público. *Horizontes antropológicos*,

Porto Alegre, v. 25, n. 55, pp. 263 - 290, dez. 2019. Disponível em: <http://www.scielo.br/scielo.php?script=sci_arttext&pid=S0104-71832019000300263&lng=pt&nrm=iso>. Acesso em: 21 set. 2020.

HARDT, Michael; NEGRI, Antonio. *Bem-estar comum*. Rio de Janeiro: Record, 2016.

HARVEY, David. O direito à cidade. *Lutas Sociais*, São Paulo, n. 29, pp. 73 - 89, jul./dez. 2012.

LEFEBVRE, Henri. *O direito à cidade*. São Paulo: Centauro, 2001.

LEFEBVRE, Henri. *The production of space*. Oxford: Basil Blackwell, 1991.

LE GOFF, Jacques. *História e memória*. Campinas: Editora da Unicamp, 1990.

MESQUITA, André Luiz. *Insurgências poéticas*: arte ativista e ação coletiva. 2008. 429 f. Dissertação (Mestrado em História Social) – Faculdade de Filosofia, Letras e Ciências Humanas, Universidade de São Paulo, São Paulo, 2008.

MIGNOLO, Walter D. Desobediência epistêmica: a opção descolonial e o significado de identidade em política. *Cadernos de Letras da UFF*, Rio de Janeiro, n. 34, pp. 287 - 324, 2008.

PRECIADO, Paul B. Multidões queer: notas para uma política dos "anormais". *Revista Estudos Feministas*, Florianópolis, v. 19, n. 1, pp. 11 - 20, jan. 2011.

RAPOSO, Paulo. Artivismo: articulando dissidências, criando insurgências. *Cadernos de Arte e Antropologia*, [S.l.], vol. 4, n. 2, pp. 03 - 12, 1º out. 2015. Disponível em: <http://cadernosaa.revues.org/909>. Acesso em: 21 set. 2020.

ROCHA, Susana de N. V. T. da. Berna Reale: a importância do choque e do silêncio na performance. *Estúdio*, Lisboa, v. 5, n. 9, pp. 22 - 30, jun. 2014. Disponível em: <http://www.scielo.mec.pt/scielo.php?script=sci_arttext&pid=S1647-61582014000100002&lng=pt&nrm=iso>. Acesso em: 21 set. 2020.

SALVADOR ESCRAVISTA, 2020. On-line. Disponível em: <https://www.salvadorescravista.com/>. Acesso em: 21 set. 2020.

SANDILANDS, Catriona M. Paixões desnaturadas? Notas para uma ecologia queer. *Revista Estudos Feministas*, Florianópolis, v. 1, n. 19, pp. 175 - 195, jan./abr. 2011.

SENNETT, Richard. *Carne e pedra*. Rio de Janeiro: Editora Record, 2003.

SEO, Sarah A. *Policing the open road* – how cars transformed American freedom. Cambridge: Harvard University Press, 2019.

TEIXEIRA, Marcelo. *Presença incômoda*: corpos dissidentes na cidade modernista. 2013. 126 f. Dissertação (Mestrado em Teoria e História da Arquitetura e Urbanismo), Faculdade de Arquitetura e Urbanismo, Universidade de Brasília, Brasília, 2013.

TROI, Marcelo de; BATEL, Susana. Cidade straight versus cidade dissidente: a street art como demarcação do lugar em Lisboa. *Revista Ponto de Interrogação*, v. 10, n. 2, pp. 247 - 270, 2020. Disponível em: <doi.org/10.30620/p.i..v10i2.10848>. Acesso em: 4 set. 2021.

TROI, Marcelo de. Artivismos, religiosidades, the mônias e ecodrags: notas sobre corpos dissidentes no Pará. *Revista Vazantes*, v. 3, n. 2, pp. 76 - 94, 2019a. Disponível em: <http://periodicos.ufc.br/vazantes/article/view/42255>. Acesso em: 15 set. 2020.

TROI, Marcelo de. Cidade, ferida aberta: uma etnografia urbana com o coletivo Selvática. *In*: COLLING, Leandro (org). *Artivismos das dissidências sexuais e de gênero*. Salvador: Edufba, 2019b. pp. 109 - 134.

TROI, Marcelo de. *Corpo dissidente e desaprendizagem*: do Teat(r)o Oficina aos a(r)tivismos queer. 2018. 162 f. Dissertação (Mestrado Multidisciplinar em Cultura e Sociedade) – Instituto de Humanidades, Artes e Ciências, Universidade Federal da Bahia, Salvador, 2018.

TROI, Marcelo de. Carrocracia: fluxo, desejo e diferenciação na cidade. *Revista Periódicos*, Universidade Federal da Bahia, Salvador, v. 1, n. 8, pp. 270 - 298, nov. 2017.

VIEIRA, Daniele Machado. *Territórios negros em Porto Alegre/RS (1800-1970)*: geografia-histórica da presença negra no espaço urbano. 2017. 189 f. Dissertação (Mestrado em Geografia) – Instituto de Geociências, Universidade Federal do Rio Grande do Sul, Porto Alegre, 2017.

Formas de criatividade culturais: uma leitura estética das ambiências e atmosferas urbanas

Fabio La Rocca

Na observação das características distintivas da cidade contemporânea, podemos notar a existência de uma relação estrita entre espaço urbano, indivíduos e múltiplas práticas artísticas e culturais. Este conjunto significativo redefine a composição dos lugares produzindo qualidades tonais específicas dos lugares praticados. Além disso, essas qualidades tonais são a expressão de uma estética das ambiências urbanas que representa um processo de ressignificação da cidade por meio de suas qualidades sensíveis. Isso é também expressão de uma narração do espaço que é ampliada pela experiência de várias práticas culturais como forma e substância de uma maneira de criar e recriar uma poética do espaço (Sansot, 1973). Nessa perspectiva, exploramos reinventar a prática de utilizar o espaço e os lugares como um momento efêmero de reapropriação que se origina em uma atmosfera de estetização geral. Isso também significa que ao investir lugares e espaços em formas de efervescência socioartística, se produz um tipo de partilha do espaço, desenhando as duas modalidades de estar juntos e estabelecendo o clima dos espaços com suas diversas especificidades: grafite, dança, música, sons, teatro de rua, flash mob e diversas ações simbólicas que com sua intervenção modificam situações urbanas. Na análise do cenário urbano e social atual, podemos destacar uma forte predominância do prazer estético, das práticas artísticas que geram inúmeras formas de expressão em um processo de ordenamento do território urbano, criando assim situações que são o sinal de uma modulação de nossa relação e uso do espaço. É também a consideração da influência cultural na sociedade em que vários efeitos formam uma série de situações de prazer estético nos quais a arte, a música, o jogo, os ritos e as liturgias espetaculares são o resultado desta influência.

Atmosfera pandêmica e espírito do tempo

A explosão da epidemia engendrou uma situação particular em todo o mundo com a imposição do distanciamento social. As intervenções políticas sobre o vírus da Covid-19 transformaram sensivelmente a face da cidade e, conseguintemente, as práticas das ruas e dos agrupamentos cotidianos. Uma das primeiras impressões é que assistimos a uma materialização do imaginário pós-apocalíptico, a dimensão catastrófica do espaço urbano onde as pessoas desaparecem e a cidade se torna abandonada de vida social. Essa é uma espécie de imaginário para viver sobre novas ruínas do mundo social atual, onde todas as imagens que circulam nas mídias sociais, na televisão, na *web*, exibem as cidades vazias, como se vivêssemos em uma espécie de dimensão de ficção científica. Uma ficção produzida pelas imagens de uma cidade do deserto, fantasma, silenciosa, onde se pode facilmente escutar o som da natureza. Essas são as impressões de uma atmosfera que transforma a cidade em um momento histórico único: a cidade fechada, as ruas desertas como sintomas de distâncias sociais nos espaços, mas ao contrário uma aceleração de conexão digital que dá vida à vontade e disponibilidade dos indivíduos de estar juntos com outros e os espaços.

A pandemia está afetando o aspecto emocional das imagens que circulam como momentos de conversa da vida cotidiana compartilhada pelos internautas. Eles criam um mosaico dos imaginários sociais que prova o mundo como uma aparência pós-apocalíptica: o triunfo do vácuo. Durante a pandemia (especialmente na fase de *lockdown*) temos sido espectadores da vida externa a partir do interior. Nossas janelas representam um instrumento de porosidade, um meio de olhar para esse espetacular deserto. Ao mesmo tempo, todas as janelas da *web* nos permitem circunvagar por toda a cidade do globo para assistir a esse mundo em ruínas. Nessa perspectiva, podemos pensar, em referência à teoria de Walter Benjamin, em uma compenetração de espaços. Isso seria uma dualidade na qual o espaço urbano tem uma textura de uma imagem como um novo tipo de fantasmagoria. Isso nos permitiria sonhar, a partir das janelas, com a vida urbana externa. E o sonho é uma qualidade do humano! Um sonho de continuar a viver com vitalidade urbana e expressiva dos corpos que se reencontram e fazem experiências dos lugares que voltam a estar disponíveis para a reunião.

A situação pandêmica cria uma espécie de aniquilação do ambiente urbano gerando mutações de sensações. Isso não significa que o vitalismo social tenha desaparecido! Mas apenas uma espécie de "adaptação à situação", um famoso teorema de William Isaac Thomas, no qual as pessoas "fazem com" (como estratégia da vida cotidiana, na teoria de Michel de Certeau, e na ideia de Michel Maffesoli do real). Este "fazer com" é também uma acomodação, um ajuste, em que as pessoas readaptam seus modos para responder a uma situação social e para continuar a sonhar.

Além disso, dentro dos efeitos da situação pandêmica, onde muitos discursos estão centrados em um ponto de vista catastrófico que anuncia (novamente) a "morte da cidade" e a relação social, a cidade permanece sendo o recipiente sensato da experiência vivida da qual o Ser precisa apenas para estar no mundo. O Ser se adapta a todo tipo de situação; e a rua, os lugares, os espaços são uma prótese de nós mesmos; a condição da realidade nos mostra que a socialidade é o caminho para sustentar o mundo. Então, a socialidade é a esperança de redefinir a construção da realidade social também com a consideração da importância das dimensões digitais e das práticas estéticas que fazem viver a experiência das ambiências urbanas. Sabemos como as emoções são importantes para a estrutura da vida diária. A urbanidade também é concebida a partir desse ponto, porque as emoções participam da criação do ambiente urbano como um impacto sensorial sobre o espaço humano e urbano. As emoções podem ser consideradas, através dos sentidos, uma interface entre a urbanidade e os indivíduos que configuram nosso ambiente e a forma de estar juntos neste ambiente com os outros e tudo o que nos rodeia.

Imaginações estéticas das ambiências

Na vitalidade de nossas metrópoles contemporâneas e dos vários passeios urbanos cotidianos, é possível observar a estruturação de uma viagem do imaginário urbano em momentos e situações vividas e a subsequente criação de atmosferas como resultado de nossa imersão espacial e de nossas formas de vivenciar e sentir a metrópole. Desta forma, é gerada uma variedade de atmosferas, estruturando nossas viagens e o espírito metropolitano. A variedade aqui representa uma característica que conota as peculiaridades estilísticas da existência contemporânea que cria uma experiência sensível do espaço e da vida. Essa sensibilidade, além disso, é caracterizada por formas generalizadas de estetização, que devem ser entendidas do ponto de vista das formas perceptivas dos sentidos e pela proliferação de formas estéticas artísticas que compõem o cotidiano, e simbolizam um processo que caracteriza nossa relação com o espaço. Essa relação é baseada em uma dimensão estética sensível que afeta nossa experiência, em que é possível perceber uma reinvenção do uso do espaço como um momento efêmero em uma atmosfera de estetização geral. Esta última ocorre em uma atmosfera definida por certos aspectos da "estetização do mundo" (Lipovetsky e Serroy, 2013) que se encontra também no universo urbano cotidiano no qual a dimensão estética emocional tem um papel característico no modo de vivenciar o espaço nas diversas situações urbanas e nos momentos agitados que fertilizam nossas metrópoles. Essa estetização é prova de um processo de produção estética que define, segundo Lipovetsky e Serroy, um "capitalismo hiperconsumidor" com seu ecletismo de estilos e uma abundância de espetáculos, locais turísticos [...] (pp. 11 - 12) e, por outro lado, deve-se reconhecer que, além do princípio de dominação do sistema capitalista, essa estetização é o sinal de uma forma de vivenciar juntos um gozo energético nas múltiplas ambiências criando experiências sensoriais geradas nas qualidades atmosféricas dos lugares. Aqui, a estetização deve ser considerada uma forma de experimentar junto com os territórios e os outros, e fundir-se em um todo complexo durante as dimensões festivas, artísticas e baseadas em eventos.

Isso produz uma tipicidade de ambiências que, seguindo a perspectiva de análise de Thibaud (2013), caracteriza-os por uma composição dada pelo sensível e, portanto, por certa "poética" (cara a Pierre Sansot,1973), que devemos entender como uma qualidade de imersão espacial. Se a natureza da atmosfera é difícil de qualificar, é necessário destacar a representação da experiência e as intensidades de percepção, e como isso configura e determina um lugar. A experiência dos ambientes representa ao mesmo tempo a experiência do lugar: como indica a análise de Thibaud, o ambiente está relacionado ao ambiente porque eles se referem ao "que cerca os homens ou as coisas" (Thibaud, 2015, p. 15). Assim, fica claro que as ambiências e o meio, juntamente com a atmosfera, formam o registro do que nos rodeia e envolvem, determinam e influenciam as esferas sensoriais dos indivíduos e as formas de estar no mundo urbano. Se a atmosfera é uma "teoria da percepção sensível" (p. 26), devemos questionar as formas de atuação das situações cotidianas e dar importância ao contexto no qual a experiência e suas múltiplas situações são geradas. Aqui estamos no contexto de uma afetividade da paisagem urbana e do desencadeamento de uma emotividade que determina a experiência e sua influência na corporeidade: tanto o corpo humano e seus modos de sentir, mas também o corpo urbano que por sua própria essência é um gerador de atmosferas e criador de atmosferas através das múltiplas formas de situações e eventos. Um espaço que é assim articulado nas suas diversas modalidades expressivas formadas pelas qualidades tonais e ambientais, dando forma a uma estética da narração urbana. Trata-se de uma nova forma comunicativa de habitar, dando importância às qualidades sensoriais do espaço e suas ambiências; de uma cidade que se exprime pelos sentidos e os sentidos que podemos construir por via da experiência. Se a cidade propõe sempre a novidade, subsequentemente podemos dizer que a narração coletiva das ambiências urbanas como especificidade do ordinário vivido constrói-se e reconstrói-se por certo dinamismo sensível que se edifica pelas maneiras de sentir e de se situar.

Sobre a atmosfera e seus múltiplos momentos, a intensidade desse tipo de experiência enfatiza a percepção e suas intensidades variáveis que poderiam ser traduzidas em uma abordagem semântica das situações, a fim de extrair seu significado e a produção de seus efeitos sobre a ação sensorial dos indivíduos em sua vida social. O resultado é uma espécie de perspectiva de uma situação "situada" ou uma percepção "situada" que enfatiza o contexto e as várias maneiras pelas quais cada pessoa experimentará a atmosfera através de seu corpo, emoções e sentidos. Isso confirma a dimensão da atmosfera que é perenemente perceptiva e assim nos indica a riqueza do sentimento e das expressões individuais na duração da experiência dos fatos sociais. Uma "sensibilidade sensorial", para usar uma expressão de Maurice Merleau-Ponty (1964), é ativa nas dimensões atmosféricas dos ambientes urbanos onde o corpo do indivíduo está imerso em uma situação sensível que representa, ainda de acordo com o pensamento de Merleau-Ponty, *"ce qu'on sent et ce qui sent"* (1979, p. 31). É também nessa dimensão que devemos pensar nas qualidades dos ambientes que caracterizam a climatologia das cidades e seus espaços: uma forma de sentir em situações particulares e eventos singulares que a cidade nos oferece uma riqueza indefinida. Poderíamos ainda pensar em uma relação carnal com o espaço que se constrói entre o corpo e os lugares em um dinamismo de intensidade que caracteriza a atmosfera e enfatiza as dimensões existenciais da experiência vivida em suas relações estéticas. Essa estética que deve ser lembrada não é pensada apenas na direção do belo e do feio e, portanto, do que tem a ver com o gosto, mas, sobretudo, e em particular, como *aisthesis* como ato de sentir, ou seja, experiência sensível, percepção sensorial. Estamos no contexto de uma experiência sensível que questiona, como J. P. Thibaud indica, referindo-se a Böhme, a relação entre as qualidades ambientais e a sensibilidade humana (2015). Seguindo essa perspectiva, poderia assim ser argumentado que as estruturas sensatas do contexto o fazem e o quebram. Como resultado, há uma ressonância entre lugares e pessoas que denotará e caracterizará o ambiente como um ambiente; e consequentemente isso produz um tipo de afetividade que pode ser considerado na consideração de *stimmung*[1]: este tom afetivo, uma afetividade que contamina os lugares e o que é percebido. A ideia de *stimmung* como afetividade também é encontrada em Heidegger[2]: para este filósofo, *stimmung* é uma experiência ontológica e, como tal tonalidade permite uma descoberta original do mundo e, ao mesmo tempo, uma abertura para a totalidade do ser. Heidegger também argumenta que, de um ponto de vista ontológico, devemos deixar a descoberta primária do mundo para "mera tonalidade". Mesmo que o discurso heideggeriano seja muito mais complexo, poderíamos manter a ideia de uma estruturação da existência a partir dessas tonalidades referentes a determinada situação.

Stimmung pode ser visto como uma forma de experimentar e, portanto, uma abertura de *dasein* para o mundo que pode ser encontrada na dinâmica da vida cotidiana. O que é ativado, de certa forma, é uma atmosfera de lugares e estados de espírito de indivíduos, uma disposição ou uma ressonância harmônica estabelecida nessa correspondência entre espaço e pessoas e que pode encontrar uma conotação particular na consideração das variedades estilísticas e da dimensão estético-sensível que caracteriza a vida social. Também significa uma forma de sintonia com atmosferas produtoras de sentido com a consideração da multiplicação sensorial do espaço urbano que é lido e experimentado em múltiplas manifestações, como as festas, os acontecimentos e as teatralidades cotidianas que colorem as ruas. Essa concepção também se soma a um espírito lúdico que contamina nosso mundo e, portanto, produz atmosferas específicas das quais a cidade nos oferece uma ampla gama para explorar.

Nesse sentido, a rua representa o lugar onde se pode cristalizar os fragmentos que caracterizam a atmosfera urbana através de uma perspectiva de visão, uma percepção sensível de um movimento incessante de formas expressivas e o uso do espaço representativo de um ponto de vista sensorial, orgânico e sensual.

Homo ludens urbano

O lúdico ocupa um lugar importante na concepção de uma sociedade. É um modo de expressão para os indivíduos que organizam e estruturam sua vida diária em torno do gozo de momentos lúdicos, uma modificação da realidade social que gera novos comportamentos e múltiplas formas expressivas. O lúdico deve ser concebido, no momento presente, como um elemento relevante na essência da vida cotidiana e, portanto, como um verdadeiro modo de vida que particulariza também a estrutura urbana por meio de múltiplos eventos e particularidades como a sonoridade na rua, a energia da festa etc. O lúdico representa uma particularidade do *homo* contemporâneo, em que as formas de viver, vivenciar e participar dos momentos vividos nos territórios urbanos estão cada vez mais fixadas no vetor lúdico e em seu ambiente social. Essa observação também nos leva a enfatizar uma alegria de viver, um impulso vital nesta realidade urbana que apresenta cada vez mais diversas oportunidades para desfrutar em uma emoção coletiva. Essa parece ser uma das características de uma experiência coletiva que enfatiza cada vez mais uma forma de sentir e viver os momentos da vida diária em que a abordagem artística e a participação lúdica são parte integrante da vida social.

Uma reflexão que também nos imerge em uma atmosfera de êxtase e efervescência solene na qual encontramos, no advento de todas as grandes formas de vida coletiva, a presença ativa e fértil de um fator lúdico (Huizinga, 1951, p. 240). E esse êxtase, essa intoxicação são o sinal de uma afirmação lúdica da vida que podemos ver na atual situação urbana e social na qual o *homo ludens* perpetua sua existência em um jogo de formas lúdico-artísticas e de consumo estético e emocional, produzindo assim uma territorialidade lúdica a ser entendida aqui como o espaço que se torna o teatro de múltiplas cenas de participação nesse espírito e ao mesmo tempo representa o quadro de uma associação coletiva de partilha de uma intensidade emocional, ou simplesmente o desejo de participar para estar presente. Nessa atmosfera, em relação ao Futurismo italiano, pode-se falar de uma "vida como um teatro". Lembremos que os futuristas também procurariam um sujeito criativo colocado no centro das transformações relativas a toda a massa. Um movimento que faz parte de um mundo feito de elos, relações e interconexões, ou, dito de outra forma: em rede. Como resultado, há uma necessidade do homem contemporâneo de se comunicar com pressa, de administrar suas emoções artísticas de forma imediata. Assim, poderíamos dizer que a arte é parte integrante de muitas formas de expressão da sensibilidade "emergente". Por outro lado, neste contexto, parece apropriado referir-se à concepção de uma "arte relacional" proposta por Nicolas Bourriaud em sua *Esthétique relationnelle* (1998), que coloca a arte em perspectiva como um terreno de encontro onde a atenção se concentra na experiência da relação social. Há, portanto, um ressurgimento do contexto como forma de investimento que contamina a realidade com um situacionismo urbano baseado em eventos que provocará a participação e despertará uma emocionalidade ambiental no "espectador" – segundo a ideia do espectador encontrada na visão de Marcel Duchamp – cujo olhar, em nossa contemporaneidade, é cada vez mais solicitado pela captura de momentos vividos na narrativa fotográfica. Isto, naturalmente, repercute na proposta de Paul Ardenne de "arte contextual", que assim enfatiza o ambiente e o investimento da rua como um domínio expressivo. Dito isso, entendemos bem as formas estéticas participativas encontradas nos vários acontecimentos urbanos, ou performances de rua, sonoridades e a atual explosão da *street art*: sinais de um *zeitgeist* caracterizado cada vez mais por um ideal realista. Assim, a ideia de uma arte da situação e de um ambiente *hic et nunc* nos permite acessar o eterno e efêmero – como diria Baudelaire – que caracteriza essa força contextual da rua, do espaço que molda o real em um processo de criação de situações e de novas temporalidades vividas em momentos compartilhados. Aqui compreendemos, mais uma vez, o reaparecimento do espírito situacionista revisitado e remixado em formas de reciclagem estilística típicas da cultura contemporânea que nos levam a pensar numa vitória amarga da sociedade do espetáculo em nossa realidade sociourbanística.

Reconstruções de situações

Na teoria de Debord e dos situacionistas, foi proposta uma "cartografia situacionista" e assim a realização do *Guia Psicogeográfico de Paris*, ou seja, uma geografia de paixões e levantamentos experimentais de comportamentos vividos nas dobras da cidade para a localização de uma unidade de atmosfera. Uma pesquisa de fundo, que visou uma estética de superação da arte, uma passagem da obra na vida entendida como um teatro barroco com uma intensidade apaixonada. A técnica da deriva, também chamada "científica", como técnica de passagem apressada por vários ambientes, e a psicogeografia, como interação entre o ambiente geográfico e o comportamento emocional dos indivíduos, são o sinal de uma obra e um traço culminantes da estética das vanguardas do século XX. É também uma tentativa de inventar situações e acontecimentos na rua e em espaços urbanos que tornam possível transformar momentos da vida em obras de arte. As andanças foram, para voltar às famosas palavras de Guy Debord, uma fórmula para derrubar o mundo, não a procuramos em livros, mas por vagar. Para Debord, houve uma proposta de "fazer da vida um jogo emocionante" através da prática de diversão, que serviu para construir atmosferas particulares dentro da estrutura de um novo tipo de urbanismo.

Se o objetivo dos situacionistas era tornar a vida excitante, criando situações como um desejo de liberdade e, assim, convidando as pessoas a se apropriarem do espaço à deriva a fim de mudar a vida cotidiana, então as formas contemporâneas de oferta turística se baseiam precisamente na recuperação deste ideal, que assim se torna uma prática de consumo sem seu efeito original, sendo desviada para os fins lúdico-turísticos que são a marca registrada de um marketing urbano cada vez mais em voga. Poderíamos também mencionar as diversas aplicações móveis que são um aceno para o situacionismo baseado em uma deriva tecnológica que faz da geolocalização sua arma para praticar a cidade de forma diferente. O que poderíamos chamar de um situacionismo aumentado é típico das formas de nomadismo urbano atualizado pela tecnologia, construindo assim uma espécie de cartografia digital.

Não há mais nenhuma subversão, mas sim uma absorção em formas lúdicas do espírito da vanguarda. O homem então se encarrega de recuperar e reciclar coisas do passado a fim de readaptá-las em seu presente. Desta forma, vemos como a atividade lúdica, festiva e artística, invade os espaços densos da metrópole contemporânea. Uma lógica participativa que convoca uma pluralidade de indivíduos em um todo feito de carga emocional e energética, de uma afetividade compartilhada, do tempo do efêmero que dá forma e substância à nossa realidade social. Os espaços da cidade são assim gerados por intervenções artísticas, em uma forma relacional na qual a arte em todas as suas declinações intervém como metáfora modificando nossa paisagem. Paisagem que também podemos entender como uma matriz de nossos esquemas estéticos, como um mediador entre o homem e o meio ambiente, como diria Berque (2001), e que finalmente dá sentido à nossa relação com o meio ambiente.

Essa predominância do lazer, do espetáculo integrado, de tudo que forma um ideal de *hype* que prolifera nos meandros da cidade e da sociedade como um todo, é também um sinal de intoxicação estética. Jean Baudrillard nos fez tomar consciência dos efeitos da sedução, da valorização dos artefatos, da transfiguração da banalidade e da estetização geral. Estamos assim "além do fim": assim na reciclagem. Esta última é emblemática das diversas práticas de construção de "situações" na cidade contemporânea que, repetimos, são "reapresentadas" diariamente para uma "redefinição" do espaço no marco de um processo de transformação da realidade urbana em que, por meio de estratégias de ação artística, o homem produz alterações, experiências de mutação de uso e percepção do espaço em um período de intensidade que desenvolve a socialidade em um momento efêmero no qual encontramos diversas vias de análise na recreação urbana. Essa é também uma característica do efeito de "popização", ou seja, a popificação do mundo nas características de reciclagem, recuperação, remixagem típicos da cultura *pop* que representa uma contaminação permanente da sociedade. Uma das essências do *pop* é, justamente, a ideia de repetição e contaminação na profundidade do social como uma estrutura narrativa: uma "narratologia". Assim, falamos de sensações *pop* ou revelações que alimentam o barulho de fundo da experiência social e emergem nos espaços de emergência cultural e urbanas.

Configurações recreativas

No contexto do surgimento de novas formas e usos do espaço urbano, as ações artísticas estão se multiplicando, gerando uma atmosfera estética participativa que anima as ruas das cidades contemporâneas. Isso mostra um desejo, através do instrumento artístico, de uma reivindicação social de pertença urbana e de reivindicação de territórios. Se essas formas estão proliferando em vários cantos do mundo urbano, é precisamente por causa de um desejo de viver o espaço com liberdade e intensidade; viver em lugares, territórios e interstícios está se tornando a norma com a qual o homem metropolitano se manifesta no cenário social. Devemos, portanto, tentar prestar atenção aos fragmentos que caracterizam nossa atmosfera urbana através do surgimento de formas expressivas e usos do espaço particularmente representativos do ponto de vista sensorial e orgânico. Além disso, se voltarmos ao espírito das vanguardas de outrora, devemos notar a intensidade de fazer da vida uma criação artística, como o Dadaísmo e sua expressão de uma felicidade de viver com o efeito de destruir toda referência ao Racionalismo. Esse é o efeito do ato estético da caminhada dadaísta em uma perspectiva pronta que é interpretada como uma forma de escrita e descoberta das geografias territoriais. É claro que se poderia pensar também nos territórios mentais dos surrealistas na forma como eles redesenham os mapas experimentais do território, transformando e reestruturando a cidade em um espaço estético.

Poderíamos nos referir ao processo de criação de ambiências com o objetivo de contribuir para a reforma e transformação do espaço urbano como uma fase de exploração de novas perspectivas de interações espaciais, como na criação de uma relação entre música e arquitetura, a fim de criar sugestões que possam ajudar a decodificar o espaço urbano de uma maneira diferente. O som e a intensidade da luz são de fato emblemas de uma "re-criatividade" urbana que torna a cidade atraente: exemplos disso podem ser encontrados na famosa *Fête des Lumières* em Lyon (França), ou em Berlim (Alemanha), em Salerno (Itália), que se tornam verdadeiros momentos de uma renovação da "intensificação da vida dos nervos" com uma forte acentuação da experiência sensorial. Isso forma o sentimento de afetividade, de uma cidade afetiva que nos encanta, estimula e nos toca, e esses momentos de espetacular intensidade festiva também devem ser entendidos como uma forma de sentir.

Nesta ideia, dentro de uma reflexão sobre os efeitos culturais de nosso tempo, podemos também destacar a relação estrita entre som e sociedade produzindo uma experiência estética através da percepção da atmosfera que é criada: uma atmosfera sonora e social que ajusta a experiência vivida à vida social cotidiana escandalizada pelos diversos ritmos e sons. Neste sentido, as línguas expressivas expressam tendências e particularidades da efervescência cultural que está sempre em perpétuo movimento. Esse movimento também diz respeito à própria ideia de sociedade como um processo, que também encontramos no pensamento simmeliano, em que a sociedade, como um processo, é o resultado dos movimentos perpétuos dos fios que se entrelaçam para criar, a vida social (Simmel, 1981 e 2006).

Esse movimento de devir perpétuo nos coloca, então, diante da atualidade e representa a forma característica dos instantes da vida social em que a rua com suas múltiplas variações de vozes e sons simboliza o teatro da vida cotidiana, que é necessário observar e furar por dentro para trazer à tona elementos que caracterizam o momento dado. Sabemos que o ambiente urbano dá origem a uma variedade estilística na qual a linguagem musical denota uma das formas específicas de pertencimento que influenciam a estruturação social, participando, de certa forma, da "construção social da realidade" na qual, no mundo da vida cotidiana, a música representa uma das tipificações das identidades culturais que encontra, em várias figuras emblemáticas, o preceito de uma imaginação coletiva contaminando o social e, ao mesmo tempo, gerando conotações de lugares, conexões, sons e expressões culturais. Isso dá vida a uma espécie de "memória coletiva" ativada por uma construção musical em que os indivíduos se encontram imersos em uma fusão de estilos, sons, comportamentos, gestos, que alimentam o processo de identificação e redefinição de identidades.

Assim, desenvolve-se uma fenomenologia da experiência musical, que deve ser entendida como uma experiência estética formada por ambientes sonoros e sociais que regulam a experiência vivida e a vida cotidiana, que assim é escandalizada por ritmos, sons e vozes. As linguagens expressivas expressam as tendências e particularidades da efervescência cultural e social e as diversas formas de pertencimento. Trata-se igualmente de uma particularidade do sentido em que sentir também é mover-se, se seguirmos a lógica da análise de Straus (1936) e, portanto, de um questionamento da conexão entre espaço, movimento e percepção. Podemos, assim, propor uma potencialidade estética do movimento dos corpos como uma forma de experiência sensível e podemos então compreender como o movimento corporal no espaço urbano pode ser concebido como uma experiência sensorial singular.

Aqui poderíamos nos referir à importância da dança de rua como uma encenação do corpo e uma particularização do espaço através da filiação cultural do *rap*, do *funk*: elementos que criam um ritmo urbano particular. Uma memória coletiva é então reinventada através do dispositivo do corpo dançante, que redescobre a sensorialidade contemporânea com o fornecimento de traços estéticos, de um sentido vital. Esse é o significado que pode ser dado às formas estéticas na cidade que são típicas das identidades culturais, como as andanças dos jovens tocando música usando seus *smartphones* e acompanhando sua caminhada diária. Assim, nas ruas de nossas metrópoles, ou nos transportes ou bancos públicos, nas esquinas das ruas, nos deparamos com um som ambiente com caráter de identidade como o *rap, funk* carioca, *dance hall* jamaicano, música tropical, *techno*... É um ato de interpretar o passeio ou a instalação em lugares específicos com uma forte sugestão de movimento – parques, áreas de espera de transporte, cantos do fluxo comercial – como uma arte de estar ali, um gesto poético redesenhando os mapas da experiência do território urbano, de uma cidade como uma "paisagem psíquica" – como diria Debord – composta de conexões de fragmentos e da ruptura de "pedaços de vida" (segundo uma terminologia simmeliana) que caracteriza a urbanidade reconstruída pela experiência transnômade que particulariza as formas expressivas da rua.

Nessas formas de habitar o mundo, existe então a intenção de mostrar certas características cotidianas que representam uma arte de viver e, ao mesmo tempo, destacar a capacidade dos lugares urbanos de produzir certo vitalismo e criar atmosferas. Isso pode ser definido como um método para perceber e compreender os modos de sentir, viver, tocar os espaços e sublinhar a arquitetura social de formas expressivas por meio da qual os corpos dos indivíduos participam da efervescência coletiva da urbanidade. O corpo em movimento se encontra imerso através dos sentidos na atmosfera urbana dos lugares. O lugar que para o geógrafo Tuan (1997) é identificado por uma experiência sensível e estética e, portanto, sua percepção também se refere a uma sensibilidade através dos sentidos e a uma concepção e simbolização de uma construção mental. A experiência do lugar corresponde tanto às emoções despertadas quanto às qualidades "espacializantes" da existência; isso gera uma constelação de áreas naturais particularizadas por práticas, experiência e presença.

419

Basta pensarmos na carnavalização das sucessões de moda do vestuário como simbolismo particularizando lugares em formas de pertencimento, bem como a gestualidade dos corpos e as várias posturas estilísticas a serem entendidas como componentes simbólicos de estar em um lugar e produzir uma atmosfera; ou a essência do skate e acrobatas do BMX, do parkour em sua vontade de produzir situações de visualização e teatralização, com coreografias estéticas unindo os movimentos corporais com a extensão sensorial do dispositivo. Outros modelos nessa direção podem ser encontrados na dança de rua na criatividade do *hip hop, Krump*, uma dança nascida nas áreas da classe trabalhadora de Los Angeles, e a capoeira, que energiza o espaço em questão. Isso mostra o modo como existe uma organicidade entre a cidade e as formas estéticas que caracterizam nosso imaginário urbano, no qual o movimento e a trajetória definem determinada estética.

Nesta concepção, parece-nos óbvio acentuar a ideia de lugares como receptáculos de formas de arte onde, justamente, a arte deve ser pensada como o modo de viver os espaços, conotando-o com práticas capazes de construir uma relação sensível e relacional. Desta forma, gera-se um conjunto de itinerários e caminhos, criando formas de aprendizagem sobre o mundo que podem ser traduzidas na fórmula de fazer da própria vida uma obra de arte. Parece-nos então que a urbanidade representa um dispositivo de estímulo intensivo que nos leva a questionar as qualidades estéticas sentidas pelo ser humano através de uma experiência sensorial que solicita permanentemente todos os sentidos. Numa lógica de uma captação do imaginário social, podemos reconhecer uma pulsão vitalista em ação na espacialidade urbana onde as diversas expressões artísticas concebem a definição de uma ambiência que particulariza o imaginário climatológico das nossas cidades. Essas ambiências e situações estéticas são as qualidades próprias da realidade urbana que ressentimos nas emoções afetivas das atmosferas espaciais. Numa análise da cidade sensível contemporânea, as efervescências urbanas e as diversas expressões que tonalizam os territórios com suas atmosferas e ambiências determinam a especificidade da vida urbana e representam uma qualidade de estar no mundo como forma expressiva da energia cultural. A cidade representa um processo contínuo de experiências a partir das quais o espaço oferece uma variedade múltipla de condições de possibilidade e de aberturas à expressão do vivido, e devemos sempre continuar a olhar, a escrutinar, a realçar as especificidades do profundo do social.

Notas

[1] Este termo alemão é traduzido de muitas maneiras e frequentemente como atmosfera", ambiências.

[2] Nos referimos à análise de Françoise Dastur, *Heidegger: la question du logos*, *Vrin*, Paris, 2007, em particular o parágrafo "La notion de Stimmung et son rôle dans la pensée de Heidegger", pp. 108 - 120. Deve-se notar que Heidegger traduz *pathos* para *stimmung* no sentido de estar disposto e determinado. Cf. M. Heidegger, *Qu'est-ce que la philosophie*?, Traduzido do alemão por Kostas Axelos e Jean Beaufret, Gallimard, Paris, 1957. Este texto é a palestra dada na Cerisy-la-Salle, em agosto de 1955.

Referências

AMPHOUX, Pascal *et al. La notion d'ambiance*. Paris: Ecole Polytechnique Fédérale de Lausanne, 1998.

ARDENNE, Paul. *Un art contextuel*. Création artistique en milieu urbain, en situation, d'intervention, de participation. Paris: Flammarion, 2004.

BAUDRILLARD, Jean. *De la séduction*. Paris: Galilée, collection L'espace critique, 1980.

BERQUE, Augustin. *Écoumène*. Introduction à l'étude des milieux humains, Paris: Belin, collection Mappemonde, 2000.

BÖHME, Gernot. *Aisthétique*. Pour une esthétique de l'expérience sensible. Dijon: Les presses du réel, 2020.

BOURRIAUD Nicolas. *Esthétique relationnelle*. Dijon: Les Presses du Réel, 1998.

FERNANDES, Cíntia S.; LA ROCCA, Fabio; BARROS, Flávia M. Beco das Artes: festas, imaginários e ambiências subversivas na cidade do Rio de Janeiro.

Eco-Pós – Revista do PPGCOM da UFRJ, dossiê Espaço Urbano e Imaginação Cultural, Rio de Janeiro, v. 22, n. 3, pp. 140 - 165, 2019.

GRIFFERO, Tonino. *Atmosferologia*. Estetica degli spazi emozionali. Laterza: Roma-Bari, 2010.

HEIDEGGER, Martin. *Être et Temps*. Paris: Gallimard, 1986.

HERSCHMANN, Micael; FERNANDES Cíntia S. *Música nas ruas do Rio de Janeiro*. São Paulo: Intercom, 2014.

HUIZINGA, Johan. *Homo ludens,* essai sur la fonction sociale du jeu (1938). Paris: Gallimard, 1951.

L'INTERNATIONALE SITUATIONNISTE. Paris: Fayard, 1997.

LA ROCCA, Fabio. *A cidade em todas as suas formas*. Porto Alegre: Sulina, 2018.

MERLEAU-PONTY, Maurice. *Phénoménologie de la perception*. Paris: Gallimard, collection NRF, 1945.

MERLEAU-PONTY, Maurice. *L'oeil et l'esprit*. Paris: Gallimard, 1964.

MERLEAU-PONTY, Maurice. *Le Visible et l'invisible*. Paris: Gallimard, 1979.

MONS, Alain. De la ville subjective. Contribution à une affectologie urbaine. *In*: CORMERAIS, Franck; GILBERT, Jacques A. (ed.). *Poétique(s) du numérique*. Paris: L'entretemps, 2015.

SIMMEL, Georg. *Sociologie*. Étude sur les formes de socialisation. Paris: PUF, 1981.

SIMMEL, Georg. *Le problème de la sociologie* – Et autres textes. Paris: Du Sandre eds., 2006.

STRAUS, Erwin. *Du sens des sens*. Contribution à l'étude des fondements de la psychologie. 2. ed. Grenoble: Éditions Jérôme Millon, 2000.

THIBAUD, Jean-Paul. Donner le ton aux territoires. *In*: COLON, Paul-Louis. *Ethnographier les sens*. Paris: Édition Petra, 2013. p. 235-255.

THIBAUD, Jean-Paul. *En quête d'ambiances*. Éprouver la ville en passant. Génève: MetisPresses, 2015.

TUAN, Yi-Fu. *Space and Place*. The perspective of experience. Minneapolis: University of Minnesota Press, 1977.

Artes, insurgência e cidade: paisagens entre ruínas

Glória Diógenes

Crônica de morte anunciada

Dezenove de abril de 2021. Renata Nakayama, conhecida como JAP, sobe mais uma vez ao edifício São Pedro, prédio em ruínas localizado na Praia de Iracema, cartão-postal do turismo de Fortaleza. A grafiteira, que havia feito sua última postagem quatro dias antes no Instagram, no mesmo local, perde a vida caindo do terceiro até o primeiro andar. A tragédia anunciada ocupou os meios de comunicação e mobilizou as redes sociais de vários artistas locais.

O edifício São Pedro, onde se instalou o denominado Hotel Iracema Plaza até 1991, foi o primeiro da orla de Fortaleza. Construído no início da década de 1950, tem mais de cinco andares e deu início ao processo de verticalização e modernização arquitetônica da sede do município. Além disso, foi a primeira edificação com mais de dois andares situada na orla de Fortaleza; o primeiro hotel da orla é símbolo de *glamour* e de requinte. Funcionava com 75% de suas instalações como hotel, sendo as demais alugadas temporariamente. Depois de alguns anos, tornou-se um prédio estritamente residencial.

Com arquitetura original, assemelhando-se a um grande navio, o São Pedro passou a atrair moradores, turistas e profissionais que chegavam à Fortaleza vindos de outros estados e do interior, com a finalidade de acompanhar negócios e empreendimentos locais. Por décadas, o edifício foi *point* da elite fortalezense. Durante vinte anos, funcionou no térreo o restaurante Panela, frequentado, como se costumava dizer, pela burguesia local. O portentoso edifício nunca foi totalmente finalizado. Conta o historiador cearense Miguel Ângelo[1], conhecido como Nirez, que seu proprietário, Pedro Philomeno, ao chegar ao último andar, sonhou que se finalizasse o prédio morreria, e mandou, assim, suspender as obras.

O exuberante e excêntrico prédio teve seu auge entre as décadas de 1960 e 1980, iniciando um paulatino processo de deterioração e abandono. Em 2021, quando JAP perdeu a vida, o São Pedro já figurava como, valendo-se de uma metáfora, um prédio "tombado", deteriorando-se a céu aberto, feito fantasmagoria.

Até a decadência, o prédio seguiu a rota de um curioso fluxo e refluxo de seu processo de patrimonialização institucional. O São Pedro foi tombado, provisoriamente, em 2006. Em 2015, com solicitação feita pelo proprietário do imóvel, o Conselho de Preservação do Patrimônio Histórico e Cultural de Fortaleza (Comphic) aprovou, por unanimidade, o tombamento definitivo do edifício São Pedro, e publicou os devidos instrumentos. Em 2018, o referido tombamento foi questionado. Naquele mesmo ano, a gestão municipal apresentou a análise de Orientação Prévia para que fosse recuperada a estrutura física da edificação, buscando destinar o local a atividades de hotel, comércio/serviços e residência. A análise foi aprovada em 2016 pela Comissão Permanente de Avaliação do Plano Diretor (CPPD)[2].

Ainda em 2015, foi apresentado um projeto de construção de uma torre de 23 andares. O plano era que parte da estrutura fosse preservada e funcionasse como área residencial, enquanto a área do centro seria demolida para a construção de um hotel. Romeu Duarte, ex-superintendente do Instituto do Patrimônio Histórico e Artístico Nacional (Iphan), naquele momento posicionou-se indicando que o projeto pode vir a "alterar valores principais" da atual estrutura[3].

Sem entrar nos meandros de detalhes técnicos e jurídicos, acerca do complexo processo de tombamento do São Pedro e de seu concomitante abandono, foi ainda cogitada pelo poder público a ampliação do edifício. A proposta era que fosse mantida sua estrutura originária, com incorporação de uma torre, parte de um grande projeto para a orla, incluindo aquário, roda-gigante, barco *viking* e outras edificações. Os "equipamentos de sonho"[4] são parte do projeto Fortaleza 2040[5], da Prefeitura Municipal de Fortaleza.

Em outubro de 2017, o Ministério Público havia instaurado inquérito civil público solicitando que fossem levantadas informações a respeito de projetos envolvendo a demolição ou a reforma do São Pedro. Logo após a morte de Renata, novamente, o Ministério Público[6], no dia 29 de abril de 2021, entrou com o pedido de tutela cautelar em caráter incidental para garantir a proteção do edifício São Pedro, destacando ser da competência do município e do proprietário preservar o bem, protegendo-o contra danos de qualquer espécie.

O "seriado" de tombamento do São Pedro teve várias temporadas e episódios cujo roteiro parece dissonante com edições anteriores. Em 2018, já havia sido reconsiderado seu tombamento, indicando a possibilidade de mudanças no edifício, desde que preservadas as características da fachada. De outro modo, no mesmo ano, o Ministério Público solicitou à Justiça, com decisão favorável, que fosse proibida qualquer concessão de demolição, destruição ou mutilação da estrutura do São Pedro até a finalização do tombamento[7].

Enquanto isso, o prédio já com evidências constatadas por técnicos e peritos na área de patrimônio, no que concerne à exaustão de suas estruturas, segue a trilha da memória urbana em decomposição. Também denominado "gaiola dos pombos", quadro da negligência em relação à proteção do bem, o tombamento provisório mencionado pela gestão municipal de Fortaleza desde 2006, reiterado em 2015, reafirmado em 2018, foi indeferido no dia 19 de agosto de 2021, enquanto este artigo é escrito. A decisão possibilita, assim, que os proprietários executem a demolição do imóvel.

O decreto publicado alega razões de ordem econômica, como disse Adson Pinheiro[8] em um debate realizado recentemente sobre o São Pedro, sem levar em conta os valores sociais e afetivos que permeiam sua história. "O São Pedro não é mais um bem individual, é um bem coletivo. Ele saiu da esfera de uma memória privada, de um sujeito, de uma família, e hoje pertence à cidade." Como diz o historiador Adson, o São Pedro é um bem cultural, já que "o patrimônio também envolve sentimentos, não apenas valores arquitetônicos ou históricos".

O edifício São Pedro, retrato vivo do desgaste, do esquecimento, nos dá a ver alguma coisa, nos coloca alguma coisa "sob os olhos", aquilo que Boehm (2017, p. 23) denomina de "mostração". Fortaleza e seu relicário de ruínas condensam uma história urbana cujo mote é a novidade. Uma cidade em constante "mostra" de reconstrução, imagens de uma decantada modernidade.

Diz Lefebvre que o "mundo moderno", o culto pelo novo, sua "fetichização", criam uma espécie de regularidade da renovação (1969, p. 198). Lefebvre lembra que Baudelaire exalta ser o moderno expressamente o efêmero, o fugaz, o "reflexo longínquo da eterna beleza que se ausenta" (1969, p. 201). Fortaleza, como destacava Girão Barroso na sua *Geografia Estética*, a Princesinha, "queria pistas mais largas, abertas, onde pudesse correr viaturas ligeiras, haurindo o ar refrescante da mocidade, estendendo os olhos para horizontes novos e mais panorâmicos" (1979, p. 137). A busca por novas paisagens urbanas e a corrida pelo novo marcam o cenário da cidade pelas transformações em moto-contínuo, tão bem condensadas na frase tantas vezes escutada por Ecléa Bosi (1983), no livro *Memória e Sociedade – já não existe mais.*

O uso do termo "moderno", palavra prestigiosa, "palavra-talismã", palavra-chave, parece abrir todas as portas para a busca incessante do novo (Lefebvre, 1969, p. 216). A dinâmica da construção de edificações em Fortaleza tem implicado na fragilização de suas políticas de patrimônio. No início da década de 1970, foi demolido um suntuoso palacete na cidade, réplica de um castelo italiano, com a finalidade de construção de um supermercado nunca edificado. Houve expressiva reação da população local, podendo ter sido esse o primeiro debate público na cidade acerca da importância da preservação de seus patrimônios (Furlani, 2006). Outros prédios históricos vêm seguindo a saga da demolição.

É diante desse cenário de um prédio que parece ter a cara da Fortaleza silenciada em suas memórias que muitos artistas sobem os corredores desérticos do São Pedro e fincam suas marcas. Brissac, num instigante diálogo com Kiefer, indaga: "A arte pode servir para transcender a passagem decaída?" (2004, p. 292). As ruínas do edifício, a grande gaiola, ou navio a céu aberto, ganham a visita não apenas dos decantados pombos, mas também da população sem moradia, de curiosos, de usuários de *crack*, como tanto se propala no seu entorno, e de artistas que passam a intervir em suas paredes.

Quem entra no São Pedro, cruza seus andares, pátios, corredores, consegue ver murais, *graffitis*, pixos, *bombs* e estêncis[9], como se ali fosse um lugar traspassado por ruas, cores e nomes dos que "ativam" os patrimônios imateriais da cidade. A arte cria potência num espaço povoado de sombras do passado, de imagens em dissolução, de estruturas em exaustão.

Ao dialogar com a obra de Francis Bacon, Deleuze (2011, p. 54) ressalta que entre figuras, imagens, assim como o corpo, as sombras adquirem presença, mas "[...] a sombra só ganha essa presença porque escapa do corpo, ela é o corpo que escapou [...]". As intervenções de artistas, as quais se multiplicam nas estruturas frágeis do São Pedro, mostram que suas argamassas de cimento exibem não apenas "o corpo isolado, mas o corpo deformado que escapa" (Deleuze, 2011, p. 57). O que permanece invisível, silenciado, deteriorado, se mostra, ganha potência nas intervenções, que "pulam" das paredes do edifício para a paisagem das artes e artefatos da memória presente. Ao se projetar e se afixar entre ruínas, a arte cria dispositivos de memória, cerzindo um hoje nas linhas, vigas e estruturas do passado.

Leonardo Araújo, em crônica para o *Bemdito*[10], dá voz ao prédio, ecos de um fim anunciado, lamentos de vidas cujas mortes se encontram nos chãos movediços de uma memória que cai.

O abandono a que fui submetido ao longo dos anos deixou cicatrizes e marcas profundas, o que abriu espaço para a circulação de forças que eu não era capaz de conter ou direcionar. Assisti à morte da garota, inerte, como se seu destino e o meu se cruzassem em algum ponto impossível de enxergar.

JAP tinha apenas 23 anos. Era graduada em Gastronomia e estava cursando Nutrição. Em 2018, conheceu Luks, também grafiteiro, que já estava na "cena" desde 2008. Conta ele, em conversa pelo WhatsApp, que de início ela passou a preencher cadernos e cadernos de anotações em busca de um "nome", de uma assinatura, para iniciar suas incursões na rua.

No dia da eleição do Bolsonaro, ela pintou na rua pela primeira vez. Depois de votar, fomos pintar a linha do trem. Antigamente ela pintava só mandalas. Depois da influência dos amigos, começou a fazer letrinhas. Encontrei várias letrinhas dela em minha casa, ela treinando a *tag*.[11]

Lembra Luks que, em abril de 2020, o São Pedro ficou totalmente vazio. Segundo ele, Rocco foi o primeiro a entrar lá, a "pintar" lá. Depois, com a participação de Luks, e ao publicarem as imagens na internet, isso atraiu outros artistas, inclusive JAP. Foi após a tragédia ocorrida com JAP que as decisões em torno da "destruição" ou preservação do São Pedro ganharam ainda mais agilidade. Duas mortes se conectam, duas vidas caem.

Nas paredes em decomposição do edifício em litígio, JAP deixa seu nome, junto com os de tantos outros artistas que assinam, cravam, inscrevem suas letras em um livro-paredes de memória da cidade em acelerada decomposição. O que move artistas que costumam intervir em espaços da cidade de intensa visibilidade pública a deixarem seus rastros em lugares de abandono, em paredes esquecidas, passíveis de serem destruídas?

Arte, rua e ruínas: dois atos entre fortalezas

As artes de rua fabulam entre gestos, imagens e histórias imateriais da cidade. Para além da racionalidade técnica do planejamento e usos urbanos, as artes de rua mobilizam o que poderíamos aqui denominar de "cidade-movimento". Como diz Rogerio Proença Leite (2002)[12], propagam, mesmo que por vezes em litígio, os contrausos da cidade, aquilo que escapa de seus planos diretores, de suas prescrições jurídicas e de seus dispositivos patrimoniais.

Seja incomodando, adornando paredes e muros, movendo ondas de protestos, conjurando contra leis que regem os patrimônios histórico-cul-turais[13], engendrando estéticas e manifestação não regidas pelos "juízos de gosto", o *graffiti*, a *street art*, tal como assinala Giorgio Agamben (2012), aproxima o criador e seu conteúdo, o sujeito do seu fluxo criativo. O fato de o *graffiti*, assim como outras linguagens estéticas das artes de rua, projetar-se fora das galerias, do controle dos peritos, curadores, faz com que sua potência tenha como móvel a própria energia citadina, o vai e vem dos movimentos que animam a vida urbana.

Quando acontece de o transeunte se deparar com extensivos painéis que se multiplicam nas grandes cidades, ali se desenha, por meio de contornos invisíveis, as performances efetuadas pelo corpo dos/das artistas, as astúcias e peripécias que perfazem a arte da criação. Sol, poeira, vento, altura, barulho do tráfego, tontura, risco, rabisco, máscara, cheiro do *spray*, corpo "pintado", sede, risco e aventura são alguns dos elementos que catalisam as artesanias da *street art*.

A designação do termo, qual seja, se o conjunto das intervenções urbanas recebem ou não epíteto de arte, vai depender não somente da estética, como também do olhar e da intenção do artista. Tal qual assinala Diógenes (2017, p. 130) ao tecer considerações sobre as relações entre pixo, política e arte, mergulha-se "[...] na zona indiscernível entre arte e vandalismo, entre política e não política, entre linguagem e ruído, entre corpo e lugar". Para muitos dos pixadores, ou dos que fazem "rolês" não consentidos, não parece ser relevante se o que é feito é considerado arte ou não, mas, sim, se assume importância na marcação de formas plurais das linguagens e "práticas de cidade" (Certerau, 1994, p. 124).

As estéticas e linguagens que movem as artes de rua, frequentemente, escapam das usuais classificações que permeiam o campo do fazer artístico, ou do mercado da arte. O "neologismo conceptual", relativo ao uso do termo "artivismo", por exemplo, tal qual se refere Raposo (2015, p. 5), pouco ou quase nunca aparece nas falas dos atores que intervêm nas ruas. Mesmo que acionem dispositivos que interrogam temas e situações que ocorrem em "dado contexto social visando mudança ou resistência" (p. 6), muitos se esquivam de associar tais práticas ao termo "arte", ou nos correlatos "artificação" (Shapiro, 2017), "artivismo", ou até mesmo arte urbana. De algum modo, na esquiva das classificações, ou tal qual assinala Vilar (2019, p. 3), mesmo operando afora do campo de nomeação e da linguagem do artista que atua nas ruas, "o artivismo abala nossas representações do que é a arte no seu circuito, visibilidade e participação na esfera pública", atuando como um emblemático instrumento de "descolonização do olhar" (Vilar, 2019, p. 4).

Vale ressaltar que mesmo entre os *grafitters* se costuma identificar diferenciações nos processos de nomeação de suas práticas de intervenções urbanas. Embora alguns costumem destacar a importância dessas ações ilegais como expressão de um tipo de estética de produção artística, outros continuam a inscrevê-las na condição de vandalismo, rompendo, assim, com a esfera de classificações e distinções que se operam no campo da arte (Bourdieu, 2013). Trata-se de um conjunto de intervenções, fundamentalmente, como diz Brighenti (2011, p. 37), que irritam, sendo, por vezes, vistas como uma espécie de "ataque", "insulto", "degradação". Mesmo que se acoplem aos "circuitos de comunicação", como destaca Campos (2008, p. 3), esse conjunto de intervenções o faz precisamente pelo seu inverso[14], por revelarem a capacidade de um conjunto de manifestações culturais singulares, fora dos enclaves de poder.

As metrópoles "modernas" atuam como espécie de oráculo a céu aberto. Diz-me o que cobre tuas paredes, postes de iluminação, lixeiras, que cores e nomes adornam teus muros, viadutos, edifícios, e tantos outros suportes, que dir-te-ei que cidade és. Fortaleza tanto costuma figurar nas estatísticas como uma das cidades mais violentas do Brasil[15], como tem se destacado pela intensa profusão de intervenções urbanas, em múltiplas linguagens e estéticas e pelos inúmeros festivais de artes de rua que tem implementado.

Fortaleza é uma cidade "pintada" e decantada como celeiro artístico e cultural. Desde 2002, com seu primeiro projeto, Grafiticidade, promovido pela Prefeitura Municipal de Fortaleza[16], depois o Concreto[17], Festival Internacional com mais de cinco edições, o denominado Encontro de Graffiti de Fortaleza, idealizado pela VTS Crew, que surgiu em 2007 e, mais posteriormente, o Além da Rua, com o grupo Acidum[18], a capital do Ceará tem se projetado como uma das cidades de maior destaque das artes de rua no Brasil.

A marca da efemeridade, as tentativas constantes de "apagamento" daquilo que por vezes é percebido como algo que polui a paisagem, ou que ocupa lugares não apropriados à arte, mesmo quando se trata dos murais concernentes aos festivais e às ações de natureza institucional, acabam por criar emblemáticas linhas de identificação entre ruínas, arte e cidade. O que existe em Fortaleza, suas memórias urbanas, os seus patrimônios históricos e culturais, como diz Argan (1998, p. 230), atua como "topos privilegiado" de sua história. Por vezes, a noção de patrimônio, do ponto de vista institucional, é configurada apenas na sua dimensão "concreta", como "pedra", distante das vidas de seus moradores. As abstrações, continua ele, "[...] corroem em profundidade o conceito histórico de cidade, afastam-nos da experiência, qual seja, do sentimento de cidade" (1998, p. 230). As artes de rua, contemporaneamente, por sua natureza efêmera, instantânea, por projetarem nas paredes o que se configura como dejeto urbano, acabam evidenciando dispositivos tanto de memória quanto das tensões e dos ruídos que perpassam os muros de segregação e formas de controle social do espaço (Ferrel, 1995, p. 35).

Quais sentimentos mobilizam alguns artistas de rua a intervirem em locais ameaçados de destruição, em paredes que se equilibram entre frágeis estruturas? De que modo o caráter efêmero de suas obras "coincide" com a exaustão, a ameaça de fim que ronda a vida de edificações em ruínas? Algumas intervenções emblemáticas ocorridas em Fortaleza, discorridas a seguir, põem em movimento ações artísticas cujo mote é o transitório, cuja marca é a experiência do instante que sustenta o passado que se faz presente. Qual seria a "lógica geral da sensação" (Deleuze, 2011, p. 31) que permeia imagens projetadas entre ruínas?

O que não serve para os festivais serve para as ruínas – Ensaios para a demolição

O Descoletivo foi criado em 2013, em Fortaleza, por Régis Amora[19] e Marília Oliveira[20]. A ideia do nome se deu, diz Marília[21], por não se tratar de um coletivo fixo. "Eu e o Régis encabeçamos as ações: somos nós que estamos à frente de todos os projetos, à frente do coletivo, mas a gente trabalha sempre numa perspectiva de agregar – então, em todo o projeto a gente conta com artistas convidados."

No mesmo ano de criação do Descoletivo, os dois artistas criam o projeto *"Ensaios para a demolição"*. Usando fotos que haviam sido rejeitadas por festivais e convocatórias de arte de um modo geral, "entendemos que as nossas imagens que não servem para os espaços institucionais de arte servem para ruína, assim como a ruína não serve para a cidade, mas serve 'pra' gente".

Fonte: Imagens concedidas pelo Descoletivo.

Na trama da efemeridade das estruturas materiais da cidade, nos labirintos do esquecimento, os artistas criam uma mostra fotográfica que "não pretende permanecer no tempo". A ideia, diz Marília, é deixar as imagens para serem demolidas junto com os espaços. "Quando esses lugares são demolidos, as imagens que estão lá vão juntas." Como se a arte ali projetasse espectros de imagens superpostas aos das imagens de memória ali soterradas, aninhadas entre escombros.

O que seria um espectro? Agamben (2010, p. 52) diz que são eles feitos de marcas, de signos, de nomes cifrados, de monogramas "que o tempo risca sobre as coisas". Assim, no esteio do pensamento de Agamben, tudo que acontece na cidade, nos alicerces dos prédios, nas calçadas, condensa e cristaliza uma figuração "lábil e exigente, intensa e distante. Essa figura é o espectro ou o gênio do lugar" (Agamben, 2010, p. 53). Essa existência virtual do que já foi lugar e hoje é escombro, do que existe sem que se faça ver – nominado de ruína –, ao abrigar as imagens fotográficas dos vários "ensaios"[22], que passam a atuar, também, na condição de espectros de algo. Tal qual diz Marília, rompem com a ideia de algo "que se pretende verdade, que se pretende perfeita, eterna".

433

A arte faz aliança, "mostra" (Boehm, 2017) aquilo que, mesmo em diluição, em deformação, em deterioração, ganha luminescência. Tal qual inocentes vagalumes, como assinala Didi-Huberman, que acendem e apagam "lembranças um tanto pungentes do passado" (2011, p. 31). Passado e presente, no curso das "mostrações" de arte, escapam dos fluxos lineares do tempo. Como enfatiza Marília, "o intento era exatamente" "[...] habitar essas fronteiras, essas bordas, esses lugares que não são desejáveis e que não são os lugares que os artistas habitualmente iriam expor".

Outro vetor relevante diz respeito à relação entre arte, cidade e mercado. A voracidade da especulação imobiliária, a vontade de dar outra fisionomia ao lugar, atualizá-lo, atrair turistas, faz da ruína um lugar, embora com resquícios de edificação, inexistente, inútil. Tal qual "navio fantasma" que existe submergido no mar, a vida do edifício São Pedro projeta uma existência que pouco a pouco se ausenta dos olhos da cidade. O Descoletivo, ao tentar interferir nos espaços de ruínas, passou a utilizar, como estratégia, a mesma ordem do discurso dos proprietários e dos especuladores imobiliários, como fala Marília:

> A gente entrava em contato com os donos dos lugares que estavam em processo de demolição ou à venda para serem demolidos, e a gente negociava com esses donos, inclusive dizendo a eles que, deixando uma exposição permanente, eles estariam chamando atenção para o lugar, e seria mais facilmente vendido. Então, a gente se oferecia como uma possibilidade rentável. A gente mostrava para os donos dos imóveis que eles lucrariam se deixassem utilizar o espaço. Era com esse diálogo que a gente conseguia a autorização de todos os donos, porque absolutamente todos os lugares em que a gente expôs, foi em comum acordo, depois de negociar com todos os proprietários.

É no vaivém da condição pendular de um bem imobiliário ser edificação e paulatinamente tornar-se ruína, naquilo que Kopytoff (2008) denomìna de fluxo dos bens, que se cria uma forma diferenciada da "biografia" de um lugar. Nos "torneios de valor", o bem, no caso a ruína do São Pedro, ao ser palco de uma exposição, transmuda o esquecimento em "mostração".

Ainda fazendo eco a Boehm (2007, p. 32), observa-se que as imagens não são sempre representações demonstrativas de uma significação já constituída, são, ao contrário, "mostrações originárias". No caso, ao expor nas paredes "sobreviventes" (Didi-Huberman, 2011), imagens fotográficas que percorrem mídias sociais, atraem visitantes, a arte atualiza o lugar, cria outra "biografia", promove novas valorações. Vale ressaltar que os *Ensaios para a demolição* promoveram também, nas suas várias edições, mostras fotográficas, música, exibição de curtas, performances, criando uma sinergia de linguagens artísticas, uma vitalidade à paisagem que se esvai entre ruínas.

Os "Ensaios" catalisam processos de reconfiguração da edificação quando agenciada por intervenções artísticas. Esse "acontecimento" cria aquilo que Deleuze (2011), na citada obra *A lógica das sensações*, assinala como sendo a presença das sombras – no caso, as ruínas –, adquirindo elas uma espécie de reconfiguração, de atualização do "corpo" da edificação que jaz entre vigas e paredes que caem.

Fonte: Imagens concedidas por Felipe Camilo, coordenador do Festival do Efêmero.

435

O Efêmero

O Festival Nacional de Fotografia Experimental[23], o Efêmero[24], com base em Fortaleza, teve sua primeira edição entre 25 e 30 de abril de 2021. Na sua página do Instagram, foi anunciado no dia 8 de março o Festival, que "celebra a fotografia enquanto experimentação, e que abraça o desenvolvimento profissional e artístico, assim como o intercâmbio de saberes históricos e de ponta no campo fotográfico".

O Festival, com boa parte de sua programação *on-line*, teve uma extensa agenda voltada a processos de produção artesanais, da fotografia à impressão. Foram também realizados ciclos de diálogos, exposições, oficinas, feira de publicações e residência artística. As exposições, denominadas *Lambe-lume* e *Mnemomáquina*, aconteceram nas ruas de Fortaleza em formato de colagem lambe-lambe, projeções e desdobramentos *on-line*. De acordo com um de seus coordenadores[25], o Efêmero moveu-se pela importância de proporcionar encontros em um momento tão difícil de isolamento, mesmo que sejam *on-line*.

Tal qual enfatiza Igor Cavalcante, no termo de nominação do Festival, o Efêmero, foi idealizado partindo da ideia:

> [...] de que a matéria-prima da fotografia, além da luz, é o tempo. Esse termo parte da própria natureza do festival e do *zeitgeist* da fotografia experimental, que vive dos paradoxos relacionados à duração: tem os processos fotográficos históricos que, se por um lado dizem estar se perdendo, por outro têm sido cada vez mais acessível seu conhecimento através da internet; tem a fragilidade dos materiais fotográficos, sejam físicos, sejam digitais; tem o volume crescente de imagens criadas a partir de dispositivos móveis, que em sua maioria são esvaziados de intenção; e tem a noção de que a câmera é uma máquina de imortalizar memórias, que com o tempo vão se diluindo em nossa mente. Algumas fotografias duram mais que as memórias, algumas memórias duram mais que as fotografias.

Já o Efêmero, esse breve momento de encontro, como uma fotografia instantânea, tem a potência de se tornar longevo.

Além da luz, o tempo é também matéria-prima da fotografia. Sendo ela, a fotografia, constantemente interpelada pelos paradoxos da duração, pelos dilemas entre efemeridade e da permanência, como são os processos de formação do mundo urbano contemporâneo. Assim, como assinalou acima um dos coordenadores do Festival, a fragilidade dos materiais fotográficos, sejam físicos, sejam digitais, tal qual nas paisagens urbanas, é relativa ao "[...] resultado dos efeitos de decomposição criado pela rítmica descontínua de uma pluralidade de dispersas durações vividas por seus habitantes e religadas entre si pelo jogo do social" (Eckert e Rocha, 2013, p. 137). Portanto, tendo em vista não apenas a referida fragilidade dos materiais, a fotografia, embora "dure" mais do que a memória, está para além da decantada pretensão de "reinar sobre a visão", tal qual destaca Deleuze (2011, p. 47).

Fotografias projetadas entre ruínas criam quase um pleonasmo, uma redundância, tendo em vista a potência irruptiva que se abriga em uma edificação que, embora ainda erguida, já não existe mais. Como diz Fortuna (2013, p. 112), num instigante diálogo com Simmel sobre as cidades e as ruínas:

> Antes subordinada ao espírito, a natureza dotada de "força brutal, corrosiva, demolidora e destrutiva", exibe a sua "revolta" e transfigura-se em ruína: no instante em que a decadência destruir a unidade da forma, natureza e espírito voltam a separar-se novamente para revelar o seu estado original de acentuado antagonismo (Simmel, 1959, p. 260). Convertida em ato prosaico de desabamento do edificado, aquela "rebelião" constitui-se na origem da ruína e permito-me considerá-la como expressão alegórica da conflitualidade urbana de todos os tempos.

"O prosaico desabamento do edificado", a separação anunciada entre "natureza e espírito", a existência de parte substantiva da memória de uma cidade condensada nas paredes do São Pedro evidenciam versões variadas da "conflitualidade urbana" que atravessa a história de Fortaleza. Felipe Camilo conta que o edifício São Pedro era um dos pontos da cidade incluídos nas intervenções de lambe-lambe, como também de algumas projeções:

> [...] a gente iria usar a região inferior pro lambe-lambe e projetar em cima. Eu tô falando isso no futuro do pretérito, porque com o acidente do falecimento da JAP, achamos que não seria muito legal, até em termos espirituais mesmo, pendurar fotos e fazer festas em um lugar de morte recente de uma artista de rua. Aí, a gente achou que talvez melhor do que fazer uns lambe-lambes lá fosse projetar em homenagem a ela e tal. A gente estava fazendo projeções em outros lugares, mas lá era o lugar mais desafiador para projetar, né.

A coordenação do projeto chegou a tentar projetar fotografias no edifício, mas assinala que não foi tão eficiente quanto a projeção do texto, por conta do volume do prédio e pela intensa luminosidade ao seu redor. Uma imagem de Kong Silva, que fez homenagem para JAP – a mencionada artista que teve morte imediata após a queda entre andares do edifício –, também estava lá, além de algumas frases. Qualquer aproximação de participantes do festival no interior do prédio foi descartada, não apenas pelo risco iminente de desabamento de algumas de suas estruturas, mas também por ter acontecido um incêndio em uma parte específica do prédio. Essas cenas, projeções que iluminaram ruínas tatuadas, acionaram certamente "novas estratégias cognitivas do edifício" (La Rocca, 2011, p. 61). Os *frames* e *flashs* narrativos criaram outras percepções da realidade urbana da metrópole e outros feixes de emoções coletivas sobre um lugar de memória em franca decomposição.

Fonte: Imagem concedidas por Felipe Camilo, coordenador do Festival do Efêmero.

Aí, preocupado com isso, a gente resolveu fazer essa projeção com algumas frases bem simples, pra projetar de maneira mais fácil, que era "memória é fortaleza", nos dois sentidos, a cidade e o estado de fortaleza, a propriedade da memória; e "memória é aprova de fogo", "JAP vive", "S. Pedro vive", foram essas *hashtags*. Aí foram quatro telas de textos se repetindo algumas vezes, também teve "fora Bolsonaro", que a gente não podia deixar de colocar. Nessa ocasião, e em várias outras, a gente estava projetando um memorial de pessoas que faleceram da Covid-19, que se chama "*inumeráveis*", que está na internet. É um projeto coletivo bonito. O projeto é de São Paulo: https://inume-raveis.com.br/.

Para além do dilema da duração, "[...] a imagem se opera através do duplo paradigma da transparência e da opacidade" (Alloa, 2017, p. 15). Diante da perspectiva figurativa, há a experiência da imagem que nos interpela. O Efêmero, ao partilhar imagens atravessadas pelo excesso de iluminação, expandidas pelo volume do prédio, ao afirmar a vida de um lugar ameaçado de demolição, torna as palavras projetadas tijolos dilatados da memória, filamentos dos "sentimentos de cidade" (Argan, 1998). Sentimentos esses que, diante do silêncio de estruturas despovoadas, provocam formas de existência da história de uma cidade que, cada vez mais, na alusão à Calvino (1990), se faz invisível.

Por tais razões, importa menos imaginar para que "servem" as imagens dos "Ensaios" ou do Efêmero do que pensar "como" elas existem (Samain, 2012, p. 21), "como nos fazem viver", ou como as ruínas de um edifício ativam a vontade de potência da arte que inspira e move o tempo presente.

#Palavras Finais: alegorias da arte e polifonias das ruínas

O Efêmero, assim como os "Ensaios para a demolição", ao promoverem intervenções entre ruínas, encontros entre múltiplas linguagens artísticas, ao atuarem na esfera da "expressão alegórica da conflitualidade urbana" (Fortuna, 2013, p. 112) efetuam um dispositivo de transmudação do tempo. A arte, ao possibilitar inverter cronologias, vivificar aquilo que está a ruir pouco a pouco, rompe com a ideia de algo "que se pretende verdade, que se pretende perfeita, eterna," como fala Marília dos "Ensaios". Efetua uma espécie de montagem de tempos heterogêneos ou anacrônicos (Jacques, 2018, p. 209).

A dimensão alegórica das forças que atravessam as ruínas já foi decantada por Benjamim (1990, p. 76). A obra de arte, para ele, é ruína (no que se refere ao seu estudo sobre o drama barroco). Ao se projetarem entre escombros, nos prédios em exaustão, as artes acabam por projetar, ainda seguindo linhas de reflexão de Benjamin, significados alegóricos, promovendo uma forma de eternização de um bem simbólico que sucumbe ao tempo e às políticas de esquecimento das memórias urbanas.

Talvez seja essa a força da arte ao se aproximar, se misturar às ruínas: produzir o efeito "mostração" (Boehm, 2017), de que "a história é objeto de uma construção cujo lugar não é o tempo homogêneo e vazio, mas um tempo saturado de 'agoras'" (Benjamin, 1994, p. 229). A "força brutal" da corrosão do tempo nos "Ensaios", as imagens-textos projetadas nas paredes do São Pedro, o efêmero das frases, a partilha das *hashtags* no edifício em ruína abraçam estruturas que caem e se mantêm em pé nos "agoras" atualizados pelos dispositivos acionados pelas artes. Tal qual destaca Felipe Camilo, a intervenção do Efêmero realizada no edifício São Pedro provocou uma espécie de "trânsito dos objetos". A projeção passa a intervir na política da cidade, "e de maneira imagética, fantasmagórica", insere-se no debate público sobre patrimônio.

A relação entre artes e ruínas, entre arquitetura urbana e ruínas, tal qual enfatiza Fortuna, dá a ver a "guerra urbana" que movimenta muitas das grandes cidades (2013, p. 118). As intervenções realizadas tanto pelos *Ensaios para a demolição* quanto pelo Efêmero produzem efeitos paradoxais de "movimentos 'antirruína' das ocupações e das lutas e movimentos pela emancipação social" (Fortuna, 2013, p. 118).

A arte é uma das linhas que se move entre vestígios e rachaduras de ruínas e vai assim compondo narrativas do esquecimento e do aclaramento da memória. Como bem disse Marília Oliveira[26] quando se referia a uma exposição realizada também pelo Descoletivo, denominada "Linha da Costa"[27], o trabalho do artista diz respeito a uma "arqueologia da banalidade". No caso, significa recolher escombros, restos, lixo, "coleções desimportantes", tal qual assinala Marília, e ir "compondo instâncias de memórias por vias arbitrárias, ou atualizar as histórias desses lugares por meio das narrativas artísticas que são criadas a partir do que é resto, pelo que foi deixado para trás".

As artes criam outras organizações de narrativas para aquilo que foi outra coisa, do que foi habitado por outras histórias, e ganha, no tempo presente, o nome de ruínas. Sendo o "instante único" das ruínas, tal qual caracteriza Olgária Matos, o contrapor do devir abstrato do tempo "compensando a sistemática tripartição – antes, durante, depois – pela dinâmica *pas encore* (ainda não) e *jamais plus* (nunca mais)" (1998, p. 36). Tudo se condensa em um só artefato, em um só tecido de concreto: a ruína. Ela surge como tremor, visão estarrecedora que se tem diante da fantasmagoria de uma estrutura em exaustão, sendo ela a própria visão de que o tempo linear é uma invenção do mundo, e assim sendo escapa do "regime estético das artes" (Rancière, 2009, p. 16).

Por fim, o que seria mais contemporâneo para as artes do que ter como matéria-prima aquilo que de tanto existir "já não existe mais"? Sendo o contemporâneo, conforme alude Agamben (2010, p. 222), aquilo que tem uma relação anacrônica entre diferentes tempos, entre "as interrupções dissociativas, intempestivas", as ruínas, "fissuram qualquer tipo de cronologia linear", assim como as artes. A sintonia entre arte e ruínas põe em relevo, no "ato prosaico de desabamento do edificado", como bem diz Fortuna (2013, p. 112), na tragédia que tira a vida de JAP, a rebelião do esquecimento da história de uma cidade e de seus lastros de memória. As artes afirmam, entre imagens, projeções, inscrições em paredes que caem, o que nunca morre #JAPVIVE #SãoPedroVive.

Os *Ensaios para a demolição*, o Festival Efêmero, suas imagens que apagam e acendem, dão voz à palavra solilóquio, aquela, como diz Rancière (2009, p. 39), que não fala a ninguém, "a não ser as condições impessoais e inconscientes da própria palavra". Diz sobre a pura dor de existir de um lugar que, mesmo condensando tantas histórias e tanta vida, passa a ser denominado ruína.

Notas

[1] Disponível em: <https://academianacionaldosindico.com.br/2019/09/06/a-historia-do-condo-minio-condominio-edificio-sao-pedro-praia-de-iracema-fortaleza-ce/>. Acesso em: 7 set. 2021.

[2] Disponível em: <https://g1.globo.com/ce/ceara/noticia/2021/08/19/tombamento-do-edificio-sao-pedro-e-cancelado-pela-prefeitura-de-fortaleza.ghtml>. Acesso em: 1º fev. 2022.

[3] Disponível em: <https://www20.opovo.com.br/app/opovo/cotidiano/2016/02/02/noticiasjornalcotidiano,357003 0/torre-pode-dar-nova-funcao-a-edificio-diz-arquiteto.shtml>. Acesso em: 7 ago. 2021.

[4] Ver sobre o assunto no artigo "Projeto do novo edifício São Pedro – uma nova dimensão de preservação na cidade de Fortaleza?", de Marcelo Mota Capasso, em trabalho apresentado na 31ª Reunião Brasileira de Antropologia, em 2018. Disponível em: <http://www.evento.abant.org.br/rba/31RBA/files/1544834923_ARQUIVO_CAPASSO-RBA-EdificioSaoPedro.pdf>. Acesso em: 9 jul. 2021.

[5] Disponível em: <https://fortaleza2040.fortaleza.ce.gov.br/site/>. Acesso em: 9 jul. 2021.

[6] Disponível em: <http://www.mpce.mp.br/2021/04/30/mpce-ingressa-com-pedido-cautelar-para-garantir-a-prote cao-do-edificio-sao-pedro-em-fortaleza/>. Acesso em: 9 jul. 2021.

[7] Disponível em: <https://www.opovo.com.br/noticias/fortaleza/2021/08/20/edificio-sao-pedro-
-do-hotel-luxuoso-mais-alto-da-orla-ao-cenario-de-abandono-e-depredacao.html>. Acesso em:
9 jul. 202.

[8] Disponível em: <https://www.youtube.com/watch?v=VL6sB4MZ0o0>. Acesso em: 9 jul. 2021.

[9] Waclawek (2008, p. 121) indica o *graffiti* como uma forma de inserção transgressiva nos contextos da cultura urbana das cidades. A natureza ilegal e o vetor da rebeldia recortam, de forma
mais destacada, a genealogia do *graffiti*. No âmbito das artes de rua, além do *graffiti*, fazem parte
as pinturas de muros, também designadas de muralismo, o *stencil*, técnica de pintura por meio de
elementos vasados, a colagem ou lambe, os *stickers*, entre outros, e inserem-se no mesmo campo
semântico. O *bombing* é uma variação do *graffiti*, que, assim como o pixo, produz um tipo de
assinatura com letras arredondadas, em geral ganhando uma estética mais alargada, de maior
impacto visual e uma paleta de cores variadas.

[10] Memórias de um navio Fantasma, publicado no Bemdito. Disponível em: <https://bemditojor.
com/memorias-de-um-navio-fantasma/>. Acesso em: 2 ago. 2021.

[11] Entrevista realizada em 17 de agosto de 2021, por meio do WhatsApp.

[12] Disponível em: <https://www.scielo.br/scielo.php?script=sci_abstract&pid=S-
0102-69092002000200008&lng =pt&nrm=iso&tlng=pt>. Acesso em: 6 set. 2021.

[13] Caso exemplar de uma intervenção efetuada por meio do Festival Concreto, o painel grafitado
no Farol do Mucuripe, por Rafael Limaverde e Rogério Arab, denominado Lux Lacrimosa. Essa
ação gerou uma grande polêmica na mídia, tendo em vista ser o referido farol um bem patrimonial.
Carolina Ruoso traz uma significativa discussão sobre o assunto: "Não existe patrimonialização sem
vandalismos. A fabricação do patrimônio é por si um processo de seleção, de escolhas e recortes.
Toda patrimonialização forja identidades e inventa discursos sobre si e sobre o outro". Disponível
em: <https://pesquisamuseu.wordpress.com/2013/11/20/marejaram-os-olhos-do-mar-dialogos-en-
tre-grafite-e-patrimonio-em-fortaleza/>. Acesso em: 11 jul. 2021. Sobre o assunto, ver também
o artigo Diagramas de Juventude Contemporânea: Artes e astúcias de reinvenção da cidade. *In*:
Bittencourt, João Batista. Juventudes contemporâneas: desafios e expectativas de transformação.
Rio de Janeiro: Telha, 2020.

[14] Paula Guerra (2019, p. 37), ao discorrer acerca das intervenções do artista português Miguel
Januário, o ±MaisMenos±, assinala que "[...] uma das maiores preocupações de Miguel Januário
é a cooptação da *street art*. É por isso que a sua estratégia passa por aproveitar a ambiguidade nas
relações institucionais que se vão gizando".

[15] Para ler mais acerca da relação entre cidade, artes de rua marcadas pela contravenção e ilegali-
dade, ver Diógenes e Pereira (2017, p. 773). Segundo os autores, no caso do pixo, se produz "[...]
um mapa (in)visível das metrópoles e sedimentos de uma memória submersa".

[16] Houve, recentemente, a IV Semana de Graffiti de Fortaleza, organizada pela Coordenadoria
Especial de Políticas Públicas de Juventude e Rede Cuca, da Prefeitura Municipal de Fortaleza.
Disponível em: <https://www.fortaleza.ce.gov.br/noticias/iv-semana-do-grafiti-de-fortaleza-reu-
ne-30-artistas-de-rua-na-rede-cuca>. Acesso em: 1o fev. 2022.

[17] "Desde a Edição de 2013, 626 artistas participaram do Festival Concreto, entre eles: 76 Artistas
Internacionais, 107 Artistas Nacionais e 383 Artistas Cearenses". Site do Festival: <https://www.
festivalconcreto.com.br/festival/edicao-2018/>. Acesso em: 1º fev. 2022.

[18] O grupo Acidum organiza o Além da Rua – Festival Internacional de Artes e Conexões, que teve sua segunda edição em 2019. Disponível em: <https://diariodonordeste.verdesmares.com.br/editorias/verso/festival-de-arte-urbana-alem-da-rua-ocupa-as-praias-de-iracema-e-do-pecem-com-acoes-gratuitas-1.2147396>. Acesso em: 4 jul. 2021.

[19] Ex-diretor do Instituto da Fotografia. Membro-fundador do Descoletivo. Finalista do prêmio La Sallita, na Espanha. Trabalhos no Festival Encontros da Imagem no Museu Pio IX, em Braga/Portugal, e no Festival Outono Fotográfico, na Galícia. Exposições em diversos espaços de Fortaleza.

[20] Artista visual, pesquisa autobiografia, gênero, memória e arquivo. Doutoranda em Artes Visuais pela Universidade Federal da Bahia (UFBA), atualmente pesquisa o amor sapatão e as possibilidades autobiográficas e de memória coletiva lésbica. No Descoletivo, com Régis Amora, pesquisa, principalmente, a ocupação das cidades e a memória, as narrativas e as possibilidades de mergulho na história e, como costuma dizer, "na carne da terra cearense".

[21] Entrevista realizada dia 20 de agosto de 2021, via WhatsApp.

[22] Já houve cinco edições dos "Ensaios" entre 2013 e 2015, em Fortaleza e no interior do estado.

[23] Esse projeto é uma realização do IFOTO, apoiado pela Secretaria Estadual da Cultura do Ceará, por meio do Fundo Estadual da Cultura, com recursos provenientes da Lei Federal n.º 14.017/2020. É coordenado por Felipe Camilo e Igor Cavalcante.

[24] Mais informações disponíveis em: <https://www.instagram.com/efemero.festival/>. Acesso em: 1 fev. 2022.

[25] Os coordenadores do Projeto Efêmero são: Dayne Araújo (fotógrafa), Felipe Camilo (fotógrafo e doutor em Sociologia) e Igor Cavalcanten (fotógrafo).

[26] Disponível em: <https://www.youtube.com/watch?v=VL6sB4MZ0o0>. Acesso em 2 fev. 2022.

[27] Juntamente com Régis Amora e Tadeu Dias, a exposição foi realizada no Museu de Arte Contemporânea do Ceará, em 6 de setembro de 2019. Trata-se de obras que discutem o avanço das marés em localidades da orla cearense e sua consequente destruição.

Referências

AGAMBEN, Giorgio. *O homem sem conteúdo*. Belo Horizonte: Autêntica, 2012.

AGAMBEN, Giorgio. *Nudez*. Lisboa: Relógio D'Água, 2010.

ALLOA, Emmanuel. Entre a transparência e opacidade – o que a imagem dá a pensar. *In*: ALLOA, Emanuel. *Pensar a Imagem*. Belo Horizonte: Autêntica, 2019. pp. 7 - 19.

ARAÚJO, Leonardo. Memórias de um navio fantasma. *Bemdito*, 1º set. 2021. Disponível em: <https://bemditojor.com/memorias-de-um-navio-fantasma/>. Acesso em: 2 ago. 2021.

ARGAN, Carlo. *História da Cidade como história da arte*. São Paulo: Martins Fontes, 1998.

BENJAMIN, Walter. *El origen del drama barroco alemán*. Madrid: Taurus, 1990.

BENJAMIN, Walter. *Magia e técnica, arte e política*: ensaios sobre literatura e história da cultura. Tradução Paulo Sérgio Rouanet. São Paulo: Brasiliense, 1994. (Obras escolhidas, v. 1.)

BOEHM, Gottfried. Aquilo que se mostra. Sobre a diferença icônica. *In*: ALLOA, Emanuel. *Pensar a Imagem*. Belo Horizonte: Autêntica, 2019. pp. 23 - 38.

BOSI, Ecléa. *Memória e Sociedade* – lembranças de velhos. São Paulo: T. A. Queiroz, 1983.

BOURDIEU, Pierre. *A Distinção* – Crítica Social do Julgamento, Porto Alegre: Zouk, 2013.

BRIGHENTI, Andrea. Imaginacções: Imagens actuantes e a imaginação dos territórios urbanos. *In*: CAMPOS, Ricardo; SPINELLI, Luciano; BRIGHEN-TI, Andrea. *Uma cidade de imagens*: produções e consumos visuais em meio urbano. Lisboa: Mundos Sociais, 2011.

BRISSAC, Nelson. *Paisagens Urbanas*. São Paulo: Senac, 2004.

CALVINO, Ítalo. *As cidades invisíveis*. São Paulo: Companhia das Letras, 1990.

CAMPOS, Ricardo. *Movimentos da imagem no Graffiti*. Das ruas da cidade para os circuitos digitais. Lisboa, 2008. Disponível em: <http://associacaoportuguesasociologia.pt/vicongresso/pdfs/98.pdf>. Acesso em: 23 ago. 2021.

CERTEAU, Michel. *A invenção do cotidiano 1* – As artes do fazer. Petrópolis: Vozes, 1994.

DELEUZE, Gilles. *Francis Bacon* – A lógica da sensação. Lisboa: Orfeu Negro, 2011.

DIDI-HUBERMAN, Georges. *Sobrevivência dos vaga-lumes*. Belo Horizonte: Ed. UFMG, 2011.

DIÓGENES, Glória. Arte, pixo e política: dissenso, dissemelhança e desentendimento. *Vazantes* – Revista do Programa de Pós-graduação em Artes, Fortaleza, v. 1, n. 2, pp. 114 - 134, 2017.

DIÓGENES, Glória. Diagramas da Juventude Contemporânea: Artes e astúcias de reinvenção da cidade. *In*: BITTENCOURT, João Batista (org.). *Juventudes contemporâneas*: desafios e expectativas de transformação. Rio de Janeiro: Telha, 2020.

DIÓGENES, Glória; PEREIRA, Alexandre. Rasuras, ruídos e tensões no espaço público no Brasil: Por onde anda a arte de rua brasileira? *Dilemas, Revista de Estudos, Conflito e Controle Social*, Rio de Janeiro, v. 13, n. 3, pp. 759 - 777, set./dez. 2020.

ECKERT, Cornelia; ROCHA; Ana Luiza. Etnografia da duração nas cidades e suas consolidações temporais. *Revista de Ciências Sociais*, n. 34, p. 107-126, abr. 2011. Disponível em: <https://periodicos.ufpb.br/ojs/index.php/politicae-trabalho/article/view/12185/7050>. Acesso em: 8 set. 2021.

FERREL, Jeff. *Urban Grafitti*: crime, control, and resistance. 1995. Disponível em: <http://www.corwin.com/upm-data/4025_Pogrebin_Ch04.pdf>. Acesso em: 2 ago. 2021.

FORTUNA, Carlos. Georg Simmel: as cidades, a ruína e as novíssimas metrópoles. *Philosophica*, Lisboa, n. 42, pp. 107 - 123, 2013.

FURLANI, Clarisse. Cidade Moderna. *Revista Fortaleza*, Edições O Povo, Fortaleza, 11 jun. 2006.

GIRÃO, Raimundo. *Geografia estética de Fortaleza*. Fortaleza: Banco do Nordeste do Brasil, 1979.

GUERRA, Paula. Nothing is forever: um ensaio sobre as artes urbanas de Miguel Januário ±MaisMenos±. *Horizonte Antropológico*, Porto Alegre, ano 25, n. 55, pp. 19 - 49, set./dez. 2019.

JACQUES, Paola B. *Pensar por montagens*. Disponível em: <http://books.scielo.org/id/8synr/pdf/jacques-9788523220327-09.pdf >. Acesso em: 22 ago. 2021.

KOPYTOFF, Igor. A biografia cultural das coisas: a mercantilização como processo. *In*: APPADURAI, Arjun. (org.). *A vida social das coisas*: as mercadorias sob uma perspectiva cultural. Rio de Janeiro: EdUFF, 2008. pp. 89 - 124.

LA ROCCA, Fabio. A cidade visual. *In*: CAMPOS, Ricardo; BRIGHENTI, Andrea, SPINELLI, Luciano. *Uma cidade de imagens* – produções e consumos visuais em meio urbano. Lisboa: Mundos Sociais, 2011.

LEFEBVRE, Henri. *Introdução à modernidade*. Rio de Janeiro: Paz e Terra, 1969.

MATOS, Olgária. *Vestígios*: escritos de filosofia e crítica social. São Paulo: Palas Athena, 1998.

PROENÇA LEITE, Rogerio. *Contra-usos e espaço público. Revista brasileira de ciências sociais*, v. 17, pp. 115 - 134, 2002.

RANCIÈRE, Jacques. *O Inconsciente Estético*. São Paulo: Editora 34, 2009.

RAPOSO, Paulo. "Artivismo": articulando dissidências, criando insurgências. *Cadernos de Arte e Antropologia*, v. 4, n. 2, pp. 3 - 12, 2015.

RUOSO, Carolina. Marejaram os olhos do mar: Diálogos entre grafite e patrimônio em Fortaleza. Pesquisa Museu, 20 nov. 2013. Disponível em: <>. Acesso em: 26 ago. 2021.

SAMAIN, Etienne. *Como pensam as imagens*. São Paulo: Editora da Unicamp, 2012.

SHAPIRO. Roberta. Que é artificação? *Sociedade e Estado*, Brasília, v. 22, n. 1, pp. 135 - 151, jan./abr, 2017.

SIMMEL, Georg. The ruin. *In*: WOLFF, Kurt H. (org.). *Essays on Sociology, Philosophy and Aesthetics*. Nova York: Harper, 1959. pp. 259 - 266.

VILAR, Fernanda. *Enlaces* – artes periféricas, artivismo e pós-memória, 2019. Disponível em: <https://estudogeral.sib.uc.pt/bitstream/10316/87176/1/MEM-OIRS_newsletter_38_FV_pt.pdf>. Acesso em: 22 ago. 2021.

WACLAWEK, Anna. From graffiti to the street art movement: negotiating art worlds, urban spaces, and visual culture, c. 1970-2008, 2008. Tese (Doutorado) – Departamento de História, Concordia University, Montreal, Quebec, Canadá, 2008. Disponível em: <>. Acesso em: 28 ago. 2021.

O poder da "imagem-ação": criatividade e transmemória em tempos de pandemia

Helena Pires
Zara Pinto-Coelho

No quadro da pandemia de Covid-19, e em período de confinamento, no decorrer das suas rotinas de pesquisa de notícias sobre arte e cultura nas mídias *on-line*, a *Passeio* – Plataforma de arte e cultura urbana do Centro de Estudos de Comunicação e Sociedade da Universidade do Minho, de Portugal[1] –, cujas atividades coordenamos, deparou-se com um projeto especialmente criativo e estimulante. *Tussen Kunst & Quarantaine*[2] nasceu em contexto de pandemia, na Holanda, pela mão de Anneloes Officier, e rapidamente se tornou numa plataforma viral, disseminada a uma escala global, de "recriação de obras de arte famosas com objetos e cenários caseiros"[3]. O projeto, lançado em março de 2020, inicialmente fechado a um pequeno grupo de amigos, visava, nas palavras da sua mentora, contrariar o aborrecimento, e partia de um desafio muito simples, que consistia em imitar uma obra de arte famosa usando três itens presentes no espaço doméstico, tirar uma fotografia e partilhar em uma conta pública de Instagram.

O surpreendente fenômeno *Tussen Kunst & Quarantaine* despertou-nos, desde logo, para um conjunto de interrogações, as quais, por sua vez, expressam grande parte das intersticialidades que caracterizam a complexidade da arte contemporânea. Optamos, pois, por adotar esse caso específico de criatividade como pretexto para a discussão que aqui procuramos estimular. Fiquemo-nos pela deriva por entre alguns tópicos de reflexão com os quais, a propósito desse caso, a *Passeio* se deparou, em jeito de interrogações em aberto.

Recriação coletiva anônima e fim da autoria?

É sabido que a iniciativa partiu, como já referido, de Anneloes Officier, juntamente com os seus dois companheiros de apartamento, tendo as primeiras imagens sido partilhadas apenas com os amigos em sua conta privada de Instagram. Observando que o Rijksmuseum, a partir de 19 de março, em período de quarentena, a seguia, Anneloes conta que decidiu então criar uma conta pública, o que despoletou não só uma crescente participação coletiva no projeto, como o interesse de diversos museus mundo afora – MET (Nova York), Louvre (Paris), Getty (Los Angeles), The Heritage (S. Petersburgo) ou mesmo o Museu de Lamas, em Portugal –, que se juntaram, incentivando os seus próprios públicos a recriarem obras de arte e a partilharem a sua criatividade no Instagram[4].

Podemos assim observar-se que, na sua origem, o projeto em causa decorre de uma iniciativa simultaneamente pessoal e partilhada, entre Anneloes e os companheiros de habitação. O sentido de produção coletiva é reproduzido na disseminação da participação pública no projeto através do Instagram e acentuado ainda por sua apropriação por parte de museus de notoriedade internacional que, por sua vez, se juntam à divulgação e ao apelo à participação dos públicos. A discriminação entre autoria individual e coletiva das recriações não é clara ou tida como princípio. Note-se, de resto, que algumas das imagens partilhadas mostram composições visuais e performativas em que participam famílias ou vários dos habitantes do espaço doméstico. Adultos, crianças, animais e os mais diversos objetos prestam-se a exercícios de reprodução de obras de arte sem que aparentemente haja preocupação com a identificação da "autoria" da recriação, salvaguardada a possibilidade, circunstancial, de identificação da conta pessoal de emissão no Instagram.

Acresce, por outro lado, que a justaposição entre as obras de arte famosas que inspiram as recriações partilhadas arrisca sugerir, de algum modo, a nivelação entre o estatuto do artista, tradicionalmente entendido como genial, e o indivíduo comum e anônimo, deslocado do seu papel

449

de público para o papel de criador. Já no seu famoso e amplamente citado texto, *A obra de arte na era da sua reprodutibilidade técnica*, iniciado em 1936, Walter Benjamin observava, designadamente, a propósito das transformações operadas pelo cinema, que "em determinadas circunstâncias, qualquer um pode ser parte de uma obra de arte" (Benjamin, 1955/1992, p. 96). Dizia ainda o autor: "a diferença entre autor e público está prestes a perder o seu carácter fundamental" (Benjamin, 1955/1992, p. 97). Prenunciava, assim, aquilo que mais tarde Jacques Rancière viria a transformar na sua tese fundamental com a expressão *O espetador emancipado* que intitula a sua obra homônima. Introduzindo o (res)surgimento da arte comunitária, com base no exemplo do teatro de Brecht (ao qual, além do mais, Benjamin não deixa antecipadamente de fazer alusão na sua obra)[5], Rancière fala da distância, "condição normal de toda a comunicação", que importa transpor, entre o "ignorante" e o "mestre". Acreditando na ação transformadora do público, começando pelo próprio olhar, o autor defende a importância de uma ação, antes de mais, de aprendizagem: a arte de pôr as suas experiências em palavras e as suas palavras à prova, de traduzir as suas aventuras intelectuais para uso dos outros e de voltar a traduzir as traduções que os outros lhe apresentam das respetivas aventuras (Rancière, 2010, p. 19)

Já diversos artistas nos anos 1960, nomeadamente Warhol, ou Kaprow, entre outros, haviam estendido o seu processo criativo à participação coletiva, quer de outros artistas, cujos nomes permaneceu no anonimato, no caso de Warhol, quer dos públicos, incentivados à cocriação da obra, de natureza efêmera ou intencionalmente exibida na sua forma performativa inacabada em espaços expositivos muitas vezes pouco convencionais, como é o caso de Kaprow (artista cujo trabalho se caracteriza pelo recurso à performance e à *assemblage*). É oportuno ainda referir a importância de Beuys (2010), cuja pedagogia artística elegia como valor primeiro o reconhecimento da capacidade criativa ao indivíduo anônimo. Nas suas então célebres *lectures* abertas, amplamente participadas pelo público em geral, discute-se intensamente o papel da arte e dos artistas na sociedade, assim como na esfera política. Beuys defende a importância da arte na sua dimensão de arte-comunicação ou de arte-conhecimento, isto é, enquanto expressão socialmente partilhada do pensamento e "co-constitutiva", de algum modo, do sentido de comunidade politicamente comprometida. Dizia o artista, de resto, que toda a sua arte poderia ser considerada arte pública. "Cada homem um artista" é uma conhecida expressão, atribuída a Beuys, que sintetiza bem o princípio da dessacralização do estatuto do criador da obra de arte que em *Tussen Kunst & Quarantaine* de dois modos se assume. Por um lado, por meio da abertura do projeto à participação de qualquer indivíduo, amador e anônimo, por outro, no desafio de recriação de obras de artistas consagrados. Em si mesmo, esse desafio permite explorar as muitas possibilidades de reinvenção de composições visuais e de efeitos estéticos que aproximam essas mesmas recriações das obras que as inspiraram, ao mesmo tempo que, implicitamente, se esbatem distâncias entre os artistas das referidas obras e os criativos que as reinventam.

Tal movimento acontece em um contexto em que a arte se tem aproximado como nunca antes da banalidade cotidiana. Em Jeff Koons, a mais escandalosa banalidade transforma-se em fantasia e em obra de arte. Disso são exemplo os seus "cães-balões". Damien Hirst, por seu turno, discípulo de Koons, celebrizou-se com *A impossibilidade física da morte na mente de alguém vivo*, uma escultura, de 1991, que consiste num "tubarão-tigre" preservado em formol, numa vitrine. Ambos os artistas surgem associados ao escândalo, apresentando "obras" frequentemente parodiantes e com forte impacto junto dos públicos, desafiando quaisquer convenções. As suas criações estão entre as mais cotadas no mercado da arte contemporânea e os respetivos artistas entre os mais famosos e ricos.

O desaparecimento da originalidade e da autenticidade como critérios de valoração e de definição do fenômeno artístico impossibilita-nos, hoje, o discernimento entre os diferentes tipos de artefato.

O limite entre o original e a cópia. Os movimentos apropriacionistas

O recurso a objetos domésticos tão prosaicos como o papel higiénico, os eletrodomésticos (aspirador, ferro de engomar, etc.) o balde e a esfregona ou mesmo o computador portátil – todos eles signos das rotinas instaladas nos lares em fase de quarentena – serve ao propósito da recriação de obras de arte famosas. Assim se imitam originais, resgatando técnicas e gêneros conhecidos na história da arte. A diluição da aura, associada à obra única, autêntica e original, sobretudo impulsionada, segundo a conhecida tese de Benjamin, pelo papel transformador das novas possibilidades de reprodutibilidade técnica, potenciadas pela fotografia, pelo cinema, e antes disso pela xilogravura e afins, é acentuada por diversos artistas e movimentos a partir de inícios do século XX. Começando pelo Dadaísmo (Richter, 1993), movimento nascido em 1916, em Zurique, e liderado por Tristan Tzara, Hugo Ball e Hans Arp, é de notar o recurso às técnicas de colagem, designadamente de recortes de papéis encontrados no cotidiano, bem como o carácter de espontaneidade e a gratuitidade do exercício. Similarmente, o processo criativo inerente a *Tussen Kunst & Quarantaine* manifesta-se herdeiro de um mesmo processo, uma vez que o uso intencional de materiais pouco nobres reforça, por si, o sentido de desconstrução dos valores da arte tradicional. Poderá acrescentar-se a alusão ao Surrealismo, surgido por volta de 1920, em Paris, dirigido pelo poeta e crítico André Breton. Artistas como Antonin Artaud (teatro), Luis Buñuel (cinema), Max Ernst, René Magritte e Salvador Dalí (artes plásticas), entre outros, estão associados a esse movimento. À semelhança do que acontecia com o Surrealismo, na gênese das técnicas, por exemplo, da colagem ou assemblagem, também em *Tussen Kunst* os objetos comuns do quotidiano são esvaziados do seu sentido literal para assumirem novos papéis e significações, no quadro de uma sintaxe que ao mesmo tempo decalca antigas composições e se reinventa, deslocando elementos entre diferentes sistemas semióticos.

A consciência de uma "nova identidade coletiva" – aspecto que poderá correlacionar-se com o sentido de comunidade, ainda que efêmera, que a participação em *Tussen Kunst* como projeto comum veicula –, assim como a construção de "novas percepções" – estimuladas pela imaginação, no caso do Surrealismo, respeitantes à mistura entre sonho e realidade, e no caso de *Tussen Kunst*, expressivas da recriação do olhar sobre as obras originais reencenadas – são dois dos aspetos que permitem justificar ainda a alusão ao novo realismo (*nouveau réalisme*). Comparando o projeto *Tussen Kunst* com o novo realismo, poder-se-á dizer que os limites entre a arte e a antiarte, o original e a cópia, o autor individual e o sentido do coletivo impõem-se, de certo modo, na sua opacidade. As "acumulações" de objetos de Armand Pierre Fernandez podem, por exemplo, servir de metáfora de aproximação entre a arte e o cotidiano, a arte e a vida. Por sua vez, técnicas como o *détournement*, desenvolvida nos anos 1950 e adotada pelo Internacional Situacionismo, consistindo na subversão de produções artísticas visando, por exemplo, transformar *slogans* ou logos em mensagens contra os anunciantes ou o sistema político-capitalista vigente, o *pastiche* (DYE, 2006), característico de obras que imitam assumidamente o estilo de outras, tendo por fim, ou não, a paródia, ou ainda o recurso ao *bricolage*[6], no sentido do improviso e do uso das capacidades imaginativas do amador, cruzam-se em *Tussen Kunst* sob novas formas de reinvenção.

A ideia de produção criativa a partir de um modelo, central em *Tussen Kunst*, aproxima-se de "uma metodologia transversal na prática recente da pintura" (Sardo, 2006, p. 11), suportada pela referência e citação. A tradução entre diferentes linguagens é, na contemporaneidade, uma prática recorrente: "Na presente situação da prática da pintura, existe o recurso a imagens prévias oriundas de outros suportes de imagem, sejam eles fotográficos, ou, de forma mais focada, imagens da história da arte" (Sardo, 2006, p. 11). Na fotografia, assistimos ao surgimento de obras de natureza híbrida, a designada fotografia pictural, assim como ao recurso à técnica fotográfica por parte dos pintores, ou mesmo a mistura de linguagens na fotografia ela mesma. Sabino (2000) aponta que:

[...] a fotografia é igualmente aproveitada pelos pintores e outros artistas como meio objetivo de registo da realidade, bem como processo intermédio, desde Delacroix até aos nossos dias, passando pelas manipulações fotográficas de Man Ray e dos dadás a partir de 1915, pelos objectos mistos de Duchamp, as fotomontagens de Hartfield, as imagens fotográficas de Warhol e dos hiper-realistas (p. 137).

Luc Tuymans é um dos muitos exemplos de artistas plásticos[7] que no seu processo criativo recorrem a imagens fotográficas adotadas como modelos, no caso específico, imagens veiculadas nas mídias. Uma tal metodologia apropriacionista tem, inclusive, levantado renovadas questões concernentes aos direitos de autor. Veja-se, no caso de Tuymans, a polêmica despoletada a respeito do seu retrato do político belga Jean-Marie Dedecker (*A Belgian Politician*, 2011), baseado em uma fotografia jornalística, circunstância que lhe valeu uma condenação por plágio. Esse exemplo conduz-nos, uma vez mais, às palavras de Sardo, na sequência da sua reflexão sobre as atuais questões de ética produtiva: "a utilização de imagens sampladas do mundo fotográfico, videográfico, fílmico, ou de 'imagens de imagens' da imprensa releva já de uma outra relação com a imagem, já de segundo grau, já em si procurando outra antropologia da imagem" (Sardo, 2006, p. 14) e, diríamos nós, outra semiótica da imagem. A este propósito, leia-se a seguinte passagem de Alves (2015):

> É que a imagem, reaprendemos com Melot, não é da natureza do "objeto", mas sim da relação. Ela é sempre de alguma coisa, de que é imagem. O carácter "relativo" da imagem é sua condição original. Ignorá-lo leva a desvios fatais. Por isso é tão necessário aprender a interpretá-la seguindo o percurso que leva ao que ela representa sem o mostrar. Não existe grelha alguma adequada para decifrar uma imagem singular. É necessário refazer, de cada vez, o caminho de mediação que é o seu próprio fabrico, a partir do modelo, existente ou criado (Alves, 2015, p. 6).

Constituindo *Tussen Kunst*, no essencial, um exercício relacional de obras ou "imagens" (ainda que consideremos as *assemblages* ou performances convertidas em "imagens") dialogantes entre si, tomando cada imagem recriada por referência uma dada imagem-modelo, ao mesmo tempo que um exercício de criatividade, será oportuno convocar aqui, precisamente, a origem etimológica da palavra criatividade e as raízes do conceito. Segundo Martínez (1999), o termo *"creativity"* terá tido origem pragmática no contexto anglo-saxônico. O uso da palavra na oralidade é relativamente recente, situando-se por volta de 1875. A sua procedência etimológica remete-nos, por sua vez, ao termo *creare*, do latim, significando "faculdade de criar" ou "capacidade de criar". Atente-se na conhecida expressão bíblica: "Deus criou o céu e a terra". É ainda de notar o aparecimento da palavra escrita em 1950, usada pelo psicólogo Joy Paul Guilford, associado à *American Psychological Association*. Neste quadro, o termo traduzia-se, pela "capacidade do sujeito para produzir algo de novo ou para comportar-se com certa originalidade" (Guilford, 1968).

Algumas das definições de criatividade procuram esclarecer o conceito, avançando com o princípio segundo o qual a qualidade daquilo que é criativo decorre, não tanto do que rompe com o conhecido, mas antes da descoberta de novas relações, esquemas e processos. No dizer de Matussek (1977, p. 12), a criatividade é, pois, a "capacidade para descobrir relações entre experiências antes não relacionadas, que se manifestam sob a forma de novos esquemas mentais, como experiências, ideias e processos novos". A originalidade qualifica, nesse sentido, segundo outros autores, as novas combinações de "elementos preexistentes": "A criatividade define-se como a atitude para combinar conjuntos originais a partir de elementos preexistentes. Isto é, combinar o que já é conhecido para obter o novo. É assim que a criatividade é um processo essencialmente combinatório" (Moles e Caude, 1977, p. 11).

Note-se que, para que uma coisa – uma ideia ou obra – seja considerada criativa, não basta que seja nova, mas também que sirva para a solução efetiva de determinado problema. A criatividade é, nesse sentido, o conjunto de atitudes vinculadas à personalidade do ser humano, que lhe permitem – a partir de informação prévia e mediante uma série de processos internos (cognitivos), através dos quais se transforma a dita informação – a procura da solução de problemas com originalidade e eficácia. Essa questão é relevante, na medida em que nos permite pensar em *Tussen Kunst* como um projeto criativo que ilustra, perfeitamente, a vocação da criatividade como exercício que busca solucionar, no caso da situação pandêmica específica que esteve na origem da iniciativa, o problema do tédio cotidiano, decorrido do confinamento. Viver numa espécie de cápsula no tempo criou a oportunidade de fazer pausas cons- cientes e de emprestar cuidado à ação mais mundana, como se fora o momento mais importante da vida. E, tal como refere Sousanis:

> Ao fazer uma pausa, a apatia descuidada transforma-se em empatia criativa, e cada momento é uma chance de criar possibilidades. Portanto, não existe "apenas" uma tosta de queijo. Cada ação, por mais mundana que pareça, é uma oportunidade de despertar a nossa criatividade (Sousanis, 2013, s/p.).

Tanto a tomada de consciência que a pausa permite como o cui- dado que trazemos para cada interação são componentes essenciais do processo criativo e ferramentas comuns e acessíveis a toda a gente. Segundo algumas das conotações mais usuais, ao perfil do criativo (no seu sentido genérico e se entendermos o artista na sua condição, an- tes de mais, de criativo) está erroneamente associado um conjunto de ideias preconcebidas, tais como: um ser privilegiado, um ser capaz de inventar e de descobrir, um ser superior, um ser com o dom de receber uma revelação (um ser iluminado), um ser com intuição, um ser genial, criativo, especial, um sujeito que participa dos atributos divinos, um ser dotado de imaginação e de originalidade. Essa aparente exclusividade da criatividade tem, nas palavras de Latour, implicações significativas para a sociedade, "já que torna possível tornar toda a democracia impossível, neutralizando-a" (Latour, 2004, p. 4). A concretização de uma democracia participativa, em que todas as vozes importam, exige uma nova definição de criatividade.

Contrariamente a alguns dos pressupostos comuns, como referem diversos autores (Duarte e Frances, 2016; Lehrer, 2012; Ostrower, 2008), a criatividade – que assumimos como condição da originalidade – localiza-se no ser humano sob a forma de atitudes ou de faculdades. A criatividade não é, pois, alheia, exterior ao indivíduo. Nesta medida, a criatividade não é uma qualidade de seres especiais – os eleitos – é patrimônio de todos os seres humanos[8] e é suscetível de desenvolver-se por meio da aprendizagem e da experiência. Nessa perspectiva, a criatividade não nasce do nada. É partindo do existente que se cria algo de novo, diferente do que havia antes: o criativo não é apenas aquele que tem as melhores ideias, mas aquele que possui mais informação.

Os efeitos de contaminação da "imagem" ou a "imagem-ação"

Tussen kunst é, sobretudo, um projeto que ilustra o poder da "imagem-ação", os seus efeitos de contaminação. A força de participação neste projeto coletivo residirá, avançamos dizer, na natureza intrinsecamente performativa da iconicidade. Relembre-se que entendemos neste contexto, e tomando em particular *Tussen Kunst* como o caso em discussão, a "imagem" como aquilo que designa os respetivos artefatos visuais tal qual veiculados no Instagram, ainda que dizendo respeito a *assemblages* ou exercícios de criatividade performativa transformados em "imagem". De um modo ou de outro, uma breve reflexão sobre o carácter pragmático da linguagem não verbal merecerá aqui alguma atenção. Designadamente, é relevante ter em conta a *semiosis* da imagem, a imagem como artefato desencadeador de uma cadeia dinâmica e infinita de relações. E além de considerar a imagem em *relação,* é importante considerar ainda a imagem em *ação*. É curioso notar que, na Antiguidade, desde Platão a Sócrates, ao estatuto mimético das imagens é reconhecido, pela negativa, a sua eficácia, isto é, admite-se a força ativa das imagens ou a imagem enquanto ato icônico. As imagens são entendidas como potenciadoras do "domínio por parte das pulsões negativas" (Bredekamp, 2015, p. 23). Segundo essa perspectiva, na Antiguidade, de algum modo contraditória, pois ao mesmo tempo que se procura recusar o domínio das imagens se lhes reconhece respeito, a força das imagens ultrapassa o seu carácter simplesmente especular: "não existiriam nem palavras nem obras de arte se elas meramente reduplicassem as coisas de forma mimética" (Bredekamp, 2015, p. 24).

Pensar sobre o ato icônico e seus efeitos implica, antes de mais, identificar de que modo este se articula com os atos de linguagem. É sabido, numa perspectiva afim ao modelo de Charles Sanders Peirce, que a pragmática da linguagem contempla a dimensão performativa, tal como Austin (1962) ilustra em *How to do things with words*. Os "atos de fala", também estudados por Searle, produzem fatos, efeitos sobre a realidade, e mesmo atos jurídicos. Substituindo as palavras pelas imagens, Søren Kjørup (1974) publicou, por sua vez, *How to do things with pictures*. Neste livro, o autor discute, precisamente, aquilo que se designa por "*pictorial speech act*" ou "*pictorial act*" (Kjørup, 1978). Reconhecidos os limites dessa teoria e salvaguardado o risco de se estabelecer, precipitadamente, uma analogia, literal e simplista, entre as palavras e as imagens, importa sublinhar, segundo Bredekamp (2015, p. 34), "a latência da imagem em desempenhar, na interação com o observador e, desde si mesma, um papel próprio e activo". Do ponto de vista do autor, "a problemática do acto icónico consiste em individuar a força que permite à imagem, na contemplação ou no toque, saltar de um estado de latência para a eficácia externa no âmbito do sentir, do pensar e do agir" (Bredekamp, 2015, p. 34). Atente-se, ainda, na seguinte passagem:

> [A teoria do ato icónico] não põe a "imagem" no lugar das palavras, mas antes põe-nas no lugar do locutor. Como

a posição deste último é ocupada pela imagem, o que se permuta não são os instrumentos, mas os atores. Através desta inversão, o "acto icónico" regressa à definição original do "acto linguístico". O sentido do "acto linguístico", perseguido desde Schleiermacher a Austin, visava enunciados cuja essência era o efeito das palavras e dos gestos no âmbito exterior da linguagem. O conceito aqui utilizado de "acto icónico" retoma esta determinação, carregada de tensão, a fim de desviar o seu ímpeto para o mundo exterior dos artefactos. Nesta mudança de posição lida-se com a latência da imagem em desempenhar, na interação com o observador e, desde si mesma, um papel próprio e activo" (Bredekamp, 2015, p. 34).

Na perspectiva de Bredekamp (2015), a imagem não é um mero duplo da linguagem. A imagem é autônoma e detém a sua própria força intrínseca, não se subordinando nem à linguagem nem ao modelo ou referente de que é imagem, ainda que com ele se relacione. As imagens são atos e produzem efeitos concretos.

Como refere Sontag (2004), importa, nesta medida, apelar mais aos sentidos do que à interpretação. Se a imagem, por um lado, como ação, isto é, como manifestação relacional e material, produz efeitos perlocucionários transsemióticos (efeitos que transcendem os limites da significação, tais como o sentir, o pensar, o agir, e que ao mesmo tempo ressignificam a própria imagem), por outro, ela não se reduz a um objeto, na medida em que se constitui não como mônada, mas como relação. Esse entendimento levanta dificuldades acrescidas à delimitação do âmbito da ação da imagem. Em que direção e até que ponto se distendem os seus efeitos? Em que medida a sua ação é, ou não, conflituante com a ação de outras imagens? Até que ponto uma obra pode ser considerada uma imagem-cópia que, uma vez distendida sobre a imagem-original com a qual se relaciona (considerando que a cópia não deixa de ser expressão de uma relação), afeta (danifica) o valor de culto e, como tal, a ação "mágica" desse mesmo modelo?

Trans-memória

Tomando como fonte de inspiração *O tempo e o texto – anacronia e trans-memória*, de Avelar (2018), podemos identificar uma similitude quanto a uma mesma problemática temporal, respeitante à forma como no suporte espacial das recriações em *Tussen Kunst* se filia o tempo como traço endógeno. Não estando em causa, no projeto em discussão, a relação imediata entre a palavra e a imagem (questão focal no ensaio de Avelar), interessa-nos ainda assim importar, por aproximação, o conceito de trans-memória da imagem usado pelo autor. Esse mesmo conceito é desenvolvido por Serrão (2008), na sua obra *A trans-memória das imagens*.

Antes de iniciarmos uma tal explanação, é fundamental observarmos que a iniciativa *Tussen Kunst* se apresenta como uma coleta de recriações isoladas, em resposta a um desafio de partida comum que as agrega numa espécie de coleção por justaposição, ao estilo de Aby Warburg. Uma tal estrutura que ao mesmo tempo mantém a individualidade de cada recriação e a faz dialogar, sincronicamente, com todas as outras, acentuada pela natureza do modo estrutural e formal de apresentação próprio do Instagram, sugere, de certo modo, o conceito remoto de museu. Remontando aos "quartos-maravilha", já então, na sua gênese, os museus consistiam em um espaço de abertura progressiva das coleções privadas ao "público". Logo cedo, os museus adquirem uma vocação pedagógica, no sentido de que propiciam a popularização do conhecimento e da experiência estética. Como diz Avelar, "a banalidade da 'nossa convivência com a arte' só é possível devido à existência de uma instituição, o Museu" (Avelar, 2018, p. 430). Essa ação didática, em *Tussen Kunst*, desenvolve-se não só por meio da popularização das obras originais recriadas, mas também pelo modo como se exibem criativas interpretações, potenciadoras de um novo olhar sobre essas mesmas obras. Uma das estratégias de apropriação, e de releitura, adotadas consiste em substituir ou acrescentar elementos, num modo simultaneamente disruptivo e anacrônico. Disruptivo, uma vez introduzidos novos elementos na composição, por acréscimo ou em substituição dos originais, desenquadrados da estrutura sintática da obra, de que é exemplo o brinco, na figura feminina retratada, do qual pendem bilhetes de espetáculo, no caso de uma das recriações de Vermeer (*A garota com um brinco de pérola*, 1665), ou a versão criada por Elizabeth Ariza e pela sua filha da pintura *La Blanchisseuse* (1761), do francês Jean-Baptiste Greuze, sugestiva de uma ambiência doméstica similar, embora recriada com novos e inusitados objetos. Anacrônico no sentido em que a substituição de objetos ou elementos da composição originais por novos objetos domésticos, tais como o papel higiênico, o aspirador ou o varal da roupa, transporta a ambiência recriada para o presente histórico, o tempo da "enunciação que encerra também memórias de anteriores perceções…" (Avelar, 2018, p. 438). Entendendo-se que perante a imagem nos deparamos, necessariamente, com o tempo, como afirma Didi-Huberman (2000), no seu ensaio *Devant le temps*, é interessante observar que em *Tussen Kunst* se intersecta, por um lado, a possibilidade de uma releitura histórica da obra original, questionadora da sua própria estrutura espaço-temporal, por outro, a arqueologia da experiência do presente, partilhada entre o criador e o observador. Essa interseção é evidenciada e enfatizada pelas estratégias de apropriação – disrupção e anacronia – já referidas, suscitando um dado efeito tensivo. Arriscamos deslocar o seguinte excerto de Avelar para esclarecer, por similitude, uma tal estratégia discursiva:

> [...] a dinâmica do tempo, sendo endógena à imagem e à experiência do seu encontro com o espectador, não tem tanto a ver com a fatia de tempo que o referente representa e com aquilo que é representado, como defendia Lessing, mas sim com a estratégia da sua representação, com os índices do passado e do presente, e com a tensão entre ambos, existentes num determinado microcosmo (Avelar, 2018, p. 436).

Os detalhes escolhidos para efeito de recriação, uma vez que cada nova composição parte de uma visão perceptiva (e, como tal, seletiva) da imagem original, convidam-nos a uma reapreciação da obra refeita. A relação diacrônica entre cada nova proposta criativa e o seu modelo é, assim, reveladora de novas possibilidades de valoração compositiva de cada elemento, na sua articulação com todos os signos que constituem a estrutura de conjunto. Subitamente, as expressões corporais e faciais da réplica performativa de *Guernica*, de Picasso, convidam-nos a regressar ao quadro original para melhor observar as correspondentes figuras retratadas, e a reconstituição de Irena Ochódzka (figurando um corpo feminino, sentado, estranhamente a braços com um aspirador), de uma escultura grega em mármore, datada do terceiro milênio antes de Cristo, desperta a nossa atenção sobre o detalhe inusitado da forma que acompanha a pose da figura original. Acresce que a relação sincrônica, por sua vez, entre as diferentes recriações, é produtora de uma nova textura discursiva, transversal e partilhada, onde se pode ler a expressão de uma experiência vivida a uma escala global, em fase de quarentena, motivada pela pandemia da Covid-19, bem como, numa segunda camada de sentido, a expressão de códigos culturais e estéticos que conferem visibilidade, e como tal valoração, a um dado conjunto de artistas, obras, suportes ou gêneros, muitas vezes transformando os modelos em composições, visuais e performativas, transtipológicas: naturezas mortas replicadas sob a forma de retratos, obras figurativas recompostas com formas abstratas, composições bidimensionais convertidas em composições escultóricas etc.

Popularização da arte e educação para a arte/literacia artística

Um dos traços das pós-modernidades, ou do capitalismo tardio, segundo Jameson (1998, p. 24-25), é o desaparecimento da "antiga fronteira (caracteristicamente modernista) entre a alta cultura e a chamada cultura de massas ou comercial". A emergência, a partir dos anos 1950, do kitsch, da cultura *Reader's Digest,* da publicidade, das séries televisivas, da "paraliteratura" ou do cinema de Hollywood de série B, entre outros exemplos apresentados por Jameson (1998), expressa de forma evidente a integração da produção estética contemporânea no sistema de produção de mercadorias em geral. A sociedade de consumo (Baudrillard, 1995), apoiada na esteticização das mercadorias (Haug, 1971/1996), incorpora os artefatos artísticos, nivelados pela sua transversal condição de circulação, mercantilização e valoração. Em *Tussen Kunst,* obras de Vermeer, Klint ou Mondrian prestam-se a modelos de novas reinvenções criativas, a referentes pictóricos traduzidos em novas linguagens, plásticas e performativas. A sua disseminação, por via de uma conta pública, reforça a popularização das obras de arte originais, contribuindo ainda para a acessibilidade e a literacia artística dos públicos, aproximando-os de obras que de outro modo se exibem em contextos museológicos:

> [...] o projeto foi um raro exemplo de arte visual que atravessou a ampla consciência cultural a uma escala massiva. E mais do que isso, tal aconteceu de um modo que parece demonstradamente inclusivo, comunal, e educacional – adjetivos que aparecem nos discursos respeitantes à missão em quase todos os museus (Dafoe, 2020, 3§).

Ainda que já há muito se tenha vulgarizado o consumo de reproduções de obras de arte na internet, não sendo este projeto desse ponto de vista inteiramente inovador, trata-se, no caso de *Tussen Kunst,* de mais do que uma simples reprodução. Cada obra de arte original é recriada, o que significa que é reinterpretada, muitas vezes de modo surpreendente – "o entendimento público da história de arte foi surpreendentemente sofisticado" (Dafoe, 2020) –, transformada em forma de expressão psicossocial, deslocada para um espaço-tempo presente que nela ressoa exuberantemente, sobrepondo uma nova camada de sentido. A linha que separa a interpretação da obra, a sua explicação e a compreensão, para usar a terminologia de Ricoeur (1976/1987), e o processo de recriação semiósica infinita, é difusa. Os intérpretes são, neste caso, verdadeiramente criadores, podendo perguntar-se a partir de que ponto deixamos de observar uma simples reprodução e passamos a observar um exercício de "trans-arte" (Pires e Pinto-Coelho, 2021). Improvisando composições visuais suportadas por objetos tais como papel higiênico, latas de conserva, toalhas de banho ou celulares, e prestando-se o corpo próprio ou aquele dos coabitantes do espaço doméstico a compor um quadro estético singular, sugestivo de uma obra de arte famosa, os criadores de *Tussen Kunst* expressam e partilham a sua experiência psicoemocional cotidiana, em fase de confinamento obrigatório. Tendo a iniciativa sido despoletada em reação a um sentimento de tédio, segundo a sua mentora, é interessante observar o quanto esse mesmo sentimento pode ser gerador da imaginação criadora (Bachelard, 1988).

É igualmente interessante assistir à livre deslocação de sentido, das obras originais para as obras recriadas, e ao processo de ressignificação que em *Tussen Kunst* é estimulado. Partindo da pintura *O grito*, de Munch, por exemplo, uma das obras frequentemente recriadas, podemos decalcar aqui as oportunas palavras de Jameson (1998) para ilustrar o quanto dada estrutura significante pode ser sujeita a apropriações reatualizadas de significação:

> [...] o quadro de Edvard Munch *O Grito* é, claro está, uma expressão canónica dos grandes temas modernos da alienação, a anomia, a solidão, a fragmentação social e o isolamento, um emblema quase programático do que poderia chamar-se a época da angústia (Jameson, 1998, p. 33).

Associado o Expressionismo ao Modernismo, na assunção de que a arte serve a mediação entre um mundo interior e um mundo exterior, cindidos entre si, será relevante salvaguardar que, na transmodernidade, ressurge um novo realismo expressivo, caracterizado pela mistura de tonalidades perceptivas. Os *Gritos* de *Tussen Kunst*, recriados e exibidos nas redes sociais, movimentam-se entre a paródia e a expressiva dramatização de uma particular realidade psicossocial, entre o retrato da vida privada, e mesmo íntima, e o seu entrelaçamento com a exposição pública, denotando uma difícil convivência dos indivíduos com a sua própria metafísica interior-exterior. Abruptamente catapultados para um universo entre portas, redescobrem-se a si mesmos como seres "(re) co-constituídos" nos espaços virtuais de socialidade, em muitos casos espaços vitais do ponto de vista da sua integridade identitária.

Notas

[1] Disponível em: <https://www.passeio.pt>. Acesso em: 2 fev. 2022.

[2] Disponível em: <https://www.instagram.com/tussenkunstenquarantaine/?hl=pt>. Acesso em: 2 fev. 2022.

[3] Disponível em: <https://www.idealista.pt/news/especiais/covid-19/2020/04/23/43152-recriar--obras-de-arte-famosas-em-casa-o-novo-challenge-que-faz-furor-na-internet>. Acesso em: 2 fev. 2022.

[4] Disponível em: <http://www.club-innovation-culture.fr/anneloes-officier-challenge-tussenkuns-tenqurantaine-itv/>. Acesso em: 2 fev. 2022.

[5] Atente-se na seguinte passagem de Benjamin (1955/1992, p. 151), no seu ensaio *O autor enquanto produtor*: "Um autor que não ensina os escritores, não ensina ninguém. É, pois, determinante do carácter de modelo da produção, em primeiro lugar, a orientação dos outros produtores para a produção e, em segundo, a disponibilização de um aparelho melhorado. Designadamente, este aparelho é tanto melhor quanto maior capacidade tiver de atribuir a produção ao consumidor, resumindo, de transformar os leitores ou espectadores em participantes. Já existe um tal modelo, de que aqui só posso falar indicativamente. Trata-se do teatro épico de Brecht".

[6] Lévi-Strauss (1976) usa o termo *bricolage* para designar as ações espontâneas que não obedecem ao rigor do pensamento científico, tomando como base de inspiração o pensamento mitológico, por sua vez gerado pela imaginação humana.

[7] A propósito da designação "artista plástico", note-se que hoje fará mais sentido encarar a pintura distendida a "um campo alargado de intervenção espacial" (Sardo, 2006, p. 13).

[8] Afirma Ghiselin a este propósito: "O processo criativo não cabe apenas a especialistas [...]; não se limita às artes e ao pensamento, mas é tão amplo quanto a vida. Ou talvez fosse mais correto dizer que a invenção nas artes e no pensamento é parte da invenção da vida, e que essa invenção é essencialmente um processo único (Ghiselin, 1952, p. 14).

Referências

ALVES, Aníbal. Prefácio. *In*: MELOT, Michel. *Uma breve história da imagem*. pp. 5 - 9. Braga: CECS/Húmus, 2015.

AUSTIN, John L. *How to do things with words*. Cambridge: Harvard University Press, 1962.

AVELAR, Mário. O tempo e o texto – anacronia e trans-memória. *In*: AVELAR, Mário. *Poesia e Artes Visuais*. Confessionalismo e Écfrase. Lisboa: Imprensa Nacional – Casa da Moeda, 2018.

BACHELARD, Gaston. *A poética do devaneio*. São Paulo: Martins Fontes, 1988.

BENJAMIN, Walter. A obra de arte na era da sua reprodutibilidade técnica. *In*: BENJAMIN, Walter. *Sobre arte, técnica, linguagem e política*. Lisboa: Relógio d'Água, 1955/1992. pp. 71 - 113.

BEUYS, Joseph. *Cada homem um artista*. Porto: 7 Nós, 2010.

BREDEKAMP, Horst. *Teoria do acto icónico*. Lisboa: KKYM, 2015.

DAFOE, Taylor. A new book collects the best recreated artworks from the #GettyChallenge – and reflects on why the project resonated so much. The public's understanding of art history was surprisingly sophisticated, it turns out. *Artnetnews*, 2020, 6 ago. 2020. Disponível em: <https://news.artnet.com/art-world/getty-challenge-book-1900276>. Acesso em: 2 fev. 2020.

DIDI-HUBERMAN, Georges. *Diante do tempo*. Lisboa: Orfeu Negro, 2000/2017.

DUARTE, Rui B.; DIAS, Sarah F. *O ser criativo*. Maneiras de olhar, ver, sentir, imaginar. Casal de Cambra: Caleidoscópio, 2016.

DYER, Richard. *Pastiche*. Londres: Routledge, 2006.

GHISELIN, Brewster (ed.). *The creative process*. pp. 1 - 35. Berkeley: University of California Press, 1952.

GUILFORD, Joy P. *Intelligence, creativity and their educational implications*. San Diego: Robert R. Knapp, 1968.

HAUG, Fritz. *Crítica da estética da mercadoria*. São Paulo: Editora Unesp, 1971/1996.

JAMESON, Fredric. *Teoría de la postmodernid@d*. Madrid: Editorial Trotta, 1998.

KJØRUP, Søren. George Inness and the battle at Hastings, or doing things with pictures. *The Monist*, v. 58, pp. 219 - 221, 1974.

KJØRUP, Søren. Pictorial speech acts. *Erkenntnis*, v. 12, p . 55 - 71, 1978.

LATOUR, Bruno. *Politics of nature*: how to bring the sciences into democracy. Tradução: Catherine Porter Cambridge. MA: Harvard University Press, 2004.

LEHERER, Jonah. *Imagine*. De onde vem a criatividade. Alfragide: Lua de Papel, 2012.

LÉVI-STRAUSS, Claude. *O pensamento selvagem*. São Paulo: Nacional, 1976.

MARTÍNEZ, Caridad H. *Manual de Creatividad Publicitaria*. Madrid: Editorial Sintesis, 1999.

MATUSSEK, Paul. *La creatividad*. Barcelona: Herder, 1977.

MOLES, Abraham; CAUDE, Roland. *Creatividad 7 métodos de innovación*. Madrid: Iberico Europea de Ediciones, 1977.

OSTROWER, Fayga. *Criatividade e processo de criação*. Petrópolis: Editora Vozes, 2008.

PIRES, Helena; PINTO-COELHO, Zara. *Transartes*. Arte expandida e novas linguagens. Braga: CECS, Universidade do Minho, 2021.

RANCIÈRE, Jacques. *O espectador emancipado*. Lisboa: Orfeu Negro, 2010.

RICHTER, Hans. *Dadá*: arte e antiarte. São Paulo: Edições Martins Fontes, 1993.

RICOEUR, Paul. *Teoria da interpretação*. Lisboa: Edições 70, 1976/1987.

SABINO, Isabel. *A pintura depois da pintura*. Lisboa: Faculdade de Belas Artes, Universidade de Lisboa, 2000.

SARDO, Delfim (ed.). *Pintura redux*. Desenvolvimentos na última década. Porto: Fundação de Serralves/Jornal Público, 2006.

SERRÃO, Vítor. *A trans-memória das imagens*: estudos iconológicos de pintura portuguesa, (Séculos XVI-XVIII). Lisboa: Edições Cosmos, 2008.

SONTAG, Susan. Contra a interpretação. *In:* SONTAG, Susan. *Contra a interpretação e outros ensaios*. pp. 19 - 32. Lisboa: Gótica, 2004.

SOUSANIS, Nick. Creativity reconsidered: incorporating care. *Interactive Discourse* – The International Online Journal of Learning and Teaching in Higher Education, 3, 2011, s/p.

Sobre os autores

Andréa Estevão

Mestra e doutoranda do PPGCOM em Comunicação da UFRJ. Pesquisa as articulações entre arte, ativismo e cidade no Carnaval de rua carioca contemporâneo. É coautora do livro *Comunicação e imagem* (Saraiva, 2006) e participou da pesquisa do Quase Catálogo, levantamento sobre a produção audiovisual feita por mulheres no Brasil. Atuou com docente em cursos de graduação e pós-graduação em instituições públicas e privadas no Rio de Janeiro. Como jornalista, escreveu para os cadernos de cultura dos jornais *O Globo* e *Jornal do Brasil*.

Chris, The Red

Designer gráfico, artista visual, fotógrafo, performer que tem na fotografia de corpos desnudos uma ferramenta de luta. No momento, realiza mestrado em poéticas visuais no PPGAV/UFRGS com a pesquisa "Retratos pós-pornográficos: as histórias contadas pelas Corpas Falantes", desenvolvido sob a ótica da pós-pornografia e da constrassexualidade, com orientação da professora Mônica Zielinsky e co-orientação de Leandro Colling (da Universidade Federal da Bahia). Antes disso, especializou-se em Artes Visuais pelo Senac/DF e graduou-se Bacharel em Relações Internacionais (pela Universidade de Brasília). Entre outras coisas, é editor-chefe da revista digital *[pós]CORPOS*, coeditor da *ANuAL* e colaborador da revista *Falo Magazine*. Fã da cor vermelha, da Madonna, há pouco tempo descobriu ser filho de Yemanjá, por intermédio da mãe de santo do marido. Em 2002, fundou a The Red Studio, atuando no campo do design gráfico, das artes visuais, da fotografia e com trabalhos expostos em várias cidades, como São Paulo, Rio de Janeiro, Santos, Campinas, Olinda, Salvador, Amparo, Londres, Berlim, entre outras.

Em 2019, criou a Residência Artística Sexual. Desde 2018, em parceria com os artistas Hugo Faz e Leandro Tupan, organiza os eventos Corpo de Quinta e NU Papel, em São Paulo.

Cíntia Sanmartin Fernandes

Doutora em Sociologia Política pela Universidade Federal de Santa Catarina (UFSC), com doutorado-sanduíche junto à Universidade René Descartes-Paris V/Sorbonne, tendo realizado três estágios pós-doutorais, respectivamente no Programa de Pós-Graduação em Comunicação da Pontifícia Universidade Católica de São Paulo (PUC-SP), no Programa de Pós-Graduação em Comunicação da Universidade Federal do Rio de Janeiro (UFRJ), na Universidade Paul-Valéry de Montpellier e na École des Hautes Études en Sciences Sociales de Paris. Atualmente é pesquisadora do CNPq, professora do Programa de Pós-Graduação em Comunicação da Universidade do Estado do Rio de Janeiro (UERJ) e coordenadora do Grupo de Pesquisa Comunicação, Arte e Cidade (CAC). É autora dos seguintes livros: *Cidades Musicais* (Sulina, 2018), *Música nas ruas do Rio de Janeiro* (Ed. Intercom, 2014); e *Sociabilidade, Comunicação e Política* (E-Papers, 2009).

Claudia Attimonelli

Sociossemióloga, tem doutorado em Teoria da Linguagem e é professora e pesquisadora da Universidade Aldo Moro de Bari (Itália), onde leciona no campo do cinema, fotografia e televisão. Como curadora, colabora com galerias de arte e casas de espetáculo em torno de projetos de transmidialidade, música eletrônica e estilos urbanos. Dirige o projeto MEM sobre a digitalização de uma biblioteca de música na Mediateca Regionale Pugliese. Seus interesses se concentram nos estudos sociossemióticos da música, da cultura visual e da moda. É autora dos seguintes livros publicados no Brasil: *Pornocultura* (Sulina, 2017) e *Aurora Digital* (Sulina, 2021).

Erick Felinto

Professor Titular do Programa de Pós-Graduação em Comunicação da Universidade do Estado do Rio de Janeiro (PPGCOM-UERJ). Foi presidente da Associação Nacional dos Programas de Pós-Graduação em Comunicação (COMPÓS), de 2007 a 2009. É autor dos seguintes livros: *A religião das máquinas* (Sulina, 2005), *Passeando no labirinto* (Edipucrs, 2006), *Silêncio de Deus, Silêncio dos Homens* (Sulina, 2008), *A Imagem espectral: comunicação, cinema e fantasmagoria tecnológica* (Ateliê Editorial, 2008), *Avatar: o futuro do cinema e a ecologia das imagens digitais* (Sulina, 2010) e *O explorador de abismos* (Ed. Paulus, 2012).

Esteban Buch

Especialista na relação entre música e política no século XX e professor de História da Música da École des Hautes Études en Sciences Sociales de Paris, onde também dirige o Centro de Pesquisa de Artes e Linguagem (CRAL-EHESS/CNRS). Dentre as inúmeras publicações, destacam-se os seguintes livros de sua autoria: *L'Orchestre de Paris dans l'Argentine de la dictature* (Seuil, 2016); *L'affaire Bomarzo* (Editions de l'EHESS, 2011); *Le cas Schönberg* (Gallimard, 2006) e *La Neuvième de Beethoven* (Gallimard, 1999).

Fabio La Rocca

Sociólogo, atua como professor na Universidade Paul-Valéry Montpellier 3, onde é membro do LEIRIS (Laboratório de Estudos Interdisciplinares sobre Realidade e Imaginários Sociais). Membro do grupo de pesquisa Kinepoliticon (da PUC-RS) e do Grupo de Pesquisa Comunicação, Arte e Cidade (da UERJ). Tem larga experiência de pesquisa na área de Sociologia, com ênfase nas temáticas de Cidades e Ambiências Urbanas, Sociologia Visual, Sociologia do Imaginário, Cultura, Comunicação e Mídia. É autor do livro *A cidade em todas as suas formas* (Sulinas, 2018).

Glória Diógenes

Professora titular do Programa de Pós-Graduação em Sociologia da Universidade Federal do Ceará (UFC), pesquisadora do CNPQ e líder de pesquisa do Laboratório das Artes e das Juventudes (LAJUS) da mesma instituição. É uma das fundadoras da Rede Luso-Brasileira de Pesquisadores em Artes e Intervenções Urbanas e da Rede Todas as Artes, Todos os Nomes e integra a Rede de Estudos sobre Experiências e Ações Juvenis (REAJ). Faz parte também do Instituto Histórico, Geográfico e Antropológico do Ceará. Tem experiência nas áreas de Antropologia e Sociologia, com ênfase em Antropologia Urbana, atuando principalmente nos seguintes temas: Cidade, Arte Urbana, Juventude, Pesquisa no Ciberespaço e Práticas Etnográficas. É autora dos seguintes livros: *Cartografia da cultura e da violência* (Annablume, 2009) e *Itinerários de corpos juvenis* (Annablume, 2003).

Helena Pires

Professora associada no Departamento de Ciências da Comunicação, no Instituto de Ciências Sociais, da Universidade do Minho. Doutorou-se em Ciências da Comunicação, na área de Semiótica da Comunicação, pela Universidade do Minho, em 2007. É investigadora no Centro de Estudos de Comunicação e Sociedade (Universidade do Minho) e co-coordenadora do projeto de intervenção Passeio – Plataforma de Arte e Cultura Urbana. Ensina e investiga nas áreas da comunicação, da arte e da cultura. É uma das organizadoras do livro *Publi-cidade e Comunicação Visual Urbana* (CECS/UMinho, 2018).

Hugo Oliveira

Educador, gestor cultural e artista da dança. Desenvolveu trabalhos com Projeto Rua em Dança, Rio Hop Cia de Performance, Grupo de Rua de Niterói, Grupo Dança Rio e com o coletivo Bonde do Jack. Atualmente, é pesquisador do Grupo Comunicação Arte e Cidade da UERJ e doutorando do Programa de Pós-Graduação em Comunicação da Universidade do Estado do Rio de Janeiro (PPGCOM-UERJ). É autor do livro *Vem ni mim que eu sou Passinho* (IACS/UFF, 2021).

José Fernando Serrano-Amaya

Professor no Departamento de Línguas e Cultura na Universidade de Los Andes, na Colômbia. Doutor pela Universidade de Sidnei, na Austrália, onde estudou sobre homofobia e violência homofóbica, conflitos políticos e armados. Mestre em Resolução de Conflitos pela Universidade de Bradford, no Reino Unido, e graduado em Antropologia pela Universidade Nacional da Colômbia. Tem ampla experiência com Organizações Não Governamentais, agências de cooperação internacional e instituições estatais na Colômbia. Investiga violência juvenil, violência sexual e de gênero e políticas sociais. É autor dos seguintes livros: *Homophobic violence in armed conflict and political transition* (Palgrave, 2018); e *Menos querer más de la vida* (Siglo del Hombre, 2004).

Karina Bidaseca

Socióloga, professora titular da Universidade Nacional de San Martín e da Universidade de Buenos Aires, considera-se uma pensadora feminina. É também pesquisadora do CONICET e Coordenadora do Programa Sul-Sul da CLACSO. Dirige o Congresso de Estudos Pós-coloniais e Jornadas de Feminismo Pós-colonial. É autora dos seguintes livros: *Ana Mendieta, Pájaro del océano* (El Mismo Mar Edições, 2021), *Fronteiras de Gênero* (UEPG, 2019), *Legados, geneologías y memorias poscoloniales en la América Latina* (Godot, 2019), *La Revolución será Feministas o no será* (Prometeo Libros, 2018) e *Pertubando el Texto Colonial* (SR Editorial, 2010).

Leandro Colling

Doutor em Comunicação e Cultura Contemporânea (UFBA) e professor permanente do Programa Multidisciplinar de Pós-Graduação em Cultura e Sociedade da Universidade Federal da Bahia. É autor dos seguintes livros: *A vontade de expor: arte, gênero e sexualidade* (Edufba, 2021), *Crônica dos cus* (Devires, 2021) e *Que os outros sejam o normal* (Edufba, 2015).

Marcelo de Troi

Doutor em Cultura e Sociedade pelo Instituto de Humanidades, Artes e Ciências Professor Milton Santos, da Universidade Federal da Bahia (IHAC/UFBA), com estágio sanduíche parte do resultado da investigação realizada pelo autor, em 2020, no estágio de doutorado no Instituto Universitário de Lisboa (ISCTE-Cis-IUL). É autor da dissertação de mestrado intitulada *Corpo dissidente e desaprendizagem: do Teat(r)o Oficina aos a(r)tivismos queer* (UFBA, 2018).

Micael Herschmann

Historiador com formação pós-graduada em Comunicação e Ciências Sociais e pesquisador do CNPq. Vem trabalhando há vários anos na qualidade não só de Professor Titular da Escola de Comunicação e do Programa de Pós-Graduação em Comunicação da Universidade Federal do Rio de Janeiro (UFRJ), mas também como coordenador do Núcleo de Estudos e Projetos em Comunicação (NEPCOM) na mesma instituição. Desenvolve atualmente a pesquisa "Comunicação e Música nos Espaços Urbanos do Estado do Rio de Janeiro". É autor dos seguintes livros: *Cidades musicais* (Sulina, 2018), *Música nas ruas do Rio de Janeiro* (Ed. Intercom, 2014), *Indústria da música em transição* (Estação das Cores e das Letras, 2010), *Lapa, cidade da música* (Mauad, 2007) e *O funk e hip hop invadem a cena* (Ed. UFRJ, 2000).

Natalia Bieletto-Bueno

Possui doutorado em Musicologia Histórica pela UCLA e atualmente é pesquisadora de Artes e Humanidades da Universidade Mayor do Chile. Vem desenvolvendo pesquisas sobre o papel da música, do som e da escuta na construção de subjetividades e em processos de conflitos e de diferenciação sociocultural. É autora do livro intitulado *Ciudades Vibrantes* (Universidad Mayor, 2021).

Paula Guerra

Pesquisadora e professora de Sociologia da Faculdade de Letras da Universidade do Porto e Professora Associada Adjunta do Griffith Centre for Social and Cultural Research na Austrália. Atualmente, é coordenadora da Rede Todas As Artes, da Rede Luso-Brasileira de Sociologia da Cultura e das Artes e da Conferência/Projeto KISMIF. É autora dos seguintes livros: *DIY Cultures and underground music scenes* (Routledge, 2019), *God Save the Queens* (66 RPM Edicions, 2019), *Subcultura* (Maldoror, 2018), *The Punk Reader* (Universidade do Porto, 2017), *Redefining art worlds in the late modernity* (Universidade do Porto, 2016), *More than loud* (Afrontamento, 2015), *On the road to the American underground* (Universidade do Porto, 2015), *As palavras do punk* (Alêtheia, 2015) e *A instável leveza do rock* (Afrontamento, 2013).

Priscila Miranda Bezerra

Mestranda em Comunicação na Universidade Paulista (UNIP). Bolsista Capes- PROSUP. Possui bacharelado em Publicidade e Propaganda (pela UNIP). Atualmente integra o Grupo de Pesquisa em Culturas Urbanas, Música e Comunicação (URBESOM) da mesma instituição.

Richard Grusin

Professor titular de Inglês na Universidade de Wisconsin-Milwaukee, onde dirigiu o Center for 21st Century Studies (Centro de Estudos do Século XXI) entre 2010 e 2021. É autor dos seguintes livros: *Remediation: Understanding New Media* (MIT, 1999), *Premediation: Affect and Mediality after 9/11* (Palgrave, 2010), *Radical mediation* (Pellegrini, 2017), *The Nonhuman Turn* (Minnesota, 2015), *Anthropocene Feminism* (Minnesota, 2017), *After Extinction* (Minnesota, 2018) e *Ends of Cinema* (Minnesota, 2020).

Rose de Melo Rocha
Professora titular do PPGCOM-ESPM, liderando o grupo de pesquisa Juvenália. Pesquisadora do GT CLACSO *Infancias y Juventudes*, atuando em sua Coordenação Ampliada e compondo a equipe organizadora do Observatório. Doutora em Ciências da Comunicação (USP), fez estágio pós-doutoral em Ciências Sociais/Antropologia (PUC-SP). Coordena o GT Gêneros e Sexualidades da COMPÓS. Finaliza atualmente estágio pós-doutoral em *Ciencias Sociales, Niñez y Juventud* (CLACSO) e inicia pós-doutorado sênior junto ao Programa Multidisciplinar de Pós-Graduação em Cultura e Sociedade (UFBA), linha de pesquisa em Artes, Gêneros e Sexualidades do Núcleo de Pesquisa e Extensão em Culturas, Gêneros e Sexualidades (NUCUS). É autora dos seguintes livros: *Artivismos musicais de gênero* (Devires, 2021), *Estéticas midiáticas e narrativas de consumo* (Sulina, 2012) e *Memória Comunicação e Consumo* (Sulina, 2015).

Simone Luci Pereira
Doutora em Ciências Sociais pela PUC/SP e pesquisadora PQ do CNPq. Tem Pós-Doutorado em Música pela UNIRIO; em Comunicação pela UFRJ; e em *Ciencias Sociales, Niñez y Juventud* pela CLACSO. Atualmente, é professora e pesquisadora no Programa de Pós-Graduação em Comunicação da Universidade Paulista. Integrante da Rede Internacional de Pesquisa do GT CLACSO Juventudes e Infâncias na América Latina; líder do Grupo de Pesquisa URBESOM (Culturas Urbanas, Música e Comunicação). É autora dos livros *Comunicação e Culturas urbanas: temas, debates e perspectivas* (Intercom, 2020), *Com som sem som: liberdades políticas, liberdades poéticas* (Letra e Voz, 2017) e *Canção romântica: intimidade, mediação e identidade na América Latina* (Folio Digital, 2016).

Simone Pereira de Sá

Doutora em Comunicação e Ciências Sociais pela Universidade Federal do Rio de Janeiro (UFRJ), com pós-doutorado na Universidade McGill (Canadá) e King's College (Inglaterra). É autora de livros e artigos sobre música, videoclipes e cultura *pop* digital. Professora titular do Curso de Mídia e Programa de Pós-Graduação em Comunicação da Universidade Federal Fluminense (UFF), coordena o Laboratório de Pesquisa em Cultura e Tecnologias da Comunicação (LabCult). É autora dos seguintes livros: *Música pop-periférica* (Appris, 2021), *Cultura pop* (Edufba, 2015), *O samba em rede* (E-Papers, 2005), *Cenas musicais* (Anadarco, 2013) e *Rumos da cultura da música* (Sulina, 2010).

Susana Batel

Doutora em Psicologia Social (ISCTE), investigadora integrada do Instituto Universitário de Lisboa (ISCTE-Cis-IUL). É autora da tese de doutorado intitulada *Participação pública entre normas e factos: uma análise Psico-social* (ISCTE, 2010).

Thiago Rizan

Mestre em Comunicação e Práticas de Consumo (ESPM-SP), especialista em Jornalismo Cultural (PUC-SP) e pesquisador do grupo de pesquisa Juvenália (ESPM-SP). Investiga questões relacionadas à comunicação, consumo e imagens dissidentes.

Vincenzo Susca

Pesquisador do LEIRIS (Laboratório de Estudos Interdisciplinares sobre Realidade e Imaginários Sociais) e professor de Sociologia do Imaginário na Universidade Paul-Valéry (Montpellier). Editor-chefe da revista *Les Cahiers européens de l'imaginaire* e investigador do grupo de estudo McLuhan, da Universidade de Toronto. É autor dos seguintes livros publicados no Brasil: *Pornocultura* (Sulina, 2017), *As afinidades conectivas* (Sulina, 2019), *Aurora digital* (Sulina, 2021) e *Nos limites do imaginário* (Sulina, 2007).

Zara Pinto-Coelho

Professora Associada do Departamento de Ciências da Comunicação da Universidade do Minho. Os seus interesses de investigação incluem as teorias do discurso e as suas aplicações críticas nos Estudos de Mídia e Estudos Culturais, em tópicos relacionados com poder, ideologia, desigualdade e injustiça social. Atualmente, é cocoordenadora do projeto Passeio – Plataforma de Arte e Cultura Urbana do CECS. É uma das organizadoras dos seguintes livros: *Ecrã, paisagem e corpo* (Grácio, 2010), *Olhares cruzados sobre Comunicação na Saúde* (CECS/UMinho, 2012).

editoração & design gráfico
Fone: 51 99859.6690

Este livro foi confeccionado especialmente para a
Editora Meridional Ltda.,
em Liberation Serif, 11/15 e
impresso na Gráfica Noschang.